职业教育"十四五"规划教材
财会专业课证岗一体化教材·校企合作系列

云财务会计

苏 梅 蒙环宁 ○ 主编
陈素萍 陈 添 林 蕊 ○ 副主编

立信会计出版社
LIXIN ACCOUNTING PUBLISHING HOUSE

图书在版编目(CIP)数据

云财务会计 / 苏梅,蒙环宁主编.—上海:立信会计出版社,2023.2(2025.1重印)
ISBN 978-7-5429-7202-6

Ⅰ.①云… Ⅱ.①苏… ②蒙… Ⅲ.①云计算—应用—财务会计—高等职业教育—教材 Ⅳ.①F234.4-39

中国国家版本馆CIP数据核字(2023)第038913号

策划编辑 余 榕
责任编辑 王秀宇
美术编辑 吴博闻

云财务会计
YUNCAIWU KUAIJI

出版发行	立信会计出版社			
地　　址	上海市中山西路2230号	邮政编码	200235	
电　　话	(021)64411389	传　　真	(021)64411325	
网　　址	www.lixinaph.com	电子邮箱	lixinaph2019@126.com	
网上书店	http://lixin.jd.com		http://lxkjcbs.tmall.com	
经　　销	各地新华书店			
印　　刷	常熟市人民印刷有限公司			
开　　本	787毫米×1092毫米	1/16		
印　　张	22			
字　　数	550千字			
版　　次	2023年2月第1版			
印　　次	2025年1月第2次			
书　　号	ISBN 978-7-5429-7202-6/F			
定　　价	49.00元			

如有印订差错,请与本社联系调换

职业教育"十四五"规划教材
财会专业课证岗一体化教材·校企合作系列
编委会名单

主　　　任　　张红梅　广西金融职业技术学院(广西银行学校)
　　　　　　　　　　　　　教授

副　主　任　　徐建宁　北京东大正保科技有限公司
　　　　　　　　　　　　　(中华会计网校)高级会计师

参编行业专家　(排名不分先后)
　　　　　　　　　农初勤　广西南宁海翔会计师事务所所长
　　　　　　　　　　　　　高级会计师
　　　　　　　　　蒋海娟　广西安驰财务管理有限责任公司
　　　　　　　　　　　　　董事长
　　　　　　　　　黄河景　新道科技股份有限公司　工程师
　　　　　　　　　李　昕　中联集团教育有限公司　工程师
　　　　　　　　　李高齐　浙江衡信教育有限责任公司　工程师

学校主要编写人员　(排名不分先后)
　　　　　　　　　张　祺　陈　园　吴　瑶　苏　梅　李思静
　　　　　　　　　李　燕　陈苗苗　周平欢　蒙环宁　玉秋兰
　　　　　　　　　马靖杰　刘　喆　陈　添　陈素萍　蒙丽容

GENERAL PREFACE 总　序

随着"互联网+"的快速发展,教育信息化"十四五"规划提出了职业教育信息化建设的目标任务和重点措施,在线教育、数字化教材已经成为传统教育行业转型的重要方向。开发符合"互联网+"教育的教材,以教育信息化全面推动教育现代化,促进教育公平,提升教育质量,为培养现代化建设所需要的高素质人才提供保障,已成为当前教材建设和改革的重中之重。

广西金融职业技术学院(广西银行学校)作为广西唯一的专门培养财经人才的全日制高等职业教育学校,享有"广西金融人才培养的摇篮"之美誉,其会计专业实力雄厚,有一支业务水平高、教学能力强、专兼结合、双师型结构的优秀教学团队。近年来,学校在大力推进教育教学改革的基础上,在专业建设方面取得明显成效,毕业生就业率达到95%以上,毕业生双证率达到99%以上,地域品牌效应显著,已经成为广西职业院校中会计专业学生规模最大的学校。近年来,学校专任教师依据教学改革成果,结合职业教育人才培养目标和会计专业特点,与中华会计网校合作,带动兄弟学校,在会计专业理事分会的指导下,联合行业企业专家,推出一套基于"互联网+"教育教学改革理念的课证岗融合的高质量的职业教育"十四五"规划教材。

本套教材校企共研,着重体现课证岗融合和产学合作的特点:

(1)从职业岗位能力培养出发,注重学生职业能力的养成。职业

能力培养是职业院校教育的培养目标,会计职业能力围绕学生的职业道德素养养成和职业技能训练来开展。本套教材从会计职业能力入手,每个模块把"基础知识""岗位技能""职业素养"等教学目标有机结合,按任务和活动设置职业能力目标,明确工作任务,引导学生有效学习。

(2)关注学生职业资格证书考试的需求,立体化特色鲜明。当前,会计从业资格证书已经被取消,学生在校能够考取的会计职业资格证书为初级会计师资格证书,本套教材注重初级会计师资格证书相关知识考试的规划和整合,文字通俗易懂,配备各个知识点归纳、比较、总结的图表,以及大量形象化的案例和典型考点等内容,让学生边思边学,边做边学,对于重要事项和考点列有"温馨提示"和"特别提醒"等内容,并配备二维码链接,将教材学习和实训、测试、互动等辅助教学资源紧密结合,实现资源立体化,为教师和学生提供全面的教学支持。

(3)注重学生可持续发展和继续教育的需求。在突出培养学生动手能力的同时,充分考虑职业院校学生的职业发展需求和综合能力培养,融合会计专业理论知识的同时兼顾学生继续教育和终身教育的要求,丰富教学资源的内容及其呈现途径,引导学生持续性学习。

(4)校企合作。为了更好地融合课证岗的知识内容,本套教材由我校与中华会计网校共同组织专业老师编写,融合了学校专任老师丰富的教学经验以及中华会计网校老师丰富题库资源和证书考试指导,校企共同确定教材大纲和编写内容,既满足了学生职业岗位能力培养的需要,又满足了证书考试的需求。

本套教材根据我国现行的企业会计准则体系和最新的税收政策

法规编写,不论是课程标准开发,还是项目载体的设计、教学方法的改革和创新,都凝结了编写队伍在会计示范特色专业及实训基地建设中的心血和多年的教学经验。本套教材的出版,将会为财会专业职业教育教材建设的不断发展提供新的助力。

张红梅

2019年7月

FOREWORD 前　言

本教材以高等职业院校学生学习财务会计核算理论知识、云共享服务平台相关操作为基础，将全国初级会计专业技术资格考试大纲作为参考标准，结合编者多年企业财务工作经验、教学科研经验以及对财务共享发展的预判，遵循现行《企业会计准则》，实现专业技术资格证、"1＋X"财务共享职业技能证书的"双证融通"，与国内优质教育企业联合打造，全面贯彻"理实一体化"教学方针，紧密衔接后续课程，为学生未来就业与发展打下坚实的知识基础。

本教材以各模块的应用为中心，以体例创新为原则，以学生的理解能力为导向，以制造业企业的业务数据为基础。本教材全面包含了金融资产，存货，长期投资，固定资产，无形资产，其他非流动资产，负债，所有者权益，收入、费用和利润，财务会计报告，云财务共享服务平台11个模块，以及2套模拟试题及其答案。

本教材有以下特点：

第一，配套各类教学资源，提供教学便利。读者如需要配套教学资源，可登陆 https://www.zhihuishu.com/，注册成功后，搜索本教材名称，找到以广西金融职业技术学院和苏梅署名的在线课程，内含教学视频、课件、教案、课程标准、电子题库及答案、模块测试答案、模拟测试答案、时政案例等课程资源。以上课程资源均支持在线查看和下载。

第二，联合国内优质教育企业共同打造，保证教材质量。本教材和相关配套教学资源联合北京正保会计教育科技有限公司(厦门网中网软件有限公司)共同完成，企业方为本教材提供软件支持、题库支持、教学视频拍摄支持。

第三，明确"理实一体化"教学目标，突出思政目标。每个模块都列有"考核目标""实践目标""思政目标"，三者相互依存，共同为学生提供学习导航服务；"知识点思维导图"搭建知识架构；"案例导入"引导学生进行思考，引领全模块；每一个具体任务都对理论知识层层剖析，对应例题讲解、"考一考"考查学生学习情况；每个模块末还有相应的模块测试，方便学生进行综合检测。另外，本教材还配有两套综合模拟试题，方便教师对学生进行期末检测。

本教材由高等职业院校和中等职业院校一线教师、北京正保会计教育科技有限公司联合编写。苏梅和蒙环宁担任本教材主编，陈素萍、陈添和林蕊担任本教材副主编。本教材的具体编写分工如下：苏梅负责编写模块1、模块7、模块11的部分内容和模块2、模块3、模块4、模块6、模块9、模块10的"案例导入"，蒙环宁负责编写模块2(案例导入除外)、模块4(案例导入除外)、模拟试题一和模拟试题二，陈素萍负责编写模块3(案例导入除外)和模块6的任务6.1，陈添负责编写模块9(案例导入除外)，林蕊负责模块10(案例导入除外)，韦力负责编写模块5和模块6的任务6.2、任务6.3，粟梦薇负责编写模块8，北京正保会计教育科技有限公司负责编写模块11的部分内容。本教材由苏梅负责整体修改和总纂。

编者已尽最大的努力,但由于时间和水平所限,若发现本教材有不恰当之处,恳请各位教师、学生和广大读者提出建议(邮箱：1256523583@qq.com),我们会高度重视,及时修改。谢谢!

编　　者
2023 年 2 月

模拟试题一

模拟试题二

模拟试题一
参考答案

模拟试题二
参考答案

CONTENTS 目 录

模块 1　金融资产 ··· 1
　任务 1.1　资产及金融资产概述 ·· 2
　任务 1.2　货币资金 ··· 4
　任务 1.3　应收款项 ·· 11
　任务 1.4　交易性金融资产 ·· 20
　模块测试 ·· 25

模块 2　存货 ··· 32
　任务 2.1　存货概述 ·· 33
　任务 2.2　存货的初始计量及计价方法 ··· 34
　任务 2.3　存货收发的账务处理 ·· 41
　任务 2.4　存货的清查与期末计量 ··· 59
　模块测试 ·· 63

模块 3　长期投资 ·· 69
　任务 3.1　长期投资概述 ·· 70
　任务 3.2　债权投资 ·· 71
　任务 3.3　长期股权投资 ·· 73
　模块测试 ·· 81

模块 4　固定资产 ·· 85
　任务 4.1　固定资产概述 ·· 86
　任务 4.2　固定资产的初始计量与折旧 ··· 87
　任务 4.3　固定资产的后续计量与处置 ··· 98
　任务 4.4　固定资产的清查与减值 ··· 102
　模块测试 ·· 105

模块 5　无形资产 ··· 111
　任务 5.1　无形资产概述 ·· 112
　任务 5.2　无形资产的初始计量与摊销 ······································· 114

任务 5.3　无形资产的减值与处置 ………………………………………………………… 119
　　模块测试 ……………………………………………………………………………………… 122

模块 6　其他非流动资产 ………………………………………………………………………… 129
　　任务 6.1　投资性房地产 ……………………………………………………………………… 130
　　任务 6.2　生产性生物资产 …………………………………………………………………… 138
　　任务 6.3　长期待摊费用 ……………………………………………………………………… 142
　　模块测试 ……………………………………………………………………………………… 143

模块 7　负债 ……………………………………………………………………………………… 146
　　任务 7.1　负债概述 …………………………………………………………………………… 147
　　任务 7.2　筹资类流动负债 …………………………………………………………………… 148
　　任务 7.3　应付及预收款项 …………………………………………………………………… 152
　　任务 7.4　应付职工薪酬 ……………………………………………………………………… 158
　　任务 7.5　应交税费 …………………………………………………………………………… 166
　　任务 7.6　非流动负债 ………………………………………………………………………… 184
　　模块测试 ……………………………………………………………………………………… 188

模块 8　所有者权益 ……………………………………………………………………………… 195
　　任务 8.1　所有者权益概述 …………………………………………………………………… 196
　　任务 8.2　实收资本（或股本） ……………………………………………………………… 197
　　任务 8.3　资本公积 …………………………………………………………………………… 204
　　任务 8.4　留存收益 …………………………………………………………………………… 207
　　模块测试 ……………………………………………………………………………………… 213

模块 9　收入、费用和利润 ……………………………………………………………………… 220
　　任务 9.1　收入 ………………………………………………………………………………… 222
　　任务 9.2　费用 ………………………………………………………………………………… 241
　　任务 9.3　利润 ………………………………………………………………………………… 250
　　模块测试 ……………………………………………………………………………………… 261

模块 10　财务会计报告 ………………………………………………………………………… 269
　　任务 10.1　财务会计报告概述 ……………………………………………………………… 270
　　任务 10.2　资产负债表 ……………………………………………………………………… 272
　　任务 10.3　利润表 …………………………………………………………………………… 284

任务 10.4　现金流量表 ……………………………………………………… 290
任务 10.5　所有者权益变动表 …………………………………………… 297
任务 10.6　附注及财务会计报告信息披露 ……………………………… 301
模块测试 …………………………………………………………………… 305

模块 11　云财务共享服务平台 …………………………………………… 313
任务 11.1　云财务共享服务概述 ………………………………………… 314
任务 11.2　云核算操作 …………………………………………………… 315
任务 11.3　财务机器人操作 ……………………………………………… 322
任务 11.4　云税务操作 …………………………………………………… 326
模块测试 …………………………………………………………………… 333

模块 1

金融资产

[考核目标]
1. 了解资产及金融资产。
2. 掌握货币资金的管理、核算、核对及清查。
3. 掌握应收款项的相关内容和账务处理。
4. 掌握交易性金融资产的相关内容和账务处理。

[实践目标]
1. 完成货币资金收付、清查业务的账务处理,完成银行存款余额调节表的编制。
2. 完成应收款项业务的账务处理。
3. 完成交易性金融资产业务的账务处理。

[思政目标]
1. 培养学生细致、谨慎、有条不紊的财经专业素质。
2. 培养学生诚实、守信、坚持原则的职业道德。
3. 培养学生懂法守法、热爱祖国、努力奋斗的精神。

[知识点思维导图]

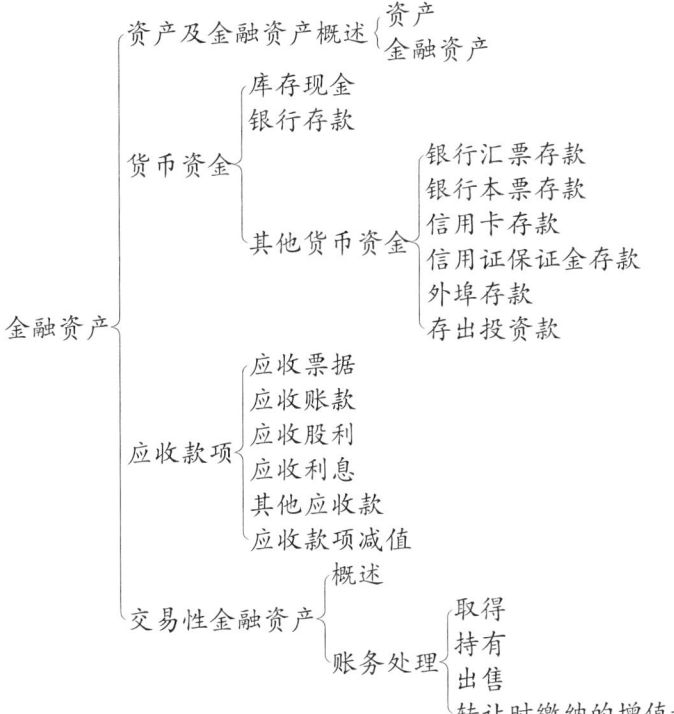

 **案例导入**

新华社北京10月5日电,国家外汇管理局日前发布的《2022年上半年中国国际收支报告》显示,2022年6月末,我国对外金融资产为91 563亿美元,对外负债为70 746亿美元,保持基本稳定。对外净资产为20 816亿美元,较2021年年末增长5.0%。

报告显示,对外资产中储备资产仍居首位,民间部门持有资产占比继续提升。2022年6月末,我国对外金融资产中,国际储备资产余额为32 466亿美元,占我国对外金融资产总额的35%,继续占据对外资产首位,占比较2021年年末下降1.3个百分点;直接投资资产为26 039亿美元,占资产总额的比重为28%,较2021年年末上升0.7个百分点;证券投资资产为10 196亿美元,占比为11%,较2021年年末提高0.6个百分点。

对外负债结构总体稳定,仍以来华直接投资为主。2022年6月末,我国对外负债中,来华直接投资为35 874亿美元,继续位列对外负债首位,占对外总负债的51%;来华证券投资为19 633亿美元,占比为28%;存贷款等其他投资负债为15 058亿美元,占比为21%。

[思考]

(1) 结合案例,谈谈国家持有金融资产对国家经济形势的稳定具有哪些重要作用?

(2) 对企业而言,什么是金融资产?金融资产包括哪些内容?

案例来源:

陈诗文,刘亮.外汇局:我国对外金融资产继续处于较高水平[EB/OL].(2022-10-05)[2022-12-26]. http://news.cctv.com/2022/10/05/ARTI4iUIpS7Zw493iJ7LDpgj221005.shtml.

任务1.1　资产及金融资产概述

活动1.1.1　资产

一、资产的概念

资产是指企业过去的交易或者事项形成的、由企业拥有或者控制的、预期会给企业带来经济利益的资源。

 **考一考**

(多项选择题)下列各项中,企业能够确认为资产的有(　　)。

A. 采用经营租赁方式租出的设备　　B. 采用经营租赁方式租入的设备

C. 采用融资租赁方式租入的设备　　D. 按照合同规定计划购入的设备

E. 已闲置待报废的固定资产

【正确答案】　ACE

【答案解析】　资产是指企业过去的交易或者事项形成的、由企业拥有或者控制的、预期会给企业带来经济利益的资源。选项 B 是企业并不能拥有或者控制的;选项 D 不是企业过去的交易或者事项,且不是预期会给企业带来经济利益的资源。

二、资产的分类

资产的分类如表 1-1 所示。

表 1-1　　　　　　　　　　　　　　　资产的分类

分类标准	分类内容	账户内容
流动性不同	流动资产	包括库存现金、银行存款、其他货币资金、应收账款、应收票据、交易性金融资产、存货等
	非流动资产	包括长期股权投资、债权投资、固定资产、无形资产等
形态不同	有形资产	包括库存现金、固定资产、存货等
	无形资产	包括无形资产、商誉
来源不同	自有资产	以固定资产为例,企业购入、接受捐赠获得的固定资产属于自有资产
	租入资产	以固定资产为例,租赁的生产设备、生产厂房等都属于租入固定资产
金融属性不同	金融资产	参见活动 1.1.2,包括应收账款、应收票据、交易性金融资产等
	非金融资产	包括固定资产、无形资产、存货、长期股权投资等

活动 1.1.2　金融资产

一、金融资产的概念

金融资产是指企业持有的现金、其他方的权益工具,以及符合下列条件之一的资产:

(1) 从其他方收取现金或其他金融资产的合同权利。例如,企业的银行存款、应收账款、应收票据等均属于金融资产。但是,预付账款产生的未来经济利益是商品或服务,不是收取现金或其他金融资产的权利,因此不是金融资产。

(2) 在潜在有利条件下,与其他方交换金融资产或金融负债的合同权利。例如,企业持有的看涨期权或看跌期权等。

(3) 将来须用或可用企业自身权益工具进行结算的非衍生工具合同,且企业根据该合同将收到可变数量的自身权益工具,如企业的普通债券合同或普通股等。

(4) 将来须用或可用企业自身权益工具进行结算的衍生工具合同,但以固定数量的自身权益工具交换固定金额的现金或其他金融资产的衍生工具合同除外。其中,企业自身金融资产是实物资产的对称,是一种索取实物资产的无形的权利,是一切可以在有组织的金融市场上进行交易、具有现实价格和未来估价的金融工具的总称。

金融资产的最大特征是能够在市场交易中为其所有者提供即期或远期的货币收入流量。

二、金融资产的分类

(1) 以摊余成本计量的金融资产,如债权投资的合同现金流量包括投资期间各期应收的利息和到期日收回的本金等;其他属于以摊余成本计量的金融资产性质的金融资产还有贷款、应收账款等。

（2）以公允价值计量且变动计入当期损益的金融资产，如交易性金融资产。

（3）以公允价值计量且变动计入其他综合收益的金融资产，如其他债权投资。（本教材暂不讨论该分类）

长期股权投资为什么不属于金融资产？

任务1.2　货币资金

货币资金是指企业生产经营过程中处于货币形态的资产。货币资金包括库存现金、银行存款和其他货币资金。

活动1.2.1　库存现金

一、库存现金的管理

（一）使用范围

库存现金的使用范围包括：职工工资、津贴；个人劳务报酬；奖金；劳保、福利费；向个人收购农副产品和其他物资的价款；随身携带的差旅费；结算起点1 000元以下的零星支出；中国人民银行确定需要支付现金的其他支出。

（二）限额

现金限额一般按照单位3到5天日常零星开支所需确定，交通不便地区可按多于5天，但不得超过15天的日常零星开支的需要确定。单位需要增加或者减少现金限额，应当向开户行提出申请。

（三）收支的规定限额

除了送存困难，单位应将收入超过限额的现金于当日送存银行；不允许坐支现金，特殊情况可以事先报备开户行审批，开户银行确定坐支范围和金额；提取现金时，应当写明用途，由财会负责人签字盖章；因采购地点不确定、交通不便、生产或市场急需、抢险救灾以及其他特殊情况必须使用现金的，应向由财会负责人签字盖章，报经开户银行审批。另外，不允许"白条抵库""公款私存""设置小金库"等。

（单项选择题）根据现金管理相关规定，下列各项中，企业一般不能使用库存现金进行核算的经济业务是（　　）。

A. 按规定颁发给科技人员的创新奖金　　B. 发放给职工的劳保福利

C. 向个人收购农产品的价款　　D. 向外单位支付的机器设备款

【正确答案】 D
【答案解析】 根据现金管理相关规定,支付给外单位的设备价款一般不可以使用库存现金支付。

二、库存现金的账户设置

"库存现金"账户借方登记企业库存现金的增加,贷方登记企业库存现金的减少,期末借方余额反映期末企业实际持有的库存现金的金额。

三、库存现金的登账要求

为了全面、连续地反映和监督库存现金的收支和结存情况,企业应当设置现金总账和现金日记账,分别进行库存现金的总分类核算和明细分类核算。现金日记账由出纳人员根据收付款凭证,按照业务发生的顺序逐笔登记。每日终了,出纳人员应当在现金日记账上计算出当日的现金收入合计额、现金支出合计额和结余额,并将现金日记账的余额与实际库存现金余额相核对,保证账实相符。月度终了,现金日记账的余额应当与现金总账的余额相核对,做到账账相符。

某企业在实际中发生以下经济业务:①出纳人员开出现金支票到银行提取 10 000 元备用金。②办公室刘经理到财务部门预借差旅费 3 000 元。出纳人员如何进行现金业务的处理?

四、库存现金的清查

(一) 要求

企业应定期、不定期采用实地盘点法对库存现金进行清查,对清查结果编制现金盘点报告单。如果账款不符,发现有待查明原因的现金短缺或溢余,企业应先通过"待处理财产损溢"账户核算;再按管理权限报经批准后,分情况处理。

(二) 账务处理

库存现金清查的账务处理如表 1-2 所示。

表 1-2　　库存现金清查的账务处理

业务内容		会计分录
盘盈	审批前	借:库存现金 　贷:待处理财产损溢
	审批后	借:待处理财产损溢 　贷:其他应付款(属于应支付给有关人员或单位的部分) 　　营业外收入(属于无法查明原因的部分)
盘亏	审批前	借:待处理财产损溢 　贷:库存现金
	审批后	借:其他应收款(属于应由责任人赔偿或保险公司赔偿的部分) 　　管理费用(属于无法查明的其他原因的部分) 　贷:待处理财产损溢

考一考

（单项选择题）企业进行现金清查，发现库存现金短缺300元。经批准，应由出纳人员赔偿194元，其余106元无法查明原因，由企业承担损失。不考虑其他因素，该业务对企业当期营业利润的影响金额为（　　）。

A. 0　　　　　　B. 106元　　　　　　C. 300元　　　　　　D. 194元

【正确答案】　B

【答案解析】　无法查明原因的106元计入管理费用，减少企业的营业利润。

活动1.2.2　银行存款

一、银行存款的账户设置

"银行存款"账户借方登记企业银行存款的增加，贷方登记企业银行存款的减少，期末借方余额反映期末企业实际持有的银行存款金额。

二、银行存款的登账要求

企业应该设置银行存款总账和银行存款日记账，分别进行银行存款的总分类核算和明细分类核算。银行存款日记账由出纳人员根据收、付款凭证，按照业务的发生顺序逐笔登记，每日终了，应结出余额。

三、银行存款的核对

（一）未达账项

银行存款日记账应定期与银行对账单进行核对，每月至少核对一次，目的是保证账实相符；如果不相符，可能是因为银行存款存在未达账项。

未达账项是指由于结算凭证在企业与银行之间或收、付款银行之间传递需要时间，造成企业与银行之间入账的时间差，一方收到凭证并已入账，另一方未收到凭证因而未能入账，由此形成的账款差异。

（二）银行存款余额调节表

在存在未达账项的情况下，如果企业银行存款日记账与银行对账单核对不相符，企业应编制银行存款余额调节表进行调节，如没有记账错误，调节后的双方余额应相等。编制银行存款余额调节表是为了核对账目，企业并不能将其作为调整银行存款账面余额的记账依据。

【例1-1】　2022年12月31日，A公司银行存款日记账余额为50 000元，银行对账单余额为507 000元。经核对，A公司发现有以下几笔未达账项：

（1）A公司签发转账支票支付货款1 000元，收款单位尚未持票到银行办理。

（2）A公司收到转账支票一张1 200元，系投资B公司获得的投资利润，开户银行尚未办理入账。

（3）A公司委托开户银行代收货款，收回款项1 700元，开户银行已办理入账手续，A公司尚未收到银行送达的收账通知。

(4) 银行代 A 公司支付水电费 700 元,银行已办理付款,A 公司尚未收到付款通知,尚未记账。

A 公司编制的银行存款余额调节表如表 1-3 所示。

表 1-3　　　　　　　　　　银行存款余额调节表　　　　　　　　　　单位:元

项目	金额	项目	金额
企业银行存款日记账余额	50 000	银行对账单余额	50 800
加:银行已收,企业未收款	1 700	加:企业已收,银行未收款	1 200
减:银行已付,企业未付款	700	减:企业已付,银行未付款	1 000
调节后的存款余额	51 000	调节后的存款余额	51 000

(单项选择题)经过银行存款余额调节表调整后的银行存款余额为(　　)。

A. 企业账上的银行存款余额

B. 银行账上的企业银行存款余额

C. 企业可动用的银行存款余额

D. 企业应在会计报表中反映的银行存款余额

【正确答案】　C

【答案解析】　银行存款余额调节表的作用之一是还原企业真实的银行存款余额。

活动 1.2.3　其他货币资金

一、其他货币资金的概念及内容

其他货币资金是指企业库存现金、银行存款以外的各种货币资金。它主要包括银行汇票存款、银行本票存款、信用卡存款、信用证保证金存款、外埠存款、存出投资款等。

二、银行汇票存款

(一) 概念

银行汇票是指由出票银行签发的,由其在见票时按照实际结算金额无条件支付给收款人或者持票人的票据。

银行汇票存款是指企业为取得银行汇票按照规定存入银行的款项。

银行汇票的出票银行为银行汇票的付款人。收款人可以将银行汇票背书转让给被背书人。银行汇票的背书转让以不超过出票金额的实际结算金额为准。未填写实际结算金额或实际结算金额超过出票金额的银行汇票,不得背书转让。银行汇票的提示付款期限为自出票日起 1 个月,持票人超过付款期限提示付款的,银行将不予受理。持票人向银行提示付款时,必须同时提交银行汇票和解讫通知,缺少任何一联,银行不予受理。

(二) 账务处理

银行汇票存款的账务处理如表 1-4 所示。

表 1-4　　　　　　　　　　　银行汇票存款的账务处理

业务内容	会计分录
企业向银行申请银行汇票申请书	借：其他货币资金——银行汇票存款 　贷：银行存款
企业持银行汇票购货,收到发票账单时	借：材料采购等 　　应交税费——应交增值税(进项税额) 　贷：其他货币资金——银行汇票存款
企业采购完毕收回剩余款项	借：银行存款 　贷：其他货币资金——银行汇票存款

【例 1-2】　A 公司委托开户银行从其存款账户内划转 100 000 元用于申请办理银行汇票,持银行汇票到异地购入原材料,取得的增值税专用发票上注明的材料价款为 80 000 元,增值税税额为 10 400 元,结余款项 9 600 元退回开户银行。A 公司应编制如下会计分录：

(1) 向银行申请银行汇票时：

借：其他货币资金——银行汇票存款　　　　　　　　　　　　100 000
　　贷：银行存款　　　　　　　　　　　　　　　　　　　　　　　　100 000

(2) 持银行汇票购货,收到发票账单时：

借：材料采购　　　　　　　　　　　　　　　　　　　　　　　 80 000
　　应交税费——应交增值税(进项税额)　　　　　　　　　　　10 400
　　贷：其他货币资金——银行汇票存款　　　　　　　　　　　　　90 400

(3) 收到开户银行转来的多余款收账通知时：

借：银行存款　　　　　　　　　　　　　　　　　　　　　　　　9 600
　　贷：其他货币资金——银行汇票存款　　　　　　　　　　　　　 9 600

三、银行本票存款

(一) 概念

银行本票是指银行签发的,承诺自己在见票时无条件支付确定的金额给收款人或持票人的票据。

银行本票存款是指企业为了取得银行本票按规定存入银行的款项。

单位和个人在同一票据交换区域需要支付的各种款项,均可使用银行本票。银行本票可以用于转账,注明"现金"字样的银行本票可以用于支取现金。银行本票分为定额本票和不定额本票两种。定额本票面额为 1 000 元、5 000 元、10 000 元和 50 000 元。银行本票的提示付款期限自出票日起最长不得超过 2 个月,在有效付款期内,银行见票付款。持票人超过提示付款期限付款的,银行不予受理。

(二) 账务处理

银行本票存款的账务处理参考表 1-4 银行汇票的账务处理。

【例 1-3】　A 公司为增值税一般纳税人,为取得银行本票,向银行填交"银行本票申请书",并将 22 600 元银行存款转作银行本票存款,之后用银行本票购买办公用品 20 000 元,增值税专用发票上注明的增值税税额为 2 600 元。A 公司应编制如下会计分录：

(1) 向银行申请银行本票时：

借：其他货币资金——银行本票存款   22 600
    贷：银行存款   22 600

(2) 持银行本票购货，收到发票账单时：

借：管理费用   20 000
    应交税费——应交增值税(进项税额)   2 600
    贷：其他货币资金——银行本票存款   22 600

使用银行本票采购原材料，企业应如何进行账务处理？

(多项选择题)下列各项中，不通过"其他货币资金"账户核算的有(   )。

A. 银行支票存款   B. 银行本票存款   C. 银行汇票存款   D. 备用现金

【正确答案】 AD

【答案解析】 选项A通过"银行存款"账户核算，选项D通过"库存现金"账户核算，因此答案应该选AD。

四、信用卡存款

(一) 概念

信用卡是指银行为个人和各类工商企业、团体等法人组织所发行具备购物和消费功能的银行卡。

信用卡存款是指企业为取得信用卡而存入银行信用卡专户的款项。

信用卡按使用对象分为单位卡和个人卡。凡在中国境内金融机构开立基本存款账户的单位可申领单位卡。单位卡账户的资金一律从其基本存款账户转账存入，不得交存现金，不得将销货收入的款项存入其账户。持卡人可持信用卡在特约单位购物、消费，但单位卡不得用于10万元以上的商品交易、劳务供应款项的结算，不得支取现金。特约单位在每日营业终了，应将当日受理的信用卡签购单汇总，计算手续费和净额，并填写汇(总)计价单和进账单，连同签购单一并送交收单银行办理进账。

(二) 账务处理

信用卡存款的账务处理如表1-5所示。

表1-5   信用卡存款的账务处理

业务内容	会计分录
企业向银行申请信用卡存款	借：其他货币资金——信用卡 贷：银行存款

企业用信用卡购物或者支付有关费用	借：管理费用等
	    应交税费——应交增值税(进项税额)
	  贷：其他货币资金——信用卡

【例 1-4】 2022 年 11 月 27 日，A 公司委托开户银行从其存款账户内划转 60 000 元用于申请办理信用卡。11 月 29 日，A 公司使用该信用卡支付业务招待费 4 000 元，取得增值税普通发票。A 公司应编制如下分录：

（1）向银行申请信用卡存款时：

借：其他货币资金——信用卡存款　　　　　　　　　　　　　　60 000
　　贷：银行存款　　　　　　　　　　　　　　　　　　　　　　　　60 000

（2）支付业务招待费时：

借：管理费用　　　　　　　　　　　　　　　　　　　　　　　　4 000
　　贷：其他货币资金——信用卡存款　　　　　　　　　　　　　　4 000

五、信用证保证金存款

（一）概念

信用证是指银行（包括政策性银行、商业银行、农村合作银行、村镇银行和农村信用社）依照申请人的申请开立的、对相符交单予以付款的承诺。

信用证保证金存款是指采用信用证结算方式的企业为开具信用证而存入银行信用证保证金专户的款项。它是以人民币计价、不可撤销的跟单信用证。信用证的开立和转让，应当具有真实的贸易背景，适用于银行为国内企事业单位之间货物和服务贸易提供的信用证服务。信用证只限于转账结算，不得支取现金。企业向银行申请开立信用证，应按规定向银行提交开证申请书、信用证申请人承诺书和购销合同。

（二）账务处理

信用证保证金存款的账务处理参考表 1-4 银行汇票存款的账务处理。

六、外埠存款

（一）概念

外埠存款是指企业到外地进行临时或零星采购时，汇往采购地银行并开立采购专户的款项。企业将款项汇往外地时，应填写汇款委托书，委托开户银行办理汇款。汇入地银行以汇款单位名义开立临时采购账户，该账户的存款不计利息、只付不收、付完清户，除了采购人员可从中提取少量现金，一律采用转账结算。

（二）账务处理

外埠存款的账务处理参考表 1-4 银行汇票存款的账务处理。

七、存出投资款

（一）概念

存出投资款是指企业为购买股票、债券、基金等，根据有关规定存入在证券公司指定银行开立的投资款专户的款项。

（二）账务处理

存出投资款的账务处理如表 1-6 所示。

表 1-6　　　　　　　　　　　　　存出投资款的账务处理

业务内容	会计分录
企业向证券公司划出资金	借：其他货币资金——存出投资款 　贷：银行存款
企业购买股票、债券、基金等	借：交易性金融资产等 　贷：其他货币资金——存出投资款

(多项选择题)下列各项中,会引起其他货币资金发生变动的有(　　)。
A. 企业销售商品收到商业汇票
B. 企业办理采购业务,使用银行本票方式支票
C. 企业委托开户银行划转款项至外地,开立采购专用账户
D. 企业委托开户银行将资金存入证券公司指定银行开立账户,用于股票投资

【正确答案】　BCD
【答案解析】　选项 A 计入应收票据；选项 B,银行本票属于其他货币资金,用银行本票购买办公用品会导致其他货币资金的减少；选项 C,将款项汇往外地开立采购专用账户会引起其他货币资金的增加；选项 D,同样会引起其他货币资金的增加。

任务 1.3　应收款项

应收及预付款项是指企业在日常生产经营过程中发生的各项债权,包括应收款项和预付款项。本任务将详细介绍应收款项。应收款项一般包括应收票据、应收账款、应收股利、应收利息、其他应收款,相应地也会涉及应收款项减值的有关处理。

活动 1.3.1　应收票据

一、应收票据的概念

应收票据是指企业因销售商品、提供服务等而收到的商业汇票。它是一种由出票人签发的,委托付款人在指定日期无条件支付确定金额给收款人或者持票人的票据。商业汇票的付款期限最长不得超过 6 个月。商业汇票提示付款期限为自汇票到期日起 10 日内。符合条件的商业汇票的持票人,可以持未到期的商业汇票连同贴现凭证向银行申请贴现。

二、商业汇票的分类

根据承兑人不同,商业汇票分为商业承兑汇票和银行承兑汇票。其中,商业承兑汇票是指由付款人签发并承兑,或由收款人签发交由付款人承兑的商业汇票；银行承兑汇票是指由在承兑银行开立存款账户的存款人签发,由承兑银行承兑的商业汇票。

三、应收票据的账户设置

"应收票据"账户借方登记取得的应收票据的面值,贷方登记到期收回票款或到期前向银行贴现的应收票据的票面金额,期末余额在借方,反映企业持有的商业汇票的票面金额。企业可设置"应收票据备查簿",逐笔登记商业汇票的种类、号数和出票日、票面金额、交易合同号和付款人、承兑人、背书人的姓名或单位名称、到期日、背书转让日、贴现日、贴现率和贴现净额,以及收款日和收回金额、退票情况等资料。

四、应收票据的账务处理

应收票据的账务处理如表1-7所示。

表1-7　　　　　　　　　　　应收票据的账务处理

业务内容			会计分录
取得应收票据	因债务人抵偿前欠货款而取得的应收票据		借:应收票据 贷:应收账款
	因企业销售商品、提供劳务等而收到的商业汇票		借:应收票据 贷:主营业务收入 　　应交税费——应交增值税(销项税额)
带息应收票据计提利息			借:应收票据 贷:财务费用
应收票据到期	对方企业按时支付票款	不带息票据	借:银行存款 贷:应收票据[面值]
		带息票据	借:银行存款 贷:应收票据[面值+利息]
	对方企业无力支付票款	不带息票据	借:应收账款 贷:应收票据[面值]
		带息票据	借:应收账款 贷:应收票据[面值+利息]
背书转让			借:材料采购[或原材料、库存商品等] 　　应交税费——应交增值税(进项税额) 贷:应收票据 　　银行存款等
贴现			借:银行存款[收到的金额] 　　财务费用[贴现利息] 贷:应收票据[到期值]

【例1-5】 2022年11月5日,A公司向B公司销售商品一批,价款为80 000元,增值税税率为13%,收到B公司交付一张期限为6个月、面值为90 400元的不带息商业承兑汇票。2022年11月26日,A公司向C公司采购原材料一批,材料价款为100 000元,增值税税率为13%,A公司将B公司交付的票据背书转让给C公司。A公司应编制如下会计分录:

(1) 2022年11月5日,A公司收到票据时:

借:应收票据——B公司　　　　　　　　　　　　　　　　　　　　　90 400
　　贷:主营业务收入　　　　　　　　　　　　　　　　　　　　　　80 000
　　　　应交税费——应交增值税(销项税额)　　　　　　　　　　　10 400

(2) 2022 年 11 月 26 日,A 公司将票据背书转让给 C 公司并取得原材料时:

借:原材料　　　　　　　　　　　　　　　　　　　　　　　　　　　100 000
　　应交税费——应交增值税(进项税额)　　　　　　　　　　　　　　13 000
　　贷:应收票据——B 公司　　　　　　　　　　　　　　　　　　　　90 400
　　　　银行存款　　　　　　　　　　　　　　　　　　　　　　　　22 600

如果 A 公司采购材料的价款为 80 000 元,则应收票据背书转让的会计分录应如何编制?

(多项选择题)下列各项中,应构成应收票据入账金额的有(　　)。
A. 销售商品取得的收入　　　　　　　B. 应收取的增值税税额
C. 替购货方垫付的装卸费用　　　　　D. 为销售商品发生的展览费用
【正确答案】　ABC
【答案解析】　选项 D 属于销售方发生的费用,应计入销售费用。

五、应收票据的贴现

(一) 概念

应收票据贴现是指票据的持票人在票据到期日前,为了取得资金,贴付一定利息将票据权利转让给银行的票据行为。它是持票人向银行融通资金的一种方式。

(二) 相关计算公式

应收票据贴现要计算到期值、贴现息、贴现净额。相关计算公式如下:

$$到期值＝票据面值＋票面利息$$
$$贴现息＝票据到期值×贴现率×贴现期$$
$$贴现净额＝票据到期值－贴现息$$

活动 1.3.2　应收账款

一、应收账款的概念和内容

应收账款是指企业因销售商品、提供劳务等经营活动,应向购货单位或接受劳务单位收取的款项。它主要包括企业销售商品或提供劳务等应向有关债务人收取的价款,增值税销项税额及代购货单位垫付的包装费、运杂费等。

二、应收账款的账户设置

"应收账款"账户的借方登记应收账款的增加,贷方登记应收账款的收回及确认的坏账损失,期末余额一般在借方,反映企业尚未收回的应收账款;如果期末余额在贷方,一般为企业预收的账款。

预收账款情况不多的企业,可以不设"预收账款"账户,可通过"应收账款"账户核算,如果"应收账款"账户的期末余额在贷方,则反映企业存在预收的账款。

三、应收账款的账务处理

应收账款的账务处理如表 1-8 所示。

表 1-8　　　　　　　　　　　　应收账款的账务处理

业务内容	会计分录
销售货物时	借:应收账款 　贷:主营业务收入 　　　应交税费——应交增值税(销项税额)
收回应收账款时	借:银行存款 　贷:应收账款
企业代购货单位垫付包装费用等时	借:应收账款 　贷:银行存款
收回代垫费用时	借:银行存款 　贷:应收账款
在收到承兑的商业汇票时	借:应收票据 　贷:应收账款

【例 1-6】　A 公司向 B 公司销售商品一批,货款为 150 000 元,增值税税额为 19 500 元,以银行存款代垫装卸费用 10 000 元,已办理托收手续。A 公司应编制如下会计分录:

(1) A 公司确认商品销售收入时:

借:应收账款——B 公司　　　　　　　　　　　　　　　　　　　　179 500
　贷:主营业务收入　　　　　　　　　　　　　　　　　　　　　　150 000
　　　应交税费——应交增值税(销项税额)　　　　　　　　　　　　 19 500
　　　银行存款　　　　　　　　　　　　　　　　　　　　　　　　 10 000

(2) A 公司实际收到款项时:

借:银行存款　　　　　　　　　　　　　　　　　　　　　　　　　179 500
　贷:应收账款——B 公司　　　　　　　　　　　　　　　　　　　 179 500

(3) 如果 B 公司将应收账款改用应收票据结算,在收到承兑的商业汇票时:

借:应收票据——B 公司　　　　　　　　　　　　　　　　　　　　179 500
　贷:应收账款——B 公司　　　　　　　　　　　　　　　　　　　 179 500

考一考

(单项选择题)A 公司销售商品一批,价款为 250 000 元,增值税税率为 13%,且代购货方垫付装卸费用 5 000 元,已办妥托收手续。A 公司应确认的应收账款为(　　)元。

A. 255 000　　　　　B. 287 500　　　　　C. 282 500　　　　　D. 250 000

【正确答案】 B
【答案解析】 应确认的应收账款＝250 000＋250 000×13%＋5 000＝287 500(元)。

活动1.3.3　应收股利

一、应收股利的概念

应收股利是指企业应收取的现金股利或应收取其他单位分配的利润。

二、应收股利的账户设置

"应收股利"账户借方登记应收现金股利或利润的增加,贷方登记收到的现金股利或利润,期末余额一般在借方,反映企业尚未收到的现金股利或利润。

三、应收股利的账务处理

应收股利的账务处理如表1-9所示。

表1-9　　　　　　　　　　　应收股利的账务处理

业务内容	会计分录
被投资单位宣布发放股利时	借：应收股利 　　贷：投资收益
收到被投资单位发放的股利时	借：银行存款(或其他货币资金) 　　贷：应收股利

【例1-7】　A公司持有B上市公司股票,作为以公允价值计量且其变动计入当期损益的交易性金融资产进行管理和核算。2022年11月11日,B上市公司宣告发放2021年度的现金股利,A公司按其持有B上市公司股份计算确定的应分得的现金股利为10 000元。2022年11月29日,A公司收到B上市公司发放的现金股利10 000元,款项已存入银行。假定不考虑相关税费。A公司应编制如下会计分录：

(1) B上市公司宣布发放股利时：

借：应收股利——B上市公司　　　　　　　　　　　　　　　　　10 000
　　贷：投资收益——B上市公司　　　　　　　　　　　　　　　　　10 000

(2) A公司收到B上市公司发放的股利时：

借：其他货币资金——存出投资款　　　　　　　　　　　　　　　10 000
　　贷：应收股利——B上市公司　　　　　　　　　　　　　　　　　10 000

对于企业持有的其他股权投资取得的现金股利或利润,是否应借记"银行存款"账户、贷记"应收股利"账户？

活动 1.3.4　应收利息

一、应收利息的概念

应收利息是指企业根据合同或协议规定应向债务人收取的利息。

二、应收利息的账户设置

"应收利息"账户借方登记应收利息的增加,贷方登记收到的利息,期末余额一般在借方,反映企业尚未收到的利息。

三、应收利息的账务处理

应收利息的账务处理如表 1-10 所示。

表 1-10　应收利息的账务处理

业务内容	会计分录
债权人宣布发放利息时	借：应收利息 　　贷：投资收益
收到债权人的发放的利息时	借：银行存款(或其他货币资金) 　　贷：应收利息

活动 1.3.5　其他应收款

一、其他应收款的概念

其他应收款是指企业应收票据、应收账款、预付账款、应收股利和应收利息以外的其他各种应收及暂付款项。

二、其他应收款的内容

(1) 应收的各种赔款、罚款,如因企业财产等遭受意外损失而应向有关保险公司收取的赔款等。

(2) 应收的出租包装物租金。

(3) 应向职工收取的各种垫付款项,如为职工垫付的水电费、应由职工负担的医药费、房租费等。

(4) 存出保证金,如租入包装物支付的押金。

(5) 其他各种应收、暂付款项。

三、其他应收款的账户设置

"其他应收款"账户借方登记其他应收款的增加,贷方登记其他应收款的收回,期末余额一般在借方,反映企业尚未收回的其他应收款项。

四、其他应收款的账务处理

其他应收款的账务处理如表 1-11 所示。

表 1-11　　　　　　　　　　　其他应收款的账务处理

业务内容	会计分录
发生各种其他应收款项时	借:其他应收款 　贷:银行存款(或库存现金、固定资产清理等)
收回各种应收款项时	借:银行存款(或库存现金、应付职工薪酬等) 　贷:其他应收款

【例 1-8】　2022 年 7 月 2 日,A 公司向 B 公司租入包装物一批,支付押金 8 000 元。2022 年 11 月 10 日,A 公司退回所租包装物,并收到 B 公司如数退还的押金,已存入银行。A 公司应编制如下会计分录:

(1) A 公司向 B 公司支付包装物押金时:

借:其他应收款——B 公司　　　　　　　　　　　　　　　　　　　　　8 000
　　贷:银行存款　　　　　　　　　　　　　　　　　　　　　　　　　8 000

(2) A 公司收到退还押金时:

借:银行存款　　　　　　　　　　　　　　　　　　　　　　　　　　　8 000
　　贷:其他应收款——B 公司　　　　　　　　　　　　　　　　　　　8 000

【例 1-9】　A 公司以银行存款代职工刘琴垫付应由其个人负担的医疗费 9 000 元,拟从其工资中扣回。A 公司应编制如下会计分录:

(1) 代垫医疗费时:

借:其他应收款——刘琴　　　　　　　　　　　　　　　　　　　　　　9 000
　　贷:银行存款　　　　　　　　　　　　　　　　　　　　　　　　　9 000

(2) 从工资扣款时:

借:应付职工薪酬　　　　　　　　　　　　　　　　　　　　　　　　　9 000
　　贷:其他应收款——刘琴　　　　　　　　　　　　　　　　　　　　9 000

(多项选择题)下列各项中,通过"其他应收款"账户核算的有(　　)。
A. 应收的各种赔款、罚款　　　　　　　B. 应收的出租包装物租金
C. 应向职工收取的各种垫付款项　　　　D. 企业代购货单位垫付包装费用
【正确答案】　ABC
【答案解析】　选项 D 通过"应收账款"账户核算。

(单项选择题)A公司在采购过程中发生材料毁损,应由B保险公司赔偿损失5 000元,赔款尚未收到。假定A公司对原材料采用计划成本进行日常核算。A公司应编制如下会计分录( )。

  A. 借:其他应收款——M保险公司   5 000
    贷:银行存款   5 000
  B. 借:其他应收款——M保险公司   5 000
    贷:材料采购   5 000
  C. 借:其他应收款——M保险公司   5 000
    贷:在途物资   5 000
  D. 借:材料采购   5 000
    贷:其他应收款——M保险公司   5 000

【正确答案】 B
【答案解析】 选项A是收到赔款后的账务处理,选项C是原材料采用实际成本的账务处理,选项D错误。

活动1.3.6 应收款项减值

一、应收款项减值的概念

应收款项减值是指企业因购货人拒付、破产、死亡等原因无法全额收回的各种应收款项。这类无法收回的应收款项就是坏账,因坏账而遭受的损失为坏账损失。

二、应收账款减值的核算方法

应收款项减值有直接转销法和备抵法两种核算方法。我国《企业会计准则》规定,应收款项减值的核算应采用备抵法。《小企业会计准则》规定,应收款项减值采用直接转销法。

(一)直接转销法

采用直接转销法时,企业对于日常核算中应收款项可能发生的坏账损失不进行账务处理,只有在实际发生坏账时,才作为坏账损失计入当期损益。其账务处理如下:

借:银行存款
  营业外支出——坏账损失
  贷:应收账款

(二)备抵法

1. 概念

备抵法是指采用一定的方法按期确定预期信用损失计入当期损益,作为坏账准备,待坏账损失实际发生时,冲销已计提的坏账准备和相应的应收款项的方法。采用这种方法,企业需要对预期信用损失进行复杂的评估和判断,履行预期信用损失的确定程序。

2. 预期信用损失的相关概念

预期信用损失是指以发生违约的风险为权重的金融工具信用损失的加权平均值。

信用损失是指企业按照实际利率折现的、根据合同应收的所有合同现金流量与预期收取的所有现金流量之间的差额。

3. 信用风险的确定

在确定信用风险自初始确认后是否显著增加时,企业应考虑的具体信息包括:

(1) 债务人未能按合同到期日支付款项的情况。

(2) 已发生的或预期的债务人的外部或内部信用评级的严重恶化。

(3) 已发生的或预期的债务人经营成果的严重恶化。

(4) 现存的或预期的技术、市场、经济或法律环境变化,并将对债务人对本企业的还款能力产生重大不利影响。

4. 坏账准备的计提公式

坏账准备的计提公式如下:

$$\text{当期应计提的坏账准备} = \text{当期期末应收款项余额} \times \text{坏账准备计提百分比} - \text{当期计提坏账准备前"坏账准备"账户已有的余额}$$

5. 坏账准备的账户设置

"坏账准备"账户的贷方登记当期计提的坏账准备、收回已转销的应收账款而恢复的坏账准备,借方登记实际发生的坏账损失金额和冲减的坏账准备金额,期末贷方余额反映企业已计提但尚未转销的坏账准备。

6. 坏账准备的账务处理

坏账准备的账务处理如表 1-12 所示。

表 1-12　　　　　　　　　　　坏账准备的账务处理

业务内容	会计分录
初次计提	借:资产减值损失——计提的坏账准备 　贷:坏账准备
发生坏账	借:坏账准备 　贷:应收账款等
发生坏账又收回	借:应收账款等 　贷:坏账准备 借:银行存款 　贷:应收账款等
再次计提(应提=应有-已提)	借:资产减值损失——计提的坏账准备 　贷:坏账准备(补提)

【例 1-10】 A 公司发生如下经济业务:

(1) 2021 年 12 月 31 日,A 公司对应收 B 公司的账款进行预期信用减值损失评估,确定按应收款项余额的 2% 计提坏账准备。当年年末应收账款余额合计为 500 000 元。假设"坏账准备"账户在 2021 年年初余额为 0。

(2) 2022 年,A 公司对 B 公司的应收账款实际发生坏账损失 7 000 元。

(3) 2022 年 12 月 31 日,A 公司应收 B 公司的账款余额为 800 000 元。

(4) 2023年1月20日,A公司收回2021年已作坏账转销的应收账款6 000元,已存入银行。

A公司应编制如下会计分录:

(1) 2021年12月31日:

应计提的坏账准备＝500 000×2‰＝10 000(元)

借:资产减值损失——计提的坏账准备　　　　　　　　　　　　　　　　　10 000
　　贷:坏账准备　　　　　　　　　　　　　　　　　　　　　　　　　　　　10 000

(2) 2022年,确认坏账损失时:

借:坏账准备　　　　　　　　　　　　　　　　　　　　　　　　　　　　　7 000
　　贷:应收账款　　　　　　　　　　　　　　　　　　　　　　　　　　　　7 000

(3) 2022年12月31日:

计提的坏账准备＝800 000×2‰－(10 000－7 000)＝13 000(元)

借:资产减值损失——计提的坏账准备　　　　　　　　　　　　　　　　　13 000
　　贷:坏账准备　　　　　　　　　　　　　　　　　　　　　　　　　　　　13 000

(4) 2023年1月20日,收回已转销的坏账时:

借:应收账款　　　　　　　　　　　　　　　　　　　　　　　　　　　　　6 000
　　贷:坏账准备　　　　　　　　　　　　　　　　　　　　　　　　　　　　6 000

借:银行存款　　　　　　　　　　　　　　　　　　　　　　　　　　　　　6 000
　　贷:应收账款　　　　　　　　　　　　　　　　　　　　　　　　　　　　6 000

(单项选择题)2022年12月31日,A公司应收账款账面余额为100万元,预计未来现金流量现值为60万元;2022年11月30日,"坏账准备"账户贷方余额为10万元,不考虑其他因素,该公司2022年12月31日应确认的资产减值损失为(　　)万元。

A. 10　　　　　　B. 30　　　　　　C. 40　　　　　　D. 50

【正确答案】　B

【答案解析】　2022年年末坏账准备应有余额为40万元(100－60),坏账准备已有余额为10万元,所以应计提资产减值损失30万元(40－10)。

任务1.4　交易性金融资产

活动1.4.1　概述

一、交易性金融资产的概念

交易性金融资产是指以公允价值计量且其变动计入当期损益的金融资产。它是企业为了近期内出售而持有的金融资产。例如，企业以赚取差价为目的从二级市场购入的股票、债券、基金等；或者在初始确认时属于集中管理的可辨认金融工具组合的一部分，且有客观证据表明近期实际存在短期获利模式的金融资产等，如企业管理的以公允价值进行业绩考核的某项投资组合。

二、交易性金融资产的特点

交易性金融资产的特点包括：持有的时间较短；变现能力较强；具有投机性；可以是权益性投资，也可以是债券性投资。

三、交易性金融资产相关的账户内容及账户设置

交易性金融资产相关的账户内容及账户设置如表1-13所示。

表1-13　　　　　　　　　交易性金融资产相关的账户

账户名称	核算内容	账户设置
交易性金融资产——成本	取得金融资产的公允价值作为初始确认金额，即市场交易价格	"交易性金融资产"账户的借方登记交易性金融资产的取得成本、资产负债表日其公允价值高于账面余额的差额，以及出售交易性金融资产时结转公允价值低于账面余额的变动金额；贷方登记资产负债表日公允价值低于账面余额的差额，以及企业出售交易性金融资产时结转的成本和公允价值高于账面余额的变动金额。"交易性金融资产——成本"账户期末余额在借方，反映企业尚未出售的交易性金融资产的成本；"交易性金融资产——公允价值变动"账户期末余额在借方，反映企业交易性金融资产的公允价值高于账面价值，期末余额在贷方，则反之
交易性金融资产——公允价值变动	在资产负债表日交易性金融资产公允价值与其账面余额的差额	
应收股利	已宣告但尚未领取的现金股利	参见活动1.3.3
应收利息	已到付息期但尚未领取的债券利息	参见活动1.3.4
公允价值变动损益	在资产负债表日交易性金融资产公允价值与其账面余额的差额	借方登记资产负债表日企业持有的交易性金融资产等的公允价值低于账面余额的差额；贷方登记资产负债表日企业持有的交易性金融资产等的公允价值高于账面余额的差额。期末无余额
投资收益	①取得所发生的相关交易费用（冲减投资收益），交易费用是指可直接归属于购买、发行或处置金融工具的增量费用，包括支付给代理机构、咨询公司、券商、政府有关部门等的手续费、佣金及其他必要支出。②宣布发放的股利和利息。③出售时获得的收益或者损失	借方登记企业取得交易性金融资产时支付的交易费用、出售交易性金融资产等发生的投资损失；贷方登记企业持有交易性金融资产等的期间内取得的投资收益，以及出售交易性金融资产等实现的投资收益。期末无余额
应交税费——应交增值税（进项税额）	增值税进项税额经认证后可从当月销项税额中扣除	借方登记产生转让损失，贷方登记产生转让收益，经抵扣后期末一般无余额

活动1.4.2　账务处理

一、交易性金融资产取得的账务处理

交易性金融资产取得的账务处理如表1-14所示。

表 1-14　　　　　　　　　交易性金融资产取得的账务处理

业务内容	会计分录
购入交易性金融资产	借：交易性金融资产——成本 　　应收股利［或应收利息］ 　贷：其他货币资金［或银行存款］
支付相关的交易费用	借：投资收益 　　应交税费——应交增值税（进项税额） 　贷：银行存款

【例 1-11】　A 公司从证券市场上购入 B 公司发行在外的股票 5 万股作为交易性金融资产，每股支付价款 3 元(含已宣告但尚未发放的现金股利 0.5 元)，另支付相关费用 1 万元，取得的增值税专用发票上注明的金额为 800 元。A 公司应编制如下会计分录：

(1) 购入股票时：

借：交易性金融资产——成本　　　　　　　　　　　　　　　　1 25 000
　　应收股利　　　　　　　　　　　　　　　　　　　　　　　25 000
　贷：其他货币资金——存出投资款　　　　　　　　　　　　　1 50 000

(2) 支付相关费用时：

借：投资收益　　　　　　　　　　　　　　　　　　　　　　　10 000
　　应交税费——应交增值税(进项税额)　　　　　　　　　　　800
　贷：其他货币资金——存出投资款　　　　　　　　　　　　　10 800

(单项选择题)A 公司从证券市场购入股票 5 万股，每股支付价款 5 元(其中包含已宣告但尚未领取的现金股利 0.5 元)，另支付交易费用 8 000 元。A 公司将其划分为交易性金融资产，则其初始入账价值是(　　)元。

A. 250 000　　　　B. 258 000　　　　C. 225 000　　　　D. 242 000

【正确答案】　C

【答案解析】　取得交易性金融资产的交易费用应通过投资收益核算，不计入交易性金融资产的初始入账价值，该交易性金融资产的初始入账价值为 225 000 元[50 000×(5−0.5)]。

二、交易性金融资产持有的账务处理

交易性金融资产持有的账务处理如表 1-15 所示。

表 1-15　　　　　　　　　交易性金融资产持有的账务处理

业务内容	会计分录
被投资单位宣告现金股利或按分期付息的利息收入确认	借：应收股利(或应收利息) 　贷：投资收益
收到现金股利或债券利息	借：其他货币资金(或银行存款) 　贷：应收股利(或应收利息)

(续表)

业务内容	会计分录
股价或债券价格上涨	借：交易性金融资产——公允价值变动 贷：公允价值变动损益(公允价值与账面余额之间的差额计入当期损益)
股价或债券价格下跌	借：公允价值变动损益(公允价值与账面余额之间的差额计入当期损益) 贷：交易性金融资产——公允价值变动

【例 1-12】 2022 年 7 月 1 日，A 公司购入 B 公司 2022 年 1 月 1 日发行的债券，支付价款为 1 500 000 元(含已到付息期但尚未领取的债券利息 20 000 元)，支付价款含交易费用 10 000 元。7 月 5 日，A 公司收到上述利息 20 000 元，假设不考虑任何税费。A 公司将该债券划分为交易性金融资产。A 公司应编制如下会计分录：

(1) 7 月 1 日，取得交易性金融资产时：

借：交易性金融资产　　　　　　　　　　　　　　　　　　　　　1 470 000
　　应收利息　　　　　　　　　　　　　　　　　　　　　　　　　　20 000
　　投资收益　　　　　　　　　　　　　　　　　　　　　　　　　　10 000
　　贷：其他货币资金——存出投资款　　　　　　　　　　　　　　1 500 000

(2) 7 月 5 日，实际收到上半年利息时：

借：其他货币资金——存出投资款　　　　　　　　　　　　　　　　　20 000
　　贷：应收利息　　　　　　　　　　　　　　　　　　　　　　　　　20 000

(3) 12 月 31 日，确认下半年利息收入时：

借：应收利息　　　　　　　　　　　　　　　　　　　　　　　　　　20 000
　　贷：投资收益　　　　　　　　　　　　　　　　　　　　　　　　　20 000

【例 1-13】 承接[例 1-12]，假设分别存在以下情况：

(1) 假定 2022 年 12 月 31 日该交易性金融资产的公允价值变动为 1 480 000 元。
(2) 假定 2022 年 12 月 31 日该交易性金融资产的公允价值变动为 1 450 000 元。

A 公司应编制如下会计分录：

(1) 2022 年 7 月 1 日交易性金融资产的初始成本为 1 470 000 元，2022 年末公允价值上升至 1 480 000 元，则公允价值上升 10 000 元。

借：交易性金融资产——公允价值变动　　　　　　　　　　　　　　10 000
　　贷：公允价值变动损益　　　　　　　　　　　　　　　　　　　　10 000

(2) 2022 年 7 月 1 日交易性金融资产的初始成本为 1 470 000 元，2022 年末公允价值下降至 1 450 000 元，则公允价值下降 20 000 元。

借：公允价值变动损益　　　　　　　　　　　　　　　　　　　　　200 000
　　贷：交易性金融资产——公允价值变动　　　　　　　　　　　　　200 000

三、交易性金融资产出售的账务处理

交易性金融资产出售的账务处理如下：

借：其他货币资金(或银行存款)［按照实际收到的售价净额列示］
　　贷：交易性金融资产——成本［账面余额］
　　　　交易性金融资产——公允价值变动［可能在借方，也可能在贷方］
　　　　投资收益［公允价值与其账面余额之间的差额，损失在借方，收益在贷方］

【例 1-14】 2022 年 5 月 1 日，A 公司以每股 5 元的价格购进 10 万股股票，作为交易性金融资产；6 月 30 日，该股票收盘价格为 5.6 元；7 月 15 日，A 公司以每股 6 元的价格将股票全部售出，假设不考虑任何税费。A 公司应编制如下会计分录：

借：银行存款　　　　　　　　　　　　　　　　　　　　　　　600 000
　　贷：交易性金融资产——成本　　　　　　　　　　　　　　500 000
　　　　　　　　　　　　——公允价值变动　　　　　　　　　　60 000
　　　　投资收益　　　　　　　　　　　　　　　　　　　　　　40 000

承［例 1-14］，如果 A 公司以每股 4.5 元的价格将股票全部售出，A 公司的会计分录应如何编制？投资收益还在"投资收益"账户的贷方吗？

考一考

（单项选择题）A 公司将其持有的交易性金融资产全部出售，售价为 2 000 万元；出售前该金融资产的账面价值为 1 500 万元(其中，成本为 1 300 万元，公允价值变动为 200 万元)。假定不考虑其他因素，A 公司对该交易应确认的投资收益为(　　)万元。

A．－700　　　　B．700　　　　C．500　　　　D．－500

【正确答案】 B

【答案解析】 处置交易性金融资产应确认的投资收益为 700 万元(2 000－1 500＋200)。A 公司应编制如下会计分录：

借：银行存款　　　　　　　　　　　　　　　　　　　　　　20 000 000
　　贷：交易性金融资产——成本　　　　　　　　　　　　　13 000 000
　　　　　　　　　　　　——公允价值变动　　　　　　　　 2 000 000
　　　　投资收益　　　　　　　　　　　　　　　　　　　　 5 000 000

四、转让金融商品交纳增值税的账务处理

金融商品转让按照卖出价扣除买入价(不需要扣除已宣告未发放现金股利和已到付息期但尚未领取的利息)后的余额作为销售额按计算增值税，即转让金融商品按盈亏相抵后的余额为销售额，适用的增值税税率为 6%；若相抵后出现负差，可结转下一纳税期与下期转让金融商品销售额互抵，但年末时仍出现负差的，不得转入下一会计年度。转让金融商品交纳增值税

的账务处理如表 1-16 所示。

表 1-16　　　　　　　　转让金融商品交纳增值税的账务处理

业务内容		会计分录
转让金融商品当月末	产生转让收益	借：投资收益等 　　贷：应交税费——转让金融商品应交增值税
	产生转让损失	借：应交税费——转让金融商品应交增值税 　　贷：投资收益等
转让金融商品当年年末	产生转让损失	（"应交税费——转让金融商品应交增值税"账户有借方余额，说明本年度金融商品转让损失无法弥补，本年度的金融资产转让损失不可转入下年度继续抵减转让金融资产的收益，应将该账户借方余额转出，应作以下账务处理） 借：投资收益等 　　贷：应交税费——转让金融商品应交增值税

【例 1-15】　2022 年 5 月 1 日，A 公司以 500 000 元的价格购进 10 万股股票；7 月 15 日，A 公司 600 000 元的价格将股票全部售出。A 公司应编制如下会计分录：

A 公司出售股票应缴纳增值税 = (600 000 - 500 000) ÷ (1 + 6%) × 6% = 5 660.38(元)

借：投资收益　　　　　　　　　　　　　　　　　　　　　　　　　5 660.38
　　贷：应交税费——转让金融商品应交增值税　　　　　　　　　　5 660.38

模 块 测 试

一、单项选择题

1. 除了取得时已计入应收项目的现金股利或利息，交易性金融资产持有期间获得的现金股利或利息应（　　）。

A. 冲减交易性金融资产　　　　　　　B. 冲减财务费用
C. 冲减应收股利　　　　　　　　　　D. 计入投资收益

2. 2022 年 12 月 31 日，A 公司应收甲公司账款 1 000 万元，该账款预计的未来现金流量现值为 960 万元，此前已对该账款计提了 15 万元的坏账准备，则 12 月 31 日 A 公司为该笔应收账款应计提的坏账准备为（　　）万元。

A. 1 000　　　　　　B. 40　　　　　　C. 25　　　　　　D. 15

3. 下列业务中，能够导致银行存款增加的是（　　）。

A. 从银行取得短期借款
B. 从银行提取现金
C. 销售商品收到对方开出的商业承兑汇票
D. 销售货物尚未收到款项

4. 下列各项中，不通过"其他货币资金"账户核算的是（　　）。

A. 信用证保证金存款　　　　　　　　B. 备用金
C. 外埠存款　　　　　　　　　　　　D. 银行本票存款

5.（　　）是指企业为购买股票、债权、基金等根据有关规定存入在证券公司制定银行开立的投资款专户的款项。

A. 银行汇票存款　　B. 银行本票存款　　C. 其他货币资金　　D. 存出投资款

6. 企业在现金清查中，发现库存现金较账面余额溢余169元，在未经批准前，应贷记的会计账户是（　　）。

A."待处理财产损溢"　　　　　　B."管理费用"
C."营业外支出"　　　　　　　　D."其他应收款"

7. 2022年12月10日，A公司购入B公司15万股股票作为交易性金融资产，每股价格为6元；12月31日，该股票为每股7元。2023年1月1日，B公司宣告发放现金股利3万元；1月8日，收到B公司分派的现金股利；1月15日，将该股票出售，股票的市价为每股6.5元，转让该金融商品应交增值税0.42万元。不考虑其他因素，2023年1月15日，A公司出售该交易性金融资产时应确认的投资收益为（　　）万元。

A. 7.5　　B. 7.08　　C. −7.92　　D. −4.92

8. 2022年1月1日，甲企业"应收账款"账户借方余额为20 000元，"坏账准备"账户贷方余额为1 000元；5月1日，发生销售商品业务，收到不含税货款8 000元，增值税税额1 040元，款项未收；6月5日，某客户因破产清算，无法偿还之前所欠货款，确认坏账2 000元。12月31日，经减值测试"坏账准备——应收账款"账户应有贷方余额为1 364元。不考虑其他因素，甲企业2022年12月31日对坏账准备应进行的处理为（　　）。

A. 计提坏账准备1 364元　　　　B. 转回坏账准备464元
C. 计提坏账准备2 364元　　　　D. 转回坏账准备636元

9. 企业从职工工资中扣为职工代垫的住房租金，应贷记的会计账户是（　　）。

A."其他应收款"　　B."银行存款"　　C."预付账款"　　D."应付职工薪酬"

10. 应收票据在贴现时，其贴现息应记入的会计账户是（　　）。

A."管理费用"　　B."销售费用"　　C."财务费用"　　D."应付票据"

11. 我国《企业会计准则》规定，交易性金融资产在资产负债表日计量时应采用的计量属性是（　　）。

A. 历史成本　　B. 公允价值　　C. 现值　　D. 可变现净值

12. 资产负债表日，交易性金融资产的公允价值高于其账面余额的差额，应贷记的会计账户是（　　）。

A."公允价值变动损益"　　　　　B."投资收益"
C."交易性金融资产"　　　　　　D."应收股利"

13. 甲公司为增值税一般纳税人，2022年11月30日，甲公司销售产品一批，货款为2 000万元，增值税税额为260万元。销售当日，甲公司收到购货方寄来的一张为期3个月的不带息商业承兑汇票。不考虑其他因素，甲公司应收票据的入账金额为（　　）万元。

A. 2 000　　B. 1 640　　C. 1 980　　D. 2 260

14. 银行承兑汇票的出票人于汇票到期未能足额交存票款时，承兑银行除凭票向持票人无条件付款外，对出票人尚未支付的汇票金额每天按照一定的比例计收利息，这个比例是（　　）。

A. 0.03%　　B. 0.3%　　C. 0.05%　　D. 0.5%

15. 甲企业为增值税一般纳税人，涉及的预收货款业务不多，所以预收的货款均通过"应收账款"账户核算。2023年1月10日,甲企业向乙企业销售产品一批,销售收入为10 000元,增值税税额为1 300元,款项尚未收到。2023年1月30日,甲企业预收丙企业货款10 000元。不考虑其他因素,甲企业2023年1月30日应收账款的余额为( )元。

A. 1 300　　　　　B. 11 300　　　　　C. 21 300　　　　　D. 10 000

二、多项选择题

1. 下列各项中,会引起期末应收账款账面价值发生变化的有( )。
   A. 收回应收账款　　　　　　　　B. 收回已转销的坏账
   C. 计提应收账款坏账准备　　　　D. 结转到期不能收回的应收票据

2. 下列各项中,投资企业应该确认为投资收益的有( )。
   A. 成本法核算的被投资企业宣告发放的现金股利
   B. 企业处置交易性金融资产净损益
   C. 交易性金融资产持有期间被投资单位宣告发放的现金股利
   D. 权益法核算被投资单位实现净利润

3. 下列各项中,构成应收账款入账价值的有( )。
   A. 确认商品销售收入时尚未收到的价款　　B. 代购货方垫付的包装费
   C. 代购货方垫付的装卸费用　　　　　　　D. 销售货物发生的商业折扣

4. 某公司出纳人员小王在现金清查中,发现短缺70元,经查明系业务员李某报销时计算错误导致,经批准由李某偿还。下列关于该项经济业务的账务处理中,正确的有( )。

   A. 批准前:

   　借:库存现金　　　　　　　　　　　　　　　　　　　　　　　　　　　70
   　　　贷:待处理财产损溢　　　　　　　　　　　　　　　　　　　　　　　　　70

   B. 批准前:

   　借:待处理财产损溢　　　　　　　　　　　　　　　　　　　　　　　　70
   　　　贷:库存现金　　　　　　　　　　　　　　　　　　　　　　　　　　　　70

   C. 批准后:

   　借:其他应收款　　　　　　　　　　　　　　　　　　　　　　　　　　70
   　　　贷:待处理财产损溢　　　　　　　　　　　　　　　　　　　　　　　　　70

   D. 批准后:

   　借:营业外支出　　　　　　　　　　　　　　　　　　　　　　　　　　70
   　　　贷:待处理财产损溢　　　　　　　　　　　　　　　　　　　　　　　　　70

5. 下列各项中,不通过"其他货币资金"账户核算的有( )。
   A. 银行支票存款　　　　　　　　B. 企业购买的准备随时出售的债券
   C. 银行承兑汇票　　　　　　　　D. 存出投资款

6. 下列关于"应收利息"账户的表述中,正确的有( )。
   A. 借方登记应收利息的增加
   B. 贷方登记收到的利息
   C. 期末余额一般在借方,反映企业尚未收到的利息
   D. 期末余额一般在贷方,反映企业尚未收到的利息

7. 企业发生的下列事项中,不影响"投资收益"的有( )。
A. 交易性金融资产持有期间收到包含在买价中的现金股利
B. 持有期间交易性金融资产的公允价值大于账面余额
C. 持有期间交易性金融资产的公允价值小于账面余额
D. 交易性金融资产持有期间内,被投资单位宣告分配现金股利

8. 某企业坏账损失采用备抵法核算,已作为坏账损失处理的应收账款为2 000元,当期又收回。下列会计分录中,正确的有( )。

A. 借：坏账准备　　　　　　　　　　　　　　　　　　　　　2 000
　　　贷：应收账款　　　　　　　　　　　　　　　　　　　　　　2 000

B. 借：应收账款　　　　　　　　　　　　　　　　　　　　　2 000
　　　贷：坏账准备　　　　　　　　　　　　　　　　　　　　　　2 000

C. 借：银行存款　　　　　　　　　　　　　　　　　　　　　2 000
　　　贷：管理费用　　　　　　　　　　　　　　　　　　　　　　2 000

D. 借：银行存款　　　　　　　　　　　　　　　　　　　　　2 000
　　　贷：应收账款　　　　　　　　　　　　　　　　　　　　　　2 000

9. 下列各项中,会引起交易性金融资产账面价值发生变化的有( )。
A. 交易性金融资产的公允价值上升
B. 出售部分交易性金融资产
C. 确认分期付息债券利息
D. 被投资单位宣告分派现金股利

10. 下列关于应收款项的说法中,正确的有( )。
A. 企业的预付账款,如有确凿证据表明因供货单位破产、撤销等原因无望再收到所购货物的,应当按规定计提坏账准备
B. "应收账款"账户期末余额如果在贷方,一般反映的是企业预收的款项
C. 企业应当在资产负债表日对应收款项的账面价值进行评估,应收款项发生减值的,应当将减记的金额确认为减值损失,同时计提坏账准备
D. 我国《企业会计准则》确定应收款项的减值只能采用备抵法,不得采用直接转销法

11. 2022年1月1日,A公司用银行存款购入B公司股票100万股,每股价格为6元,并将其划分为交易性金融资产核算,购买时另支付交易费用20万元,取得的增值税专用发票上注明的增值税税额为1.2万元。6月30日,该交易性金融资产的公允价值为每股8元。7月1日,A公司将持有的100万股股票全部出售,取得价款850万元,转让该金融商品时应交增值税15万元。不考虑其他因素,下列账务处理中,正确的有( )。

A. 1月1日：
借：交易性金融资产——成本（1 000 000×6）　　　　　　　　6 000 000
　　贷：其他货币资金　　　　　　　　　　　　　　　　　　　　6 000 000

借：投资收益　　　　　　　　　　　　　　　　　　　　　　　200 000
　　应交税费——应交增值税（进项税额）　　　　　　　　　　　 12 000
　　贷：其他货币资金　　　　　　　　　　　　　　　　　　　　 212 000

B. 6月30日：

借：交易性金融资产——公允价值变动（1 000 000×8-6 000 000） 2 000 000
　　贷：公允价值变动损益 2 000 000

C. 7月1日：

借：其他货币资金 8 500 000
　　贷：交易性金融资产——成本（1 000 000×6） 6 000 000
　　　　　　　　　　　　　公允价值变动 2 000 000
　　　　投资收益 500 000

D. 7月1日转让金融商品确认应交增值税：

借：投资收益(2 500 000×6%) 150 000
　　贷：应交税费——转让金融商品应交增值税 150 000

12. 企业核算交易性金融资产的现金股利时，可能涉及的会计账户有（　　）。
A. "公允价值变动损益" B. "投资收益"
C. "应收股利" D. "银行存款"

13. 企业发生的下列事项中，不影响投资收益的有（　　）。
A. 交易性金融资产持有期间内，被投资单位宣告分配现金股利
B. 持有期间交易性金融资产的公允价值大于账面余额
C. 持有期间交易性金融资产的公允价值小于账面余额
D. 交易性金融资产持有期间收到包含在买价中的现金股利

14. 下列各项中，属于取得交易性金融资产时发生的交易费用的有（　　）。
A. 支付给代理机构的手续费
B. 支付给咨询公司的手续费
C. 支付给券商的手续费
D. 可直接归属于购买、发行或处置金融工具新增的外部费用

15. 下列各项中，应在"坏账准备"账户借方登记的有（　　）。
A. 冲减已计提的减值准备 B. 核销实际发生的坏账损失
C. 收回前期已核销的应收账款 D. 计提坏账准备

三、判断题

1. 交易性金融资产都是按公允价值进行后续计量，且公允价值变动计入所有者权益。
（　　）

2. 当预付账款小于采购货物所需支付的款项，收到货物时，差额部分记入"应付账款"账户贷方。 （　　）

3. 现金日记账一般由出纳人员根据收付款凭证，按业务发生顺序逐笔登记。（　　）

4. 企业银行存款的账面余额与银行对账单余额因未达账项存在差额时，应按照银行存款余额调节表调整银行存款日记账。 （　　）

5. 收回以前的转销的坏账损失，会导致坏账准备余额增加。 （　　）

6. "其他应收款"账户借方登记其他应收款的增加，贷方登记其他应收款的收回，期末余额一般在借方。 （　　）

7. 企业因业务需要支付现金时，不得从本企业的现金收入中直接支付。 （　　）

8. 交易性金融资产的公允价值变动只需做备查簿登记。（   ）

9. 企业支付的包装物押金和收取的包装物押金均应通过"其他应收款"账户核算。（   ）

10. 转让金融资产当月末，如产生转让收益，则按应纳税额，借记"应交税费——转让金融商品应交增值税"账户，贷记"投资收益"等账户。（   ）

11. 开户单位从开户银行提取现金时，应当写明用途，由本单位管理部门负责人签字盖章，经开户银行审核后，予以支付。（   ）

12. 企业需要到外地临时或零星采购，可以将款项通过银行汇入采购地银行，这部分汇入采购地银行的资金属于企业的银行存款。（   ）

四、不定项选择题

1. 甲公司为一家上市公司，有关的资料如下：

(1) 2022年4月17日，以银行存款购入A上市公司股票100万股，每股价格为8元，另发生相关的交易费用2万元，并将该股票划分为交易性金融资产。

(2) 2022年7月20日，A上市公司宣告发放现金股利，甲公司应确认40万元的投资收益。

(3) 2022年7月25日，甲公司收到现金股利存入银行。

(4) 2022年12月31日，该股票在证券交易所的收盘价格为每股7.7元。

(5) 2023年1月10日，A上市公司宣告发放现金股利，甲公司应确认40万元的投资收益。

(6) 2023年2月1日，甲公司收到现金股利存入银行。

(7) 2023年2月2日，甲公司将所持有的该股票全部出售，所得价款825万元已存入银行。假定不考虑相关税费。

要求：根据上述资料，回答下列小题。

〈1〉下列说法中，正确的是（   ）。

A. 购入交易性金融资产时发生的交易费用计入其成本

B. 交易性金融资产的入账价值是800万元

C. 购入交易性金融资产时发生的交易费用计入投资收益

D. 交易性金融资产的入账价值是802万元

〈2〉下列关于甲公司2022年账务处理的说法中，正确的是（   ）。

A. 2022年7月20日，对于A公司发放的现金股利，甲公司确认为投资收益

B. 2022年年末，确认公允价值变动损失30万元

C. 2022年年末，该交易性金融资产的账面价值是770万元

D. 2022年，该投资对损益的影响金额是10万元

〈3〉下列关于甲公司2023年账务处理的说法中，正确的是（   ）。

A. 2023年应该确认的投资收益是55万元

B. 2023年影响当期损益的金额是95万元

C. 处置时应该确认的投资收益是25万元

D. 处置时应该确认的损益金额是55万元

〈4〉2023年2月2日，甲公司出售A上市公司的股票时，下列说法中，正确的是（   ）。

A. 无需交纳增值税　　　　　　　　　B. 应交纳49.5万元增值税

C. 应交纳40万元增值税　　　　　　　D. 应交纳1.5万元增值税

2. 甲公司为制造业企业,为增值税一般纳税人。2022年1月1日,甲公司"银行存款"账户余额为5 301 636元。2022年度,甲公司发生交易或事项如下:

(1) 1月1日,向证券公司划出投资款4 000 000元,款项已通过开户行转入证券公司银行账户。1月2日,甲公司从证券交易所购入A上市公司股票500 000股,每股价格为6元(包含已宣告但尚未发放的现金股利每股0.2元),另支付交易费用6 000元,取得的增值税专用发票上注明的增值税税额为360元,发票已经税务机关认证。甲公司将其划分为交易性金融资产。

(2) 10月31日,甲公司以每股5.47元的价格将持有A上市公司的股票全部转让,同时支付相关交易费用5 400元,取得的增值税专用发票上注明的增值税税额为324元。转让金融商品适用的增值税税率为6%。

(3) 12月1日,甲公司向银行申请办理银行汇票用于购买原材料,将款项400 000元交存银行,转作银行汇票存款。

(4) 12月5日,甲公司购入原材料一批已验收入库,取得的增值税专用发票上注明的价款为300 000元,增值税税额为39 000元,已用银行汇票办理结算,多余款项已退回开户银行。

根据上述资料,不考虑其他因素,分析回答下列小题。

〈1〉根据资料(1),甲公司购入交易性金融资产的入账成本为(　　)元。

A. 2 900 000　　　　B. 3 000 000　　　　C. 3 006 000　　　　D. 3 006 360

〈2〉根据资料(3)和资料(4),下列关于甲公司申请办理银行汇票和购买原材料的账务处理中,正确的是(　　)。

A. 购买原材料时:

借:原材料　　　　　　　　　　　　　　　　　　　　　　　　　　300 000
　　应交税费——应交增值税(进项税额)　　　　　　　　　　　　　39 000
　　　贷:其他货币资金——银行汇票　　　　　　　　　　　　　　　　　　339 000

B. 申请银行汇票时:

借:其他货币资金——银行汇票　　　　　　　　　　　　　　　　400 000
　　　贷:银行存款　　　　　　　　　　　　　　　　　　　　　　　　　　400 000

C. 购买原材料时:

借:原材料　　　　　　　　　　　　　　　　　　　　　　　　　　300 000
　　应交税费——应交增值税(进项税额)　　　　　　　　　　　　　39 000
　　　贷:银行存款　　　　　　　　　　　　　　　　　　　　　　　　　　339 000

D. 收到退回的银行汇票多余款项时:

借:银行存款　　　　　　　　　　　　　　　　　　　　　　　　　61 000
　　　贷:其他货币资金——银行汇票　　　　　　　　　　　　　　　　　　61 000

〈3〉根据资料(1)~(4),甲公司2022年度利润表中"投资收益"项目列示的本期金额为(　　)元。

A. -160 500　　　　B. 229 000　　　　C. 138 600　　　　D. 253 600

〈4〉根据期初资料、资料(1)~(4),甲公司2022年12月31日资产负债表中"货币资金"项目应填列的金额为(　　)元。

A. 4 791 276　　　　B. 8 785 552　　　　C. 4 724 552　　　　D. 4 785 552

模块 2

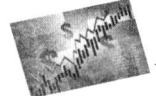

存　　货

[考核目标]
1. 了解存货的概念、分类,理解存货的确认条件。
2. 掌握存货的初始计量、存货收发的账务处理、存货的期末计量。
3. 掌握实际成本法和计划成本法。
4. 掌握存货清查的核算方法。

[实践目标]
1. 准确对存货进行确认和计量。
2. 熟练掌握各类存货的实际成本和计划成本核算。
3. 完成存货清查。

[思政目标]
1. 培养学生细致、谨慎、有条不紊的财经专业素质。
2. 培养学生诚实、守信、坚持原则的职业道德。
3. 培养学生懂法守法、热爱祖国、努力奋斗的精神。

[知识点思维导图]

存货
├─存货概述
├─存货的初始计量及计价方法
│   ├─存货初始计量
│   └─存货计价方法(个别计价法、先进先出法、月末一次加权平均法、移动加权平均法)
├─存货收发的账务处理
│   ├─原材料(实际成本法、计划成本法)
│   ├─周转材料(包装物、低值易耗品)
│   ├─委托加工物资
│   ├─库存商品(制造业企业、商业企业)
│   └─消耗性生物资产
└─存货的清查与期末计量
    ├─存货清查
    └─存货期末计量

 **案例导入**

2020年2月25日,国家粮食和物资储备局向内蒙古、辽宁、吉林、黑龙江省(区)粮食和物资储备局(粮食局),以及中国储备粮管理集团有限公司、中粮集团有限公司、中国供销集团有限公司、中国中化集团有限公司、黑龙江北大荒农垦集团总公司(黑龙江省农垦总局)发布了《国家粮食和物资储备局关于新冠肺炎疫情形势下进一步做好东北地区秋粮收购工作的通知》。

当前,新冠肺炎疫情防控进入关键阶段。根据国务院联防联控机制关于做好农产品稳产保供工作有关部署要求,经商国家有关部门同意,现决定将东北地区2019年中晚稻最低收购价预案执行截止日期延长至2020年3月31日,并就进一步做好秋粮收购工作有关事项通知如下:

(1)中储粮集团公司要增强大局意识和服务意识,切实履行最低收购价政策执行主体责任。千方百计扩大收储能力,合理布设收购网点,在重点地区、重点时段要增设网点,满足农民售粮需求,发挥好最低收购价政策的托底作用。

(2)各地要严格落实粮食安全省长责任制。在当地党委、政府和疫情防控指挥部统一领导下,加强协调沟通,创新方式方法,统筹抓好科学防控和秋粮收购工作。必要时可出台省级临时收储等措施,相关支出由地方负担,坚决守住农民"种粮卖得出"的底线。要组织各类市场主体尽快复工复产,开展市场化收购,支持引导有条件的企业努力扩大收购,强化粮食产销合作,既缓解本地售粮压力,又保障南方销区省份用粮需求。中央企业和地方国有企业要带头入市,发挥示范带动作用。各级储备企业要积极收购轮换粮源,发挥储备吞吐的引领作用。要严格落实国发明电〔2020〕3号文件要求,协调有关部门把粮食纳入疫情防控期间生活必需品保障范围,除必要的对司机快速体温检测外,对运输车辆严格落实不停车、不检查、不收费等优先便捷通行措施,保障道路运输通畅。

(3)各地要进一步强化为农服务。尽量采取整村推进、预约收购、上门收购等方式,引导农民有序错峰售粮。对暂无售粮意愿的农户,要切实加强庭院科学储粮指导,避免发生大面积霉粮坏粮事件。

[思考]

(1)国家进行粮食储备是我国重大战略方针中的一环,做好储备粮仓储管理工作,对保障国家粮食安全、实施粮食宏观调控、平衡粮食供应、确保社会稳定、促进国家经济持续发展具有重大作用。结合案例,谈谈你对"国家有粮,百姓心中不慌"和大国"粮"策的理解。

(2)企业储备适量存货对企业生存与发展的有哪些重要作用?

案例来源:

国家粮食和物资储备局.关于新冠肺炎疫情形势下进一步做好东北地区秋粮收购工作的通知[EB/OL].(2020-02-25)[2023-01-06].http://www.gov.cn/zhengce/zhengceku/2020-02/26/content_5483508.htm.

任务2.1 存货概述

一、存货的概念

存货是指企业在日常活动中持有以备出售的产成品或商品,以及处在生产过程中的在产品、在生产过程或提供劳务过程中耗用的材料或物料等。

二、存货的分类

存货的分类及对应账户如表 2-1 所示。

表 2-1　　　　　　　　　　　存货的分类及对应账户

存货的分类	内　　容	对应账户
原材料	包括构成产品主体的各种原料及主要材料、辅助材料、外购半成品（外购件）、修理用备品备件、包装材料及燃料等	原材料
在产品	包括正在各个生产工序加工的产品、已加工完毕但尚未检验或已检验但尚未办理入库手续的产品	生产成本
半成品	即可单独转让的在产品	生产成本
产成品	工业企业已经完成全部生产过程并验收入库，用于对外销售的产品	库存商品
商品	商品流通企业用于销售的各种商品	库存商品
包装物	即各种用于盛装、装潢产品或商品的容器	周转材料
低值易耗品	即工具、管理用具、玻璃器皿、劳保用品以及经营过程中周转使用的容器等	周转材料
委托代销商品	即企业委托其他单位代销的商品	发出商品

如果"制造费用"账户期末有余额，应归属于存货吗？

三、存货的确认条件

（1）与该存货有关的经济利益很可能流入企业。
（2）该存货的成本能够可靠地计量。

（多项选择题）下列各项中，企业应作为存货核算的有（　　）。
A. 购入周转使用的包装物　　　　　　B. 委托其他单位代销的商品
C. 为自建生产线购入的材料　　　　　D. 委托其他单位代为加工的物资
【正确答案】　ABD
【答案解析】　选项 C，为自建生产线购入的材料应作为工程物资核算，不属于存货。

任务 2.2　存货的初始计量及计价方法

活动 2.2.1　存货初始计量

一、存货成本的确定

企业取得存货应按成本计量。存货成本包括采购成本、加工成本、其他成本，以及自制存货成本等。存货成本的组成具体如表 2-2 所示。

表 2-2　　　　　　　　　　　　　存货成本的组成

组成		具体内容
采购成本	买价	是指企业购入的材料或商品的发票账单上列明的款项,但不包括按规定可以抵扣的增值税税额
	相关税费	包括计入存货的流转税(进口关税、消费税、资源税、不能抵扣的增值税进项税额以及相应的教育费附加等)
	其他可归属于存货采购成本的费用	包括入库前的仓储费用、包装费、运输途中的合理损耗、入库前的挑选整理费用等
	特殊采购费用	特别类型的企业,商品流通企业在采购商品过程中发生的运输费、装卸费、保险费,以及其他可归属于存货采购成本的费用,应当计入存货采购成本
加工成本		在存货的加工过程中发生的追加费用,包括直接人工和制造费用等
其他成本		存货的其他成本是指采购成本和加工成本以外的、使存货达到目前场所和状态所发生的其他支出。如企业在生产过程中为达到下一个生产阶段所必需的仓储费用,应当计入存货成本。企业设计产品发生的设计费通常计入当期损益,但是为特定产品设计而发生的设计费用应计入存货的成本
自制存货成本		包括直接材料、直接人工和制造费用等

二、不计入存货成本的相关费用

下列费用不应当计入存货成本,而应在发生时计入当期损益:

(1) 非正常消耗的直接材料、直接人工及制造费用不得计入存货的成本。例如,由自然灾害而发生的直接材料、直接人工及制造费用,这些费用的发生,无助于使该存货达到目前场所和状态,不应计入存货成本,应计入当期损益。

(2) 采购入库后发生的仓储费用,应计入当期损益。但在生产过程中为达到下一个生产阶段所必需的仓储费用应计入存货成本。例如,某种酒类产品生产企业为使生产的酒达到规定的产品质量标准所必须发生的仓储费用,应计入酒的成本。

(3) 不能归属于使存货达到目前场所和状态的其他支出,不符合存货定义和确认条件,应在发生时计入当期损益,不得计入存货成本。

(4) 企业设计产品发生的设计费用通常应计入当期损益,但是为特定客户设计产品所发生的、可以直接确定的设计费用应计入存货的成本。

(单项选择题)某工业企业为增值税小规模纳税人,2022 年 10 月 9 日,购入材料一批,取得的增值税专用发票上注明的价款为 10 000 元,增值税税额为 1 300 元。材料入库前的挑选整理费为 100 元,材料已验收入库。则该企业取得的该材料的入账价值应为(　　)元。

A. 11 400　　　　B. 10 100　　　　C. 10 000　　　　D. 11 300

【正确答案】　A

【答案解析】　入账价值＝10 000＋1 300＋100＝11 400(元)。

(单项选择题)某企业为增值税一般纳税人,购入材料一批,增值税专用发票上标明的价款

为 25 万元,增值税为 3.25 万元,另支付材料的保险费 2 万元、包装物押金 2 万元。该批材料的采购成本为(　　)万元。

A. 27　　　　　　B. 29　　　　　　C. 29.25　　　　　　D. 31.25

【正确答案】 A

【答案解析】 采购成本＝25＋2＝27(万元)。

活动 2.2.2　存货计价方法

存货发出的计价方法有实际成本法和计划成本法两种。这里主要介绍实际成本法。实际成本法包括个别计价法、先进先出法、月末一次加权平均法、移动加权平均法。

一、个别计价法

(一) 概念

个别计价法是指假设存货具体项目的实物流转与成本流转相一致,要求按其购入或生产时所确定的单位成本作为计算发出存货成本和期末存货成本基础的方法。

(二) 特点

个别计价法虽然成本计算准确,但在收发频繁的情况下,其发出成本分辨的工作量较大。它一般适用于不能替代的存货或为特定项目专门购入的存货,如珠宝、名画等贵重物品。

二、先进先出法

(一) 概念

先进先出法是指以先购入的存货先发出(销售或耗用)这样一种存货实物流转假设为前提,对发出存货进行计价,据此确定发出存货成本和期末存货成本的一种方法。其计价思路如下:

(1) 收入存货时要逐笔登记每一批存货的数量、单价和金额。

(2) 发出存货时要按照先进先出的原则计价,逐笔登记存货的发出和结存金额。

(二) 特点

先进先出法可随时结转发出存货成本,但计算较繁琐。如果收发业务较多,且存货单价不稳定时,其核算工作量较大。

【例 2-1】 面达人有限公司 2023 年 1 月 1 日结存面粉 1 000 千克,单价为 6 元。该公司 1 月发生下列业务:

(1) 4 日,厂部领用面粉 200 千克。

(2) 5 日,购入一批面粉 1 000 千克,单价为 7 元,材料已入库。

(3) 15 日,生产领用面粉 1 000 千克。

(4) 18 日,购入面粉 4 000 千克,单价为 8 元,材料已入库。

(5) 25 日,生产领用面粉 4 200 千克。

(6) 31 日,购进面粉一批,共 1 000 千克,单价为 6 元。

要求:采用先进先出法来计算发出存货成本和期末结存存货成本。

先进先出法明细分类账如表 2-3 所示。

表 2-3　　　　　　　　　　　明细分类账(先进先出法)

总账账户：原材料　　　　　　　　　　　　　　　　　　　　　数量单位：千克
明细账户：面粉　　　　　　　　　　　　　　　　　　　　　　金额单位：元

2023年		摘要	收入			发出			结存		
月	日		数量	单价	金额	数量	单价	金额	数量	单价	金额
1	1	期初结存							1 000	6	6 000
1	4	厂部领用				200	6	1 200	800	6	4 800
1	5	购进	1 000	7	7 000				800 1 000	6 7	4 800 7 000
1	15	生产领用				800 200	6 7	4 800 1 400	800	7	5 600
1	18	购进	4 000	8	32 000				800 4 000	7 8	5 600 32 000
1	25	生产领用				800 3 400	7 8	5 600 27 200	600	8	4 800
1	31	购进	1 000	6	6 000				600 1 000	8 6	4 800 6 000
1	31	本月合计	6 000		45 000	5 400		40 200	600 1 000	8 6	4 800 6 000

本月发出存货成本＝200×6+800×6+200×7+800×7+3 400×8＝40 200(元)
期末结存存货成本＝600×8+1 000×6＝10 800(元)

在物价持续上涨时，企业采用先进先出法核算发出存货成本，对利润和资产会产生什么影响？

考一考

(计算题)2022 年 12 月 1 日，某棉被厂购进一批棉织布料 200 米，单价为 45 元；12 月 10 日和 12 日，分别购进 100 米(单价为 50 元)和 300 米(单价为 43 元)；12 月 14 日和 20 日，分别由生产车间领用 150 米和 250 米。该厂采用先进先出法计价。请计算该厂本月发出棉织布料的总成本和期末结存布料成本。

【正确答案】
14 日发出的布料成本＝150×45＝6 750(元)
20 日发出的布料成本＝50×45＋100×50＋100×43＝2 250＋5 000＋4 300
　　　　　　　　　＝11 550(元)
本月发出布料的总成本＝6 750＋11 550＝18 300(元)
期末结存布料成本＝200×43＝8 600(元)

【答案解析】 先进先出法的计价原则为先采购先出库。

(单项选择题)某企业采用先进先出法计算发出原材料的成本。2022 年 9 月 1 日,甲材料结存 200 千克,每千克实际成本为 300 元;9 月 7 日,购入甲材料 350 千克,每千克实际成本为 310 元;9 月 21 日,购入甲材料 400 千克,每千克实际成本为 290 元;9 月 28 日,发出甲材料 500 千克。该企业 9 月份甲材料发出成本为(　　)元。

A. 145 000　　　　B. 150 000　　　　C. 153 000　　　　D. 155 000

【正确答案】 C

【答案解析】 发出成本＝200×300＋300×310＝153 000(元)。

三、月末一次加权平均法

(一) 概念

月末一次加权平均法是指以本月全部进货数量加上月初存货数量作为权数,去除本月全部进货成本加上月初存货成本,计算出存货的加权平均单位成本,以此为基础计算本月发出存货的成本和期末存货的成本的一种方法。

(二) 特点

企业采用月末一次加权平均法,只在月末一次计算加权平均单价,简化了成本核算工作;但由于月末才计算平均单价和发出存货成本,不利于存货成本的日常管理和控制。

(三) 计算公式

月末一次加权平均法的相关计算公式如下:

$$存货单位成本＝\frac{月初结存存货的实际成本＋本月收入存货的实际成本}{期初结存存货数量＋本月收入存货的数量}×100\%$$

本月发出存货成本＝本月发出存货数量×存货单位成本

$$\frac{月末库存}{存货成本}＝\frac{月末库存}{存货数量}×\frac{存货单}{位成本}＝\frac{月初结存存货}{实际成本}＋\frac{本月收入存货}{实际成本}－\frac{本月发出存货}{实际成本}$$

【例 2-2】 承[例 2-1],采用月末一次加权平均法来计算发出的存货成本和期末存货成本。

月末一次加权平均法明细分类账如表 2-4 所示。

表 2-4　　　　　　　　　　　明细分类账(月末一次加权平均法)

总账账户：原材料　　　　　　　　　　　　　　　　　　　　　　　数量单位：千克
明细账户：面粉　　　　　　　　　　　　　　　　　　　　　　　　金额单位：元

2023年		摘要	收入			发出			结存		
月	日		数量	单价	金额	数量	单价	金额	数量	单价	金额
1	1	期初结存							1 000	6	6 000
1	4	厂部领用				200			800		
1	5	购进	1 000	7	7 000				1 800		
1	15	生产领用				1 000			800		
1	18	购进	4 000	8	32 000				4 800		
1	25	生产领用				4 200			600		
1	31	购进	1 000	6	6 000				1 600		
1	31	本月合计	6 000		45 000	5 400	7.29	39 366	1 600		11 634

存货单位成本＝(6 000＋45 000)÷(1 000＋6 000)≈7.29(元)
本月发出存货成本＝5 400×7.29＝39 366(元)
期末结存存货成本＝6 000＋45 000－39 366＝11 634(元)

(计算题)2022年3月1日，面达人有限公司结存B材料300千克，每千克实际成本为10元；3月5日和3月20日，分别购入该材料900千克和600千克，每千克实际成本分别为11元和12元；3月10日和3月25日，分别发出该材料1 000千克和600千克。请采用月末一次加权平均法来计算发出材料成本和期末结存存货成本。

【正确答案】
单位成本＝(300×10＋900×11＋600×12)÷(300＋900＋600)＝20 100÷1 800
　　　　≈11.17(元)
发出材料成本＝11.17×1 600＝17 872(元)
期末结存存货成本＝20 100－17 872＝2 228(元)

【答案解析】　单位成本已四舍五入，所以结存成本是取总成本减去发出材料成本计算得出，避免尾差的产生。

四、移动加权平均法

(一) 概念

移动加权平均法是指企业在每次进货以后，立即根据库存存货数量和总成本，计算出新的平均单位成本，作为下次进货前发出存货的单位成本的一种方法。移动加权平均法与月末一次加权平均法的计算原理基本相同，只是要求在每次(批)收入存货时重新计算加权平均单价。

(二) 特点

移动加权平均法实际上是对月末一次加权平均法的改进,其优点在于随时掌握库存存货的金额和单价,便于实物管理,而且计算的存货成本也比较客观。但是,企业采用该方法,每购进一次存货,均要重新计算一次加权平均单价,计算工作量较大,不适用于存货收发频繁的企业。

(三) 计算公式

移动加权平均法的相关计算公式如下:

移动加权平均单价=(库存存货成本+本批进货成本)÷(库存存货数量+本批进货数量)

【例 2-3】 承[例 2-1],发出面粉采用移动加权平均法核算,移动加权平均法明细分类账如表 2-5 所示。

表 2-5　　　　　　　　　明细分类账(移动加权平均法)

总账账户:原材料　　　　　　　　　　　　　　　　　　　　　数量单位:千克
明细账户:面粉　　　　　　　　　　　　　　　　　　　　　　金额单位:元

2023年		摘要	收入			发出			结存		
月	日		数量	单价	金额	数量	单价	金额	数量	单价	金额
1	1	期初结存							1 000	6	6 000
1	4	厂部领用				200	6	1 200	800	6	4 800
1	5	购进	1 000	7	7 000				1 800	6.56	11 800
1	15	生产领用				1 000	6.56	6 560	800	6.56	5 240
1	18	购进	4 000	8	32 000				4 800	7.76	37 240
1	25	生产领用				4 200	7.76	32 592	600	7.76	4 648
1	31	购进	1 000	6	6 000				1 600	6.66	10 648
1	31	本月合计	6 000		45 000	5 400		40 352	1 600	6.66	10 648

(单项选择题)下列存货计价方法中,能够准确反映本期发出存货和期末结存存货的实际成本,且成本流转与实物流转完全一致的是(　　)。

　　A. 先进先出法　　　　　　　　　　　　B. 移动加权平均法
　　C. 月末一次加权平均法　　　　　　　　D. 个别计价法

【正确答案】 D

【答案解析】 个别计价法的计价特点为准确性高。

(单项选择题)某企业本期购进 5 批存货,发出 2 批,在物价持续上升的情况下,与加权平均法相比,该企业采用先进先出方法导致的结果是(　　)。

A. 当期利润较低　　　　　　　　　　B. 库存存货价值较低
C. 期末存货成本接近于市价　　　　　D. 发出存货的成本较高

【正确答案】　C

【答案解析】　在先进先出法下，物价上涨，发出的都是之前购入的价格较低的存货成本，期末结余的是最近购入的单价较高的存货，故会高估存货价值。结转到主营业务成本账户的金额为之前购入存货的成本，成本较低，成本少计的情况下，企业的利润增加。

考一考

（单项选择题）某企业采用先进先出法核算原材料。2022年11月1日，该企业库存甲材料500千克，实际成本为3 000元；11月5日，购入甲材料1 200千克，实际成本为7 440元；11月8日，购入甲材料300千克，实际成本为1 830元；11月10日，发出甲材料900千克。不考虑其他因素，该企业发出的甲材料实际成本为（　　）元。

A. 5 550　　　　B. 5 580　　　　C. 5 521.5　　　　D. 5 480

【正确答案】　D

【答案解析】　11月5日购入甲材料的单位成本＝7 440÷1 200＝6.2（元），该企业发出甲材料实际成本＝3 000＋（900－500）×6.2＝5 480（元）。

任务2.3　存货收发的账务处理

活动2.3.1　原材料

原材料的计价方法有实际成本法和计划成本法两类。

一、实际成本法

（一）概念

实际成本法又称原材料按实际成本计价法，是指原材料在核算过程中，始终以实际成本作为记账依据的方法。它适用于存货品种较少、收发业务不多的企业。

（二）购入材料账务处理

1. 发票账单已到、货款已付或已开出商业汇票

发票账单已到、货款已付或已开出商业汇票的账务处理如表2-6所示。

表2-6　　　发票账单已到、货款已付或已开出商业汇票的账务处理

业务内容	会计分录
材料已入库	借：原材料 　　应交税费——应交增值税（进项税额） 　贷：银行存款［或其他货币资金、应付票据等］

业务内容		会计分录
材料尚未验收入库	材料入库前	借：在途物资 　　应交税费——应交增值税（进项税额） 　贷：银行存款［或其他货币资金、应付票据等］
	材料入库后	借：原材料 　贷：在途物资

【例2-4】 甲公司购入A材料一批，增值税专用发票上注明的价款为200 000元，增值税税率为13%，税额为26 000元，款项已用转账支票付讫，材料已验收入库。甲公司为增值税一般纳税人，采用实际成本进行材料日常核算。甲公司应编制如下会计分录：

借：原材料——A材料　　　　　　　　　　　　　　　　　　　　　　　200 000
　　应交税费——应交增值税（进项税额）　　　　　　　　　　　　　　 26 000
　贷：银行存款　　　　　　　　　　　　　　　　　　　　　　　　　　226 000

【例2-5】 鑫鑫公司购入甲材料一批，价款为90 000元，增值税税额为11 700元，发生装卸费200元，保险费300元，全部款项均已用存款支付，材料尚未收到。鑫鑫公司为增值税一般纳税人，采用实际成本进行材料日常核算。鑫鑫公司应编制如下会计分录：

（1）支付采购款项时：

借：在途物资——甲材料　　　　　　　　　　　　　　　　　　　　　　90 500
　　应交税费——应交增值税（进项税额）　　　　　　　　　　　　　　 11 700
　贷：银行存款　　　　　　　　　　　　　　　　　　　　　　　　　　102 200

（2）材料到达验收入库时：

借：原材料——甲材料　　　　　　　　　　　　　　　　　　　　　　　90 500
　贷：在途物资——甲材料　　　　　　　　　　　　　　　　　　　　　90 500

2. 发票账单未到

发票账单未到的账务处理如表2-7所示。

表2-7　　　　　　　　　　　　　发票账单未到的账务处理

业务内容	会计分录
货款尚未支付，材料已经验收入库，暂不进行账务处理	无
月末仍未收到相关发票凭证，按照暂估价入账	借：原材料 　贷：应付账款——暂估应付账款
下月初红字冲销	借：原材料［红字］ 　贷：应付账款——暂估应付账款［红字］
收到发票账单，重新进行账务处理	借：原材料 　　应交税费——应交增值税（进项税额） 　贷：银行存款［或应付账款等］

【例2-6】 甲公司购入F材料一批，材料已验收入库，月末发票账单尚未收到也无法确定

其实际成本,暂估价值为 50 000 元。甲公司为增值税一般纳税人,采用实际成本进行材料日常核算。甲公司应编制如下会计分录：

（1）月末暂估入库时：

借：原材料——F 材料　　　　　　　　　　　　　　　　　　　　　　　50 000
　　贷：应付账款——暂估应付账款　　　　　　　　　　　　　　　　　　50 000

（2）下月初,用红字冲销原暂估入账金额时：

借：原材料——F 材料　　　　　　　　　　　　　　　　　　　　　　　50 000[红字]
　　贷：应付账款——暂估应付账款　　　　　　　　　　　　　　　　　　50 000[红字]

【例 2-7】　承[例 6-6],上述购入 F 材料于次月收到发票账单,增值税专用发票上注明的价款为 51 000 元,增值税税额为 6 630 元,已用银行存款付讫。甲公司应编制如下会计分录：

借：原材料——F 材料　　　　　　　　　　　　　　　　　　　　　　　51 000
　　应交税费——应交增值税（进项税额）　　　　　　　　　　　　　　　6 630
　　贷：银行存款　　　　　　　　　　　　　　　　　　　　　　　　　　57 630

3. 货款已经预付且材料尚未验收入库

【例 2-8】　甲公司为增值税一般纳税人,根据与东方木材厂的购销合同规定,为购买 W 材料预付货款 120 000 元的 80%,金额为 96 000 元,已通过转账支票支付。甲公司采用实际成本法进行材料日常核算。甲公司应编制如下会计分录：

借：预付账款——东方木材厂　　　　　　　　　　　　　　　　　　　　96 000
　　贷：银行存款　　　　　　　　　　　　　　　　　　　　　　　　　　96 000

【例 2-9】　承[例 2-8],甲公司收到东方木材厂发来的 W 材料,已验收入库。取得的增值税专用发票上注明的价款为 120 000 元,增值税税额为 15 600 元,所欠款项已用银行存款转讫。甲公司应编制如下会计分录：

借：原材料——W 材料　　　　　　　　　　　　　　　　　　　　　　　120 000
　　应交税费——应交增值税（进项税额）　　　　　　　　　　　　　　　15 600
　　贷：预付账款——东方木材厂　　　　　　　　　　　　　　　　　　　96 000
　　　　银行存款　　　　　　　　　　　　　　　　　　　　　　　　　　39 600

考一考

（单项选择题）A 公司为增值税一般纳税人,采用实际成本法进行存货的日常核算。2022 年 8 月 8 日,A 公司购入一批原材料,取得的增值税专用发票上记载的货款为 200 万元,增值税税额为 26 万元,全部款项已用银行存款支付,材料已验收入库。下列有关购入材料的会计处理中,正确的是(　　)。

A. 借：在途物资　　　　　　　　　　　　　　　　　　　　　　　　　2 260 000
　　　贷：银行存款　　　　　　　　　　　　　　　　　　　　　　　　2 260 000

B. 借：原材料　　　　　　　　　　　　　　　　　　　　　2 000 000
　　　应交税费——应交增值税(进项税额)　　　　　　　 260 000
　　　贷：银行存款　　　　　　　　　　　　　　　　　　　　 2 260 000
C. 借：材料采购　　　　　　　　　　　　　　　　　　　　　2 000 000
　　　应交税费——应交增值税(进项税额)　　　　　　　 260 000
　　　贷：银行存款　　　　　　　　　　　　　　　　　　　　 2 260 000
D. 借：在途物资　　　　　　　　　　　　　　　　　　　　　2 000 000
　　　应交税费——应交增值税(进项税额)　　　　　　　 260 000
　　　贷：银行存款　　　　　　　　　　　　　　　　　　　　 2 260 000

【正确答案】 B
【答案解析】 选项 C 和选项 D 未能体现材料入库。

(三) 发出材料账务处理

采用实际成本法进行材料日常核算的企业，发出原材料的计价，可以采用先进先出法、月末一次加权平均法、移动加权平均法、个别计价法进行计量；计价方法一经确定，不得随意变更；如需变更，应在附注中予以说明。发出材料的账务处理如下：

借：生产成本——基本生产成本(生产产品领用)
　　　　　　——辅助生产成本(辅助生产车间领用)
　　制造费用(车间管理及一般消耗领用)
　　管理费用(管理部门领用、固定资产修理支出)
　　销售费用(专设销售机构领用)
　　其他业务成本(结转销售材料成本)
　　在建工程(专项工程领用)
　　委托加工物资(发出委托外单位加工材料)
　　贷：原材料

【例 2-10】 甲公司为增值税一般纳税人，根据"发料凭证汇总表"的记录。2022 年 11 月，基本生产车间领用 F 材料 400 000 元，辅助生产车间领用 F 材料 50 000 元，车间管理部门领用 F 材料 7 000 元，销售机构领用 F 材料 1 000 元，企业行政管理部门领用 F 材料 4 000 元，共计 462 000 元。甲公司采用实际成本进行材料日常核算。甲公司应编制如下会计分录：

借：生产成本——基本生产成本　　　　　　　　　　　　400 000
　　　　　　——辅助生产成本　　　　　　　　　　　　　 50 000
　　制造费用　　　　　　　　　　　　　　　　　　　　　　7 000
　　销售费用　　　　　　　　　　　　　　　　　　　　　　1 000
　　管理费用　　　　　　　　　　　　　　　　　　　　　　4 000
　　贷：原材料——F 材料　　　　　　　　　　　　　　　　　 462 000

二、计划成本法

(一) 概念

计划成本法是指企业购入的材料验收入库时和发出材料时采用计划成本计价，月末再根据材料成本差异计算出材料成本差异率，将材料成本差异额在发出材料和结存材料之间进行分摊,最终计算出实际成本的方法。

(二) 账户设置

计划成本法的相关账户设置如表 2-8 所示。

表 2-8　　　　　　　　　　　计划成本法的相关账户设置

账户名称	核算内容	期末余额
原材料	借方登记入库原材料的计划成本,贷方登记发出原材料的计划成本	在借方,表示库存材料的计划成本
材料采购	借方登记采购原材料的实际成本,贷方登记入库原材料的计划成本。借方金额大于贷方金额表示超支,从"材料采购"账户贷方转入"材料成本差异"账户借方;借方金额小于贷方金额表示节约,从"材料采购"账户借方转入"材料成本差异"账户贷方	在借方,表示在途材料的实际成本
材料成本差异	反映企业已入库各种材料的实际成本与计划成本的差异,借方登记入库材料超支差异及发出材料的节约差异,贷方登记入库材料节约差异及发出材料的超支差异	期末余额如在借方,反映企业库存材料的实际成本大于计划成本的差异(超支差异);如在贷方,反映企业库存材料实际成本小于计划成本的差异(节约差异)

计划成本法的账务处理流程如图 2-1 所示。

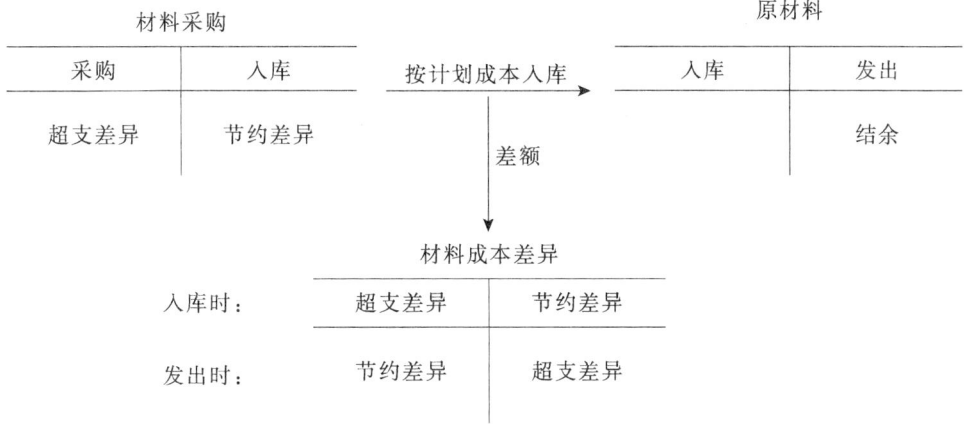

图 2-1　计划成本法的账务处理流程

(三) 购入材料的账务处理

购入材料的账务处理如表 2-9 所示。

表 2-9　　　　　　　　　　　购入材料的账务处理

业务内容	会计分录
发生采购	借:材料采购[实际采购成本] 　　应交税费——应交增值税(进项税额) 　贷:银行存款[或应付账款等]
材料验收入库	借:原材料[计划成本] 　贷:材料采购[实际成本] 　　材料成本差异[借记或贷记]

【例 2-11】 甲公司为增值税一般纳税人,购入 W 材料一批,增值税专用发票上注明的价款为 3 000 000 元,增值税税额为 390 000 元,发票账单已收到,计划成本为 3 200 000 元,材料已验收入库,全部款项以银行存款支付。甲公司采用计划成本进行材料日常核算,应编制如下会计分录:

(1) 采购时:

借:材料采购——W 材料　　　　　　　　　　　　　　　　　　　　　　3 000 000
　　应交税费——应交增值税(进项税额)　　　　　　　　　　　　　　　　390 000
　　贷:银行存款　　　　　　　　　　　　　　　　　　　　　　　　　　3 390 000

(2) 材料验收入库时:

借:原材料——W 材料　　　　　　　　　　　　　　　　　　　　　　　3 200 000
　　贷:材料采购——W 材料　　　　　　　　　　　　　　　　　　　　　3 200 000

(3) 结转材料成本差异时:

借:材料采购——W 材料　　　　　　　　　　　　　　　　　　　　　　200 000
　　贷:材料成本差异——W 材料　　　　　　　　　　　　　　　　　　　200 000

分录(2)与分录(3)合并起来如下:

借:原材料——W 材料　　　　　　　　　　　　　　　　　　　　　　　3 200 000
　　贷:材料采购——W 材料　　　　　　　　　　　　　　　　　　　　　3 000 000
　　　　材料成本差异——W 材料　　　　　　　　　　　　　　　　　　　200 000

其中,计划成本记入"原材料"有关明细账户,实际成本记入"材料采购"有关明细账户,成本差异金额记入"材料成本差异"有关明细账户。

在计划成本法下,企业购入的材料如果直接验收入库,是否还需要通过"材料采购"账户进行核算?

(四) 发出材料的账务处理

1. 账务处理

发出材料的账务处理如表 2-10 所示。

表 2-10　　　　　　　　　　　　　发出材料的账务处理

业务内容		会计分录
使用计划成本,发出原材料时		借:生产成本(或制造费用等) 　　贷:原材料
月末结转材料成本差异时	节约差异	借:材料成本差异 　　贷:生产成本(或制造费用等)
	超支差异	借:生产成本(或制造费用等) 　　贷:材料成本差异

2. 计算公式

发出材料时,企业通过材料成本差异将计划成本还原成实际成本。其计算公式如下:

材料成本差异率＝(月初差异＋本月新增差异)÷(月初计划成本＋本月新增计划成本)
发出材料应分摊的材料成本差异＝发出材料的计划成本×材料成本差异率
发出材料的实际成本＝发出材料的计划成本±发出材料应承担的材料成本差异
结存材料计划成本＝月初结存材料的计划成本＋本月购进材料的计划成本－本月发出材料的计划成本
月末结存材料实际成本＝月末结存材料的计划成本±结存材料应分摊的材料成本差异

【例 2-12】 鑫鑫有限公司丙材料采用计划成本核算。2022 年 12 月 1 日,该公司结存丙材料的计划成本为 400 万元,"材料成本差异"账户的贷方余额为 6 万元;本月入库丙材料的计划成本为 2 000 万元,"材料成本差异"账户的借方发生额为 12 万元;本月生产产品领用丙材料的计划成本为 1 600 万元。鑫鑫公司应编制如下会计分录:

材料成本差异率＝(－6＋12)÷(400＋2 000)×100%＝0.25%
本月发出材料应负担的材料成本差异为＝16 000 000×0.25%＝40 000(元)

(1) 采购时：

借：生产成本——基本生产成本　　　　　　　　　　　　　　　　　　16 000 000
　　贷：原材料　　　　　　　　　　　　　　　　　　　　　　　　　　　　　　16 000 000

(2) 月末结转发出材料的材料成本差异额时：

借：生产成本——基本生产成本　　　　　　　　　　　　　　　　　　　　40 000
　　贷：材料成本差异　　　　　　　　　　　　　　　　　　　　　　　　　　　　40 000

本月发出材料的实际成本＝16 000 000＋40 000＝16 040 000(元)
本月结存材料的实际成本＝(4 000 000＋20 000 000－16 000 000)×(1＋0.25%)
　　　　　　　　　　　＝8 020 000(元)

(单项选择题)某公司月初结存乙材料的计划成本为 250 万元,材料成本差异为超支 45 万元;当月入库乙材料的计划成本为 550 万元,材料成本差异为节约 85 万元;当月生产车间领用乙材料的计划成本为 600 万元,则当月生产车间领用乙材料的实际成本为(　　)万元。

A. 502.5　　　　　　B. 570.0　　　　　　C. 630.0　　　　　　D. 697.5

【正确答案】 B
【答案解析】 材料成本差异率＝(45－85)÷(250＋550)×100%＝－5%;当月生产车间领用乙材料的实际成本＝600×(1－5%)＝570(万元)。

(单项选择题)某企业采用计划成本法进行材料日常核算,2022 年 12 月初结存材料的计划成本为 2 000 万元,"材料成本差异"账户的贷方余额为 30 万元;本月入库材料计划成本为 10 000 万元,"材料成本差异"账户的借方发生额为 60 万元;月末按计划成本暂估入账材料 200 万元;本月发出材料计划成本为 800 万元,则本月发出材料实际成本为(　　)万元。

A. 802　　　　　　　B. 801.97　　　　　　C. 805　　　　　　D. 806

【正确答案】 A

【答案解析】 本月材料成本差异率＝(－30＋60)÷(2 000＋10 000)×100%＝0.25%；发出材料的实际成本＝800×(1＋0.25%)＝802(万元)。

活动 2.3.2　周转材料

一、周转材料的概念

周转材料是指企业能够多次使用,逐渐转移其价值但仍保持原有形态,不确认为固定资产的材料。它包括包装物和低值易耗品。

二、包装物

(一) 概念和种类

包装物是指为了包装本企业商品而储备的各种包装容器,如桶、箱、瓶、坛、袋等。它主要包括以下几类：

(1) 生产过程中用于包装产品组成部分的包装物。

(2) 随同商品出售而不单独计价的包装物。

(3) 随同商品出售而单独计价的包装物。

(4) 出租或出借给购买单位使用的包装物。

(二) 账户设置

"周转材料——包装物"账户借方登记包装物的增加,贷方登记包装物的减少,期末余额在借方,反映结存包装物的金额。

(三) 账务处理

包装物的账务处理如表 2-11 所示。

表 2-11　　　　　　　　　　包装物的账务处理

业务内容	会计分录
生产领用包装物	借：生产成本——基本生产成本 　贷：周转材料——包装物
随同产品出售但不单独计价	借：销售费用 　贷：周转材料——包装物
随同产品出售且单独计价	借：其他业务成本(包装物成本) 　贷：周转材料——包装物
出租包装物	借：其他业务成本 　贷：周转材料——包装物
出借包装物	借：销售费用 　贷：周转材料——包装物

【例 2-13】　鑫鑫有限公司随同产品出售一批包装箱,价款共计 5 000 元,增值税税额为

650元,款项已收到存入银行,该批包装箱的账面价值为1 500元。鑫鑫公司应编制如下会计分录:

(1) 销售包装物时:

借:银行存款 5 650
　　贷:其他业务收入 5 000
　　　　应交税费——应交增值税(销项税额) 650

(2) 结转出售包装物成本时:

借:其他业务成本 1 500
　　贷:周转材料——包装物 1 500

【例 2-14】 甲公司为增值税一般纳税人,对包装物采用计划成本核算,某月生产产品领用包装物的计划成本为100 000元,材料成本差异率为-2%。甲公司应编制如下会计分录:

实际成本=100 000+100 000×(-2%)=98 000(元)

借:生产成本 98 000
　　材料成本差异 2 000
　　贷:周转材料——包装物 100 000

三、低值易耗品

(一) 概念和种类

低值易耗品是指不符合固定资产确认的各种用具物品,如工具、管理用具、玻璃器皿、劳动保护用品,以及经营过程中周转使用的容器等。低值易耗品的种类如表2-12所示。

表 2-12　　　　　　　　　　低值易耗品的种类

种类	概念解析	具体内容
一般工具	车间生产产品通用的工具	如刀具、量具以及供生产周转使用的容器等
专用工具	为了生产某种特定产品所专用的工具	如专业模具、专用工具等
管理工具	在管理工作中使用的各种家具和办公用具	如办公桌、椅、柜子、计算器等
劳动保护用品	为了保证安全生产而发给职工的劳动保护用品	如工作服、工作鞋、工作手套等
替换设备	容易磨损、更换频繁或为生产不同产品需要替换使用的各种设备	如轧制钢材用的轧辊、浇铸钢锭的锭模
其他低值易耗品	不属于以上各类的低值易耗品	

(二) 账户设置

"周转材料——低值易耗品"账户借方登记低值易耗品的增加,贷方登记低值易耗品的减少,期末余额在借方,反映企业期末结存低值易耗品的金额。

在采用分次摊销法的情况下,企业需要单独设置"周转材料——低值易耗品(在库)""周转材料——低值易耗品(在用)""周转材料——低值易耗品(摊销)"账户进行明细核算,这有利于明确低值易耗品的库存保管、领用和耗费等相关部门的经管责任。

(三)账务处理

低值易耗品的财务处理方法有一次摊销法和分次摊销法。

1. 一次摊销法

一次摊销法是指价值在领用时一次计入有关资产成本或当期损益的方法。

金额较小的,可在领用时一次计入成本费用,为加强实物管理,企业应设备查簿进行登记,以便于对使用中的低值易耗品进行监督管理。其账务处理如下:

借:生产成本(生产或项目领用)
　　制造费用(车间领用)
　　管理费用(厂部领用)
　　销售费用(专设销售机构领用)
　　贷:周转材料——低值易耗品

2. 分次摊销法

分次摊销法是指将低值易耗品的价值按其使用期限的长短或价值的大小分月摊入成本、费用的方法。企业采用分次摊销法摊销低值易耗品,低值易耗品在领用时摊销其账面价值的单次平均摊销额。分次摊销法适用于可供多次反复使用的低值易耗品。周转材料分次摊销法的账务处理流程如图 2-2 所示。

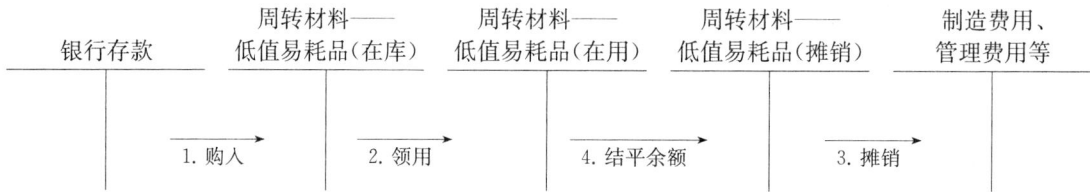

图 2-2　周转材料分次摊销法的账务处理流程

分次摊销法的账务处理如表 2-13 所示。

表 2-13　　　　　　　　　　　分次摊销法的账务处理

业务内容	会计分录
领用时	借:周转材料——低值易耗品(在用) 　　贷:周转材料——低值易耗品(在库)
摊销时	借:生产成本[生产或项目领用] 　　制造费用[车间领用] 　　管理费用[厂部领用] 　　销售费用[专设销售机构领用] 　　贷:周转材料——低值易耗品(摊销)
转销	借:周转材料——低值易耗品(摊销) 　　贷:周转材料——低值易耗品(在用)

【例 2-15】　甲公司为增值税一般纳税人,对低值易耗品采用实际成本核算。某月,该公司基本生产车间领用专用工具一批,其实际成本为 80 000 元,甲公司采用分次摊销法进行摊销。该工具的估计使用次数为 2 次。甲公司应编制如下会计分录:

(1) 领用专用工具时：

借：周转材料——低值易耗品(在用)　　　　　　　　　　　　　　　80 000
　　贷：周转材料——低值易耗品(在库)　　　　　　　　　　　　　　　80 000

(2) 第一次领用摊销其价值的一半时：

借：制造费用　　　　　　　　　　　　　　　　　　　　　　　　　　40 000
　　贷：周转材料——低值易耗品(摊销)　　　　　　　　　　　　　　　40 000

(3) 第二次领用摊销其价值的一半时：

借：制造费用　　　　　　　　　　　　　　　　　　　　　　　　　　40 000
　　贷：周转材料——低值易耗品(摊销)　　　　　　　　　　　　　　　40 000

同时：

借：周转材料——低值易耗品(摊销)　　　　　　　　　　　　　　　　80 000
　　贷：周转材料——低值易耗品(在用)　　　　　　　　　　　　　　　80 000

低值易耗品摊销为何取消五五摊销法？

(单项选择题)下列各项中，企业确认随同商品出售不单独计价的包装物的实际成本应借记的会计账户是(　　)。

A."管理费用"　　　　　　　　　　　　B."主营业务成本"
C."销售费用"　　　　　　　　　　　　D."其他业务成本"

【正确答案】　C
【答案解析】　随同商品出售不单独计价的包装物的实际成本，应借记"销售费用"账户。

(单项选择题)2023年1月1日，某企业销售商品领用不单独计价包装物的计划成本为60 000元，材料成本差异率为-5%，下列关于该包装物的会计处理中，正确的是(　　)。

A. 借：销售费用　　　　　　　　　　　　　　　　　　　　　　　　63 000
　　　贷：周转材料——包装物　　　　　　　　　　　　　　　　　　60 000
　　　　　材料成本差异　　　　　　　　　　　　　　　　　　　　　 3 000

B. 借：销售费用　　　　　　　　　　　　　　　　　　　　　　　　57 000
　　　材料成本差异　　　　　　　　　　　　　　　　　　　　　　　 3 000
　　　贷：周转材料——包装物　　　　　　　　　　　　　　　　　　60 000

C. 借：其他业务成本　　　　　　　　　　　　　　　　　　　　　　63 000
　　　贷：周转材料——包装物　　　　　　　　　　　　　　　　　　60 000
　　　　　材料成本差异　　　　　　　　　　　　　　　　　　　　　 3 000

D. 借：其他业务成本　　　　　　　　　　　　　　　　　　　　57 000
　　　材料成本差异　　　　　　　　　　　　　　　　　　　　 3 000
　　贷：周转材料——包装物　　　　　　　　　　　　　　　　　　　60 000

【正确答案】　B
【答案解析】　参考原材料的计划成本法相关知识点。

考一考

（多项选择题）某企业周转材料采用实际成本核算，生产车间领用低值易耗品一批，实际成本为10 000元，估计使用次数为2次，采用分次摊销法进行摊销。下列低值易耗品第二次摊销的会计分录中，正确的有（　　）。

A. 借：周转材料——低值易耗品（在用）　　　　　　　　　　10 000
　　贷：周转材料——低值易耗品（在库）　　　　　　　　　　　 10 000
B. 借：制造费用　　　　　　　　　　　　　　　　　　　　　10 000
　　贷：周转材料——低值易耗品（在库）　　　　　　　　　　　 10 000
C. 借：制造费用　　　　　　　　　　　　　　　　　　　　　 5 000
　　贷：周转材料——低值易耗品（摊销）　　　　　　　　　　　　5 000
D. 借：周转材料——低值易耗品（摊销）　　　　　　　　　　10 000
　　贷：周转材料——低值易耗品（在用）　　　　　　　　　　　 10 000

【正确答案】　CD
【答案解析】　选项A为领用低值易耗品时的会计分录，选项B为第一次领用时摊销其价值的一半时的会计分录。

活动 2.3.3　委托加工物资

一、委托加工物资的概念

委托加工物资是指企业为了满足生产经营的需要，在企业无法加工或加工能力不足的情况下，由企业提供原料及主要材料，通过支付加工费由受托加工企业按合同要求为企业加工所需要的原材料、半成品或商品。

二、委托加工物资的账户设置

"委托加工物资"账户借方登记发出加工物资的实际成本以及支付的加工费、运杂费、相关税费等，贷方登记收回加工完成物资的实际成本和退回剩余物资的实际成本，期末余额在借方，反映企业尚未完工的委托加工物资的实际成本等。

三、委托加工物资的账务处理

委托加工物资的账务处理如表2-14所示。

表 2-14　　　　　　　　　　　　　委托加工物资账务处理

业务内容		会计分录
发出物资时		借：委托加工物资 　　贷：原材料 　　[借或贷：材料成本差异]
支付加工费、运杂费时		借：委托加工物资 　　应交税费——应交增值税(进项税额) 　　贷：银行存款
支付受托方代扣代缴的消费税(属于应税消费品)时	收回后直接销售	借：委托加工物资 　　贷：银行存款
	收回后用于连续生产应税消费品	借：应交税费——应交消费税 　　贷：银行存款
退回剩余物资时		借：原材料等 　　贷：委托加工物资 　　[借或贷：材料成本差异]
加工完成收回委托加工物资时		借：原材料、库存商品等 　　贷：委托加工物资 　　[借或贷：材料成本差异]

【例 2-16】 甲公司委托乙公司加工材料一批(属于应税消费品)，原材料成本为 60 000 元，支付的加工费为 30 000 元(不含增值税)，消费税税率为 10%，材料加工完成验收入库，收回后用于连续加工应税消费品，加工费用、消费税已经支付。甲、乙公司均为增值税一般纳税人，适用的增值税税率为 13%。按实际成本法核算，甲公司应编制如下会计分录：

(1) 发出委托加工材料时：

借：委托加工物资　　　　　　　　　　　　　　　　　　　　　　　　　60 000
　　贷：原材料　　　　　　　　　　　　　　　　　　　　　　　　　　　60 000

(2) 支付加工费、消费税时：

消费税组成计税价格＝(60 000＋30 000)÷(1－10%)＝100 000(元)
受托方代收代缴的消费税＝100 000×10%＝10 000(元)

借：委托加工物资　　　　　　　　　　　　　　　　　　　　　　　　　30 000
　　应交税费——应交增值税(进项税额)　　　　　　　　　　　　　　　　3 900
　　　　　　——应交消费税　　　　　　　　　　　　　　　　　　　　10 000
　　贷：银行存款　　　　　　　　　　　　　　　　　　　　　　　　　43 900

(3) 加工完成收回委托加工材料时：

借：原材料　　　　　　　　　　　　　　　　　　　　　　　　　　　　90 000
　　贷：委托加工物资　　　　　　　　　　　　　　　　　　　　　　　90 000

(单项选择题)鑫鑫有限公司委托乙企业加工可直接对外销售的 A 商品 10 000 件，11 月 1 日，发出材料一批，计划成本为 200 000 元，材料成本差异率为－1%；12 月 10 日，支付商品

加工费5 000元,增值税650元,支付应缴纳的消费税15 000元;12月25日,用银行存款支付往返运杂费2 000元,增值税260元;10月24日,上述商品加工完毕,公司已办理验收入库手续。A库存商品的入库价格为(　　)元。

A. 200 000　　　　B. 205 000　　　　C. 203 000　　　　D. 220 000

【正确答案】 B

【答案解析】

(1)发出材料时:

借:委托加工物资	198 000
材料成本差异	2 000
贷:原材料	200 000

(2)支付加工费时:

借:委托加工物资	5 000
应交税费——应交增值税(进项税额)	650
贷:银行存款	5 650

(3)支付往返运杂费时:

借:委托加工物资	2 000
应交税费——应交增值税(进项税额)	260
贷:银行存款	2 260

(4)加工完成,收回委托加工物资时:

借:库存商品	205 000
贷:委托加工物资	205 000

活动2.3.4　库存商品

一、库存商品的概念

库存商品是指企业完成全部生产过程并验收入库,合乎标准规格和技术条件,可以作为商品直接对外出售的产品以及外购或委托加工已验收入库用于销售的各种商品。它包括库存产成品、外购商品、存放在门市部准备出售的商品、发出展览的商品、寄存在外的商品等。

二、制造业企业库存商品

制造业企业库存商品的账务处理如表2-15所示。

表2-15　　　　　　　　　　制造业企业库存商品的账务处理

业务内容	会计分录
产成品入库	借:库存商品 　贷:生产成本——基本生产成本

(续表)

业务内容	会计分录
发出产成品用于销售	借：主营业务成本 　　贷：库存商品

【例 2-17】 鑫鑫公司"商品入库汇总表"记载，某月已验收入库 X 产品 1 000 台，实际单位成本为 4 000 元，共计 4 000 000 元；Y 产品 3 000 台，实际单位成本为 1 000 元，共计 3 000 000 元。鑫鑫公司应编制如下会计分录：

借：库存商品——X 产品　　　　　　　　　　　　　　　　　　　　　　　4 000 000
　　　　　　——Y 产品　　　　　　　　　　　　　　　　　　　　　　　3 000 000
　　贷：生产成本——基本生产成本(X 产品)　　　　　　　　　　　　　　4 000 000
　　　　　　　　——基本生产成本(Y 产品)　　　　　　　　　　　　　　3 000 000

【例 2-18】 承［例 2-17］，在结转其销售成本时，鑫鑫公司应编制如下会计分录：

借：主营业务成本——X 产品　　　　　　　　　　　　　　　　　　　　　4 000 000
　　　　　　　　——Y 产品　　　　　　　　　　　　　　　　　　　　　3 000 000
　　贷：库存商品——X 产品　　　　　　　　　　　　　　　　　　　　　4 000 000
　　　　　　　——Y 产品　　　　　　　　　　　　　　　　　　　　　3 000 000

三、商业企业库存商品

商业企业库存商品可采用毛利率法、售价金额核算法进行核算。

(一) 毛利率法

1. 概念

毛利率法是指根据本期销售净额乘以上期实际（或本期计划）毛利率匡算本期销售毛利，并据以计算发出存货和期末结存存货成本的一种方法。企业计算销售商品的成本时，可在每一季度的前 2 个月采用毛利率法匡算，季末最后 1 个月通过实地盘点先确定季末库存商品价值，再用倒挤法计算本季商品销售总成本，然后从销售总成本中扣除前两个月的销售成本，即为季度内第 3 个月应结转的成本。

2. 计算公式

毛利率法的有关计算公式如下：

本期商品销售成本＝本期商品销售收入×[1－上期（或本期计划）毛利率]
毛利率＝销售毛利÷销售额×100%
销售净额＝商品销售收入－销售退回与折让
销售毛利＝销售净额×毛利率
销售成本＝销售净额－销售毛利
期末存货成本＝期初存货成本＋本期购货成本－本期销售成本

【例 2-19】 2022 年 10 月 1 日，甲公司库存商品余额为 1 700 000 元，10 月购进库存商品的价格为 2 200 000 元，10 月共销售商品获得收入 3 000 000 元，采用毛利率法计算并结转当月

商品销售成本,上季度该商品毛利率为20%,甲公司应编制如下会计分录:

月末结转成本时已销商品成本＝3 000 000×(1－20%)＝2 400 000(元)

借:主营业务成本　　　　　　　　　　　　　　　　　　　　2 400 000
　　贷:库存商品　　　　　　　　　　　　　　　　　　　　　　　　2 400 000

月末库存商品成本＝1 700 000＋2 200 000－2 400 000＝1 500 000(元)

(二) 售价金额核算法

1. 概念

售价金额核算法是指平时商品的购入、加工收回、销售均按售价记账,售价与进价的差额通过"商品进销差价"账户核算,期末计算进销差价率和本期已销商品应分摊的进销差价,据以调整本期销售成本的方法。

2. 账务处理

售价金额核算法的账务处理如表 2-16 所示。

表 2-16　　　　　　　　　　售价金额核算法的账务处理

业务内容	会计分录
购入商品支付货款	借:库存商品 　　应交税费——应交增值税(进项税额) 　贷:银行存款等 　　　商品进销差价
商品销售时,先按含税售价确认收入,并结转销售成本	借:银行存款 　贷:主营业务收入[含税售价] 借:主营业务成本 　贷:库存商品[含税售价]
月末时将增值税税款从收入中分离出来	借:主营业务收入 　贷:应交税费——应交增值税(销项税额)
计算商品进销差价率后,计算已销商品应负担的进销差价,并冲减主营业务成本。	借:商品进销差价 　贷:主营业务成本

3. 计算公式

售价金额核算法的有关计算公式如下:

$$商品进销差价率=\frac{期初库存商品的进销差价+本期购入商品的进销差价}{期初库存商品的售价+本期购入商品的售价}\times 100\%$$

本期已销商品应分摊的进销差价＝本期销售收入×商品进销差价率

本期已销商品的实际成本＝本期销售商品收入－本期已销商品应分摊的进销差价

期末结存商品应保留的进销差价＝期初库存商品进销差价＋本期购进商品进销差价－本期已销商品应分摊的进销差价

期末结存商品的实际成本＝期末结存商品的售价－期末结存商品应保留的进销差价

【例 2-20】 A 超市某年 5 月初"商品进销差价"账户的贷方余额为 30 360 元,5 月初"库存商品"账户的借方余额为 380 000 元;5 月 24 日,购进商品成本为 180 000 元,增值税税额为

23 400元,均以银行存款支付,商品已于当日收到,售价为280 800元,5月A超市共计销售收入180 800元。A超市应编制如下会计分录:

(1) 购入商品支付货款时:

借:库存商品　　　　　　　　　　　　　　　　　　　　　　　　280 800
　　应交税费——应交增值税(进项税额)　　　　　　　　　　　　 23 400
　　贷:银行存款　　　　　　　　　　　　　　　　　　　　　　　　203 400
　　　　商品进销差价　　　　　　　　　　　　　　　　　　　　　　100 800

(2) 商品销售时,先按含税售价确认收入,并结转销售成本时:

借:银行存款　　　　　　　　　　　　　　　　　　　　　　　　180 800
　　贷:主营业务收入　　　　　　　　　　　　　　　　　　　　　　180 800

借:主营业务成本　　　　　　　　　　　　　　　　　　　　　　180 800
　　贷:库存商品　　　　　　　　　　　　　　　　　　　　　　　　180 800

(3) 5月31日,将增值税税款从收入中分离出来时:

不含税销售收入＝当月含税销售收入÷(1＋13%)＝180 800÷(1＋13%)＝160 000(元)
增值税税款＝180 800－160 000＝20 800(元)

借:主营业务收入　　　　　　　　　　　　　　　　　　　　　　 20 800
　　贷:应交税费——应交增值税(销项税额)　　　　　　　　　　　 20 800

(4) 计算产品进销差价率后,计算已销商品应负担的进销差价,并冲减主营业务成本时:

商品进销差价率＝(30 360＋100 800)÷(380 000＋280 800)×100%＝20%
已销商品应分摊的进销差价＝本期的销售收入×商品进销差价率
　　　　　　　　　　　　＝180 800×20%＝36 160(元)

借:商品进销差价　　　　　　　　　　　　　　　　　　　　　　 36 160
　　贷:主营业务成本　　　　　　　　　　　　　　　　　　　　　　 36 160

考一考

(单项选择题)某商场库存商品采用售价金额核算法进行核算。2023年1月初,库存商品的进价成本为30万元,售价总额为46万元。当月购进商品的进价成本为40万元,售价总额为54万元。当月销售收入为70万元。不考虑其他因素,该商场月末结存商品的实际成本为(　　)万元。

A. 21　　　　　　B. 41　　　　　　C. 31　　　　　　D. 11

【正确答案】 A

【答案解析】 本月商品进销差价率＝(期初库存商品进销差价＋本期购入商品进销差价)÷(期初库存商品售价＋本期购入商品售价)×100%＝[(46－30)＋(54－40)]÷(46＋54)×100%＝30%;该商场月末结存商品的实际成本＝期初库存商品的进价成本＋本期购进商品的进价成本－本期销售商品的成本＝30＋40－70×(1－30%)＝21(万元)。

活动 2.3.5 消耗性生物资产

一、相关概念

（一）生物资产的概念

生物资产是指农业活动所涉及的活的动物或植物等这类的资产。生物资产分为消耗性生物资产、生产性生物资产和公益性生物资产。

（二）消耗性生物资产的概念

消耗性生物资产是指企业（农、林、牧、渔业）生长中的大田作物、蔬菜、用材林，以及存栏待售的牲畜等，如玉米和小麦等庄稼、用材林、存栏待售的牲畜、养殖的鱼等。

二、消耗性生物资产的成本确定

企业自行栽培、营造、繁殖或养殖的消耗性生物资产的成本，应按照下列规定确定：

（1）自行栽培的大田作物和蔬菜的成本：包括在收获前耗用的种子肥料、农药等材料费、人工费和应分摊的间接费用。

（2）自行营造的林木类消耗性生物资产的成本：包括郁闭前发生的造林费、抚育费、营林设施费、良种试验费、调查设计费和应分摊的间接费用。

（3）自行繁殖的育肥畜的成本：包括出售前发生的饲料费、人工费和应分摊的间接费用。

（4）水产养殖的动物和植物的成本：包括在出售或入库前耗用的苗种、饲料、肥料等材料费、人工费和应分摊的间接费用。

三、消耗性生物资产账务处理

消耗性生物资产的账务处理如表 2-17 所示。

表 2-17　　消耗性生物资产的账务处理

业务内容	会计分录
形成时	借：消耗性生物资产 　　贷：银行存款 　　　　原材料 　　　　应付职工薪酬等
出售时	借：主营业务成本 　　贷：消耗性生物资产

【例 2-21】　某林业公司下属森林班统一组织培植、管护一片森林。2022 年 9 月，该公司发生森林管护费用共计 50 000 元，其中，本月应付人员薪酬 30 000 元，仓库领用库存肥料 16 000 元，管护设备折旧 4 000 元。管护总面积为 5 000 公顷①，其中，作为用材林的杨树林共计 4 000 公顷，已郁闭的占 80%，其余的尚未郁闭；作为水土保持林的马尾松共计 1 000 公顷，全部已郁闭。管护费用按照森林面积比例分配计算过程如下：

---

① 1 公顷＝10 000 平方米。

未郁闭杨树林应分配共同费用的比例＝4 000×(1－80%)÷5 000×100%＝16%

已郁闭杨树林应分配共同费用的比例＝4 000×80%÷5 000×100%＝64%

已郁闭马尾松应分配共同费用的比例＝1 000÷5 000×100%＝20%

未郁闭杨树林应分配的共同费用＝50 000×16%＝8 000(元)

已郁闭杨树林应分配的共同费用＝50 000×64%＝32 000(元)

已郁闭马尾松应分配的共同费用＝50 000×20%＝10 000(元)

该林业公司应编制如下会计分录：

借：消耗性生物资产——用材林(杨树林)   8 000
  管理费用   42 000
  贷：应付职工薪酬   30 000
    原材料   16 000
    累计折旧   4 000

(单项选择题)A 农场种植油菜 500 亩,收获前该农场发生的支出有：种苗费 30 000 元、肥料 15 000 元、农药 20 000 元、人工费 18 000 元。该油菜的生产成本为(　　)元。

A. 65 000   B. 83 000   C. 45 000   D. 48 000

【正确答案】　B

【答案解析】　生产成本＝30 000＋15 000＋20 000＋18 000＝83 000(元)。

(多项选择题)下列各项中,不属于消耗性生物资产的有(　　)。

A. 奶牛   B. 梨树   C. 肉鸡   D. 种猪

【正确答案】　ABD

【答案解析】　消耗性生物资产是指企业(农、林、牧、渔业)生长中的大田作物、蔬菜、用材林以及存栏待售的牲畜等。选项 C 肉鸡为待售的牲畜,属于消耗性生物资产,选项 ABD 属于生产性生物资产。

任务 2.4　存货的清查与期末计量

2.4.1　存货清查

一、存货清查的目的和方法

企业应定期或不定期对存货进行清查,以保证各项存货的安全、完整,保证存货账实相符,防止存货积压和加速资金周转。存货清查采用实地盘点,确定存货的实有数量,并与账面结存数进行核对,从而确定存货的实存数和账面数是否相符的专门方法。

二、存货清查的账户设置

为了反映和监督企业在财产清查中查明的各种存货的盘盈、盘亏和毁损情况,企业应当设置"待处理财产损溢"账户。该账户属于资产类账户,借方登记存货的盘亏、毁损金额及盘盈的转销金额;贷方登记存货的盘盈金额及盘亏的转销金额。

三、存货清查的账务处理

存货清查的账务处理如表 2-18 所示。

表 2-18　　　　　　　　　　　存货清查的账务处理

存货清查	盘盈	盘亏/毁损
审批前	借:原材料等 　贷:待处理财产损溢	借:待处理财产损溢 　贷:原材料等 　　　应交税费——应交增值税(进项税额转出)[管理不善等一般经营损失]
审批后	借:待处理财产损溢 　贷:管理费用	借:原材料等[残料入库] 　　其他应收款[应收保险公司或责任人赔款] 　　管理费用[管理不善等一般经营损失] 　　营业外支出[自然灾害等非常损失] 　贷:待处理财产损溢

企业清查的各种存货盘盈、盘亏和毁损,处理完毕后,"待处理财产损溢"账户还存在吗?

【例 2-22】　黄河有限公司在存货清查中发现一批材料毁损,该批材料的实际成本是 30 000 元,经调查发现因台风造成,根据保险责任及保险合同规定,由保险公司赔偿 12 000 元,另有残料作价 300 元回收入库。黄河公司应编制如下会计分录:

(1)审批前:

借:待处理财产损溢　　　　　　　　　　　　　　　　　　　　　　　30 000
　　贷:原材料　　　　　　　　　　　　　　　　　　　　　　　　　　　30 000

(2)审批后:

借:原材料——残料　　　　　　　　　　　　　　　　　　　　　　　　　　300
　　其他应收款——保险公司　　　　　　　　　　　　　　　　　　　　12 000
　　营业外支出——非常损失　　　　　　　　　　　　　　　　　　　　17 700
　　贷:待处理财产损溢　　　　　　　　　　　　　　　　　　　　　　　30 000

(单项选择题)某公司因暴雨毁损原材料一批,该批材料实际成本为 1 万元,其已抵扣的增值税进项税额为 0.13 万元;残料变现价值为 0.05 万元,保险公司按合同约定赔偿 0.3 万元。

不考虑其他因素,该批材料的毁损净损失为( )万元。

A. 1　　　　　B. 0.65　　　　　C. 0.05　　　　　D. 0.78

【正确答案】 B

【答案解析】 该批材料的毁损净损失=1-0.05-0.3=0.65(万元)。

(多项选择题)下列关于存货毁损报经批准后的会计账户处理的表述中,正确的有( )。

A. 属于一般经营损失的部分,记入"营业外支出"账户

B. 属于过失人赔偿的部分,记入"其他应收款"账户

C. 入库的残料价值,记入"原材料"账户

D. 属于非常损失的部分,记入"管理费用"账户

【正确答案】 BC

【答案解析】 选项A,属于一般经营损失的部分,记入"管理费用"账户;选项D,属于非常损失的部分,记入"营业外支出"等账户。

活动 2.4.2　存货期末计量

一、存货期末计量的原则

资产负债表日,存货应当按照成本与可变现净值孰低法来计量。其中,成本是指期末存货的实际成本,如企业在存货成本的日常核算中采用计划成本法、售价金额核算法等简化核算方法,则成本为经调整后的实际成本;可变现净值是指在日常活动中,存货的估计售价减去至完工时估计将要发生的成本、估计的销售费用及估计的相关税费后的金额,可变现净值的特征表现为存货的预计未来净现金流量,而不是存货的售价或合同价。

二、存货期末成本的确认

(1) 当存货成本低于可变现净值时,按存货成本计价(未减值)。

(2) 当存货成本等于可变现净值时,两种价值均可使用。

(3) 当存货成本高于可变现净值时,可能存在跌价损失,企业应当计提存货跌价准备,并将其计入当期损益。当期应计提的存货跌价准备金额的计算公式如下:

当期应计提的存货跌价准备金额=(存货成本-可变现净值)-"存货跌价准备"账户已有贷方余额

若以前减记存货价值的影响因素已经消失,减记的金额应当予以恢复并在原已计提的存货跌价准备金额内转回,转回的金额计入当期损益。

三、存货期末计量的账户设置

"存货跌价准备"账户是存货的备抵账户,贷方登记计提的存货跌价准备金额,借方登记实际发生的存货跌价损失金额和转回的存货跌价准备金额,期末余额一般在贷方,反映企业已计

提但尚未转销的存货跌价准备。

四、存货期末计量的账务处理

存货期末计量的账务处理如表 2-19 所示。

表 2-19　　　　　　　　　　存货期末计量的账务处理

业务内容	会计分录
计提存货跌价准备时	借：资产减值损失 　　贷：存货跌价准备
转回存货跌价准备时	借：存货跌价准备 　　贷：资产减值损失
存货跌价准备的结转	借：存货跌价准备 　　贷：主营业务成本/其他业务成本

【例 2-23】 2021 年 12 月 31 日，黄河有限公司 L 产品账面成本为 200 万元，但由于 L 产品市场价格下跌，预计可变现净值为 130 万元，由此计提存货跌价准备 70 万元。假定：

(1) 2022 年 6 月 30 日，L 产品的账面成本仍为 200 万元，但由于 L 产品市场价格有所上升，使得 L 产品的可变现净值为 160 万元。

(2) 2022 年 12 月 31 日，L 产品账面成本仍为 200 万元，由于该产品市场价格进一步上升，预计可变现净值为 250 万元。

根据不同情况，黄河有限公司应编制以下会计分录：

(1) 2022 年 6 月 30 日：

市场价格上升，L 产品可变现净值有所恢复，该公司应计提的存货跌价准备为 40 万元(200－160)，则当期应冲减的存货跌价准备为 30 万元(70－40)，且小于已计提的存货跌价准备(70 万元)。因此，应转回的存货跌价准备为 30 万元。

　　借：存货跌价准备　　　　　　　　　　　　　　　　　　　　　300 000
　　　　贷：资产减值损失　　　　　　　　　　　　　　　　　　　　　300 000

(2) 2022 年 12 月 31 日：

L 产品的可变现净值又有所恢复，应冲减存货跌价准备 50 万元(200－250)，但 L 产品已计提的存货跌价准备的余额为 40 万元，因此，该公司当期应冲回的存货跌价准备为 40 万元，而不是 50 万元(即将对 L 产品已计提的"存货跌价准备"余额冲到零为止)。

　　借：存货跌价准备　　　　　　　　　　　　　　　　　　　　　400 000
　　　　贷：资产减值损失　　　　　　　　　　　　　　　　　　　　　400 000

(单项选择题)某企业采用成本与可变现净值孰低法对存货进行期末计价，成本与可变现净值按单项存货进行比较。2022 年 12 月 31 日，甲、乙、丙三种存货成本与可变现净值分别为：甲存货成本为 10 万元，可变现净值为 8 万元；乙存货成本为 12 万元，可变现净值为 15 万元；丙存货成本为 18 万元，可变现净值为 15 万元。甲、乙、丙三种存货已计提的跌价准备分别为1万元、2万元、1.5万元。假定该企业只有这三种存货,2022年12月31日应补提的存货跌价准备总额为( )万元。

A. -0.5 B. 0.5 C. 2 D. 5

【正确答案】 B

【答案解析】 ①甲存货应补提的存货跌价准备=(10-8)-1=1(万元)。②乙存货应补提的存货跌价准备=0-2=-2(万元)。③丙存货应补提的存货跌价准备=(18-15)-1.5=1.5(万元)。④2022年12月31日应补提的存货跌价准备总额=1-2+1.5=0.5(万元)。

(单项选择题)2022年8月31日,某企业乙存货的实际成本为100万元,加工该存货至完工产成品估计还将发生成本25万元,估计销售费用和相关税费为3万元,估计该存货生产的产成品售价为120万元。假定乙存货月初"存货跌价准备"账户余额为12万元,2022年8月31日该企业应计提的存货跌价准备为( )万元。

A. -8 B. 4 C. 8 D. -4

【正确答案】 D

【答案解析】 可变现净值=存货的估计售价-进一步加工成本-估计的销售费用和税费=120-25-3=92(万元)。当期应计提的存货跌价准备=(存货成本-可变现净值)-存货跌价准备已有贷方余额=(100-92)-12=-4(万元)。

模 块 测 试

一、单项选择题

1. 下列各项中,不应计入存货成本的是( )。

A. 外购存货途中的合理损耗

B. 一般纳税企业购进原材料支付的增值税

C. 小规模纳税企业购进原材料支付的增值税

D. 一般纳税企业进口应税消费品支付的消费税

2. 某企业采用先进先出法核算原材料,2023年1月1日,该企业库存甲材料500千克,实际成本为3 000元;1月8日,购入甲材料1 200千克,实际成本为7 440元;1月18日,购入甲材料300千克,实际成本为1 830元;1月20日,发出甲材料900千克。不考虑其他因素,该企业发出的甲材料实际成本为( )元。

A. 5 550 B. 5 580 C. 5 521.5 D. 5 480

3. 下列各项中,不会引起企业期末存货账面价值变动的是( )。

A. 已发出商品但尚未确认销售收入 B. 已确认销售收入但尚未发出商品

C. 已收到材料但尚未收到发票账单 D. 已收到发票账单并付款但尚未收到材料

4. 某商场库存商品采用售价金额核算法进行核算。2022年12月初,该商场库存商品的进价总额为34万元,售价总额为45万元。当月购进商品的进价成本为126万元,售价总额为

155万元。当月销售收入为130万元。月末结存商品的实际成本为( )万元。
   A. 56   B. 30   C. 104   D. 130

5. 下列关于商品流通企业采购商品过程中发生的进货费用的处理中,不正确的是( )。
   A. 金额较小的,发生时直接计入当期损益
   B. 发生时全部直接计入当期损益
   C. 先归集,期末根据所购商品存销情况进行分摊
   D. 一般计入存货采购成本

6. 某商场采用毛利率法计算发出存货成本。2023年1月1日,该商场甲类商品库存实际成本为3 500万元,当月入库甲类商品实际成本为500万元,当月销售收入为4 500万元。甲类商品第一季度实际毛利率为25%。2023年1月28日,该商场甲类商品期末结存的实际成本为( )万元。
   A. 625   B. 1 125   C. 50   D. 3 375

7. 某商品流通企业为增值税一般纳税人,2022年6月1日,该企业采购甲商品100件,每件进价为6万元,取得的增值税专用发票上注明的增值税税额为78万元,另支付采购费用10万元。不考虑其他因素,该企业采购的该批商品的单位成本为( )万元。
   A. 6.1   B. 6   C. 6.88   D. 6.78

8. 某企业为增值税小规模纳税人,本月购入甲材料2 060千克,单价(含增值税)为50元,另外支付运杂费3 500元,运输途中发生合理损耗60千克,入库前发生挑选整理费用620元。该批材料入库的实际单位成本为( )元。
   A. 51.81   B. 50   C. 52   D. 53.56

9. 某工业企业为增值税一般纳税人,2023年1月5日,该企业购入一批材料,增值税专用发票上注明的价款为25 000元,增值税税额为3 250元,运输途中合理损耗3%,材料入库前的挑选整理费为300元,材料已验收入库,全部款项已用银行存款支付。不考虑其他因素,该企业购入材料的入账价值为( )元。
   A. 24 550   B. 25 000   C. 25 300   D. 28 550

10. 某企业为增值税一般纳税人,本期购入一批商品100千克,进货价格为100万元,增值税进项税额为13万元。所购商品到达后验收发现商品短缺25%,其中合理损失15%,另10%的短缺无法查明原因。该批商品的单位成本为( )万元。
    A. 1.4   B. 1   C. 1.25   D. 1.2

11. 下列各项中,不计入存货采购成本的是( )。
    A. 支付的进口关税   B. 入库后的仓储费
    C. 入库前整理挑选费   D. 负担的运输费用

12. 某企业原材料按实际成本进行日常核算。2022年3月1日,该企业结存甲材料300千克,每千克实际成本为15元;3月15日,购入甲材料280千克,每千克实际成本为25元;3月20日,购入甲材料200千克,每千克实际成本为30元;3月31日,发出甲材料200千克(该批材料为3月15日购进材料)。按个别计价法计算3月份发出甲材料的实际成本为( )元。
    A. 6 000   B. 5 000   C. 4 000   D. 3 000

13. 存货采用先进先出法计价,在存货物价上涨的情况下,下列表述中,正确的是( )。

A. 期末存货价值升高,当期利润增加　　B. 期末存货价值升高,当期利润减少
C. 期末存货价值降低,当期利润增加　　D. 期末存货价值降低,当期利润减少

14. 某企业采用先进先出法对发出存货进行计价。2022年12月1日,该企业结存材料50千克,单位成本为1 000元;12月15日,入库材料150千克,单位成本为1 050元;12月21日,生产产品领用材料100千克。不考虑其他因素,该企业12月发出材料的成本为(　　)元。

A. 100 000　　　　B. 105 000　　　　C. 103 750　　　　D. 102 500

15. 某企业采用先进先出法计算发出材料的成本。2022年3月1日,该企业结存A材料200吨,每吨实际成本为200元;3月4日和3月17日,分别购进A材料300吨和400吨,每吨实际成本分别为180元和220元;3月10日和3月27日,分别发出A材料400吨和350吨。A材料3月末账面余额为(　　)元。

A. 30 000　　　　B. 33 000　　　　C. 32 040　　　　D. 30 333

16. 在物价持续下跌的情况下,下列各种存货计价方法中,能使企业计算出来的当期利润最小的计价方法是(　　)。

A. 月末一次加权平均法　　　　B. 先进先出法
C. 移动加权平均法　　　　　　D. 以上三种方法均可

二、多项选择题

1. 下列各项中,会导致存货账面价值发生增减变动的有(　　)。
A. 计提存货跌价准备　　　　　B. 在不符合收入确认条件下,发出存货
C. 存货盘亏　　　　　　　　　D. 存货盘盈

2. 下列物资中,应当作为企业存货核算的有(　　)。
A. 在途的材料　　　　　　　　B. 委托加工材料
C. 包装物　　　　　　　　　　D. 受托代销商品

3. 下列关于存货成本的表述中,正确的有(　　)。
A. 商品流通企业采购商品的进货费用金额较小的,可以不计入存货成本
B. 委托加工物资发生的加工费用应计入委托加工物资成本
C. 商品流通企业在采购商品过程中发生的进货费用可先进行归集,期末再根据所购商品的存销情况进行分摊
D. 企业为特定客户设计产品发生的可直接确定的设计费用应计入存货的成本

4. 下列项目中,应计入商品流通企业存货入账价值的有(　　)。
A. 购入存货支付的运杂费　　　B. 购入存货支付的价款
C. 购入存货支付的包装费　　　D. 原材料入库后发生的保管费用

5. 下列税金中,应计入资产成本的有(　　)。
A. 委托加工物资收回后用于直接出售的,由受托方代收代缴的消费税
B. 委托加工物资收回后用于继续加工应税消费品的,由受托方代收代缴的消费税
C. 小规模纳税企业购入低值易耗品的增值税
D. 小规模纳税企业购入原材料的增值税

6. 存货计价方法主要有(　　)。
A. 先进先出法　　　　　　　　B. 个别计价法
C. 后进先出法　　　　　　　　D. 月末一次加权平均法

7. 原材料按实际成本核算,会涉及的会计账户有(   )。
A."银行存款"   B."应付账款"
C."原材料"   D."材料采购"

8. 下列应记入"销售费用"账户的业务有(   )。
A. 领用随产品出售单独计价的包装物
B. 领用随产品出售不单独计价的包装物
C. 摊销出租包装物的成本
D. 摊销出借包装物的成本

9. 下列项目中,应构成一般纳税企业委托加工物资成本的有(   )。
A. 发出用于加工的材料成本   B. 支付的加工费
C. 支付的往返运杂费   D. 支付的加工物资的增值税税款

三、判断题

1. 已经支付货款但尚未验收入库的在途材料属于购货方存货。   (   )
2. 在存货采购入库后发生的储存费用,应在发生时计入当期损益。但是,在生产过程中为达到下一个生产阶段所必需的仓储费用应计入存货成本。   (   )
3. 商品流通企业在采购商品过程中发生的运杂费等进货费用,应当计入存货采购成本。进货费用数额较小的,也可以在发生时直接计入当期费用。   (   )
4. 商品流通企业在采购商品过程中发生的运杂费等进货费用,可以先进行归集,期末再根据所购商品的存销情况进行分摊。   (   )
5. 企业设计产品发生的设计费用通常应计入当期损益,但是为特定客户设计产品所发生的、可直接确定的设计费用应计入存货的成本。   (   )
6. 为简化核算,对那些发票账单尚未到达的入库材料,月末可以暂时不进行会计处理,待收到发票账单时,再按实际价款进行会计处理。   (   )
7. 购入材料在运输途中发生的合理损耗应计入管理费用。   (   )
8. 个别计价法适用于一般不能替代使用的存货、为特定项目专门购入或制造的存货以及提供的劳务,如珠宝、名画等贵重物品。   (   )
9. 先进先出法可以随时结出存货发出成本,且计算简单。   (   )
10. 采用先进先出法,当市场上的物价持续上涨时,期末的成本最接近于市价,而发出成本偏低,会高估企业当期利润和库存商品的价值,反之,会低估企业的当期利润和库存商品的价值。   (   )
11. 由于存货发出的计价方法不同,期末在资产负债表中反映的存货项目金额会不同,当期计算出的利润也可能不同。   (   )
12. 月末一次加权平均法下,是以本月全部进货数量加上月初存货数量作为权数,去除本月全部进货成本加上月初存货成本,计算出存货的加权平均单位成本。   (   )
13. 采用月末一次加权平均法只在月末一次计算加权平均单价,便于存货成本的日常管理与控制。   (   )
14. 在日常工作中,企业发出的存货,必须按照实际成本进行核算。   (   )
15. 原材料采用实际成本法核算,期末需要进行成本差异的计算与结转。   (   )
16. 实际成本法通常适用于材料收发业务较多的企业。   (   )

四、不定项选择题

1. 甲公司为增值税一般纳税人,适用的增值税税率为13%,存货采用计划成本法核算。2023年1月,甲公司发生如下业务:

(1) 期初结存M原材料计划成本为30万元,"材料成本差异"账户的借方余额为3万元,M原材料对应的存货跌价准备贷方余额为3万元。

(2) 2日,购入M原材料一批,实际支付价款为100万元,取得增值税专用发票上注明的增值税税额为13万元;采购过程中发生运杂费1万元,保险费2万元,入库前挑选整理费0.5万元(上述费用不考虑增值税)。该批M原材料的计划成本为110万元。

(3) 10日,生产产品领用该M原材料一批,领用材料计划成本为50万元。管理部门领用M原材料一批,领用材料计划成本为10万元。

(4) 15日,收回之前委托乙公司加工的N半成品一批,委托加工时发出半成品的实际成本为25万元;加工过程中支付加工费2万元,取得增值税专用发票上注明的增值税税额为0.26万元;装卸费1万元,取得增值税专用发票上注明的增值税税额为0.13万元;受托方代收代缴消费税5万元。甲公司收回该委托加工物资后准备继续加工生产应税消费品,该批N半成品的计划成本为30万元。

(5) 月末,甲公司结存M原材料的可变现净值为74万元。

要求:根据上述资料,不考虑其他因素,分析回答下列小题。(计算结果保留小数点后两位)

〈1〉根据资料(1)和资料(2),甲公司本月M原材料成本差异率是( )。
A. -2.5%   B. 1.50%   C. 3.20%   D. 10.45%

〈2〉根据资料(1)~(3),甲公司本月发出M原材料的会计处理中,正确的是( )。
A. 生产产品领用M原材料计入生产成本
B. 管理部门领用M原材料计入管理费用
C. 生产产品领用M原材料的实际成本为50万元
D. 管理部门领用M原材料的实际成本为9.75万元

〈3〉根据资料(4),下列有关甲公司委托加工业务的表述中,正确的是( )。
A. 甲公司将发出的委托加工物资仍作为存货进行核算
B. 收回委托加工物资时,支付的装卸费应计入管理费用核算
C. 收回委托加工物资的实际成本为28万元
D. 收回委托加工物资的实际成本为33万元

〈4〉根据资料(1)~(3)以及资料(5),甲公司月末M原材料应计提的存货跌价准备金额为( )万元。
A. 1   B. 3   C. 1.45   D. 2.5

〈5〉根据资料(1)~(5),期末甲公司资产负债表"存货"项目期末余额是( )万元。
A. 140.5   B. 150.75   C. 145   D. 100.75

2. 甲公司为增值税一般纳税人,适用的增值税税率为13%。甲公司采用实际成本法进行材料日常核算,原材料发出成本采用先进先出法计算。2023年1月初,M材料库存数量为5 000千克,单位成本为10元。2023年1月,甲公司发生的与存货有关的经济业务如下:

(1) 3日,甲公司购入M材料2 000千克,单位成本为11元,取得的增值税专用发票上注明的增值税税额为2 860元;另发生运费3 000元,有关增值税税额为270元,款项均已用转账

支票付讫,材料已验收入库。

(2) 5日,领用M材料3 500千克用于生产产品。此外,生产过程中另发生支出共计30 000元。25日,该产品完工入库。

(3) 12日,为扩大生产经营规模,领用M材料1 000千克用于建造厂房,当日M材料的市场价格为13元/千克。至2023年1月31日,所建厂房尚未完工。

(4) 31日,向乙企业销售一批不需用的M材料2 000千克,开具的增值税专用发票注明的价款为30 000元,增值税税额为3 900元,收到一张面值为33 900元、期限为2个月的商业承兑汇票。

要求:根据上述资料,不考虑其他因素,分析回答下列小题。

〈1〉根据资料(1),下列关于甲公司采购原材料的会计处理中,正确的是( )。

A. 借:原材料   22 000
　　应交税费——应交增值税(进项税额)   2 860
　　　贷:应付票据   24 860

B. 借:原材料   22 000
　　应交税费——应交增值税(进项税额)   2 860
　　　贷:银行存款   24 860

C. 借:原材料   25 000
　　应交税费——应交增值税(进项税额)   3 130
　　　贷:银行存款   28 130

D. 借:原材料   25 000
　　应交税费——应交增值税(进项税额)   3 130
　　　贷:其他货币资金   28 130

〈2〉根据资料(2),甲公司完工入库的产成品的成本为( )元。

A. 68 500　　　　　B. 66 000　　　　　C. 65 000　　　　　D. 64 000

〈3〉根据资料(3),分析判断领用M材料使得甲公司的在建工程增加( )元。

A. 13 000　　　　　B. 10 000　　　　　C. 14 690　　　　　D. 11 300

〈4〉根据资料(4),下列关于甲公司销售原材料的会计处理表述中,正确的是( )。

A. 贷记"应交税费——应交增值税(销项税额)"账户3 900元

B. 贷记"其他业务收入"账户30 000元

C. 借记"其他业务成本"账户23 750元

D. 借记"其他货币资金"账户33 900元

〈5〉根据资料(1)~(4),甲公司1月应交纳增值税的金额为( )元。

A. 3 900　　　　　B. 1 040　　　　　C. -3 130　　　　　D. 770

模块 3

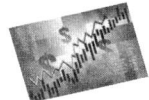

长期投资

[考核目标]
1. 了解长期投资。
2. 掌握债权投资的账务处理。
3. 掌握成本法下长期股权投资的账务处理。
4. 掌握权益法下长期股权投资的账务处理。

[实践目标]
1. 完成债权投资的账务处理。
2. 完成成本法下同一控制下企业合并形成长期股权投资、被投资单位宣告发放股利或利润、处置长期股权投资的账务处理。
3. 完成权益法下长期股权投资取得、持有、投资处置的账务处理。

[思政目标]
1. 培养学生细致、准确、有条不紊的财经专业素质。
2. 培养学生诚实、守信、坚持原则的职业道德。
3. 加强学生遵守法律的意识,树立企业责任意识和学生的社会责任意识。

[知识点思维导图]

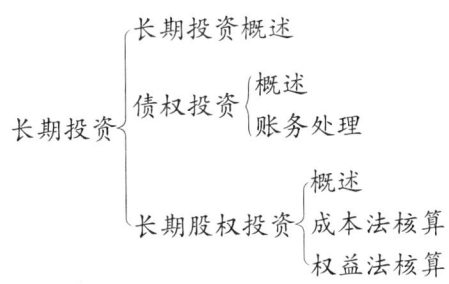

 案例导入

2014 年 12 月 24 日,中信国安信息产业股份有限公司(以下简称中信国安)与中信国安投资有限公司(以下简称中信国安投资)签署股权转让协议,将其持有的青海中信国安 51% 股权转让给中信国安投资。转让后中信国安持有青海中信国安 49% 股权,这部分长期股权投资由成本法改为权益法核算。

2015年1月23日,中信国安与中信国安投资再次签署股权转让协议,将其持有的青海中信国安49%股权转让给中信国安投资。2015年6月30日,中信国安对其转让的青海中信国安49%股权进行了账务处理,同时确认了2015年1月至6月该股权对应产生的投资收益。

青海中信国安与中农集团、邦力达、四川农资、中农上海、湖北楚丰、安徽辉隆、河北农资、吉林倍丰、广东天禾和江苏永德丰10家客户签订保利、计息预售氯化钾合同,因账面虚增收入、少计财务费用,造成2015年1月至6月虚增净利润68 326 102.22元,导致2015年中信国安账面投资收益多计33 479 790.09元,占当年中信国安投资收益的6.24%,利润总额的8.56%。

证监会调查显示中信国安披露的《2015年年度报告》中存在虚假记载。

[思考]

(1) 长期股权投资的成本法和权益法在持有期间的核算中有什么不同?

(2) 中信国安在《2015年年度报告》中存在虚假记载的行为,违反了哪些会计职业道德?有哪些危害?

案例来源:

中新经纬.五年虚增收入,身负多宗"罪"! 中信国安及9人被罚130万[EB/OL].(2021-06-02)[2023-01-06]. https://baijiahao.baidu.com/s? id=1701450500370130795&wfr=spider&for=pc.

任务3.1 长期投资概述

一、长期投资的概念

长期投资是指企业投资期限在1年(含1年)以上的对外投资。

二、长期投资的特点

长期投资具有投资期限长、稳定性和收益性相对较高等优点,但是,这类投资也具有投资种类和投资的具体目的种类繁多、投资金额较高、资金占用时间长、资金周转慢、资金调度困难、投资风险高等诸多缺点。

三、长期投资的内容

(一) 债权投资

债权投资是指以摊余成本计量的金融资产投资。例如,企业投资普通债券,通常可能就是符合本金加利息的合同现金流量的以摊余成本计量的金融资产。

(二) 其他债权投资

其他债权投资是指既以收取合同现金流量为目标,又以某个特定日期出售该金融资产为目标管理的金融资产投资。其性质属于以公允价值计量且其变动计入其他综合收益的金融资产。

(三) 长期股权投资

按照《企业会计准则》相关规定,根据投资方在股权投资后对被投资单位能够施加影响的程度，股权投资一般分为按照《企业会计准则第 22 号——金融工具确认和计量》进行核算和按照《企业会计准则第 2 号——长期股权投资》核算两种情况。其中，属于按照《企业会计准则第 2 号——长期股权投资》核算的股权投资，是根据投资方在获取投资后能够对被投资单位施加影响程度划分确定的，包括对联营企业、合营企业和子公司的投资。此外，其他的被划分为金融工具准则范围的股权投资，应按照以公允价值计量且其变动计入当期损益的金融资产进行核算与管理。

（四）其他权益工具投资

按照《企业会计准则第 22 号——金融工具确认和计量》规定，以公允价值计量且其变动计入其他综合收益的金融资产包括权益投资和债权投资。其中，权益投资中投资于普通股以外的各种权益金融工具投资应分类为其他权益工具投资，如对优先股的投资等。

任务 3.2　债权投资

活动 3.2.1　债权投资概述

一、债权投资的概念

债权投资是指为取得公司债权和国库券等而进行的投资。

二、债权投资的计量

（一）取得时的计量

债权投资一般以取得时实际支付的对价作为债券投资的成本，但实际支付价款中包含的已到付息期但尚未领取的债券利息，应当单独确认为应收利息，不计入债权投资的成本。

（二）持有期间的计量

持有期间的摊余成本应当以其初始确认金额扣除已偿还的本金、加上或减去采用实际利率法将该初始确认金额与到期日金额之间的差额进行摊销形成的累计摊销额、扣除计提的累计信用减值准备计算确定。在持有期间发生的应收利息（实际利率法下考虑溢、折价摊销等利息调整后）应当确认为投资收益。预期发生信用减值损失的还应计提债权投资减值准备。

（三）处置的计量

处置债权投资时，处置价款扣除其账面余额、相关税费后的净额，应当计入投资收益。

三、债权投资后续计量的方法

债权投资后续计量的方法主要有实际利率法和直线法。

（一）实际利率法

实际利率法是指计算金融资产的摊余成本以及将利息收入分摊计入各会计期间的方法。

（二）直线法

直线法是指债权投资的折价或者溢价在债券存续期间内于确认相关债券利息收入时采用

年限平均的方式进行摊销的方法。《小企业会计准则》规定,小企业采用直线法确认债权投资的利息收入。

活动 3.2.2 债权投资的账务处理

一、债权投资的账户设置

债权投资的相关账户设置如表 3-1 所示。

表 3-1　　　　　　　　　　债权投资的相关账户设置

账户名称	核算内容
债权投资——成本	核算债券投资的面值
债权投资——利息调整	核算其面值与实际支付的购买价款和相关税费之间的差额,以及实际利率法下后续计量的折价或者溢价摊销额
债权投资——应计利息	核算一次还本付息债券投资按票面利率计算确定的应收未收的利息
投资收益	核算债权投资实际获得的债权投资的利息收入
应收利息	核算债权投资为分期付息、一次还本债券投资的应按票面利率计算确定的应收未收的利息。

二、债权投资的账务处理

债权投资的账务处理如表 3-2 所示。

表 3-2　　　　　　　　　　债权投资的账务处理

业务内容	会计分录
购入公司债权时	借:债权投资——成本 　　应收利息 　贷:银行存款 　　　债权投资——利息调整
确认投资收益时	借:债权投资——应计利息(或应收利息) 　　债权投资——利息调整 　贷:投资收益
收到投资收益时	借:银行存款 　贷:债权投资——应计利息(或应收利息)
正常收回债权投资时	借:银行存款 　贷:债权投资——成本 　　　债权投资——应计利息(或应收利息)
提前处置债权投资时	借:银行存款 　　债权投资——利息调整 　　投资收益 　贷:债权投资——成本 　　　债权投资——应计利息(或应收利息)

【例3-1】 2022年1月5日,A公司购入B公司债券,该债券的面值为10 000 000元,票面利率为4%。该债券发行期自2021年1月5日至2026年1月5日,每年1月10日付息。A公司实际支付了10 127 700元(包含已到付息期但尚未领取的债券利息400 000元,相关费用200 000元)。A公司将该债券划分为以摊余成本计量的金融资产。A公司应编制如下会计分录:

(1) 2022年1月5日,购入债券时:

借:债权投资——成本　　　　　　　　　　　　　　　　　　　10 000 000
　　应收利息　　　　　　　　　　　　　　　　　　　　　　　　400 000
　　贷:银行存款　　　　　　　　　　　　　　　　　　　　　　　10 127 700
　　　　债权投资——利息调整　　　　　　　　　　　　　　　　　272 300

(2) 2022年1月10日,收到2021年债券利息时:

借:银行存款　　　　　　　　　　　　　　　　　　　　　　　　400 000
　　贷:应收利息　　　　　　　　　　　　　　　　　　　　　　　400 000

任务3.3　长期股权投资

活动3.3.1　长期股权投资概述

一、长期股权投资的概念

长期股权投资是指投资方企业对被投资方企业实施控制、重大影响的权益性投资,以及对其合营企业的权益性投资。其他权益性投资不按照长期股权投资进行核算,而应当按照《企业会计准则第22号——金融工具确认和计量》的规定进行会计核算。

二、长期股权投资核算方法的判断

长期股权投资核算采用的方法由投资方与被投资方的关系决定。根据投资方拥有被投资方股份的数额及对被投资方施加影响的程度,投资方与被投资方的关系可分为控制、共同控制和重大影响。

(一) 控制

1. 概念

控制是指投资方拥有决定被投资方财务和经营决策的权力,即对子公司投资,通过参与被投资方的相关活动而享有可变回报,并且有能力运用对被投资方的权力影响其回报金额。

2. 控制的具体理解

控制可从以下四个方面进行理解:

(1) 投资方拥有对被投资方的权力。
(2) 投资方参与被投资方的相关活动。
(3) 投资方享有可变回报。

(4) 投资方有能力运用对被投资方的权力。

投资方对被投资方形成控制关系的，投资方一般称为母公司，被投资方一般称为子公司。

(二) 共同控制

1. 概念

共同控制是指投资方按照相关约定对某项安排所共有的控制，并且该安排的相关活动必须经过分享控制权的投资方一致同意后才能决策。

2. 特点

共同控制的特点是实施共同控制的任何一个投资方都不能够单独控制被投资方，对被投资方具有共同控制的任何一个投资方均能够阻止其他投资方单独控制被投资方。各投资方与被投资方形成共同控制关系的，一般称被投资方为合营企业。

(三) 重大影响

1. 概念

重大影响是指投资方企业对被投资方企业的财务和经营政策有参与决策的权力，但并不能够控制或者与其他方一起共同控制这些政策的制定。

2. 重大影响的判断

在确定能否对被投资方企业施加重大影响时，投资方企业应当考虑潜在表决权因素，即应当考虑投资方和其他方持有的被投资单位当期可转换公司债券、当期可执行认股权证等潜在表决权因素。具体的判断参考以下几点：

第一，当投资方企业直接拥有被投资方企业20%～50%的表决权资本时，一般认为投资方对被投资方企业具有重大影响。

第二，但也存在其他特殊情形，虽然投资方企业直接拥有被投资方企业20%以下的表决权资本，但符合下列情况之一的，也应认为对被投资方企业具有重大影响：

(1) 在被投资企业的董事会或类似权力机构中派有代表。

(2) 参与被投资企业财务和经营政策制定过程。

(3) 与被投资企业之间发生重要交易。

(4) 向被投资企业派出管理人员。

(5) 向被投资企业提供关键技术资料。

投资方企业与被投资方企业形成重大影响关系的，一般称被投资方为联营企业。

考一考

(多项选择题)下列各项中，判断投资企业是否对被投资单位具有重大影响应考虑的情形有(　　)。

A. 参与被投资单位财务和经营政策制定过程

B. 向被投资单位提供关键技术资料

C. 向被投资单位派管理人员

D. 向被投资单位的董事会派代表

【正确答案】　ABCD

【答案解析】　参见"重大影响的判断"知识点。

(四) 准则规定

《企业会计准则》规定,投资方能够对被投资单位实施控制的长期股权投资应当采用成本法核算,投资方对联营企业和合营企业的长期股权投资应当采用权益法核算。《小企业会计准则》规定,小企业的长期股权投资应当采用成本法进行会计处理。

三、长期股权投资的核算方法

(一) 成本法

1. 概念

成本法是指长期股权投资日常核算按投资成本计价的一种方法。

2. 特点

除了追加投资或收回投资,成本法的特点是长期股权投资账面价值一般应当保持不变。除了取得投资时实际支付的价款、对价中包含的已宣告但尚未发放的现金股利或利润,投资方企业应当按照被投资单位宣告发放的现金股利或利润中应享有的份额确认投资收益。

(二) 权益法

1. 概念

权益法是指投资方企业取得长期股权投资以初始投资成本计价,后续根据其享有被投资方企业所有者权益份额的变动相应对其投资的账面价值进行调整的一种方法。

2. 特点

权益法的特点是长期股权投资的账面价值随被投资方企业所有者权益的变动而变动,在股权持有期间,长期股权投资的账面价值与享有被投资方企业所有者权益的份额相对应。

活动 3.3.2　成本法核算长期股权投资

一、成本法下长期股权投资的账户设置

采用成本法核算长期股权投资,企业应当设置"长期股权投资"账户,借方登记长期股权投资的投资成本,贷方登记处置长期股权投资时结转的账面余额,期末余额在借方,反映企业持有的长期股权投资的价值。

二、成本法下长期股权投资的账务处理

(一) 长期股权投资取得的账务处理

1. 初始投资成本的计量

除了企业合并形成的长期股权投资,以支付现金取得的长期股权投资,应当按照实际支付的购买价款作为初始投资成本。

企业所发生的与取得长期股权投资直接相关的费用、税金及其他必要支出应计入长期股权投资的初始投资成本。

此外,企业取得长期股权投资,实际支付的价款或对价中包含的已宣告但尚未发放的现金股利或利润,作为应收项目处理,不构成长期股权投资的成本。

2. 取得的账务处理

长期股权投资取得的账务处理如表 3-3 所示。

表 3-3　　　　　　　　　　　长期股权投资取得的账务处理

业务内容		会计分录
同一控制下企业合并形成长期股权投资	合并方以支付现金、转让非现金资产或承担债务作为合并对价取得	借:长期股权投资 　　资本公积——资本(股本)溢价[或在贷方] 贷:银行存款
	合并方以发行权益性证券作为合并对价取得	借:长期股权投资 　　资本公积——资本(股本)溢价[或在贷方] 贷:股本
非同一控制下企业合并形成长期股权投资	合并方以支付现金、转让非现金资产或承担债务作为合并对价取得	借:长期股权投资 　　管理费用[资产处置损益、主营业务成本等] 贷:银行存款 　　主营业务收入[或资产处置损益、投资收益等]
	合并方以发行权益性证券作为合并对价取得	借:长期股权投资 贷:股本 　　资本公积——资本(股本)溢价[或在贷方] 企业为合并发生的审计、法理咨询等费用: 借:管理费用 贷:银行存款

【例 3-2】　A 公司 2022 年年初以每股 5 元的价格购入 B 公司发行的 100 万股股票,准备长期持有,对应取得 B 公司 60%的股权,另支付相关税费 3.5 万元,款项已由银行存款支付。取得股票投资时,A 公司应编制如下会计分录:

长期股权投资初始投资成本=购买股票支付的价款+支付的相关税费
　　　　　　　　　　　　=100×5+3.5=503.5(万元)

借:长期股权投资　　　　　　　　　　　　　　　　　　　　　　　　　　5 035 000
　　贷:银行存款　　　　　　　　　　　　　　　　　　　　　　　　　　　　　5 035 000

【例 3-3】　承[例 3-2],假定 A 公司所购入 B 公司的股票中每股包含有 0.1 元的已宣告分派的现金股利,A 公司应编制如下会计分录:

长期股权投资初始投资成本 = 购买股票支付的价款 − 已宣告但尚未发放的现金股利 + 支付的相关税费
　　　　　　　　　　　　=100×(5−0.1)+3.5=493.5(万元)

借:长期股权投资　　　　　　　　　　　　　　　　　　　　　　　　　　4 935 000
　　应收股利　　　　　　　　　　　　　　　　　　　　　　　　　　　　　　100 000
　　贷:银行存款　　　　　　　　　　　　　　　　　　　　　　　　　　　　　5 035 000

(二) 持有期间宣告发放现金股利或利润时的账务处理

持有期间被投资方企业宣告发放现金股利或利润时的账务处理如表 3-4 所示。

表 3-4　　　　　　　　持有期间宣告发放现金股利或利润时的账务处理

业务内容	会计分录
宣告发放股利或者利润时	借：应收股利 　贷：投资收益
实际发放股利或者利润时	借：银行存款(或其他货币资金等) 　贷：应收股利

【例 3-4】 假定 A 公司于 2022 年 11 月收到 B 公司宣告发放现金股利的通知,应分得现金股利 9.5 万元;12 月 30 日,收到现金股利。A 公司应编制如下会计分录：

(1) 宣告发放股利时：

借：应收股利　　　　　　　　　　　　　　　　　　　　　　　　　　　95 000
　　贷：投资收益　　　　　　　　　　　　　　　　　　　　　　　　　　95 000

(2) 实际发放股利时：

借：银行存款　　　　　　　　　　　　　　　　　　　　　　　　　　　95 000
　　贷：应收股利　　　　　　　　　　　　　　　　　　　　　　　　　　95 000

(三) 长期股权投资处置的账务处理

企业处置长期股权投资时,按实际取得的价款与长期股权投资账面价值的差额确认为投资损益,并应同时结转已计提的长期股权投资减值准备,其账务处理如下：

借：银行存款(或其他货币资金等)
　　长期股权投资减值准备
　　贷：长期股权投资
　　　　投资收益(亏损在借方)

【例 3-5】 A 公司以每股 3 元的价格出售其持有的 B 公司 10 万股股票,另支付相关税费 0.8 万元。该长期股权投资账面价值为 25 万元,长期股权投资减值准备账面余额为 1.2 万元,款项已由银行收妥。A 公司应编制如下会计分录：

计算处置时的投资收益＝出售股票取得价款－长期股权投资账面余额
　　　　　　　　　　＝10×3－0.8－(25－1.2)＝5.4(万元)

借：银行存款　　　　　　　　　　　　　　　　　　　　　　　　　　　292 000
　　长期股权投资减值准备　　　　　　　　　　　　　　　　　　　　　 12 000
　　贷：长期股权投资　　　　　　　　　　　　　　　　　　　　　　　 250 000
　　　　投资收益　　　　　　　　　　　　　　　　　　　　　　　　　 54 000

考一考

(多项选择题)下列关于长期股权投资会计处理的表述中,正确的有(　　)。

A. 对子公司长期股权投资应采用成本法核算

B. 处置长期股权投资时应结转其已计提的减值准备

C. 在成本法下,按被投资方企业实现净利润应享有的份额确认投资收益

D. 在成本法下,按被投资方企业宣告发放现金股利应享有的份额确认投资收益

【正确答案】 ABD

【答案解析】 选项 C,被投资方企业实现净利润并不意味着一定会宣告发放利润。

活动 3.3.3　权益法核算长期股权投资

一、权益法下长期股权投资的账户设置

权益法下长期股权投资的相关账户设置如表 3-5 所示。

表 3-5　　　　　权益法下长期股权投资的相关账户设置

账户名称	核算内容
长期股权投资——投资成本	核算长期股权投资的初始投资成本
长期股权投资——损益调整	核算被投资方企业实现净利润或宣告分配现金股利或利润时,投资方应享有的份额
长期股权投资——其他综合收益	核算被投资方企业其他综合收益发生变动时,投资方应享有的份额
长期股权投资——其他权益变动	核算被投资方企业除实现净损益、其他综合收益变动、宣告分配现金股利或利润以外的其他所有者权益变动时,投资方应享有的份额

二、权益法下长期股权投资的账务处理

(一) 长期股权投资取得的账务处理

长期股权投资的账面价值最终反映享有被投资单位可辨认净资产公允价值的份额,体现了权益法核算的理念和精髓,长期股权投资的账面价值应随着被投资方企业所有者权益的变动而变动。初始投资成本与应享有被投资方企业可辨认净资产公允价值份额不一致时的账务处理如表 3-6 所示。

表 3-6　初始投资成本与应享有被投资方企业可辨认净资产公允价值份额不一致时的账务处理

业务内容	会计分录
长期股权投资的初始投资成本＞投资时应享有被投资方企业可辨认净资产公允价值份额时 (其差额性质与商誉相同,不要求调整长期股权投资的初始投资成本)	借:长期股权投资——投资成本 　贷:银行存款等
长期股权投资的初始投资成本＜投资时应享有被投资单位可辨认净资产公允价值份额时 (该部分差额体现为双方在交易作价过程中转让方的让步,该部分经济利益流入应计入取得长期股权投资当期的营业外收入,同时调整增加长期股权投资的成本)	借:长期股权投资——投资成本 　贷:银行存款等 　　营业外收入

【例 3-6】 A 公司以 380 万元取得 C 公司 30% 的股权,对 C 公司产生重大影响,取得投资时 C 公司可辨认净资产的公允价值为 1 000 万元。取得投资时,A 公司应编制如下会计分录:

　　借:长期股权投资——投资成本　　　　　　　　　　　　　　　3 800 000
　　　贷:银行存款　　　　　　　　　　　　　　　　　　　　　　3 800 000

初始投资成本380万元＞应享有C公司可辨认净资产公允价值份额300万元(1 000×30%),采用孰高原则,因而不调整长期股权投资成本。

【例3-7】 承[例3-6],假定投资时C公司可辨认净资产的公允价值为1 500万元。取得投资时,A公司应编制如下会计分录:

初始投资成本380万元＜应享有C公司可辨认净资产公允价值份额450万元(1 500×30%),采用孰高原则,差额70万元(450-380)应计入取得长期股权投资当期的营业外收入,同时调整增加长期股权投资的成本。

借:长期股权投资——投资成本　　　　　　　　　　　　　　　　　　　4 500 000
　　贷:银行存款　　　　　　　　　　　　　　　　　　　　　　　　　3 800 000
　　　　营业外收入　　　　　　　　　　　　　　　　　　　　　　　　　700 000

考一考

(单项选择题)甲公司购买乙公司的股票300万股,每股价格为5元,另外支付相关税费4万元,占乙公司20%的股份,对乙公司有重大影响,当日乙公司可辨认净资产的公允价值为8 000万元,则甲公司对该股票投资的入账价值是(　　)万元。

　　A. 1 604　　　　　　B. 1 500　　　　　　C. 1 600　　　　　　D. 1 504

【正确答案】 C

【答案解析】 甲公司应将该投资作为长期股权投资核算,初始投资成本为1 504万元(300×5+4),享有乙公司可辨认净资产公允价值的份额为1 600万元(8 000×20%),所以要按两者的差额调整长期股权投资的价值,调整后长期股权投资的入账价值是1 600万元。

(二)长期股权投资持有期间的账务处理

1. 被投资方企业实现和分配净利润

被投资方企业实现和分配净利润时的账务处理如表3-7所示。

表3-7　　　　　　　　　被投资方企业实现和分配净利润时的账务处理

业务内容		会计分录
持有长期股权投资期间被投资方企业实现净损益	按照被投资方实现的净利润中应享有的份额	借:长期股权投资——损益调整 　贷:投资收益
	发生净亏损	作相反的会计分录,但以"长期股权投资"账户的账面价值减记至零为限
持有长期股权投资期间被投资方企业宣告分配现金股利或利润		借:应收股利 　贷:长期股权投资——损益调整

【例3-8】 A公司持有B公司40%的股份。2021年,B公司实现净利润300万元,A公司按照持股比例确认投资收益120万元。2022年1月15日,B公司宣告发放现金股利10万元。2022年7月5日,A公司收到B公司分派的现金股利。A公司应编制如下会计分录:

(1)确认B公司实现的投资收益时:

借:长期股权投资——损益调整　　　　　　　　　　　　　　　　　　　1 200 000
　　贷:投资收益　　　　　　　　　　　　　　　　　　　　　　　　　1 200 000

(2) B公司宣告发放现金股利时:

借:应收股利(100 000×40%)　　　　　　　　　　　　　　　　　　　40 000
　　贷:长期股权投资——损益调整　　　　　　　　　　　　　　　　　　　　　40 000

(3) 收到B公司宣告发放的现金股利时:

借:银行存款　　　　　　　　　　　　　　　　　　　　　　　　　　40 000
　　贷:应收股利　　　　　　　　　　　　　　　　　　　　　　　　　　　　　40 000

承[例3-8],假定B公司2022年发生净亏损100万元,则A公司应如何编制会计分录呢?

2. 被投资方企业其他综合收益发生变动

被投资方企业其他综合收益发生变动的账务处理如表3-8所示。

表3-8　　　　　　　　　被投资方企业其他综合收益发生变动的账务处理

业务内容	会计分录
投资方企业按持股比例计算应享有的份额	借:长期股权投资——其他综合收益 　　贷:其他综合收益 (或反之)
投资方企业对于被投资方企业除净损益、其他综合收益和利润分配外所有者权益的其他变动,应当按照持股比例计算应享有的份额	借:长期股权投资——其他权益变动 　　贷:资本公积——其他资本公积 (或反之)

(三) 长期股权投资减值的账务处理

投资方企业应当对长期股权投资进行减值测试,其可收回金额低于账面价值的,应当将该长期股权投资的账面价值减记至可收回金额,减记的金额确认为减值损失。长期股权投资减值损失一经确认,在以后会计期间不得转回。长期股权投资减值的账务处理如下:

借:资产减值损失
　　贷:长期股权投资减值准备

(四) 长期股权投资处置的账务处理

企业处置长期股权投资的账务处理如下:

借:银行存款等(按实际收到金额)
　　长期股权投资减值准备(已计提的长期股权投资减值准备)
　　贷:长期股权投资——投资成本
　　　　　　　　　　——损益调整(或在借方)
　　　　　　　　　　——其他权益变动(或在借方)
　　　　　　　　　　——其他综合收益(或在借方)
　　　　应收股利(尚未领取的现金股利或利润)
　　　　投资收益(差额,亏损在借方)

同时:

借：其他综合收益(结转的原计入其他综合收益的金额,或在贷方)
　　资本公积——其他资本公积(结转的原计入资本公积的金额,或在贷方)
　贷：投资收益(或在借方)

【例 3-9】 A 公司持有 D 公司 40% 的股权,能对 D 公司施加重大影响。2022 年 11 月 20 日,A 公司出售拥有的 D 公司的全部股权,取得价款 1 500 万元。出售时,"长期股权投资"账户下各明细账户余额为:"投资成本"借方余额 1 000 万元,"损益调整"借方余额 300 万元,"其他综合收益"借方余额 40 万元,"其他权益变动"借方余额 30 万元。A 公司针对此项投资已提减值准备 20 万元。A 公司应编制如下会计分录:

借：银行存款　　　　　　　　　　　　　　　　　　　　　　15 000 000
　　长期股权投资减值准备　　　　　　　　　　　　　　　　　　200 000
　贷：长期股权投资——投资成本　　　　　　　　　　　　　　10 000 000
　　　　　　　　　——损益调整　　　　　　　　　　　　　　　3 000 000
　　　　　　　　　——其他综合收益　　　　　　　　　　　　　　400 000
　　　　　　　　　——其他权益变动　　　　　　　　　　　　　　300 000
　　　投资收益　　　　　　　　　　　　　　　　　　　　　　 1 500 000

同时：

借：其他综合收益　　　　　　　　　　　　　　　　　　　　　　400 000
　　资本公积——其他资本公积　　　　　　　　　　　　　　　　300 000
　贷：投资收益　　　　　　　　　　　　　　　　　　　　　　　700 000

(多项选择题)下列各项中,能引起企业长期股权投资账面价值发生变动的有(　　)。

A. 计提长期股权投资减值准备
B. 权益法下确认在被投资单位实现净利润中享有的份额
C. 权益法下确认在被投资单位所有者权益增加额中享有的份额
D. 转让长期股权投资

【正确答案】　ABC
【答案解析】　选项 D 会引起债权投资的账面价值发生变动。

模 块 测 试

一、单项选择题

1. 企业为企业合并发生的审计、法律服务、评估咨询等中介费用,应记入的会计账户是(　　)。

A."投资收益"　　　B."资本公积"　　　C."管理费用"　　　D."长期股权投资"

2. 同一控制下企业合并形成的长期股权投资,合并方以转让非现金资产作为合并对价的,长期股权投资的初始投资成本为(　　)。

A. 转让非现金资产的账面价值

B. 转让非现金资产的公允价值

C. 被合并方所有者权益在最终控制方合并会计报表中的账面价值的份额

D. 被合并方可辨认净资产公允价值的份额

3. 小企业通过非货币性资产交换取得的长期股权投资,其成本为( )。

A. 换出非货币性资产的账面价值和相关税费

B. 换出非货币性资产的评估价值和相关税费

C. 换出非货币性资产的公允价值和相关税费

D. 被投资单位所有者权益账面价值的份额

4. 甲公司和乙公司为同一母公司最终控制下的两家公司。2022年1月20日,甲公司向其母公司支付银行存款2 680万元,取得母公司拥有乙公司100%的股权,于当日起能够对乙公司实施控制。合并后乙公司仍维持其独立法人地位继续经营。2022年1月20日,母公司合并报表中乙公司的净资产账面价值为3 000万元。甲、乙公司合并前采用的会计政策相同,不考虑相关税费等其他因素影响,则甲公司取得乙公司股权的入账价值为( )万元。

A. 3 000 B. 2 680 C. 680 D. 5 680

5. 2021年12月30日,甲公司出资8 000万元取得乙公司70%的股权,作为长期股权投资核算,并按准则规定采用成本法进行后续计量。2022年6月15日,乙公司宣告发放现金股利500万元,则甲公司应将其应收的现金股利记入( )账户。

A. "长期股权投资——投资成本" B. "营业外收入"

C. "长期股权投资——损益调整" D. "投资收益"

6. 长期股权投资成本法下,被投资单位发生的下列事项中,投资企业应确认当期损益的是( )。

A. 被投资单位实现净利润 B. 被投资单位实现净利润后分配的现金股利

C. 被投资方单位分配股票股利 D. 被投资单位所有者权益发生变动

7. 长期股权投资采用权益法核算时,初始投资成本大于应享有被投资单位可辨认净资产公允价值份额的差额,下列会计处理中,正确的是( )。

A. 计入投资收益 B. 冲减资本公积

C. 计入营业外支出 D. 不调整初始投资成本

8. 下列关于长期股权投资减值的表述中,不正确的是( )。

A. 发生减值的,应记入"信用减值损失"账户

B. 处置长期股权投资时,应同时结转已计提的长期股权投资减值准备

C. 小企业发生长期股权投资减值损失采用直接转销法核算

D. 长期股权投资的减值准备在以后期间价值回升不可以转回

9. 2021年6月1日,甲公司购入乙公司股票进行长期投资,取得乙公司40%的股权。2022年12月31日,甲公司该项投资涉及的"长期股权投资"账户下的各明细账户余额为:"投资成本"借方余额600万元,"损益调整"贷方余额200万元,"其他综合收益"借方余额300万元。2022年12月31日,该股权投资的可收回金额为680万元。下列有关甲公司2022年12月31日计提该项长期股权投资减值准备的账务处理中,正确的是( )。

A. 借:资产减值损失   4 200 000

   　贷:长期股权投资减值准备   4 200 000

B. 借：资产减值损失　　　　　　　　　　　　　　　　　　　2 000 000
　　　贷：长期股权投资减值准备　　　　　　　　　　　　　　　　2 000 000
C. 借：资产减值损失　　　　　　　　　　　　　　　　　　　　200 000
　　　贷：长期股权投资减值准备　　　　　　　　　　　　　　　　　200 000
D. 借：信用减值损失　　　　　　　　　　　　　　　　　　　　200 000
　　　贷：长期股权投资减值准备　　　　　　　　　　　　　　　　　200 000

二、多项选择题

1. 下列各项中，可以计入小企业长期股权投资成本的有（　　）。
A. 购买价款
B. 相关税费
C. 实际支付价款中包含的已宣告但尚未发放的现金股利
D. 换出非货币性资产的评估价值

2. 在同一控制下的企业合并中，合并方取得被合并方在最终控制方合并会计报表中的净资产账面价值的份额与支付的合并对价账面价值（或发行股份面值总额）的差额，可能调整（　　）。
A. 利润分配——未分配利润　　　　B. 资本公积
C. 营业外收入　　　　　　　　　　D. 投资收益

3. 权益法下，被投资方如果发生超额亏损，可能贷记的账户有（　　）。
A. "长期股权投资"　B. "长期应收款"　C. "预计负债"　D. "营业外收入"

4. 下列各项关于小企业长期股权投资减值的表述中，正确的有（　　）。
A. 发生的减值损失采用直接转销法核算
B. 按照可收回金额借记"银行存款"账户
C. 按账面余额贷记"长期股权投资"账户
D. 按照可收回金额和账面余额的差额记入"投资收益"账户

5. 下列关于长期股权投资处置的说法中，不正确的有（　　）。
A. 处置长期股权投资的净收益计入投资收益
B. 权益法核算的长期股权投资，对于应转入损益的其他综合收益，处置该项投资时应将其他综合收益转入投资收益
C. 权益法核算的长期股权投资，持有期间记入"资本公积——其他资本公积"账户的金额，处置时应转入留存收益
D. 处置时尚未领取的现金股利或利润，应计入投资收益

6. 下列各项中，属于处置长期股权投资可能涉及的账户有（　　）。
A. "投资收益"　　　　　　　　　　B. "其他综合收益"
C. "资本公积"　　　　　　　　　　D. "长期股权投资减值准备"

三、判断题

1. 通过同一控制下的企业合并取得的长期股权投资，合并方应将长期股权投资入账价值与合并对价账面价值之间的差额，计入当期损益。　　　　　　　　　　　　　（　　）

2. 企业以非企业合并方式形成的长期股权投资，其实质是进行权益投资性质的商业交易。　　　　　　　　　　　　　　　　　　　　　　　　　　　　　　　（　　）

3. 企业以支付非现金资产方式取得长期股权投资,没有形成企业合并时,应按非现金货币性资产的账面价值确定长期股权投资的初始投资成本。（　　）

4. 长期股权投资采用成本法核算时,按应享有被投资单位实现净利润的份额,确认为投资收益。（　　）

四、不定项选择题

甲公司为增值税一般纳税人,适用的增值税税率为13%。甲公司2022年度发生的有关股权投资的经济业务如下:

(1) 1月1日,甲公司以其拥有的一批存货对A公司投资,取得80%股权。该批存货的成本为850万元,已计提存货跌价准备100万元。投资日该批存货的公允价值为800万元。2022年1月1日A公司的可辨认净资产公允价值为1 300万元。

(2) A公司2022年度实现净利润1 000万元,宣告并分配现金股利200万元。

(3) 7月1日,甲公司通过发行100万股普通股取得B公司30%股权,该普通股的面值为每股1元,市场发行价格为每股3元。向证券承销机构支付股票发行相关税费10万元。取得股权后,甲公司可以对B公司施加重大影响。同日,B公司可辨认净资产公允价值为900万元。

(4) B公司经审计的2021年度利润表中当年实现净利润600万元(其中下半年实现的净利润为300万元),宣告并分配现金股利120万元。

根据上述资料,不考虑其他因素,分析回答下列小题。

〈1〉根据资料(1),甲公司以存货进行投资的会计处理中,正确的是(　　)。
A. 借记"主营业务成本"750万元　　　B. 借记"主营业务成本"850万元
C. 贷记"主营业务收入"800万元　　　D. 贷记"库存商品"850万元

〈2〉根据资料(2),甲公司应确认投资收益的金额为(　　)万元。
A. 400　　　　B. 160　　　　C. 240　　　　D. 560

〈3〉根据资料(3),2022年7月1日,甲公司取得B公司30%股权的入账价值为(　　)万元。
A. 100　　　　B. 270　　　　C. 300　　　　D. 310

〈4〉根据资料(4),B公司实现净利润600万元时,甲公司的会计处理是(　　)。
A. 借：应收股利　　　　　　　　　　　　　　　　　　900 000
　　贷：投资收益　　　　　　　　　　　　　　　　　　　　900 000
B. 借：长期股权投资——损益调整　　　　　　　　　　900 000
　　贷：投资收益　　　　　　　　　　　　　　　　　　　　900 000
C. 借：长期股权投资——投资成本　　　　　　　　　　900 000
　　贷：投资收益　　　　　　　　　　　　　　　　　　　　900 000
D. 借：长期股权投资——损益调整　　　　　　　　　　900 000
　　贷：本年利润　　　　　　　　　　　　　　　　　　　　900 000

〈5〉根据资料(1)~(4),12月31日资产负债表"长期股权投资"项目期末余额的增加的金额为(　　)万元。
A. 2 004　　　B. 1 898　　　C. 1 318　　　D. 1 258

模块 4

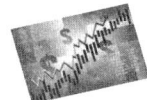

固定资产

[考核目标]
1. 了解固定资产的概念、特征、分类。
2. 掌握固定资产的初始计量的相关内容及账务处理。
3. 掌握不同的折旧方法下固定资产折旧的计算和账务处理。
4. 掌握固定资产后续支出的相关内容和账务处理。
5. 掌握固定资产处置的相关内容和账务处理。
6. 掌握固定资产清查的相关内容和账务处理。
7. 掌握固定资产减值的相关内容和账务处理。

[实践目标]
1. 完成固定资产初始计量的账务处理。
2. 完成不同的折旧方法下固定资产折旧的计算及账务处理。
3. 完成固定资产后续支出的账务处理。
4. 完成固定资产处置的账务处理。
5. 完成固定资产清查的账务处理。
6. 完成固定资产减值的账务处理。

[思政目标]
1. 培养学生细致、谨慎、有条不紊的财经专业素质。
2. 培养学生诚实、守信、坚持原则的职业道德。
3. 培养学生懂法守法、热爱祖国、努力奋斗的精神。

[知识点思维导图]

```
          ┌─ 固定资产概述
          │
          │                          ┌─ 固定资产初始计量(外购、自建)
          ├─ 固定资产的初始计量及折旧 ┤           ┌─ 年限平均法、工作量法、双倍余额递减法、
固        │                          │           │   年数总和法
定        │                          └─ 固定资产折旧
资        │                                      └─ 固定资产折旧账务处理
产        │                          ┌─ 固定资产后续计量 ┌─ 资本化支出
          ├─ 固定资产的后续计量与处置 ┤                    └─ 费用化支出
          │                          └─ 固定资产处置
          │                          ┌─ 固定资产清查
          └─ 固定资产的清查与减值    ┤
                                     └─ 固定资产减值
```

案例导入

2022年9月23日,国家统计局发布党的十八大以来经济社会发展成就系列报告。报告显示,我国固定资产投资总量保持平稳增长,建设规模不断扩大,有效发挥了投资扩大国内需求、稳定经济增长的关键作用。

2013—2021年,全社会固定资产投资累计完成409万亿元,年均增长9.4%;全社会固定资产投资总量由2012年的28.2万亿元增加到2021年的55.3万亿元。

从投资对经济增长的贡献看,2013—2021年全国资本形成率平均每年为43.9%,有效投资与消费升级良好互动的局面正在逐渐形成。2021年,资本形成总额拉动国内生产总值增长1.1个百分点,固定资产投资有效发挥了对经济平稳运行的支撑作用。

从产业看,2013—2021年,我国第一、第二、第三产业投资年均增长分别为13.9%、5.9%、8.9%。其中,第一产业增速高于全部投资4.2个百分点,第三产业投资发展壮大,推动第三产业在国民经济中的比重明显提高,进一步彰显服务业投资对经济增长的重要作用。

从区域看,2013—2021年,我国东部、西部和中部地区投资年均增长分别为7.9%、8.9%、10.8%。2021年,中部、西部地区占全国投资的比重分别为26.2%、26.3%,比2012年分别提高5.4个和1.8个百分点;东北地区投资取得新进展,2020年和2021年东北地区投资增速分别比全国高1.4个和0.8个百分点。

[思考]

(1) 结合案例,谈谈国家固定资产投资有效发挥对经济平稳运行的具体支撑作用。

(2) 企业进行固定资产投资对企业生存与发展有哪些重要作用?

案例来源:

央视网.国家统计局:我国固定资产投资效能平稳提升[EB/OL].(2022-09-23)[2023-01-06]. https://m.gmw.cn/baijia/2022-09-23/1303152348.html.

任务4.1 固定资产概述

一、固定资产的概念和特征

固定资产是指企业为生产商品、提供劳务或经营管理而持有的,且使用寿命超过1个会计年度的有形资产。固定资产必须同时具备以下三个特征:

(1) 企业持有固定资产的目的,是用于生产商品、提供劳务、出租或经营管理的,而不是直接用于出售。

(2) 企业使用固定资产的期限超过1个会计年度。这一特征表明企业固定资产属于非流动资产,其给企业带来的收益期超过1年,能在1年以上的时间里为企业创造经济利益。

(3) 固定资产是有形资产。

二、固定资产的确认条件

(1) 与该固定资产有关的经济利益很可能流入企业。

（2）成本能够可靠计量。

三、固定资产的分类

固定资产的分类情况如表 4-1 所示。

表 4-1　　　　　　　　　　　　固定资产的分类

按经济用途分类	生产经营用固定资产，如生产经营用房屋、建筑物、机器、设备、器具、工具等
	非生产经营用固定资产，如职工宿舍用的房屋、设备等
综合分类	生产经营用固定资产
	非生产经营用固定资产
	租出固定资产
	不需用固定资产
	未使用固定资产
	土地
	租入固定资产

（单项选择题）某汽车制造企业的下列情况中，应作为企业固定资产核算的是（　　）。
A. 正在建的生产线　　　　　　　　B. 生产完成的汽车
C. 自用的自产汽车　　　　　　　　D. 生产完成准备出售的汽车
【正确答案】　C
【答案解析】　固定资产是为了生产商品、提供劳务、出租或经营管理的需要而持有，不像存货是为了对外出售，这一特征是固定资产区别于存货等流动资产的重要标志。选项 A，属于在建工程；选项 B，属于产成品；选项 D，属于库存商品。

任务 4.2　固定资产的初始计量与折旧

活动 4.2.1　固定资产的初始计量

一、固定资产初始计量的原则

固定资产应当按照成本进行初始计量。固定资产取得的成本是指企业购建某项固定资产达到预定可使用状态前所发生的一切合理、必要的支出。

二、固定资产初始计量的账户设置

固定资产初始计量的相关账户设置如表 4-2 所示。

表 4-2　　　　　　　　　　　固定资产初始计量的相关账户设置

账户名称	业务内容	借、贷方及期末余额核算内容
固定资产	核算企业固定资产的原价	借方登记企业增加的固定资产原价,贷方登记企业减少的固定资产原价,期末借方余额反映企业期末固定资产的账面原价
在建工程	核算企业基建、更新改造等在建工程发生的支出	借方登记企业各项在建工程的实际支出,贷方登记完工工程转出的成本,期末借方余额反映企业尚未达到预定可使用状态的在建工程的成本。企业购入需要安装的固定资产应先记入"在建工程"账户,待安装完毕再转入"固定资产"账户
工程物资	核算企业为在建工程而准备的各种物资的实际成本	借方登记企业购入工程物资的成本,贷方登记领用工程物资的成本,期末借方余额反映企业为在建工程准备的各种物资的成本

三、固定资产初始计量的账务处理

(一) 外购固定资产

1. 一般情况

企业外购的固定资产,应按实际支付的购买价款、相关税费、使固定资产达到预定可使用状态前所发生的可归属于该项资产的运输费、装卸费、安装费和专业人员服务费等,作为固定资产的取得成本。其中,相关税费不包括按照现行增值税制度规定,可以从销项税额中抵扣的增值税进项税额。外购固定资产的增值税问题如表 4-3 所示。

表 4-3　　　　　　　　　　　外购固定资产的增值税问题

	核算内容	会计分录
价款匹配的进项税额和运费匹配的进项税额	外购环节,运费匹配的增值税税率为 9%;动产,买价匹配的增值税税率为 13%,认证当月一次性抵扣;不动产,买价匹配的增值税税率为 9%,认证当月一次性抵扣	借:固定资产(价款) 　　应交税费——应交增值税(进项税额)[价款×税率] 　贷:银行存款
安装固定资产挪用原材料	原材料的增值税进项税通常可以抵扣	借:在建工程 　贷:原材料
	如果是集体福利设施的安装挪用原材料,则进项税不予抵扣	借:在建工程 　贷:原材料 　　　应交税费——应交增值税(进项税额转出)
安装固定资产领用产品时	通常不作视同销售处理	借:在建工程 　贷:库存商品 　　　应交税费——应交消费税
	如果集体福利设施的安装领用产品时,则作视同销售处理	借:在建工程 　贷:库存商品 　　　应交税费——应交增值税(销项税额) 　　　　　　　——应交消费税

【例 4-1】　2023 年 1 月 15 日,甲公司用银行存款购入一台需要安装的设备,取得的增值税专用发票上注明的价款为 300 000 元,增值税税额为 39 000 元;支付安装费并取得增值税专用发票,注明安装费 40 000 元,增值税税率 9%,增值税税额 3 600 元。甲公司为增值税一般纳税人,应编制如下会计分录:

(1) 购入进行安装时：

借：在建工程　　　　　　　　　　　　　　　　　　　　　　　　　　300 000
　　应交税费——应交增值税(进项税额)　　　　　　　　　　　　　　39 000
　　贷：银行存款　　　　　　　　　　　　　　　　　　　　　　　　339 000

(2) 支付安装费时：

借：在建工程　　　　　　　　　　　　　　　　　　　　　　　　　　40 000
　　应交税费——应交增值税(进项税额)　　　　　　　　　　　　　　3 600
　　贷：银行存款　　　　　　　　　　　　　　　　　　　　　　　　43 600

(3) 设备安装完毕达到预定可使用状态交付使用时：

该设备的成本＝300 000＋40 000＝340 000(元)

借：固定资产　　　　　　　　　　　　　　　　　　　　　　　　　　340 000
　　贷：在建工程　　　　　　　　　　　　　　　　　　　　　　　　340 000

2. 一笔款项购入多项没有单独标价的固定资产

企业以一笔款项购入多项没有单独标价的固定资产,应将各项资产单独确认为固定资产,并按各项固定资产公允价值的比例对总成本进行分配,分别确定各项固定资产的成本。

【例 4-2】 2022 年 12 月 1 日,旺达公司向佳佳公司(增值税一般纳税人)一次购进了三台不同型号且具有不同生产能力的设备 A、B、C,取得的增值税专用发票上注明的价款为 100 000 000 元、增值税税额为 13 000 000 元,另支付运输包装费 750 000 元、增值税税额 45 000 元,全部款项以银行存款转账支付。假设设备 A、B、C 的公允价值分别为 45 000 000 元、38 500 000 元和 16 500 000 元。旺达公司应编制如下会计分录：

应计入固定资产的成本＝买价＋包装费＝100 000 000＋750 000＝100 750 000(元)

设备 A 应分配的固定资产价值比例＝45 000 000÷(45 000 000＋38 500 000＋
　　　　　　　　　　　　　　　　　　16 500 000)×100％＝45％

设备 B 应分配的固定资产价值比例＝38 500 000÷(45 000 000＋38 500 000＋
　　　　　　　　　　　　　　　　　　16 500 000)×100％＝38.5％

设备 C 应分配的固定资产价值比例＝16 500 000÷(45 000 000＋38 500 000＋
　　　　　　　　　　　　　　　　　　16 500 000)×100％＝16.5％

设备 A 的成本＝100 750 000×45％＝45 337 500(元)
设备 B 的成本＝100 750 000×38.5％＝38 788 750(元)
设备 C 的成本＝100 750 000×16.5％＝16 623 750(元)

借：固定资产——设备 A　　　　　　　　　　　　　　　　　　　　45 337 500
　　　　　　——设备 B　　　　　　　　　　　　　　　　　　　　38 788 750
　　　　　　——设备 C　　　　　　　　　　　　　　　　　　　　16 623 750
　　应交税费——应交增值税(进项税额)　　　　　　　　　　　　　13 045 000
　　贷：银行存款　　　　　　　　　　　　　　　　　　　　　　　113 795 000

(二) 自行建造固定资产

1. 自行建造固定资产的入账价值及其内容

自行建造的固定资产以建造该项资产达到预定可使用状态前所发生的全部支出作为入账

价值,包括工程领用工程物资成本、存货成本、人工成本、交纳的各种税费(可抵扣增值税除外)、应予以资本化的借款费用等。

企业自行建造固定资产,应先通过"在建工程"账户核算,固定资产达到预定可使用状态时,再从"在建工程"账户转入"固定资产"账户。

企业自行建造固定资产,主要有自营和出包两种方式,由于采用的建设方式不同,其会计处理也不同。

2. 自营工程

自营工程是指企业自行组织工程物资采购、自行组织施工人员施工的建筑工程和安装工程。

【例 4-3】 2021 年 12 月 24 日,甲公司(增值税一般纳税人)自行建造厂房一栋,购入工程物资,价款为 600 000 元,增值税专用发票上注明的增值税税额为 78 000 元,全部用于工程建设。甲公司领用外购的原材料一批,实际成本为 400 000 元,已认证抵扣的增值税进项税额为 52 000 元。工程人员应计工资为 100 000 元。支付的其他费用并取得增值税专用发票,注明安装费 40 000 元,增值税税率为 9%,增值税税额为 3 600 元。2022 年 12 月,工程完工并达到预定可使用状态。甲公司应编制如下会计分录:

(1)购入工程物资时:

借:工程物资　　　　　　　　　　　　　　　　　　　　600 000
　　应交税费——应交增值税(进项税额)　　　　　　　 78 000
　　贷:银行存款　　　　　　　　　　　　　　　　　　 678 000

(2)领用工程物资时:

借:在建工程　　　　　　　　　　　　　　　　　　　　600 000
　　贷:工程物资　　　　　　　　　　　　　　　　　　 600 000

(3)工程领用外购的原材料时:

借:在建工程　　　　　　　　　　　　　　　　　　　　400 000
　　贷:原材料　　　　　　　　　　　　　　　　　　　 400 000

(4)分配工程人员薪酬时:

借:在建工程　　　　　　　　　　　　　　　　　　　　100 000
　　贷:应付职工薪酬　　　　　　　　　　　　　　　　 100 000

(5)支付工程发生的其他费用时:

借:在建工程　　　　　　　　　　　　　　　　　　　　 40 000
　　应交税费——应交增值税(进项税额)　　　　　　　　3 600
　　贷:银行存款　　　　　　　　　　　　　　　　　　 43 600

(6)工程完工结转固定资产时:

固定资产=600 000+400 000+100 000+40 000=1 140 000(元)

借：固定资产　　　　　　　　　　　　　　　　　　　　　　　　　1 140 000
　　贷：在建工程　　　　　　　　　　　　　　　　　　　　　　　　　1 140 000

3. 出包工程

出包工程是指企业通过招标方式将工程项目发包给建造承包商，由建造承包商组织施工的建筑工程和安装工程。企业采用出包方式建造固定资产工程，其工程的具体支出主要由建造承包商核算。

在这种方式下，"在建工程"账户是反映企业与建造承包商办理工程价款结算情况的账户。企业支付给建造承包商的工程价款作为工程成本，通过"在建工程"账户核算。

【例 4-4】 甲公司为增值税一般纳税人，2022 年 7 月 1 日，将一栋厂房的建造工程出包给丙公司（增值税一般纳税人）承建，按合理估计的发包工程进度和合同规定向丙公司结算进度款并取得丙公司开具的增值税专用发票，工程款为 800 000 元，增值税税率为 9%，增值税税额为 72 000 元。2023 年 1 月 1 日，工程完工后，甲公司收到丙公司有关工程结算单据和增值税专用发票，补付工程款并取得丙公司开具的增值税专用发票，工程款为 400 000 元，增值税税率为 9%，增值税税额为 36 000 元。工程完工并达到预定可使用状态时，甲公司应编制如下会计分录：

（1）按合理估计的发包工程进度和合同规定向丙公司结算进度款时：

借：在建工程　　　　　　　　　　　　　　　　　　　　　　　　　　800 000
　　应交税费——应交增值税（进项税额）　　　　　　　　　　　　　　72 000
　　贷：银行存款　　　　　　　　　　　　　　　　　　　　　　　　　872 000

（2）补付工程款时：

借：在建工程　　　　　　　　　　　　　　　　　　　　　　　　　　400 000
　　应交税费——应交增值税（进项税额）　　　　　　　　　　　　　　36 000
　　贷：银行存款　　　　　　　　　　　　　　　　　　　　　　　　　436 000

（3）工程完工并达到预定可使用状态时：

借：固定资产　　　　　　　　　　　　　　　　　　　　　　　　　1 200 000
　　贷：在建工程　　　　　　　　　　　　　　　　　　　　　　　　1 200 000

考一考

（单项选择题）甲公司 2022 年取得一项固定资产，与取得该资产相关的支出包括：①支付购买价款 300 万元，增值税进项税额 39 万元，另支付购入过程中运输费 8 万元，相关增值税进项税额 0.72 万元。②为使固定资产符合甲公司特定用途，购入后甲公司对其进行改造，改造过程中领用本公司原材料 6 万元，相关增值税为 0.78 万元，发生职工薪酬 3 万元。甲公司为增值税一般纳税人，不考虑其他因素，甲公司该固定资产的入账价值是（　　）万元。

　A. 317　　　　　　B. 369.90　　　　　　C. 317.88　　　　　　D. 318.02

【正确答案】　A

【答案解析】　甲公司购入该固定资产的入账价值＝300＋8＋6＋3＝317（万元）。

(多项选择题)2022年8月1日,甲公司购入一台需要安装的设备,取得的增值税专用发票上注明的设备价款为100万元,增值税进项税额为13万元,运费取得增值税专用发票,其中运费6万元,增值税0.54万元,款项已通过银行存款支付;安装设备时,领用原材料一批,成本为10万元,购进该批原材料时支付的增值税进项税额为1.3万元;安装工人工资为5万元;领用公司产品用于安装,产品的成本为25万元,市价为30万元,消费税税率为10%,增值税税率为13%。基于上述资料,下列会计论断中,正确的有( )。

A. 该固定资产购入时形成可抵扣的进项税额为13.54万元

B. 安装固定资产领用原材料的进项税额可以抵扣

C. 安装固定资产领用原材料应视同销售处理

D. 固定资产的入账成本为149万元

【正确答案】 ABD

【答案解析】 选项A,该固定资产购入时的可抵扣进项税额=13+0.54=13.54(万元);选项B,安装生产用设备领用原材料时,进项税额可以抵扣;选项D,固定资产的入账成本=100+6+10+5+25+30×10%=149(万元)。

活动 4.2.2 固定资产折旧

一、固定资产折旧概述

固定资产折旧是指企业在生产经营过程中使用固定资产而使其损耗导致价值减少仅余一定残值,其原值与残值之差在其使用年限内分摊的金额。企业应当在固定资产的使用寿命内,按照确定的方法对应计折旧额进行系统分摊。

应计折旧额是指应当计提折旧的固定资产原价扣除其预计净残值后的金额,已计提减值准备的固定资产,还应当扣除已计提的固定资产减值准备累计金额。

企业应当根据固定资产的性质和使用情况,合理确定固定资产的使用寿命和预计净残值。固定资产的使用寿命、预计净残值一经确定,不得随意变更。

二、影响固定资产折旧的主要因素

影响固定资产折旧的主要因素包括固定资产原价、预计净残值,以及提前报废和资产租赁的情况。

(1)固定资产原价是指固定资产的初始取得成本。

(2)预计净残值是指假定固定资产预计使用寿命已满并处于使用寿命终了时的预期状态,企业目前从该项资产处置中获得的扣除了预计处置费用后的金额。

(3)提前报废的固定资产。

(4)以经营租赁方式租入的固定资产和以融资方式租出的固定资产。

三、固定资产的折旧范围

1. 空间范围

除了以下情况,企业应当对所有固定资产计提折旧:

(1) 已提足折旧仍继续使用的固定资产。

(2) 按规定单独计价作为固定资产入账的土地。

2. 时间范围

(1) 固定资产应当按月计提折旧。

(2) 当月增加的固定资产,当月不计提折旧,从下月起计提折旧。

(3) 当月减少的固定资产,当月仍计提折旧,从下月起不计提折旧。

固定资产当月增加或减少是否影响当月应计提折旧额?

考一考

(多项选择题)下列关于企业固定资产折旧方法的表述中,正确的有( )。

A. 企业当月减少的固定资产当月照提折旧

B. 企业当月增加的固定资产当月开始计提折旧

C. 固定资产提足折旧后仍继续使用的不用计提折旧

D. 提前报废但未提足折旧的固定资产不再补提折旧

【正确答案】 ACD

【答案解析】 选项B,当月增加的固定资产当月不计提折旧,从下月起计提折旧;当月减少的固定资产当月仍计提折旧,从下月起不计提折旧。

考一考

(多项选择题)下列各项中,企业需要计提折旧的有( )。

A. 非生产经营用的中央空调设施

B. 上月已达到预定可使用状态但尚未办理竣工决算的办公大楼

C. 日常维修期间停工的生产设备

D. 已提足折旧继续使用的生产线

【正确答案】 ABC

【答案解析】 除了以下情况,企业应当对所有固定资产计提折旧:①已提足折旧仍继续使用的固定资产(选项D)。②单独计价入账的土地。选项ABC,均需要计提折旧。

四、固定资产的折旧方法

固定资产的折旧方法主要有年限平均法、工作量法、双倍余额递减法和年数总和法。

(一) 年限平均法

1. 概念

年限平均法又称直线法,是指将固定资产的应计折旧额均衡地分摊到固定资产预计使用寿命内的一种方法。其特点为每年的每个期间的折旧额相等。

2. 计算公式

年限平均法的计算公式如下:

$$年折旧额=(固定资产原值-预计净残值)\div预计使用年限$$
$$=固定资产原值\times(1-预计净残值率)\div预计使用年限$$
$$月折旧额=年折旧额\div12$$
$$年折旧率=(1-预计净残值率)\div预计使用年限\times100\%$$
$$月折旧率=年折旧率\div12$$

【例 4-5】 2022 年 10 月 10 日,大丰公司外购设备的原价为 120 万元,预计使用年限为 5 年,设备报废时预计的净残值率为 0.5%,采用年限平均法计提折旧。请计算该外购设备的年折旧额、月折旧额、月折旧率及 2022 年应计提的折旧额。

年折旧额=(120-120×0.5%)÷5=23.88(万元)
月折旧额=23.88÷12=1.99(万元)
月折旧率=1.99÷120×100%≈1.66%
或:月折旧率=(1-0.5%)÷5÷12≈1.66%
2022 年折旧额=1.99×2=3.98(万元)

考一考

(单项选择题)某企业现有的固定资产价值为 960 万元,已计提折旧 320 万元,其中上月已提足折旧额仍继续使用的设备有 60 万元,另一台价值 20 万元的设备上月已经达到预定可使用状态尚未投入使用。该企业采用年限平均法计提折旧,所有设备的月折旧率均为 1%。不考虑其他因素,该企业当月应计提的折旧额为( )万元。

A. 9.6   B. 9.4   C. 9   D. 9.2

【正确答案】 C

【答案解析】 已提足折旧仍继续使用的固定资产不计提折旧。所以本月需计提折旧的固定资产价值为 900 万元(960-60),当月应计提的折旧额为 9 万元(900×1%)。

(二) 工作量法

1. 概念

工作量法是指根据实际工作量计算固定资产每期应计提折旧额的一种方法。

2. 计算公式

工作量法的计算公式如下:

$$单位工作量折旧额=固定资产原值\times(1-预计净残值率)\div预计总工作量$$
$$月折旧额=固定资产当月工作量\times单位工作量折旧额$$

【例 4-6】 2022 年 10 月,大丰公司(一般纳税人)购入一辆货车,增值税专用发票上注明的价款为 100 万元,增值税税额为 13 万元,预计该货车总行驶里程为 500 000 千米,预计报废

时的净残值率为6%,2022年11月行驶4 000千米。请计算该辆汽车的11月的折旧额。

单位里程折旧额=1 000 000×(1-6%)÷500 000=1.88(元)

11月的折旧额=4 000×1.88=7520(元)

(三) 双倍余额递减法

1. 概念

双倍余额递减法是指在不考虑固定资产预计净残值的情况下,根据每期期初固定资产原价减去累计折旧后的余额和双倍的直线法折旧率计算固定资产折旧的一种方法。企业采用双倍余额递减法计提固定资产折旧,一般应在固定资产使用寿命到期前两年内,将固定资产账面净值扣除预计净残值后的余额平均摊销。

2. 计算公式

双倍余额递减法的计算公式如下：

年折旧率=2÷预计使用寿命(年)×100%

年折旧额=每个折旧年度年初固定资产账面净值×年折旧率

月折旧额=年折旧额÷12

最后2年改按直线法提取折旧的折旧额计算：

年折旧额=(固定资产原价-累计折旧额-预计净残值)÷2

【例4-7】 2022年3月,大丰公司(一般纳税人)购进一台设备,增值税专用发票上注明的设备价款为100万元,增值税税额为13万元,预计使用年限为5年,预计净残值为0.7万元,按双倍余额递减法计提折旧。请计算2022年该设备的折旧额。

年折旧率=2÷5×100%=40%

第一年(2018.4—2019.3)应计折旧额=100×40%=40(万元)

第二年(2019.4—2020.3)应计折旧额=(100-40)×40%=24(万元)

第三年(2020.4—2021.3)应计折旧额=(100-40-24)×40%=14.4(万元)

从第四年起改用年限平均法(直线法)计提折旧：

第四年(2021.4—2022.3)、第五年(2022.4—2023.3)应计折旧额=(100-40-24-14.4-0.7)÷2=10.45(万元)

2022年的折旧额=10.45(万元)

双倍余额递减法完全不用考虑净残值吗？

(单项选择题)甲公司从2022年年初开始对设备提取折旧,原价为102万元,折旧期为4年,预计净残值为2万元。甲公司运用双倍余额递减法计算该设备折旧,第四年应计提的折旧额为(　　)万元。

A. 51　　　　　　B. 25.5　　　　　　C. 11.75　　　　　　D. 12.75

【正确答案】 C

【答案解析】 每年折旧计算过程如下：第一年的折旧额＝102×2÷4＝51(万元)；第二年的折旧额＝(102－51)×2÷4＝25.5(万元)；第三年的折旧额＝[(102－51－25.5)－2]÷2＝11.75(万元)；第四年的折旧额＝[(102－51－25.5)－2]÷2＝11.75(万元)。

(四) 年数总和法

1. 概念

年数总和法是指将固定资产的原价减去预计净残值后的余额，乘以一个逐年递减的分数计算每年的折旧额的方法。其中，分数的分子为固定资产尚可使用寿命，分母为固定资产预计使用寿命逐年数字总和。

2. 计算公式

年数总和法的计算公式如下：

年折旧率＝尚可使用年限÷预计使用寿命的年数总和×100%
　　　　＝(预计使用寿命－已使用年限)÷[预计使用寿命×(预计使用寿命＋1)÷2]×100%

年折旧额＝(固定资产原价－预计净残值)×年折旧率

【例4-8】 承[例4-7]，采用年数总和法计算各年折旧额。

预计使用寿命的年数总和＝1＋2＋3＋4＋5＝15(年)

应计折旧额＝100－0.7＝99.3(万元)

各年的折旧额计算如表4-3所示。

表4-3　　　　　　　　　　　　各年的折旧额计算　　　　　　　　　　金额单位：元

年份	尚可使用年限(年)	应计折旧额	各年折旧率	各年折旧额	累计折旧
1	5	99.30	5/15	99.30×5/15＝33.10	33.10
2	4	99.30	4/15	99.30×4/15＝26.48	59.58
3	3	99.30	3/15	99.30×3/15＝19.86	79.44
4	2	99.30	2/15	99.30×2/15＝13.24	92.68
5	1	99.30	1/15	99.30×1/15＝6.62	99.30

注意：如各年折旧额为约等数，最后一年的折旧额计算，要采用倒挤法。

考一考

(单项选择题)下列关于企业固定资产折旧方法的表述中，正确的是(　　)。

A. 年数总和法计算的固定资产年折旧额逐年递增

B. 工作量法不需要考虑固定资产的预计净残值

C. 年限平均法需要考虑固定资产的预计净残值

D. 双倍余额递减法计算的固定资产年折旧额每年相等

【正确答案】 C

【答案解析】 选项A错误，年数总和法计算的固定资产年折旧额逐年递减；选项B错误，选项C正确，工作量法、年限平均法均需要考虑固定资产的预计净残值；选项D错误，除了最后2年，双倍余额递减法计算的固定资产年折旧额逐年递减。

五、固定资产折旧的账务处理

(一) 账户设置

固定资产计提的折旧应当记入"累计折旧"账户。该账户属于"固定资产"账户的备抵账户,贷方登记企业计提的固定资产折旧,借方登记处置固定资产转出的累计折旧,期末贷方余额反映企业固定资产的累计折旧额。

(二) 账务处理

借:制造费用(生产车间固定资产计提折旧)
　　管理费用(企业管理部门、未使用的固定资产计提折旧等)
　　销售费用(企业专设销售部门固定资产计提折旧)
　　其他业务成本(企业出租固定资产计提折旧)
　　研发支出(企业研发无形资产时所使用的固定资产计提折旧)
　　在建工程(在建工程中使用固定资产计提折旧等)
　　贷:累计折旧

(三) 相关计算公式

在进行固定资产折旧账务处理时,企业应注意固定资产账面原值、账面净值、账面价值区分。有关计算公式如下:

$$账面原值=账面余额=入账价值$$
$$账面净值=固定资产原值-累计折旧额$$
$$账面价值=固定资产原值-累计折旧额-固定资产减值准备金额$$

【例4-9】 大丰公司2023年1月各部门应计固定资产折旧额分别为:一车间1 400 000元,二车间2 500 000元,三车间3 600 000元,管理部门96 000元,销售部门62 000元。大丰公司应编制如下会计分录:

借:制造费用——一车间　　　　　　　　　　　　　　　　　　1 400 000
　　　　　　——二车间　　　　　　　　　　　　　　　　　　2 500 000
　　　　　　——三车间　　　　　　　　　　　　　　　　　　3 600 000
　　管理费用　　　　　　　　　　　　　　　　　　　　　　　　96 000
　　销售费用　　　　　　　　　　　　　　　　　　　　　　　　62 000
　　贷:累计折旧　　　　　　　　　　　　　　　　　　　　　7 658 000

考一考

(多项选择题)下列关于企业固定资产折旧的会计处理的表述中,正确的有(　　)。
A. 自行建造厂房使用自有固定资产,计提的折旧应计入在建工程成本
B. 基本生产车间使用自有固定资产,计提的折旧应计入制造费用
C. 经营租出的固定资产,其计提的折旧应计入管理费用
D. 专设销售机构使用的自有固定资产,计提的折旧应计入销售费用

【正确答案】 ABD
【答案解析】 选项C,经营租出的固定资产,其计提的折旧应计入其他业务成本。

任务 4.3　固定资产的后续计量与处置

活动 4.3.1　固定资产后续计量

一、固定资产后续计量的概念

固定资产的后续支出是指固定资产在使用过程中发生的更新改造支出、修理费用等。固定资产后续计量就是对固定资产后续支出的计量。固定资产的更新改造、修理等后续支出，满足固定资产确认条件的，应当计入固定资产成本，这类支出称为资本化支出；不满足固定资产确认条件的后续支出，应当在发生时计入当期损益，这类支出称为费用化支出。

二、资本化支出

更新改造等后续支出符合固定资产确认条件的，应当计入固定资产成本，同时将被替换部分的账面价值扣除，相关的账务处理如表 4-4 所示。

表 4-4　资本化支出相关账务处理

业务内容	会计分录
固定资产转入改、扩建	借：在建工程［固定资产的账面价值］ 　　累计折旧 　　固定资产减值准备 　贷：固定资产
发生可资本化的后续支出	借：在建工程 　　应交税费——应交增值税（进项税额） 　贷：银行存款等
扣除被替换部分的账面价值	借：营业外支出 　贷：在建工程［被替换部分的账面价值］
改扩建工程达到预定可使用状态	借：固定资产 　贷：在建工程

在建工程转为固定资产后，企业需要重新确定使用寿命、预计净残值和折旧方法计提折旧吗？

【例 4-10】　2022 年 6 月，A 公司（增值税一般纳税人）对一条生产线进行更新改造。该生产线的原价为 6 000 万元，已计提折旧 2 450 万元，已计提减值准备 50 万元。生产线在更新改造过程中拆除原冷却装置部分的账面价值为 500 万元，可收回净残值为 60 万元。A 公司在更新改造中发生以下费用或支出：

（1）以银行存款购买新冷却装置，增值税专用发票上注明的价款为 1 000 万元，增值税税额为 130 万元。

(2) 更新改造期间内发生专门借款利息 90 万元,已以银行存款支付。

(3) 生产线更新改造过程中发生人工费用 320 万元。

(4) 生产线更新改造过程中领用库存原材料成本为 200 万元,增值税税额为 26 万元。

该改造工程于 2022 年 12 月达到预定可使用状态。A 公司应编制如下会计分录:

(1) 固定资产转入改、扩建时:

借:在建工程　　　　　　　　　　　　　　　　　　　　　　35 000 000
　　累计折旧　　　　　　　　　　　　　　　　　　　　　　24 500 000
　　固定资产减值准备　　　　　　　　　　　　　　　　　　　　500 000
　　贷:固定资产　　　　　　　　　　　　　　　　　　　　60 000 000

(2) 拆除原冷却装置损失时:

借:银行存款　　　　　　　　　　　　　　　　　　　　　　　600 000
　　营业外支出　　　　　　　　　　　　　　　　　　　　　4 400 000
　　贷:在建工程　　　　　　　　　　　　　　　　　　　　5 000 000

(3) 发生改扩建工程相关支出时:

借:在建工程　　　　　　　　　　　　　　　　　　　　　16 100 000
　　应交税费——应交增值税(进项税额)　　　　　　　　　　1 300 000
　　贷:银行存款　　　　　　　　　　　　　　　　　　　12 200 000
　　　　应付职工薪酬　　　　　　　　　　　　　　　　　　3 200 000
　　　　原材料　　　　　　　　　　　　　　　　　　　　　2 000 000

(4) 改扩建完成并达到预定可使用状态时:

借:固定资产　　　　　　　　　　　　　　　　　　　　　46 100 000
　　贷:在建工程　　　　　　　　　　　　　　　　　　　46 100 000

三、费用化支出

与固定资产有关的修理费用等后续支出,不符合固定资产确认条件的,企业应当根据不同情况分别在发生时记入"管理费用"或"销售费用"等账户。相关账务处理如下:

借:管理费用[管理部门固定资产修理费用]
　　销售费用[销售机构固定资产修理费用]
　　应交税费——应交增值税(进项税额)
　　贷:银行存款等

【例 4-11】 A 公司(增值税一般纳税人)于 2023 年 1 月 1 日对生产车间使用的设备进行日常修理,发生维修费并取得增值税专用发票,修理费为 20 000 元,增值税税额为 2 600 元。A 公司应编制如下会计分录:

借:管理费用　　　　　　　　　　　　　　　　　　　　　　　　20 000
　　应交税费——应交增值税(进项税额)　　　　　　　　　　　　2 600
　　贷:银行存款　　　　　　　　　　　　　　　　　　　　　　22 600

（单项选择题）某企业对生产设备进行改良，发生资本化支出共计45万元，被替换旧部件的账面价值为10万元，该设备原价为500万元，已计提折旧300万元。不考虑其他因素，该设备改良后的入账价值为（　　）万元。

A. 245　　　　　　B. 235　　　　　　C. 200　　　　　　D. 190

【正确答案】　B

【答案解析】　设备改良后的入账价值＝45－10＋500－300＝235（万元）。

（判断题）企业对固定资产进行更新改造时，应当将该固定资产账面价值转入在建工程，并将被替换部件的变价收入冲减在建工程。　　　　　　　　　　　　　　　　　（　　）

【正确答案】　×

【答案解析】　被替换部件的变价收入冲减营业外支出。

活动 4.3.2　固定资产处置

一、固定资产处置的概念

固定资产处置是指固定资产的终止确认，包括固定资产的出售、报废、毁损、对外投资、非货币性资产交换、债务重组等。

二、固定资产处置的账户设置

"固定资产清理"账户用来核算企业因出售、报废和毁损等原因转入清理的固定资产价值以及在清理过程中所发生的清理费用和清理收入，借方登记转出的固定资产账面价值、清理过程中应支付的相关税费及其他费用，贷方登记出售固定资产取得的价款、残料价值和变价收入。该账户期末借方余额反映企业尚未清理完毕的固定资产清理净损失；期末如为贷方余额，则反映企业尚未清理完毕的固定资产清理净收益。固定资产清理完成，清理净损益结转后，"固定资产清理"账户无余额。

三、固定资产处置的账务处理

固定资产处置的账务处理如表4-5所示。

表 4-5　　　　　　　　　　　　固定资产处置的账务处理

业务内容	会计分录
固定资产转入清理	借：固定资产清理 　　累计折旧 　　固定资产减值准备 　贷：固定资产

(续表)

业务内容			会计分录
结算清理费用			借：固定资产清理 　　应交税费——应交增值税(进项税额) 贷：银行存款等
收回售价、残料价值、变价收入、保险赔款等			借：银行存款 　　原材料 　　其他应收款 贷：固定资产清理 　　应交税费——应交增值税(销项税额)
结转清理净损益	因固定资产已丧失使用功能或因自然灾害发生毁损等原因而报废	净损失 正常原因	借：营业外支出——非流动资产处置损失 贷：固定资产清理
		净损失 非正常原因	借：营业外支出——非常损失 贷：固定资产清理
		净收益	借：固定资产清理 贷：营业外收入——非流动资产处置利得
	出售转让	净损失	借：资产处置损益 贷：固定资产清理
		净收益	借：固定资产清理 贷：资产处置损益

【例 4-12】 A 公司为增值税一般纳税人，2022 年 12 月 30 日，出售一座建筑物，原价(成本)为 2 000 000 元，已计提折旧 160 000 元，未计提减值准备。A 公司收到出售价款 1 200 000 元，增值税税率为 9%，增值税税额为 108 000 元，款项已存入银行。不考虑其他相关因素，A 公司应编制如下会计分录：

(1) 将出售固定资产转入清理时：

　借：固定资产清理　　　　　　　　　　　　　　　　　　　　　400 000
　　　累计折旧　　　　　　　　　　　　　　　　　　　　　　　1 600 000
　　贷：固定资产　　　　　　　　　　　　　　　　　　　　　　2 000 000

(2) 收到出售固定资产的价款和税款时：

　借：银行存款　　　　　　　　　　　　　　　　　　　　　　　1 308 000
　　贷：固定资产清理　　　　　　　　　　　　　　　　　　　　1 200 000
　　　　应交税费——应交增值税(销项税额)　　　　　　　　　　　108 000

(3) 结转出售固定资产实现的利得时：

　借：固定资产清理　　　　　　　　　　　　　　　　　　　　　800 000
　　贷：资产处置损益　　　　　　　　　　　　　　　　　　　　800 000

(单项选择题)乙公司为增值税一般纳税人，现有一台设备提前报废，原价为 600 000 元，已计提折旧 450 000 元，未计提减值准备。乙公司取得报废残值变价收入 120 000 元，增值税税额为 15 600 元；报废清理过程中发生自行清理费用 3 500 元。有关收入、支出均通过银行办理结算。不考虑其他相关因素。乙公司出售报废的固定资产可以获得(　　)元的营业外支出。

A. 120 000　　　B. 116 500　　　C. 150 000　　　D. 33 500

【正确答案】 D

【答案解析】

（1）将报废固定资产转入清理时：

借：固定资产清理　　　　　　　　　　　　　　　　　150 000
　　累计折旧　　　　　　　　　　　　　　　　　　　450 000
　　贷：固定资产　　　　　　　　　　　　　　　　　　　　　600 000

（2）收回残料变价收入时：

借：银行存款　　　　　　　　　　　　　　　　　　　135 600
　　贷：固定资产清理　　　　　　　　　　　　　　　　　　　120 000
　　　　应交税费——应交增值税(销项税额)　　　　　　　　15 600

（3）支付清理费用时：

借：固定资产清理　　　　　　　　　　　　　　　　　3 500
　　贷：银行存款　　　　　　　　　　　　　　　　　　　　　3 500

（4）结转报废固定资产发生的净损失时：

借：营业外支出——非流动资产处置损失　　　　　　　33 500
　　贷：固定资产清理　　　　　　　　　　　　　　　　　　　33 500

考一考

（单项选择题）某公司出售专用设备一台，取得价款30万元(不考虑增值税)，发生清理费用5万元(不考虑增值税)，该设备的账面价值为22万元。不考虑其他因素，下列关于此项交易净损益会计处理结果的表述中，正确的是(　　)。

A. 营业外收入增加8万元　　　　　B. 资产处置损益增加3万元
C. 营业外收入增加25万元　　　　 D. 资产处置损益增加27万元

【正确答案】 B

【答案解析】 处置损益＝30－5－22＝3(万元)。

任务4.4　固定资产的清查与减值

活动4.4.1　固定资产清查

一、固定资产清查的概念

固定资产清查是指单位对实际拥有的固定资产进行实物盘点清查。企业应定期或者至少于每年年末对固定资产进行清查盘点。在固定资产清查过程中，如果发现盘盈、盘亏的固定资产,企业应填制固定资产盘盈盘亏报告表。企业应及时清查固定资产损溢的原因,并按照规定程序报批处理。

二、固定资产清查的账务处理

(一) 盘盈

固定资产盘盈按照前期差错处理,其账务处理如表4-6所示。

表 4-6　　　　　　　　　　　　固定资产盘盈的账务处理

业务内容	会计分录
批准前	借:固定资产(重置成本) 　　贷:以前年度损益调整 借:以前年度损益调整 　　贷:应交税费——应交所得税
批准后	借:以前年度损益调整 　　贷:盈余公积 　　　　利润分配——未分配利润

【例 4-13】　甲公司为增值税一般纳税人,2022 年 12 月 9 日,甲公司在财产清查过程中发现,2021 年 12 月购入的一台设备尚未入账,重置成本为 50 000 元。假定甲公司按净利润的 10% 提取法定盈余公积,不考虑相关税费及其他因素的影响。甲公司应编制如下会计分录:

(1) 盘盈固定资产时:

借:固定资产　　　　　　　　　　　　　　　　　　　　　　　　　　50 000
　　贷:以前年度损益调整　　　　　　　　　　　　　　　　　　　　　　　50 000

(2) 结转为留存收益时:

借:以前年度损益调整　　　　　　　　　　　　　　　　　　　　　　50 000
　　贷:盈余公积——法定盈余公积　　　　　　　　　　　　　　　　　　　5 000
　　　　利润分配——未分配利润　　　　　　　　　　　　　　　　　　　45 000

固定资产盘盈能计入营业外收入吗?为什么?

(二) 盘亏

固定资产盘亏的账务处理如表4-7所示。

表 4-7　　　　　　　　　　　　固定资产盘亏的账务处理

业务内容	会计分录
批准前	借:待处理财产损溢 　　累计折旧 　　固定资产减值准备 　　贷:固定资产 　　　　应交税费——应交增值税(进项税额转出)
批准后	借:其他应收款[保险赔款或责任人赔款] 　　营业外支出 　　贷:待处理财产损溢

【例4-14】 甲公司为增值税一般纳税人,2022年12月31日,甲公司在进行财产清查时,发现短缺一台笔记本电脑,其原价为10 000元,已计提折旧6 000元,购入时增值税税额为1 300元。甲公司应编制如下会计分录:

(1)盘亏固定资产时:

借:待处理财产损溢　　　　　　　　　　　　　　　　　　　　4 000
　　累计折旧　　　　　　　　　　　　　　　　　　　　　　　6 000
　　贷:固定资产　　　　　　　　　　　　　　　　　　　　　　　　10 000

(2)转出不可抵扣的进项税额时:

借:待处理财产损溢　　　　　　　　　　　　　　　　　　　　　520
　　贷:应交税费——应交增值税(进项税额转出)　　　　　　　　　　520

(3)报经批准转销时:

借:营业外支出——盘亏损失　　　　　　　　　　　　　　　　4 520
　　贷:待处理财产损溢　　　　　　　　　　　　　　　　　　　　　4 520

考一考

(多项选择题)某公司在进行年末固定资产清查时发现上年购入的一台设备未入账,其重置成本为10 000元,该公司按净利润的10%提取法定盈余公积。不考虑其他因素,下列关于该设备盘盈的会计处理中,正确的有(　　)。

A. 借:以前年度损益调整　　　　　　　　　　　　　　　　　10 000
　　贷:盈余公积法定盈余公积　　　　　　　　　　　　　　　　　1 000
　　　　利润分配——未分配利润　　　　　　　　　　　　　　　　9 000

B. 借:待处理财产损溢　　　　　　　　　　　　　　　　　　　10 000
　　贷:营业外收入　　　　　　　　　　　　　　　　　　　　　　10 000

C. 借:固定资产　　　　　　　　　　　　　　　　　　　　　　10 000
　　贷:以前年度损益调整　　　　　　　　　　　　　　　　　　　10 000

D. 借:固定资产　　　　　　　　　　　　　　　　　　　　　　10 000
　　贷:待处理财产损溢　　　　　　　　　　　　　　　　　　　　10 000

【正确答案】　AC
【答案解析】　固定资产盘盈按前期差错处理。

活动4.4.2　固定资产减值

一、固定资产减值的概念

固定资产减值是指因固定资产发生损坏、技术陈旧或者其他经济原因,导致其可收回金额低于其账面价值的情况。按照谨慎性的会计信息质量要求的规定,固定资产在资产负债表日存在可能发生减值的迹象时,其可收回金额中低于账面价值的,企业应当将该固定资产的账面价值减记至可收回金额。

二、固定资产减值的账务处理

固定资产减值的账务处理如下：

借：资产减值损失
　　贷：固定资产减值准备

固定资产减值损失一经确认，在以后会计期间不得转回。

【例4-15】 2022年12月31日，甲公司的某生产线存在可能发生减值的迹象。经计算，该机器的可收回金额合计为1 290 000元，账面价值为1 500 000元，以前年度未对该生产线计提过减值准备。由于该生产线的可收回金额为1 290 000元，账面价值为1 500 000元，可收回金额低于账面价值，甲公司应按两者之间的差额210 000元(1 500 000－1 290 000)计提固定资产减值准备。甲公司应编制如下会计分录：

借：资产减值损失——固定资产减值损失　　　　　　　　　　　　　　　210 000
　　贷：固定资产减值准备　　　　　　　　　　　　　　　　　　　　　210 000

固定资产计提减值准备后，应计折旧额是否发生变化？

(多项选择题)下列各项中，导致企业固定资产账面价值减少的事项有(　　)。
A. 计提固定资产折旧　　　　　　　　B. 提前报废固定资产
C. 盘亏固定资产　　　　　　　　　　D. 确认固定资产减值损失
【正确答案】 ABCD
【答案解析】 固定资产账面价值＝账面原值－累计折旧－固定资产减值准备。选项A，增加累计折旧，账面价值减少；选项BC，账面原值减少，账面价值减少；选项D，增加固定资产减值准备，账面价值减少。

模 块 测 试

一、单项选择题

1. 某企业为增值税一般纳税人，存货适用的增值税税率为13%，不动产适用的增值税税率为9%。2022年6月，该企业建造厂房领用一批外购材料，该批材料的实际成本为20 000元，同类材料的市价为24 000元。不考虑其他因素，该项业务应计入在建工程成本的金额为(　　)元。
　　A. 20 000　　　　　B. 21 280　　　　　C. 24 000　　　　　D. 28 000
2. 甲企业为增值税一般纳税人，2022年6月自建一栋仓库，购入工程物资300万元，增值税专用发票上注明的增值税税额为 39 万元,已全部用于建造仓库;领用生产用材料一批,账面价值为 50 万元(未计提跌价准备),公允价值为 60 万元;发生建筑工人工资 36 万元。不考虑其他因素,2022 年 9 月该仓库建造完成并达到预定可使用状态,其入账价值为(　　)万元。

　　A. 350　　　　　　B. 396　　　　　　C. 386　　　　　　D. 393.8

3. 下列关于盘盈盘亏的表述中,正确的是(　　)。

　　A. 固定资产盘盈记入"营业外收入"账户

　　B. 固定资产出租收入记入"营业外收入"账户

　　C. 无法查明原因的现金溢余记入"营业外收入"账户

　　D. 存货盘盈记入"营业外收入"账户

4. 一般纳税人购入不需要安装的生产经营用固定资产支付的增值税进项税额应记入的账户是(　　)。

　　A."固定资产"　　B."营业外支出"　　C."应交税费"　　D."在建工程"

5. 下列各项中,不属于固定资产的特征的是(　　)。

　　A. 为了生产商品而持有　　　　　　B. 为了提供劳务而持有

　　C. 为了出租或经营管理而持有　　　D. 为出售而持有

6. 甲公司为增值税一般纳税人,2022 年 4 月 1 日,甲公司购入一台需要安装的生产用设备,取得的增值税专用发票上注明的设备买价为 40 000 元,增值税税额为 5 200 元;支付的运输费为 1 200 元,增值税税额为 108 元,已取得增值税专用发票。设备安装时领用原材料价值 1 000 元(不含税),购进该批原材料的增值税进项税额为 130 元,设备安装时支付有关人员工资薪酬 2 000 元。该固定资产的入账成本为(　　)元。

　　A. 44 200　　　　B. 42 200　　　　C. 41 200　　　　D. 41 308

7. 某企业购入三项没有单独标价的、不需要安装的固定资产 A,B,C,实际支付的不含税价款总额为 100 万元。其中固定资产 A 的公允价值为 60 万元,固定资产 B 的公允价值为 40 万元,固定资产 C 的公允价值为 20 万元。不考虑其他因素,固定资产 A 的入账价值为(　　)万元。

　　A. 60　　　　　　B. 50　　　　　　C. 100　　　　　　D. 120

8. 下列各项中,不应记入"在建工程"账户的是(　　)。

　　A. 用于经营性动产安装的外购原材料的进项税额

　　B. 为购建工程取得的银行借款,在建造期间产生的利息费用

　　C. 用于企业房屋建建的自产产品的成本

　　D. 建造房屋时发生的人工费用

9. 下列各项中,按规定不需要计提折旧的是(　　)。

　　A. 已交付但尚未使用的设备　　　　B. 提前报废的固定资产

　　C. 未使用的厂房　　　　　　　　　D. 长期租入的昂贵设备

10. 2022 年 3 月 31 日,甲公司采用出包方式对某固定资产进行改良,该固定资产账面原价为 3 600 万元,预计使用年限为 5 年,已使用 3 年,预计净残值为零,采用年限平均法计提折旧。甲公司支付出包工程款 96 万元。2022 年 8 月 31 日,改良工程达到预定可使用状态并投入使用,预计尚可使用 4 年,预计净残值为零,采用年限平均法计提折旧。2022 年度该固定资产应计提的折旧为(　　)万元。

A. 128　　　　　B. 180　　　　　C. 308　　　　　D. 384

11. 某企业在财产清查中盘盈一台设备,下列各项中,根据该设备的重置成本应贷记的会计账户是( )。
A."营业外收入"　　　　　　　　B."以前年度损益调整"
C."待处理财产损溢"　　　　　　D."固定资产清理"

12. 某企业出售一台设备,原价为160 000元,已提折旧35 000元,已提固定资产减值准备10 000元,支付不含税的清理费用3 000元;出售设备所得价款113 000元,增值税税额为14 690元。不考虑其他因素,该设备出售净收益为( )元。
A. -2 000　　　　B. 2 000　　　　C. 5 000　　　　D. -5 000

13. 2021年12月15日,某企业购入不需要安装生产设备一台,原值为30万元,预计净残值为1万元,预计使用年限为5年。该企业采用双倍余额递减法计提折旧。该企业2022年度计提生产设备的折旧额是( )万元。
A. 11.6　　　　　B. 12　　　　　C. 6　　　　　D. 5.8

14. 下列关于固定资产的表述中,正确的是( )。
A. 经营出租的生产设备计提的折旧计入其他业务成本
B. 当月新增固定资产,当月开始计提折旧
C. 行政管理设备的日常修理费计入在建工程
D. 设备因自然灾害造成毁损的清理费计入管理费用

二、多项选择题

1. 下列各项中,应列入利润表中"资产减值损失"项目的有( )。
A. 原材料盘亏损失　　　　　　　B. 无形资产减值损失
C. 固定资产减值损失　　　　　　D. 应收账款减值损失

2. 下列各项中,属于固定资产特征的有( )。
A. 为生产商品、提供劳务而持有　　B. 使用寿命超过1个会计年度
C. 单位价值比较大　　　　　　　　D. 给企业带来的收益期超过1年

3. 下列税费中,应计入企业固定资产价值的有( )。
A. 房产税　　　　　　　　　　　B. 耕地占用税
C. 车辆购置税　　　　　　　　　D. 契税

4. 购入的固定资产,其入账价值包括的内容有( )。
A. 买价　　　B. 安装成本　　　C. 包装费　　　D. 进口关税

5. 下列关于企业固定资产会计处理结果的表述中,正确的有( )。
A. 企业购入不需要安装的固定资产,应按实际支付的购买价款、相关税费以及使固定资产达到预定可使用状态前所发生的可归属于该项资产的费用,作为固定资产的成本
B. 自行建造的固定资产,按建造该项资产达到预定可使用状态前所发生的必要支出,作为入账价值
C. 投资者投入的固定资产,按投资方投入的固定资产原账面价值作为入账价值
D. 如果有迹象表明以前期间据以计提固定资产减值的各种因素发生变化,使得固定资产的可收回金额大于其账面价值,则以前期间已计提的减值损失应当转回,但转回的金额不应超过原已计提的固定资产减值准备

6. 下列与生产设备购建相关的支出项目中,构成增值税一般纳税人购入的生产设备入账价值的有( )。
   A. 支付的增值税
   B. 自营在建工程达到预定可使用状态前发生的借款利息(符合资本化条件)
   C. 进口设备的关税
   D. 自营在建工程达到预定可使用状态后发生的借款利息

7. 下列关于企业固定资产会计处理的表述中,正确的有( )。
   A. 固定资产盘亏产生的损失计入管理费用
   B. 计提减值准备后的固定资产以扣除减值准备后的账面价值为基础计提折旧
   C. 增值税一般纳税人购入的生产设备支付的增值税不计入固定资产成本
   D. 对于固定资产均应按照确定的方法计提折旧

8. 采用自营方式建造固定资产的情况下,下列项目中,应计入固定资产成本的有( )。
   A. 工程耗用原材料
   B. 工程人员的工资
   C. 工程领用本企业商品的实际成本
   D. 为使固定资产达到预定可使用状态发生的安装费

9. 下列关于计提固定资产折旧的说法中,不正确的有( )。
   A. 公司当月减少的固定资产当月照提折旧
   B. 公司当月增加的固定资产当月开始计提折旧
   C. 固定资产提足折旧后仍继续使用的仍需计提折旧
   D. 提前报废但未提足折旧的固定资产不再补提折旧

10. 下列各项中,影响固定资产折旧的因素有( )。
    A. 固定资产原价   B. 固定资产的预计使用寿命
    C. 固定资产预计净残值   D. 已计提的固定资产减值准备

11. 下列各项中,会导致固定资产账面价值发生增减变动的有( )。
    A. 经营租出固定资产   B. 固定资产债务重组
    C. 自有固定资产转入改扩建   D. 计提固定资产折旧

12. 下列关于固定资产的会计处理中,正确的有( )。
    A. 不满足固定资产确认条件的固定资产修理费用等,应当在发生时计入当期损益
    B. 与专设销售机构相关的固定资产日常修理费用应计入销售费用
    C. 更新改造时发生的支出符合资本化条件的应当予以资本化
    D. 固定资产的后续支出满足固定资产确认条件的,应计入固定资产成本,同时扣除被替换部分的账面价值

13. 企业结转固定资产清理净损益时,可能涉及的会计账户有( )。
    A. "资产处置损益"   B. "营业外收入"
    C. "营业外支出"   D. "长期待摊费用"

14. 下列各项中,属于固定资产的处置范畴的有( )。
    A. 固定资产的出售   B. 固定资产的报废
    C. 固定资产的出租   D. 固定资产的对外投资

三、判断题

1. 租入的固定资产(短期租赁和低价值资产租赁除外)不属于企业的资产。（　）
2. 某企业某工序上有甲、乙两台机床,其中甲机床型号较老,自乙机床投入使用后,一直未再使用且已不具备转让价值。乙机床是甲机床的替代产品,目前承担该工序的全部生产任务。那么甲机床不应确认为企业的固定资产。（　）
3. 企业固定资产的使用寿命一般超过1个会计年度。（　）
4. 企业以一笔款项购入多项没有单独标价的固定资产时,应按各项固定资产账面价值的比例对总成本进行分配,分别确定各项固定资产的成本。（　）
5. 自行建造固定资产,建造过程中发生的非正常损失,要计入建造成本中。（　）
6. 企业自建的固定资产应最终通过"固定资产"账户核算。（　）
7. 企业自行建造固定资产,主要有自营和出包两种方式,两种方式的会计处理相同。（　）
8. 专门用于生产某产品的固定资产,其所包含的经济利益通过所生产的产品实现的,该固定资产的折旧额应计入产品成本。（　）
9. 已达到预定可使用状态暂按估计价值确定成本的固定资产在办理竣工决算后,应按实际成本调整原来的暂估价值,但不需调整原已计提的折旧额。（　）
10. "累计折旧"账户属固定资产的备抵账户,但因其贷方登记增加,借方登记减少,所以不属于资产类账户。（　）
11. 已达到预定可使用状态但尚未办理竣工决算的固定资产不应计提折旧。（　）
12. 固定资产的折旧方法一经确定,不得变更。（　）
13. 年限平均法又称直线法,在采用年限平均法计算固定资产的折旧额时,应用固定资产的原值除以预计使用年限。（　）
14. 固定资产盘盈,会影响企业留存收益。（　）
15. 企业当月新增加的固定资产,当月不计提折旧,自下月起计提折旧;当月减少的固定资产,当月计提折旧。（　）
16. 企业接受投资者投入的一项固定资产,按照投资合同或者协议约定价格入账。其价值不公允的除外。（　）

四、不定项选择题

某企业为增值税一般纳税人,2022年发生与固定资产有关的经济业务如下:

（1）2月16日,购入一台不需要安装的生产设备M并投入使用,增值税专用发票上注明的价款为240万元,增值税税额为31.2万元;购进设备发生保险费3万元,增值税税额为0.18万元,已取得增值税专用发票;全部款项以银行存款支付。该设备预计使用年限为5年,预计净残值为3万元,采用年数总和法计提折旧。

（2）8月31日,该企业自行建造的一栋厂房达到预定可使用状态。其中,建造该厂房领用本企业自产产品的实际成本为70万元,分配工程人员薪酬80万元,支付工程费用150万元、增值税税额为13.5万元,该企业已取得增值税专用发票。预计该厂房可使用50年,预计净残值为零,该企业采用年限平均法计提折旧。

（3）11月23日,设备M因自然灾害毁损,该企业清理设备M支付拆卸费2万元,增值税税额为0.18万元,全部款项以银行存款支付,已确认应收保险公司赔款60万元。

要求：根据上述资料，不考虑其他因素，分析回答下列小题。

〈1〉根据资料(1)，设备 M 的入账价值是(　　)万元。
A. 240　　　　　　B. 271.2　　　　　　C. 243　　　　　　D. 274.38

〈2〉根据资料(1)，下列关于设备 M 计提折旧的会计处理表述中，正确的是(　　)。
A. 2022 年 2 月开始计提折旧　　　　　B. 计提的折旧费计入制造费用
C. 2022 年 3 月开始计提折旧　　　　　D. 每月计提折旧额为 6.67 万元

〈3〉根据资料(2)，下列关于该企业自行建造厂房的会计处理中，正确的是(　　)。
A. 领用企业自产产品时：

借：在建工程　　　　　　　　　　　　　　　　　　　　　　　　700 000
　　贷：库存商品　　　　　　　　　　　　　　　　　　　　　　　　700 000

B. 分配应负担工程人员薪酬时：

借：在建工程　　　　　　　　　　　　　　　　　　　　　　　　800 000
　　贷：应付职工薪酬　　　　　　　　　　　　　　　　　　　　　800 000

C. 支付工程费用时：

借：在建工程　　　　　　　　　　　　　　　　　　　　　　　1 500 000
　　应交税费——应交增值税(进项税额)　　　　　　　　　　　　135 000
　　贷：银行存款　　　　　　　　　　　　　　　　　　　　　　1 635 000

D. 工程完工结转固定资产成本时：

借：固定资产　　　　　　　　　　　　　　　　　　　　　　　1 500 000
　　贷：在建工程　　　　　　　　　　　　　　　　　　　　　　1 500 000

〈4〉根据资料(1)和资料(3)，下列设备 M 毁损相关会计处理的表述中，正确的是(　　)。
A. 将设备账面价值转入固定资产清理，借记"固定资产清理"账户 183 万元
B. 应收保险公司赔款，借记"其他应收款"账户 60 万元
C. 支付清理费用，借记"固定资产清理"账户 2 万元
D. 结转设备毁损净损失，借记"营业外支出"账户 127 万元

〈5〉根据资料(1)~(3)，上述业务导致年末资产负债表"固定资产"项目期末余额增加的金额是(　　)万元。
A. 543　　　　　　B. 481　　　　　　C. 298　　　　　　D. 300

模块 5

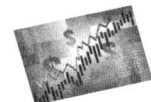

无 形 资 产

[考核目标]
1. 了解无形资产的概念、特征、内容、作用。
2. 掌握无形资产初始计量的账户设置及账务处理。
3. 掌握无形资产摊销方法及其账务处理。
4. 掌握无形资产减值和处置的账务处理。

[实践目标]
1. 完成外购无形资产、自行研发无形资产初始计量的账务处理。
2. 完成无形资产摊销的计算及账务处理。
3. 完成无形资产减值和处置的账务处理。

[思政目标]
1. 培养学生细致、谨慎、有条不紊的财经专业素质。
2. 培养学生诚实、守信、坚持原则的职业道德。
3. 培养学生懂法守法、热爱祖国、努力奋斗的精神。

[知识点思维导图]

无形资产 { 无形资产概述（概念、特征、内容、作用）
无形资产的初始计量与摊销（确认与计量、账户设置、账务处理）
无形资产的减值与处置（概念、账务处理）

 案例导入

袁隆平农业高科技股份有限公司（以下简称公司）是由湖南省农业科学院、湖南杂交水稻研究中心、袁隆平院士等发起设立的一家以科研单位为依托的农业高科技股份有限公司。公司成立于1999年6月，是一家以"光大袁隆平伟大事业，用科技改造农业，造福世界人民"的农业高新技术企业，是农业产业化国家重点龙头企业和国家科技创新型星火龙头企业、湖南省重点高新技术企业。公司连续6年被评为优秀高新技术企业和技术创新先进单位，"隆平高科"商标被认定为中国驰名商标。公司成立之初注册资本为1.05亿元；2000年5月，公司发行A股；2004年12月，长沙新大新集团有限公司受让湖南省农业科学院的全部国有股权，成为公司控股股东。2006年，公司完成股权分置改革，成为完全市场化运作的现代上市公司。

公司以杂交水稻为核心，以种业为主营业务方向，以农技服务创造价值。公司拥有以袁隆平院士为首的一支专业研发队伍,致力于杂交水稻,杂交辣椒、优质西甜瓜、蔬菜、棉花、玉米、油菜等农作物新品种的选育创新。2001年,经国家人事部批准,公司设立了博士后科研工作站,年投入科研和成果引进经费3 000万元。目前,公司拥有自主知识产权的产品达153个,拥有各项专利97项(次),获奖成果30余项,其中"水稻不育系培矮64S的选育及应用研究"荣获国家科学技术进步一等奖,获国家科技进步二等奖三项。

无形资产是经济增长中的决定性因素。企业无形资产的规模和质量决定着创新型企业的技术水平、创新资源、创新能力、创新效率等核心竞争力和可持续发展能力,无形资产对于有形资产在保持和增强企业持久经济利益流入方面越来越重要。

[思考]

(1)无形资产包括哪些?无形资产的价值应当如何计量?

(2)企业无形资产会在国家经济发展中起到哪些作用?

案例来源:

百度百科.袁隆平农业高科技股份有限公司[EB/OL].[2023-01-06]. https://baike.baidu.com/item/%E8%A2%81%E9%9A%86%E5%B9%B3%E5%86%9C%E4%B8%9A%E9%AB%98%E7%A7%91%E6%8A%80%E8%82%A1%E4%BB%BD%E6%9C%89%E9%99%90%E5%85%AC%E5%8F%B8/7105552?fr=aladdin.

任务5.1 无形资产概述

一、无形资产的概念

无形资产是指企业拥有或者控制的、没有实物形态的可辨认非货币性资产。它通常包括专利权、非专利技术、商标权、著作权、土地使用权、特许权等。

二、无形资产的特征

无形资产的特征主要有以下几项。

(一)具有资产基本特征

由企业拥有或者控制并能为其带来未来经济利益,是无形资产作为一项资产的基本特征。

(二)不具有实物形态

无形资产是不具有实物形态的资产,通常表现为某种能为企业带来未来经济利益的权利,如非专利技术、土地使用权等。

(三)具有可辨认性

资产满足下列条件之一的,即符合无形资产定义中的可辨认性标准:

(1)该资产能够从企业中分离或者划分出来,并能单独用于出售或转让等。在处置时不需要同时处置在同一获利活动中的其他资产,表明该无形资产可辨认;或者在处置时需要与有关的合同一起用于出售转让等,视为无形资产可辨认。企业自创商誉及内部产生的品牌、报刊名等,无法与企业的整体资产分离而存在,不具有可辨认性,按现行《企业会计准则》规定不应确认为无形资产。

(2)源自合同性权利或其他法定权利,无论这些权利是否可以从企业或其他权利和义务中转移或者分离,视为无形资产可辨认。如一方通过与另一方签订特许权合同而获得的特许使用权,通过法律程序申请获得的商标权、专利权等。

(四)属于非货币性资产

无形资产在持有期间为企业带来未来经济利益的情况不确定,不属于以固定或可确定的金额收取的资产。无形资产的存在形态不具有货币性资产的形态特征。

企业自创商誉及内部产生的品牌、报刊名等,无法与企业整体资产分离而存在,不具有可辨认性,是否按现行《企业会计准则》规定确认为无形资产?

考一考

(判断题)无形资产是指企业拥有或控制的没有实物形态的非货币性资产,包括可辨认非货币性资产和不可辨认非货币性资产。( )

【正确答案】 ×

【答案解析】 无形资产是指企业拥有或控制的没有实物形态的可辨认非货币性资产。不可辨认的非货币性资产(如商誉)不属于无形资产。

三、无形资产的内容

无形资产的内容包括以下几项。

(一)专利权

专利权是指国家专利主管机关依法授予发明创造专利申请人对其发明创造在法定期限内所享有的专有权利。它包括发明专利权、实用新型专利权和外观设计专利权。

(二)非专利技术

非专利技术即专有技术,是指先进的、未公开的、未申请专利且可以带来经济效益的技术及诀窍。它包括工业专有技术、商业专有技术、管理专有技术。

(三)商标权

商标权是指专门在某类指定的商品或产品上使用特定的名称或图案的权利。《中华人民共和国商标法》明确规定,经商标局核准注册的商标为注册商标,商标注册人享有商标专用权,受法律的保护。

(四)著作权

著作权又称版权,是指作者对其创作的文学、科学和艺术作品依法享有的某些特殊权利。著作权包括精神权利(人身权利)和经济权利(财产权利)两方面的权利。前者指作品署名、发表作品、确认作者身份、保护作品的完整性、修改已经发表的作品等各项权利,包括作品署名权、发表权、修改权和保护作品完整权;后者指以出版、表演、广播、展览、录制唱片、摄制影片等方式使用作品以及因授权他人使用作品而获得经济利益的权利。

(五)土地使用权

土地使用权是指国家准许某一企业或单位在一定期间内对国有土地享有开发、利用、经营的权利。土地使用权可以依法转让。

(六) 特许权

特许权又称经营特许权、专营权,是指企业在某一地区经营或销售某种特定商品的权利或是一家企业接受另一家企业使用其商标、商号、技术秘密等的权利。前者一般是由政府机构授权,准许企业使用或在一定地区享有经营某种业务的特权,如水、电、邮电通信等专营权,烟草专卖权等;后者指企业间依照签订的合同,有限期或无限期使用另一家企业的某些权利,如连锁店分店使用总店的名称等。

商誉是否属于无形资产范畴?为什么?

(多项选择题)下列各项中,属于无形资产的有( )。

A. 商标权　　　　　B. 非专利技术　　　　C. 特许权　　　　　D. 商誉

【正确答案】 ABC

【答案解析】 无形资产是指企业拥有或控制的没有实物形态的可辨认非货币性财产。无形资产主要包括专利权、非专利技术、商标权、著作权、土地使用权、特许权等。因为商誉的存在无法与企业自身分离,不具有可辨认性,故不属于无形资产的范畴。

四、无形资产的作用

(1) 无形资产是经济增长中的决定性因素。企业无形资产的规模和质量决定着创新型企业的技术水平、创新资源、创新能力和创新效率等核心竞争力和可持续发展能力,无形资产相对于有形资产在保持和增强企业持久经济利益流入中越来越重要。

(2) 无形资产准确及时地确认与计量、提供高质量的无形资产会计核算资料和会计信息,可防范和化解企业因无形资产权属不清、技术落后、缺乏核心技术、管理失当、存在重大技术安全隐患等导致企业法律纠纷、缺乏可持续发展能力的风险,并对引导创新决策、有效配置创新资源等方面具有重要意义和作用。

任务 5.2　无形资产的初始计量与摊销

活动 5.2.1　无形资产的初始计量

一、无形资产的确认与计量

无形资产的确认与计量,应同时满足与该无形资产有关的经济利益很可能流入企业和该无形资产的成本能够可靠地计量两个条件。无形资产的来源主要有外购和自行研发两种。

（一）外购无形资产

外购无形资产的成本包括购买价款、相关税费，以及直接归属于使该项资产达到预定用途所发生的其他支出，适用于专业服务费、测试费、注册费等。

（二）自行研发无形资产

企业对于自行研发的项目，应当区分研究阶段与开发阶段分别进行核算。关于研究阶段与开发阶段的具体划分，企业应当根据自身实际情况以及相关信息加以判断。

1. 研究阶段

研究阶段是指企业为获取新的技术和知识等进行的有计划的调研阶段。研究阶段的活动包括：①为获助知识而进行的活动。②研究成果或其他知识的应用研究、评价和最终选择。③材料、设备、产品、工序、系统或服务替代品的研究。④新的或经改进的材料、设备产品、工序、系统或服务的可能替代品的配置、设计、评价和最终选择等。

考虑到研究阶段的探索性及其成果的不确定性，因此，对于企业内部研究开发项目，研究阶段的有关支出应当在发生时全部费用化，计入当期损益（管理费用）。

2. 开发阶段

开发阶段是指在进行商业性生产或使用前，将研究成果或其他知识应用于某项计划或设计，以生产出新的或具有实质性改进的材料、装置、产品等的阶段。开发阶段的活动包括：①生产前或使用前的原型和模型的设计、建造和测试。②含新技术的工具、夹具、模具和冲模的设计。③不具有商业性生产经济规模的试生产设施的设计、建造和运营。④新的或经改造的材料、设备、产品、工序、系统或服务所选定的替代品的设计、建造和测试等。

考虑到进入开发阶段的研发项目往往形成成果的可能性较大，因此，如果企业能够证明开发支出符合无形资产的定义及相关确认条件，则可将其确认为无形资产。

企业如何可靠区分研究阶段和开发阶段？

（判断题）无形资产已经达到预定用途以后发生的费用，如员工的培训费计入管理费用；无法可靠区分研究阶段和开发阶段的支出，应当在发生时计入管理费用。　　　　　（　　）

【正确答案】　√

【答案解析】　研发支出的账务处理思路如图 5-1 所示。

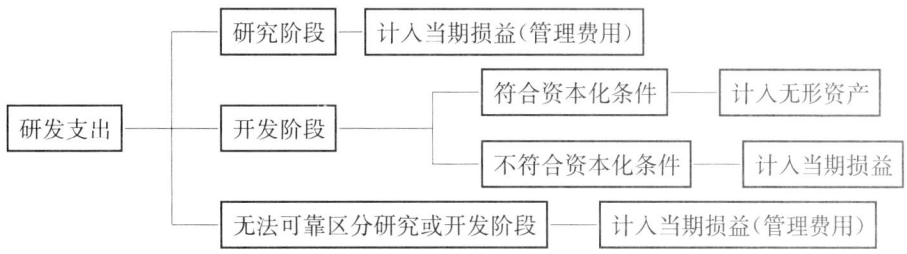

图 5-1　研发支出的账务处理思路

二、无形资产的相关账户设置

无形资产的相关账户设置如表5-1所示。

表5-1 无形资产的相关账户设置

账户名称	核算内容及账户设置
无形资产	核算无形资产取得、转让、出售等。其借方登记取得无形资产的成本,贷方登记出售无形资产时转出无形资产的账面余额,期末余额在借方,反映企业无形资产的成本
研发支出	属于资产类账户,核算企业自行研究开发无形资产过程中发生的各项支出,下设"资本化支出""费用化支出"两个明细项目。其借方归集企业发生的各项研究开发支出,贷方登记期末费用化研发支出的转出及达到预定用途时资本化研发支出的转出,期末余额在借方,反映企业正在进行中的研究开发项目中满足资本化条件的支出
累计摊销	属于"无形资产"的调整账户,核算企业对使用寿命有限的无形资产的累计摊销。其贷方登记企业计提的无形资产摊销,借方登记处置无形资产转出的累计摊销,期末余额在贷方,反映企业无形资产的累计摊销额
无形资产减值准备	属于"无形资产"的调整账户,核算企业计提的无形资产减值准备的金额。其贷方登记计提的减值准备金额,借方登记减值准备的转销额,期末余额在贷方,反映企业已计提的减值准备金额

三、无形资产的账务处理

取得的无形资产应当按照成本进行初始计量。企业取得无形资产的主要方式有外购、自行研究开发等。无形资产取得的方式不同,其账务处理也有所差别。无形资产取得的账务处理如表5-2所示。

表5-2 无形资产取得的账务处理

业务内容		会计分录
外购无形资产		借:无形资产[按外购无形资产成本入账] 　　应交税费——应交增值税(进项税额) 贷:银行存款
自行研究开发无形资产	发生研究开发费用	借:研发支出——费用化支出 　　　　　　——资本化支出 　　应交税费——应交增值税(进项税额) 贷:银行存款 　　应付职工薪酬 　　原材料等
	期末,将费用化支出转入"管理费用"	借:管理费用 贷:研发支出——费用化支出
	项目达到预定使用状态形成无形资产	借:无形资产 贷:研发支出——资本化支出

【例5-1】 A公司为增值税一般纳税人,购入一项非专利技术,取得的增值税专用发票上注明的价款为800 000元,增值税税率为6%,增值税税额为48 000元,以银行存款支付无形资产价款并登记相关税费。A公司应编制如下会计分录:

借：无形资产——非专利技术	800 000	
应交税费——应交增值税(进项税额)	48 000	
贷：银行存款		848 000

【例 5-2】 A 公司自行研究开发一项技术,截至 2021 年 12 月 31 日,发生研发支出合计 1 900 000 元。经测试,该项研发活动完成了研究阶段,从 2022 年 1 月 1 日进入开发阶段。 2022 年 1～9 月共发生开发支出 400 000 元,假定这部分支出符合开发支出资本化的确认条件,取得的增值税专用发票上注明的增值税税额为 52 000 元。2022 年 9 月 30 日,该项研发活动结束,形成一项达到预定可使用状态的非专利技术。A 公司应编制如下会计分录：

(1) 2021 年,发生研发支出时：

借：研发支出——费用化支出	1 900 000	
贷：银行存款		1 900 000

(2) 2021 年 12 月 31 日,结转研究阶段的支出时：

借：管理费用	1 900 000	
贷：研发支出——费用化支出		1 900 000

(3) 2022 年,确认符合资本化条件的开发支出时：

借：研发支出——资本化支出	400 000	
应交税费——应交增值税(进项税额)	52 000	
贷：银行存款		452 000

(4) 2022 年 9 月 30 日,该技术研发完成并形成无形资产时：

借：无形资产	400 000	
贷：研发支出——资本化支出		400 000

考一考

(多项选择题)下列有关自行研发无形资产业务的会计处理中,表述正确的有(　　)。
A. 满足资本化条件的研发支出达到预定用途,应转入"无形资产"账户的借方
B. 不满足资本化条件的研发支出,期末应转入"管理费用"账户的借方
C. 满足资本化条件的研发支出,应记入"研发支出——费用化支出"账户的借方
D. 不满足资本化条件的研发支出,应记入"研发支出——资本化支出"账户的借方

【正确答案】 AB

【答案解析】 选项 C 错误,满足资本化条件的研发支出,应记入"研发支出——资本化支出"账户的借方;选项 D 错误,不满足资本化条件的研发支出,应记入"研发支出——费用化支出"账户的借方。

考一考

(单项选择题)银华公司自行研发非专利技术共发生支出 460 万元,其中：研究阶段发生支出 160 万元;开发阶段发生支出 300 万元,符合资本化条件的支出为 180 万元。不考虑其他

因素,该研发活动应计入当期损益的金额为(　　)万元。

A. 180　　　　　　B. 280　　　　　　C. 340　　　　　　D. 160

【正确答案】　B

【答案解析】　开发阶段发生的符合资本化条件的支出 180 万元应计入无形资产成本;研究阶段发生的支出 160 万元和开发阶段的不符合资本化条件的支出 120 万元(300－180)全部计入管理费用,影响当期损益,该研发活动应计入当期损益的金额为 280 万元(160＋120),选项 B 正确。

活动 5.2.2　无形资产摊销

一、无形资产摊销的概念

无形资产摊销是指企业应依据会计准则将无形资产在使用寿命内系统、合理地摊销。企业应当于取得无形资产时分析判断其使用寿命,使用寿命有限的无形资产应进行摊销;使用寿命不确定的无形资产不应摊销,但应当至少在每年年度终了进行减值测试。

二、无形资产摊销的方法

使用寿命有限的无形资产,其残值通常视为零。对于使用寿命有限的无形资产,企业应当按月进行摊销,自可供使用(即达到预定用途)当月起开始摊销,处置当月不再摊销。无形资产摊销方法有年限平均法(即直线法)、生产总量法等。企业选择的无形资产摊销方法,应当反映与该项无形资产有关的经济利益的预期实现方式。无法可靠确定预期实现方式的无形资产,应当采用年限平均法摊销。

三、无形资产摊销的账务处理

无形资产摊销的账务处理如下:

借:制造费用(专门用于生产某种产品的无形资产)
　　管理费用(企业管理使用的无形资产)
　　其他业务成本(企业出租的无形资产)
　　贷:累计摊销

【例 5-3】　银华公司购买的一项管理层专用特许权,成本为 4 500 000 元,合同规定受益年限为 10 年,甲公司采用年限平均法按月进行摊销。每月摊销时,银华公司应编制如下会计分录:

借:管理费用　　　　　　　　　　　　　　　　　　　　　　　　　　45 000
　　贷:累计摊销　　　　　　　　　　　　　　　　　　　　　　　　　　　45 000

【例 5-4】　2022 年 11 月 1 日,银华公司将其自行开发完成的非专利技术出租给 A 公司,该非专利技术成本为 7 200 000 元,双方约定的租赁期限为 10 年,银华公司采用年限平均法按月进行摊销。每月摊销时,银华公司应编制如下会计分录:

借:其他业务成本　　　　　　　　　　　　　　　　　　　　　　　　60 000
　　贷:累计摊销　　　　　　　　　　　　　　　　　　　　　　　　　　　60 000

(单项选择题)下列关于无形资产摊销的表述中,不正确的是(　　)。
A. 行政管理用无形资产的摊销额计入管理费用
B. 使用寿命不确定的无形资产不进行摊销
C. 无形资产摊销方法反映其经济利益的预期实现方式
D. 使用寿命有限的无形资产处置当月应进行摊销
【正确答案】　D
【答案解析】　无形资产自可供使用(即其达到预定用途)当月起开始摊销,处置当月不再摊销,选项 D 错误。

(多项选择题)下列关于制造业企业计提无形资产摊销的会计处理表述中,正确的有(　　)。
A. 使用寿命有限的无形资产处置当月不再摊销
B. 财务软件的摊销额计入财务费用
C. 管理用特许权的摊销额计入管理费用
D. 对外出租专利技术的摊销额计入其他业务成本
【正确答案】　ACD
【答案解析】　选项 B 财务软件的摊销额应计入管理费用。

任务5.3　无形资产的减值与处置

活动5.3.1　无形资产减值

一、无形资产减值的概念

无形资产减值是指无形资产将来为企业创造的经济利益不足以补偿无形资产的成本(摊余成本)。其具体表现为无形资产的账面价值高于其可收回金额。在资产负债表日,无形资产存在减值迹象,且其可收回金额低于账面价值的,企业应当将该无形资产的账面价值减记至可收回金额,减记的金额确认为减值损失,计提相应的资产减值准备。需要强调的是,根据《企业会计准则第 8 号——资产减值》的规定,企业无形资产减值损失一经确认,在以后会计期间不得转回。

二、无形资产减值的账务处理

无形资产减值的账务处理如下:

借:资产减值损失——无形资产减值损失
　　贷:无形资产减值准备

【例 5-5】 2022 年 12 月 31 日,银华公司拥有某专利技术的账面价值为 800 000 元,剩余摊销年限为 4 年,经减值测试,该专利技术的可收回金额为 760 000 元。由于该专利技术可收回金额低于其账面价值,应按其差额 40 000 元(800 000－760 000)计提减值准备。甲公司应编制如下会计分录:

借:资产减值损失——无形资产减值损失　　　　　　　　　　　　　　40 000
　　贷:无形资产减值准备　　　　　　　　　　　　　　　　　　　　　　　40 000

（判断题）无形资产减值损失一经确认,在以后会计期间不得转回。　　　　（　）
【正确答案】　√
【答案解析】　《企业会计准则》对该事项已进行明确规定。

活动 5.3.2　无形资产处置

一、无形资产处置的概念和内容

无形资产处置是指无形资产无法为企业带来未来经济利益时,应予转销并终止确认。它包括无形资产的出售、出租和报废。

二、出售无形资产的账务处理

企业出售无形资产,应当将取得的价款扣除该无形资产账面价值以及出售相关税费后的差额作为资产处置损益进行账务处理。

借:银行存款[或其他应收款]
　　累计摊销
　　贷:无形资产
　　　　应交税费——应交增值税(销项税额)
　　　　资产处置损益

【例 5-6】　甲公司为增值税一般纳税人,将其购买的一项专利权转让给乙公司,开具增值税专用发票,注明价款为 500 000 元,增值税税率为 6%,增值税税额为 30 000 元,全部款项 530 000 元已存入银行。该专利权的成本为 600 000 元,已摊销 220 000 元。

本例中,在出售时,企业该项专利权的账面价值为 380 000 元(600 000－220 000),取得的出售价款为 500 000 元,企业出售该项专利权实现净损益为 120 000 元(500 000－380 000)。甲公司应编制如下会计分录:

借:银行存款　　　　　　　　　　　　　　　　　　　　　　　　　　　530 000
　　累计摊销　　　　　　　　　　　　　　　　　　　　　　　　　　　　220 000
　　贷:无形资产　　　　　　　　　　　　　　　　　　　　　　　　　　　600 000
　　　　应交税费——应交增值税(销项税额)　　　　　　　　　　　　　　30 000
　　　　资产处置损益　　　　　　　　　　　　　　　　　　　　　　　　120 000

三、无形资产出租的账务处理

企业将所拥有的无形资产的使用权让渡给他人,并收取租金,属于与企业日常活动相关的其他经营活动取得的收入。无形资产出租的账务处理如表 5-3 所示。

表 5-3　　　　　　　　　　　　　无形资产出租的账务处理

业务内容	会计分录
让渡无形资产使用权而取得的租金收入	借:银行存款 　贷:其他业务收入 　　　应交税费——应交增值税(销项税额)
摊销出租无形资产的成本	借:其他业务成本 　贷:累计摊销

【例 5-7】 2022 年 1 月 1 日,宏华公司将某商标权出租给利星公司使用,租期为 5 年,年租金为 20 万元(不含税),增值税税率为 6%,于每年年末收取,宏华公司在出租期间不再使用该项商标。该商标权的初始入账价值为 80 万元,预计使用期限为 10 年,按直线法摊销。宏华公司应编制如下会计分录:

(1) 2022 年年末,收取租金收入时:

借:银行存款　　　　　　　　　　　　　　　　　　　　　　　　　212 000
　贷:其他业务收入　　　　　　　　　　　　　　　　　　　　　　　　200 000
　　　应交税费——应交增值税(销项税额)　　　　　　　　　　　　　　12 000

(2) 2022 年,无形资产摊销时:

借:其他业务成本　　　　　　　　　　　　　　　　　　　　　　　　80 000
　贷:累计摊销　　　　　　　　　　　　　　　　　　　　　　　　　　80 000

四、无形资产报废的账务处理

如果无形资产预期不能为企业带来未来经济利益,如某项无形资产已被其他新技术所替代或超过法律保护期,该资产不再符合无形资产的定义,企业应将其报废并予以转销,其账面价值转入当期损益。有关账务处理如下:

借:累计摊销
　无形资产减值准备
　营业外支出——非流动资产处置损失
　贷:无形资产

【例 5-8】 2022 年 12 月初,银华企业经批准将内部研发成功的非专利技术 A 替代现有的专利技术 B,并将其予以转销。转销时,专利技术 B 的成本为 3 000 000 元,已累计摊销 1 500 000 元,未计提减值准备,该专利技术的残值为零。假定不考虑其他相关因素,银华企业应编制如下会计分录:

借:累计摊销　　　　　　　　　　　　　　　　　　　　　　　　　1 500 000
　营业外支出——非流动资产处置损失　　　　　　　　　　　　　　　1 500 000
　　贷:无形资产——专利技术 B　　　　　　　　　　　　　　　　　　3 000 000

(单项选择题)A 公司为增值税一般纳税人,现在将一项专利权转让给 B 公司,开具的增值税专用发票上注明的价款为 40 万元,增值税税额为 2.4 万元。该专利权成本为 30 万元,已累计摊销 15 万元。不考虑其他因素,转让该项专利权应确认的处置净损益为(　　)万元。

　　A. 12.4　　　　B. 27.4　　　　C. 10　　　　D. 25

【正确答案】 D

【答案解析】 转让该专利权的账务处理为:

借:银行存款 424 000
　　累计折旧 150 000
　贷:无形资产 300 000
　　　应交税费——应交增值税(销项税额) 24 000
　　　资产处置损益 250 000

(多项选择题)下列关于无形资产会计处理的表述中,正确的有(　　)。

A. 已确认的无形资产减值损失在以后会计期间可以转回

B. 使用寿命不确定的无形资产按月进行摊销

C. 出售无形资产的净损益影响营业利润

D. 出租无形资产的摊销额计入其他业务成本

【正确答案】 CD

【答案解析】 无形资产减值损失一经确认,在以后会计期间不得转回,选项 A 错误;使用寿命不确定的无形资产不应进行摊销,选项 B 错误;出售无形资产的净损益计入资产处置损益,影响营业利润,选项 C 正确;出租无形资产的摊销额计入其他业务成本,租金收入计入其他业务收入,选项 D 正确。

模 块 测 试

一、单项选择题

1. 下列各项中,不属于无形资产的是(　　)。

　　A. 土地使用权　　B. 专利技术　　C. 高速公路收费权　　D. 企业自创的商誉

2. "无形资产"账户的期末借方余额,反映企业无形资产的(　　)。

　　A. 摊余价值　　B. 账面价值　　C. 可收回金额　　D. 成本

3. 按照现行《企业会计准则》规定,下列各项中,股份有限公司应作为无形资产入账的是(　　)。

　　A. 开办费　　　　　　　　　　　　B. 商誉

　　C. 为获得土地使用权支付的土地出让金　　D. 研发新技术发生的项目研究费

4. 企业购入或支付土地出让金取得的土地使用权,在已经开发或建造自用项目的,通常通过(　　)账户核算。
   A."固定资产"　　　B."在建工程"　　　C."无形资产"　　　D."长期待摊费用"

5. 下列关于无形资产后续计量的说法中,正确的是(　　)。
   A. 在对无形资产的残值进行期末复核时,如果无形资产的残值重新估计以后高于其账面价值的,则无形资产不再摊销,直至残值降至低于账面价值时再恢复摊销
   B. 对于使用寿命不确定的无形资产,如果有证据表明其使用寿命是有限的,则应视为政策变更,从取得时开始追溯调整其每期应摊销额
   C. 无形资产的后续支出计入无形资产的成本
   D. 使用寿命不确定的无形资产,应于期末按照系统合理的方法摊销

6. 2022年1月1日,L公司将某专利权的使用权转让给W公司,每年收取租金16万元,适用的增值税税率为5%。转让期间L公司不使用该项专利。该专利权系L公司2021年2月1日购入的,初始入账价值为24万元,预计使用年限为6年。该无形资产按直线法摊销。假定不考虑其他因素,L公司2022年度因该专利权影响营业利润的金额为(　　)万元。
   A. 11.13　　　　B. 9.2　　　　C. 11.2　　　　D. 11.53

7. 伊诺股份有限公司于2022年6月1日以78万元的价格转让一项无形资产给A公司,同时发生相关税费4万元。该无形资产系伊诺公司于2021年7月1日购入并投入使用,入账价值为240万元,预计使用年限为6年,法律规定的有效年限为8年。该无形资产按直线法摊销。转让该无形资产发生的净损失为(　　)万元。
   A. 46　　　　B. 38　　　　C. 49.33　　　　D. 78.5

8. 下列关于无形资产初始计量的说法中,不正确的是(　　)。
   A. 外购的无形资产,其成本一般由购买价款、相关税费以及直接归属于该项资产达到预定用途所发生的其他支出
   B. 自行开发的无形资产,其成本包括自满足无形资产确认条件后至达到预定用途前所发生的支出总额,但是对于以前期间已费用化的支出不再作调整
   C. 购买无形资产的价款超过正常信用条件延期支付,实质上具有融资性质,应当以购买价款的现值为基础确定
   D. 投资者投入的无形资产,其成本按投资合同或协议约定的价款确定

9. 下列关于无形资产的说法中,正确的是(　　)。
   A. 使用寿命有限的无形资产的残值,一定为零
   B. 对于使用寿命不确定的无形资产,应在每个会计期末进行减值测试
   C. 对于使用寿命不确定的无形资产,有证据表明其使用寿命有限时,要对以前没有摊销的年限进行追溯调整
   D. 使用寿命有限的无形资产和使用寿命不确定的无形资产,都应在每个会计期末进行减值测试

10. 企业让渡无形资产使用权形成的租金收入,计入(　　)。
    A. 营业外收入　　B. 其他业务收入　　C. 冲减营业外支出　　D. 主营业务收入

11. 企业改变自有土地使用权的用途,用于赚取租金或资本增值时,应将其(　　)。
    A. 继续在无形资产中核算　　　　　　B. 转为固定资产

C. 转为投资性房地产　　　　　　　　D. 转为金融资产

12. 下列各项中,不会引起无形资产账面价值发生增减变动的是(　　)。
A. 对无形资产计提减值准备　　　　　B. 转让无形资产所有权
C. 摊销无形资产　　　　　　　　　　D. 发生无形资产的后续支出

13. 甲公司于2022年3月1日开始自行开发成本管理软件,在研究阶段发生材料费用25万元,开发阶段发生开发人员工资125万元,福利费25万元,支付租金41万元。开发阶段的支出满足资本化条件。2022年3月16日,甲公司自行开发成功该成本管理软件,并依法申请了专利,支付注册费1.2万元、律师费2.3万元。甲公司于2022年3月20日为向社会展示其成本管理软件,特举办了大型宣传活动,支付费用49万元。则甲公司该项无形资产的入账价值应为(　　)万元。

A. 243.5　　　　B. 3.5　　　　C. 219.5　　　　D. 194.5

14. 某企业对经营租赁方式租入的办公楼进行装修改造,发生以下支出:领用生产用材料50万元,购进该批原材料支付的增值税进项税额为8.5万元;确认装修人员的薪酬为43.5万元。不考虑其他因素,下列关于该企业装修办公楼支出的会计处理结果中,正确的是(　　)。

A. 管理费用增加93.5万元　　　　　　B. 管理费用增加102万元
C. 长期待摊费用增加93.5万元　　　　D. 长期待摊费用增加102万元

二、多项选择题

1. 下列关于无形资产的核算与固定资产核算的说法中,正确的有(　　)。
A. 计提减值准备的思路相同
B. 固定资产计提折旧与无形资产成本的摊销的处理思路相同
C. 固定资产计提折旧与无形资产摊销的起止时间的确认原则不同
D. 固定资产与无形资产的后续支出的处理思路相同

2. 企业按期(月)计提无形资产的摊销,借方账户有可能为(　　)。
A. "管理费用"　　B. "其他业务成本"　　C. "销售费用"　　D. "制造费用"

3. 外购无形资产的成本,包括(　　)。
A. 购买价款
B. 进口关税
C. 其他相关税费
D. 可直接归属于该项无形资产达到预定用途所发生的其他支出

4. 下列各项中,属于研究活动的有(　　)。
A. 意在获取知识而进行的活动
B. 研究成果或其他知识的应用研究、评价和最终选择
C. 材料、设备、产品、工序、系统或服务替代品的研究
D. 新的或经改进的材料、设备、产品、工序、系统或服务的可能替代品的配置、设计、评价和最终选择

5. 下列有关土地使用权的账务处理中,正确的有(　　)。
A. 土地使用权用于自行开发建造厂房等地上建筑物时,土地使用权与地上建筑物一般应当分别进行摊销和提取折旧

B. 房地产开发企业取得土地用于建造对外出售的房屋建筑物,相关的土地使用权应当计入所建造的房屋建筑物成本

C. 企业改变土地使用权的用途,将其作为用于出租或增值目的时,应将其账面价值转为投资性房地产

D. 企业外购的房屋建筑物支付的价款无法在地上建筑物与土地使用权之间分配的,应当按照《企业会计准则第4号——固定资产》规定,确认为固定资产原价

6. 在通常情况下,使用寿命有限的无形资产应当在其预计使用年限内摊销。但是,如果预计使用年限超过了相关合同规定的受益年限或法律规定的有效年限,企业确定摊销年限的原则有( )。

A. 合同没有规定受益年限,法律规定有效年限的,摊销年限不应该超过有效年限

B. 合同规定受益年限,法律也规定了有效年限的,摊销年限按照不短于10年摊销

C. 合同规定受益年限,法律也规定了有效年限的,摊销年限按两者中较短者摊销

D. 合同规定受益年限,法律没有规定有效年限的,摊销年限不应当超过受益年限

7. 无形资产的可收回金额是按( )两者中的较大者确定。

A. 无形资产的账面原值

B. 无形资产的公允价值减去处置费用后的金额

C. 无形资产的净值

D. 无形资产的预计未来现金流量的现值

8. 下列关于无形资产取得成本的确定的说法中,正确的有( )。

A. 非同一控制下的企业合并中(吸收合并),购买方取得的无形资产应以其在购买日的公允价值计量

B. 通过政府补助取得的无形资产,应按公允价值确定其成本

C. 企业取得的土地使用权,通常应当按取得时所支付的价款及相关税费确定无形资产的成本

D. 通过分期支付价款方式购入的无形资产,应按所取得无形资产购买价款的现值计量其成本,现值和长期应付款之间的差额作为未确认融资费用,在付款期内按照实际利率法摊销

9. 下列事项中,可能影响企业当期利润表中营业利润的有( )。

A. 计提无形资产减值准备　　　　B. 接受其他单位捐赠的专利权

C. 出租无形资产取得的租金收入　　D. 新技术项目研究过程中发生的人工费用

10. 下列有关无形资产的会计处理中,不正确的有( )。

A. 使用寿命不确定的无形资产,不应摊销,但应于每个会计期末进行减值测试

B. 转让无形资产所有权取得的收入计入其他业务收入

C. 转让无形资产使用权取得的收入计入营业外收入

D. 购入但尚未投入使用的、使用寿命有限的无形资产的成本不应进行摊销

11. 下列各项中,属于无形资产的确认条件的有( )。

A. 必须由企业拥有或者控制

B. 是没有实物形态的可辨认的非货币性资产

C. 与该无形资产有关的经济利益很可能流入企业

D. 该无形资产的成本能够可靠计量

12. 对于企业自行进行的研究开发项目,在开发阶段,满足下列(　　)条件时,可将有关支出计入无形资产的成本。

A. 完成该无形资产以使其能够使用或出售在技术上具有可行性

B. 具有完成该无形资产并使用或出售的意图

C. 有足够的技术、财务和其他资源支持

D. 归属于该无形资产开发阶段的支出能够可靠地计量

三、判断题

1. 无形资产的成本只能采用直线法进行摊销。（　　）
2. 企业自行开发无形资产发生的研发支出,无论是否满足资本化条件,均应先在"研发支出"账户中归集。（　　）
3. 企业自行进行的研究开发项目,在研究阶段发生的有关支出,符合资本化条件的予以资本化。（　　）
4. 房地产开发企业取得的土地使用权用于建造对外出售的房屋建筑物的,其相关的土地使用权的价值应当计入所建造的房屋建筑物成本。（　　）
5. 无形资产是指企业为生产商品、提供劳务、出租给他人、或为管理目的而持有的、没有实物形态的非货币性长期资产。（　　）
6. 自行开发并按法律程序申请取得的无形资产,应按在研发过程中发生的材料费用、直接参与开发人员的工资及福利费、开发过程中发生的租金、借款费用,以及注册费、聘请律师费等费用作为无形资产的实际成本。（　　）
7. 工业企业为建造生产车间而购入的土地使用权,应先通过"工程物资"账户核算。（　　）
8. 无形资产预期不能为企业带来经济利益的,应先将无形资产的账面价值转入"管理费用"账户,期末再转入"营业外支出"账户。（　　）
9. 出售无形资产属于企业的日常活动,出售无形资产所取得的收入应通过"其他业务收入"账户核算;而出租无形资产属于企业的非日常活动,出租取得的收入通过营业外收支核算。（　　）
10. 对于使用寿命不确定的无形资产,如果有证据表明其使用寿命是有限的,则应按会计政策变更处理,对以前未摊销的年限追溯调整。（　　）

四、不定项选择题

1. 甲企业为增值税一般纳税人,2020—2022年发生的与无形资产有关业务如下:

(1) 2020年1月10日,甲企业开始自行研发一项行政管理用非专利技术,截至2020年5月31日,用银行存款支付外单位协作费74万元,领用本单位原材料成本26万元(不考虑增值税因素),经测试,该项研发活动已完成研究阶段。

(2) 2020年6月1日,研发活动进入开发阶段。该阶段发生研究开发人员的薪酬支出35万元,领用材料成本85万元(不考虑增值税因素),全部符合资本化条件。2020年12月1日,该项研发活动结束,最终开发形成一项非专利技术并投入使用。该非专利技术预计可使用年限为5年,预计净残值为零,采用直线法摊销。

(3) 2021年1月1日,甲企业将该非专利技术出租给乙企业,双方约定租赁期限为2年,每月末以银行转账结算方式收取租金1.5万元。

(4) 2022年12月31日,租赁期限届满。经减值测试,该非专利技术的可收回金额为52万元。
要求:根据上述资料,不考虑其他因素,分析回答下列〈1〉~〈5〉小题。

〈1〉根据资料(1)和资料(2),甲企业自行研究开发无形资产的入账价值是(　　)万元。
A. 100　　　　　　B. 120　　　　　　C. 146　　　　　　D. 220

〈2〉根据资料(1)~(3),下列关于甲企业该非专利技术摊销的会计处理的表述中,正确的是(　　)。
A. 应当自可供使用的下月起开始摊销
B. 应当自可供使用的当月起开始摊销
C. 该非专利技术出租前的摊销额应计入管理费用
D. 摊销方法应当反映与该非专利技术有关的经济利益的预期实现方式

〈3〉根据资料(3),下列关于甲企业2021年1月出租无形资产和收取租金的会计处理中,正确的是(　　)。

A. 借:其他业务成本　　　　　　　　　　　　　　　　　20 000
　　　贷:累计摊销　　　　　　　　　　　　　　　　　　　　　20 000
B. 借:管理费用　　　　　　　　　　　　　　　　　　　20 000
　　　贷:累计摊销　　　　　　　　　　　　　　　　　　　　　20 000
C. 借:银行存款　　　　　　　　　　　　　　　　　　　15 000
　　　贷:其他业务收入　　　　　　　　　　　　　　　　　　　15 000
D. 借:银行存款　　　　　　　　　　　　　　　　　　　15 000
　　　贷:营业外收入　　　　　　　　　　　　　　　　　　　　15 000

〈4〉根据资料(4),甲企业非专利技术的减值金额是(　　)。
A. 0　　　　　　　B. 18万元　　　　　C. 20万元　　　　　D. 35.6万元

〈5〉根据资料(1)~(4),甲企业2022年12月31日应列入资产负债表"无形资产"项目的金额是(　　)万元。
A. 52　　　　　　 B. 70　　　　　　　C. 72　　　　　　　D. 88

2. 2022年6月初,某企业无形资产账面价值为1 000万元,采用直线法摊销。该企业2022年6月发生相关业务如下:

(1) 1日,自行研发某项非专利技术,当月研发成功并投入使用,其中研究阶段支出150万元,开发阶段符合资本化支出为200万元,不符合资本化支出100万元。该项无形资产无法确定其预计使用年限。

(2) 5日,出租一项特许权,账面余额为500万元,已摊销150万元,本月应摊销5万元,收到本月租金10万元存入银行。假定适用增值税税率为6%。

(3) 20日,以有偿方式取得一项土地使用权,取得后直接用于对外出租,企业将其作为投资性房地产进行核算,采用成本模式进行计量,实际成本为3 000万元,采用直线法计提摊销,预计使用年限为30年。

(4) 29日,出售一项专利权,该专利权账面余额为400万元,已摊销80万元,未计提减值准备。取得收入300万元。

(5) 30日,企业自行研发的非专利技术的可收回金额为180万元。
要求:根据上述资料,不考虑其他因素,分析回答下列小题。

〈1〉根据资料(1),下列处理中,正确的是(   )。
A. 该项非专利技术的入账价值为350万元
B. 研究阶段的支出应计入管理费用中
C. 该项非专利技术应按照10年进行摊销
D. 该项非专利技术不应计提摊销

〈2〉根据资料(2),下列关于5日出租特许权的会计处理中,不正确的是(   )。
A. 借：银行存款   100 000
      贷：营业外收入   100 000
B. 借：银行存款   106 000
      贷：其他业务收入   100 000
          应交税费——应交增值税(销项税额)   6 000
C. 借：其他业务成本   50 000
      贷：累计摊销   50 000
D. 借：营业外支出   50 000
      贷：累计摊销   50 000

〈3〉根据资料(3),下列表述中,正确的是(   )。
A. 将摊销金额作为管理费用核算   B. 将摊销金额作为其他业务成本核算
C. 每年摊销100万元   D. 每年摊销300万元

〈4〉根据资料(4),出售专利权对于利润总额的影响金额为(   )万元。
A. 115   B. 0   C. 35   D. -20

〈5〉根据资料(1)~(5),6月末无形资产的账面价值为(   )万元。
A. 855   B. 875   C. 860   D. 880

模块 6

其他非流动资产

[考核目标]
1. 了解投资性房地产、生产性生物资产、长期待摊费用的概念。
2. 掌握采用成本模式计量的投资性房地产的取得、后续计量、处置的账务处理。
3. 掌握采用公允价值模式计量的投资性房地产的取得、后续计量、处置的账务处理。
4. 掌握生产性生物资产的增加、后续费用增加的账务处理,了解生产性生物资产折旧等其他账务处理。
5. 掌握长期待摊费用的账务处理。

[实践目标]
1. 完成成本模式下投资性房地产取得、后续计量、处置的账务处理。
2. 完成公允价值模式下投资性房地产取得、后续计量、处置的账务处理。
3. 完成生产性生物资产的增加、后续费用增加的账务处理。
4. 完成长期待摊费用的账务处理。

[思政目标]
1. 培养学生细致、准确、有条不紊的财经专业素质。
2. 培养学生诚实、守信、坚持原则的职业道德。
3. 加强学生的法律意识,树立企业责任意识和学生的社会责任意识。

[知识点思维导图]

```
              ┌ 投资性房地产 ┌ 概述
              │              │ 采用成本模式计量的投资性房地产
其他非流动资产 ┤              └ 采用公允价值模式计量的投资性房地产
              │ 生产性生物资产(概述、账务处理)
              └ 长期待摊费用(概述、账务处理)
```

案例导入

2016—2018 年,康美药业虚增巨额营业收入,通过伪造、变造大额定期存单等方式虚增货币资金,将不满足会计确认和计量条件工程项目纳入报表,虚增固定资产等。同时,康美药业存在控股股东及其关联方非经营性占用资金情况。上述行为致使康美药业披露的相关年度报告存在虚假记载和重大遗漏。

康美药业2018年年度报告存在虚假记载的虚增固定资产、在建工程、投资性房地产，共计36亿元。康美药业在2018年年度报告中将前期未纳入财务报表的亳州华佗国际中药城、普宁中药城、普宁中药城中医馆、亳州新世界、甘肃陇西中药城、玉林中药产业园6个工程项目纳入表内，分别调增固定资产11.89亿元，调增在建工程4.01亿元，调增投资性房地产20.15亿元，合计调增资产总额36.05亿元。

证监会认为，康美药业有预谋、有组织，长期、系统实施财务欺诈行为，践踏法治，对市场和投资者毫无敬畏之心，严重破坏资本市场健康生态。证监会发现以上违法行为后，立即集中力量查办，持续公布执法进展，疫情期间通过多地远程视频会议方式召开听证会，听取当事人陈述申辩，并在坚持法治原则下从严从重从快惩处。

[思考]

(1) 什么是投资性房地产？投资性房地产如何确认？

(2) 康美药业在年度报告中，虚增固定资产、在建工程、投资性房地产的行为，违反了哪些会计职业道德？这些行为会造成哪些危害？

案例来源：

[1] 艾媒网.财务造假又一案："四宗罪"康美药业虚增营收300亿，60万处罚并不是终点[EB/OL].(2020-05-17)[2023-01-06]. https://www.iimedia.cn/c460/71512.html

[2] 杨利.虚增巨额营业收入和固定资产 康美药业被罚60万[EB/OL].(2020-05-14)[2023-01-06]. https://baijiahao.baidu.com/s?id=1666669685049324845&wfr=spider&for=pc.

任务6.1　投资性房地产

活动6.1.1　投资性房地产概述

一、投资性房地产的概念

投资性房地产是指持有者为赚取租金或资本增值，或者两者兼有而持有的房地产。它主要包括已出租的土地使用权、持有并准备增值后转让的土地使用权和已出租的建筑物。

二、投资性房地产的特征

投资性房地产一般具有以下特征：①应当能够单独计量和出售。②一般属于企业的经营性活动。③在用途、状态、目的等方面区别于作为生产经营场所的房地产和用于销售的房地产。

三、投资性房地产核算的范畴

(一) 已出租的土地使用权

已出租的土地使用权是指企业通过出让或转让方式取得并以经营租赁方式出租的土地使

用权。对于以经营租赁方式租入再转租给其他单位的土地使用权,不能确认为投资性房地产。

(二)持有并准备增值后转让的土地使用权

持有并准备增值后转让的土地使用权,是指企业通过出让或转让方式取得的并准备增值后转让的土地使用权。按照国家有关规定认定的闲置土地,不属于持有并准备增值后转让的土地使用权。

(三)已出租的建筑物

已出租的建筑物是指企业拥有产权的、以经营租赁方式出租的建筑物。以经营租赁方式租入再转租的建筑物不属于投资性房地产。以经营租赁方式出租的建筑物,通常从租赁期开始日起才属于投资性房地产。

四、不属于投资性房地产核算的范畴

(一)自用房地产

自用房地产是指企业为生产商品、提供劳务或经营管理而持有的房地产。例如,企业生产经营用的厂房和办公楼属于固定资产;企业生产经营用的土地使用权属于无形资产。

(二)作为存货的房地产

作为存货的房地产通常是指房地产开发企业在正常经营过程中销售的或为销售而正在开发的商品房和土地,这部分房地产属于房地产开发企业的存货。

(三)持有并准备增值后转让的建筑物

持有并准备增值后转让的土地使用权属于投资性房地产的核算范畴,持有并准备增值后转让的建筑物不属于投资性房地产。

(判断题)某项房地产,部分用于赚取租金或资本增值,部分用于生产商品、提供劳务或经营管理,能够单独计量和出售的、用于赚取租金或资本增值的部分,应当确认为投资性房地产;不能够单独计量和出售的、用于赚取租金或资本增值的部分,不应确认为投资性房地产。 (   )

【正确答案】 √
【答案解析】 参考投资性房地产的概念和特征。

五、投资性房地产的计量

(一)成本模式

成本模式是指投资性房地产的初始计量和后续计量均采用实际成本进行核算的模式。即外购、自行建造等的投资性房地产按照初始购置或自行建造的实际成本计量,后续发生符合资本化条件的支出计入账面成本,后续计量按照固定资产或无形资产的相关规定按期计提折旧或摊销,资产负债表日发生减值的计提减值准备。

(二)公允价值模式

公允价值模式是指投资性房地产初始计量采用实际成本核算,后续计量按照投资性房地产的公允价值进行计量。按《企业会计准则》规定,只有存在可靠证据表明投资性房地产的公允价值能够持续、可靠取得的情况下,企业才可以采用公允价值模式进行投资性房地产的后续计量。可靠证据是指投资性房地产所在地有活跃的房地产交易市场、企业能够从活跃的交易市场上取得同类或类似房地产的市场价格及其他相关信息,从而对投资性房地产的公允价值作出合理的估计。企业一旦选择采用公允价值模式,就应当对其所有的投资性房地产均采用公允价值模式进行后续计量。

(多项选择题)下列各项中,属于投资性房地产的有( )。

A. 某房地产开发商开盘待售的商品房　　B. 某公司采用经营租赁方式出租的写字楼
C. 以经营租赁方式出租的土地使用权　　D. 以经营租赁方式租入后再转租的建筑物

【正确答案】 BC

【答案解析】 房地产企业持有的待售商品房作为企业的存货,选项 A 错误;以经营租赁方式租入后再转租的建筑物,因为承租人对该项资产没有所有权,所以不属于投资性房地产,选项 D 错误。

六、投资性房地产后续计量模式变更的注意事项

(1) 为保证会计信息的可比性,企业对投资性房地产的计量模式一经确定,不得随意变更。

(2) 只有存在确凿的证据表明投资性房地产的公允价值能够持续可靠取得且能够满足采用公允价模式条件的情况下,企业才能对投资性房地产从成本模式计量变更为公允价值模式计量。成本模式转为公允价值模式的,公允价值与账面价值的差额,调整期初留存收益。

(3) 已采用公允价值模式计量的投资性房地产,不得从公允价值模式转为成本模式。

活动 6.1.2　采用成本模式计量的投资性房地产

一、采用成本模式计量的投资性房地产账户设置

采用成本模式计量的投资性房地产的相关账户设置如表 6-1 所示。

表 6-1　　　　采用成本模式计量的投资性房地产的相关账户设置

账户名称	核算内容及账户设置
投资性房地产	核算已出租的土地使用权、持有并准备增值后转让的土地使用权、已出租的建筑物,借方登记投资性房地产的取得成本,贷方登记企业减少的投资性房地产成本,期末余额在借方,反映投资性房地产的余额。按照投资性房地产的类别和项目进行明细核算
投资性房地产累计折旧(摊销)	投资性房地产提取的累计折旧和累计摊销,应当设置"投资性房地产累计折旧"和"投资性房地产累计摊销"账户,这两个账户的性质、结构与核算内容类似"累计折旧"账户和"累计摊销"账户
投资性房地产减值准备	该账户的性质、结构与核算内容类似"固定资产减值准备"账户
其他业务收入	核算投资性房地产取得租金收入、处置投资性房地产实现的收入,借方登记期末转入当期损益的其他业务收入,贷方登记已经实现的其他业务收入,期末无余额
其他业务成本	核算投资性房地产计提折旧或进行摊销、处置投资性房地产结转的成本,借方登记已经确认的其他业务成本,贷方登记期末转入当期损益的其他业务成本,期末无余额

二、采用成本模式计量的投资性房地产的账务处理

(一) 投资性房地产取得的账务处理

投资性房地产取得的账务处理如表 6-2 所示。

表 6-2　　　　　　　　　　　投资性房地产取得的账务处理

业务内容	核算要求	会计分录
外购的投资性房地产	外购投资性房地产的成本包括购买价款、相关税费和可直接归属于该资产的其他支出	借：投资性房地产 　　应交税费——应交增值税(进项税额) 　贷：银行存款等
自行建造的投资性房地产	自行建造投资性房地产的成本,由建造该项房地产达到预定可使用状态前发生的必要支出构成,包括土地开发费、建筑成本、安装成本、应予以资本化的借款费用、支付的其他费用和分摊的间接费用等。建造过程中发生的非正常损失,计入当期损益	借：投资性房地产 　贷：在建工程等
内部转换形成的投资性房地产	企业将作为存货的房地产转换为投资性房地产时,应当按照该项存货在转换日的账面余额或公允价值进行核算	借：投资性房地产 　　存货跌价准备 　贷：开发产品[账面余额]
	企业将自用房地产转换为投资性房地产时,应当按照该项自用房地产在转换日的账面余额或公允价值进行核算	借：投资性房地产 　　累计折旧 　　固定资产减值准备 　贷：固定资产 　　　投资性房地产累计折旧 　　　投资性房地产减值准备

【例 6-1】　2022 年 12 月 5 日,A 公司与 B 公司签订了经营租赁合同,约定自写字楼购买之日起将这栋写字楼出租给 B 公司,为期 3 年。12 月 10 日,A 公司购入写字楼,取得的增值税专用发票上注明的价款为 2 000 万元,增值税税额为 180 万元。假定不考虑其他因素,A 公司采用成本模式进行后续计量。A 公司应编制如下会计分录：

借：投资性房地产　　　　　　　　　　　　　　　　　　　　　　　　　　20 000 000
　　应交税费——应交增值税(进项税额)　　　　　　　　　　　　　　　　1 800 000
　贷：银行存款　　　　　　　　　　　　　　　　　　　　　　　　　　　21 800 000

【例 6-2】　2022 年 2 月,A 公司从其他单位购入一块使用年限为 50 年的土地,并在此土地上开始自行建造两栋厂房。2022 年 11 月,甲公司预计厂房即将完工,与 B 公司签订了经营租赁合同,将其中的一栋厂房租赁给 B 公司使用。合同约定于厂房完工交付使用时开始起租,租赁期为 6 年,每年年末支付租金 288 万元。2022 年 12 月 5 日,两栋厂房同时完工、达到预定可使用状态并交付使用。该土地所有权的成本为 900 万元,至 2022 年 12 月 5 日,该土地使用权已累计计提摊销 16.50 万元;两栋厂房的实际造价成本均为 1 200 万元,能够单独出售。两栋厂房分别占用土地为这块土地的一半面积。A 公司应编制如下会计分录：

(1) 两栋厂房同时完工、达到预定可使用状态并交付使用时：

借：固定资产——厂房　　　　　　　　　　　　　　　　　　　　　　　　12 000 000
　　投资性房地产——厂房　　　　　　　　　　　　　　　　　　　　　　12 000 000
　贷：在建工程——厂房　　　　　　　　　　　　　　　　　　　　　　　24 000 000

(2) 将出租厂房应分摊的土地使用权转作投资性房地产累计摊销时：

借：投资性房地产——已出租土地使用权　　　　　　　　　　　　4 500 000
　　累计摊销　　　　　　　　　　　　　　　　　　　　　　　　　82 500
　　贷：无形资产——土地使用权　　　　　　　　　　　　　　　　4 500 000
　　　　投资性房地产累计摊销　　　　　　　　　　　　　　　　　　82 500

（二）投资性房地产后续计量的账务处理

投资性房地产后续计量的账务处理如表 6-3 所示。

表 6-3　　　　　　　　　投资性房地产后续计量的账务处理

业务内容	会计分录
计提折旧或摊销	借：其他业务成本 　　贷：投资性房地产累计折旧[摊销]
取得租金收入	借：银行存款 　　贷：其他业务收入 　　　　应交税费——应交增值税（销项税额）
计提减值准备（已经计提减值准备的投资性房地产，其减值损失在以后的会计期间不得转回）	借：资产减值损失 　　贷：投资性房地产减值准备

【例 6-3】 A 公司将一栋确认为投资性房地产的办公楼出租给 B 公司，采用成本模式进行后续计量。办公楼的成本为 600 万元，使用寿命为 50 年，按照直线法计提折旧，预计净残值为零。B 公司每月支付租金 6.66 万元（收入和税额精确到个位），增值税税率为 9%。当年 12 月，这栋办公楼发生减值迹象，经减值测试，其可收回金额为 585 万元，此时办公楼的账面价值为 595 万元，以前未计提减值准备。A 公司应编制如下会计分录：

（1）计提折旧时：

每月计提的折旧额＝600÷50÷12＝1（万元）

借：其他业务成本　　　　　　　　　　　　　　　　　　　　　　　10 000
　　贷：投资性房地产累计折旧　　　　　　　　　　　　　　　　　　10 000

（2）确认租金收入时：

借：银行存款[或其他应收款]　　　　　　　　　　　　　　　　　　66 600.00
　　贷：其他业务收入　　　　　　　　　　　　　　　　　　　　　　61 100.91
　　　　应交税费——应交增值税（销项税额）　　　　　　　　　　　 5 499.09

（3）计提减值准备时：

借：资产减值损失　　　　　　　　　　　　　　　　　　　　　　　100 000
　　贷：投资性房地产减值准备　　　　　　　　　　　　　　　　　　100 000

（三）投资性房地产处置的账务处理

投资性房地产处置的账务处理如表 6-4 所示。

表 6-4　　　　　　　　　　投资性房地产处置的账务处理

业务内容	会计分录
取得处置收入时	借：银行存款 　贷：其他业务收入 　　　应交税费——应交增值税（销项税额）
结转成本时	借：其他业务成本 　　投资性房地产累计折旧［摊销］ 　　投资性房地产减值准备 　贷：投资性房地产

【例 6-4】 A 公司将一栋确认为投资性房地产的写字楼出售给 B 公司，售价为 166.5 万元，B 公司已支付全部款项。该投资性房地产采用成本模式计量。出售当时，该栋写字楼的成本为 140 万元，已计提折旧 30 万元。A 公司应编制如下会计分录：

（1）取得处置收入时：

借：银行存款　　　　　　　　　　　　　　　　　　　　　　　　　1 665 000
　贷：其他业务收入　　　　　　　　　　　　　　　　　　　　　　1 500 000
　　　应交税费——应交增值税（销项税额）　　　　　　　　　　　　165 000

（2）结转成本时：

借：其他业务成本　　　　　　　　　　　　　　　　　　　　　　　1 100 000
　　投资性房地产累计折旧　　　　　　　　　　　　　　　　　　　　300 000
　贷：投资性房地产　　　　　　　　　　　　　　　　　　　　　　1 400 000

活动 6.1.3　采用公允价值模式计量的投资性房地产

一、采用公允价值模式计量的投资性房地产账户设置

采用公允价值模式计量的投资性房地产的相关账户设置如表 6-5 所示。

表 6-5　　　　　采用公允价值模式计量的投资性房地产的相关账户设置

账户名称	核算内容及账户设置
投资性房地产——成本	核算投资性房地产取得时的入账成本，该账户的性质、结构与采用成本模式计量的投资性房地产账户相同
投资性房地产——公允价值变动	核算会计期末按照公允价值计量的投资性房地产公允价值与原账面价值之间的差额。其借方登记资产负债表日公允价值高于账面价值的金额，贷方登记资产负债表日公允价值高于账面价值的金额，期末余额在借方，反映企业交易性金融资产的公允价值高于账面价值，期末余额在贷方，则反之
公允价值变动损益	核算企业交易性金融资产、投资性房地产等采用公允价值计量的资产公允价值变动形成的应计入当期损益的利得和损失。其借方登记资产负债表日投资性房地产公允价值低于账面余额的差额，贷方登记资产负债表日投资性房地产公允价值高于账面余额的差额，期末结转"本年利润"账户后无余额

二、采用公允价值模式计量的投资性房地产的账务处理

（一）投资性房地产取得的账务处理

投资性房地产取得的账务处理如表 6-6 所示。

表 6-6　　　　　　　　　　　投资性房地产取得的账务处理

业务内容			会计分录
外购的投资性房地产			借：投资性房地产——成本 　　应交税费——应交增值税(进项税额) 　贷：银行存款等
自行建造的投资性房地产			借：投资性房地产——成本 　贷：在建工程等
内部转换形成的投资性房地产	企业将作为存货的房地产转换为投资性房地产的,应当按照该项存货在转换日的账面余额或公允价值进行核算		借：投资性房地产——成本 　　存货跌价准备 　贷：开发产品[账面余额] 　　其他综合收益[贷方差额情况下,实现收益]
			借：投资性房地产——成本 　　公允价值变动损益[借方余额情况下,发生亏损] 　　存货跌价准备 　贷：开发产品[账面余额]
	企业将自用房地产转换为投资性房地产时,应当按照该项自用房地产在转换日的账面余额或公允价值进行核算	实现收益时	借：投资性房地产——成本[转换日的公允价值] 　　累计折旧 　　固定资产减值准备 　贷：固定资产 　　其他综合收益[贷方余额情况下]
		发生亏损时	借：投资性房地产——成本[转换日的公允价值] 　　累计折旧 　　公允价值变动损益[借方余额情况下] 　　固定资产减值准备 　贷：固定资产

【例 6-5】　宏华公司对投资性房地产采用公允价值计量模式。2022 年 12 月,公司购入一排街面房并当即对外出租以赚取租金。房屋购买价款 2 000 万元,取得增值税专用发票,增值税税率为 9%,所有款项以银行存款付讫。宏华公司应编制如下会计分录：

借：投资性房地产——成本　　　　　　　　　　　　　　　　　　　　20 000 000
　　应交税费——应交增值税(进项税额)　　　　　　　　　　　　　 1 800 000
　贷：银行存款　　　　　　　　　　　　　　　　　　　　　　　　　21 800 000

考一考

(单项选择题)企业将房地产存货转为采用公允价值计量的投资性房地产,转换日存货公允价值小于原账面价值的差额记入(　　)。

A. 营业外支出　　　　　　　　　　　　　B. 其他综合收益
C. 公允价值变动损益　　　　　　　　　　D. 其他业务成本

【正确答案】　C

【答案解析】　企业将作为存货的房地产转换为投资性房地产的,采用公允价值计量,应当按照该项存货在转换日的公允价值,借记"投资性房地产——成本"账户,按照其账面余额,贷记"开发产品"账户,按照其差额,在借方余额情况下,反映发生亏损,借记"公允价值变动损益"账户。

(二) 投资性房地产后续计量的账务处理

投资性房地产采用公允价值模式进行后续计量的,不计提折旧或进行摊销,企业应当以资产负债表日的公允价值为基础,调整其账面余额。资产负债表日,投资性房地产后续计量的账务处理如表 6-7 所示。

表 6-7　　　　　　　　　　投资性房地产后续计量的账务处理

业务内容	会计分录
公允价值高于其账面余额的差额时	借:投资性房地产——公允价值变动 　　贷:公允价值变动损益
公允价值低于其账面余额的差额时	借:公允价值变动损益 　　贷:投资性房地产——公允价值变动
取得的租金收入	借:银行存款[或其他应收款] 　　贷:其他业务收入 　　　　应交税费——应交增值税(销项税额)

【例 6-6】 2021 年年初,A 公司将一栋确认为投资性房地产的写字楼租赁给 B 公司使用,租赁期为 20 年,每年年末 B 公司支付租金 32.7 万元(收入和税额精确到个位),增值税税率为 9%。出租当日该写字楼公允价值为 1 000 万元,2022 年年末该写字楼公允价值为 1 006 万元。2022 年年末,A 公司应编制如下会计分录:

(1) 取得租金收入时:

借:银行存款　　　　　　　　　　　　　　　　　　　　　　　　　　327 000
　　贷:其他业务收入　　　　　　　　　　　　　　　　　　　　　　　　300 000
　　　　应交税费——应交增值税(销项税额)　　　　　　　　　　　　　27 000

(2) 公允价值高于其账面余额的差额时:

借:投资性房地产——公允价值变动　　　　　　　　　　　　　　　　　60 000
　　贷:公允价值变动损益　　　　　　　　　　　　　　　　　　　　　　60 000

(三) 投资性房地产处置的账务处理

投资性房地产处置的账务处理如表 6-8 所示。

表 6-8　　　　　　　　　　投资性房地产处置的账务处理

业务内容	会计分录
取得处置收入	借:银行存款 　　贷:其他业务收入 　　　　应交税费——应交增值税(销项税额)
结转处置成本	借:其他业务成本 　　　投资性房地产——公允价值变动[跌价] 　　贷:投资性房地产——成本 　　　　投资性房地产——公允价值变动[涨价]
结转公允价值变动损益	借:公允价值变动损益 　　贷:其他业务成本[或相反分录]
结转其他综合收益	借:其他综合收益 　　贷:其他业务成本

【例 6-7】 A 公司将一栋确认为投资性房地产的写字楼出租,采用公允价值模式计量。

租赁期届满后,A 公司以售价 872 万元将该栋写字楼出售给 B 公司(收入和税额精确到个位),增值税税率为 9%,B 公司已经支付了全部款项。出售时,该栋写字楼的成本为 600 万元,"投资性房地产——公允价值变动"账户为借方余额 100 万元,原转换取得时确认的其他综合收益 50 万元。假定不考虑其他因素的影响,A 公司应编制如下会计分录:

(1) 取得处置收入时:

借:银行存款　　　　　　　　　　　　　　　　　　　　　　　　　8 720 000
　　贷:其他业务收入　　　　　　　　　　　　　　　　　　　　　　　8 000 000
　　　　应交税费——应交增值税(销项税额)　　　　　　　　　　　　　720 000

(2) 结转处置成本时:

借:其他业务成本　　　　　　　　　　　　　　　　　　　　　　　7 000 000
　　贷:投资性房地产——成本　　　　　　　　　　　　　　　　　　　6 000 000
　　　　　　　　　　　——公允价值变动　　　　　　　　　　　　　1 000 000

(3) 结转公允价值变动损益时:

借:公允价值变动损益　　　　　　　　　　　　　　　　　　　　　1 000 000
　　贷:其他业务成本　　　　　　　　　　　　　　　　　　　　　　　1 000 000

(4) 结转其他综合收益时:

借:其他综合收益　　　　　　　　　　　　　　　　　　　　　　　　500 000
　　贷:其他业务成本　　　　　　　　　　　　　　　　　　　　　　　　500 000

(多项选择题)下列关于投资性房地产会计处理的表述中,正确的有(　　)。
A. 采用公允价值模式计量的可以变更为成本模式计量
B. 采用成本模式计量的不需要计提减值准备
C. 采用公允价值模式计量的不计提折旧
D. 采用公允价值模式计量的不需要计提减值准备

【正确答案】　CD

【答案解析】　已采用公允价值模式计量的投资性房地产不得从公允价值模式转为成本模式;采用成本模式计量的,如果投资性房地产存在减值迹象,经减值测试后确定发生减值的,要计提减值准备;采用公允价值模式计量的投资性房地产,不计提折旧也不计提减值准备。

任务 6.2　生产性生物资产

活动 6.2.1　生产性生物资产概述

一、生产性生物资产的概念

生产性生物资产是指企业为产出农产品、提供劳务或出租等目的而持有的生物资产。它包括经济林、薪炭林、产畜和役畜等。

二、生产性生物资产的计量

（1）外购生产性生物资产的成本，包括购买价款、相关税费、运输费、保险费，以及可直接归属于购买该资产的其他支出。

（2）自行营造或繁殖的生产性生物资产的成本，应当按照下列规定确定：

第一，自行营造的林木类生产性生物资产的成本，包括达到预定生产经营目的前发生的造林费、抚育费、营林设施费、良种试验费、调查设计费和应分摊的间接费用等必要支出。

第二，自行繁殖的产畜和役畜的成本，包括达到预定生产经营目的（成龄）前发生的饲料费、人工费和应分摊的间接费用等必要支出。达到预定生产经营目的，是指生产性生物资产进入正常生产期，可以多年连续、稳定产出农产品、提供劳务或出租。

（3）因择伐、间伐或抚育更新性质采伐而补植林木类生物资产发生的后续支出，应当计入林木类生物资产的成本。生物资产在郁闭或达到预定生产经营目的后发生的管护、饲养费用等后续支出，应当计入当期损益。

三、生产性生物资产相关账户设置

（一）生产性生物资产

"生产性生物资产"账户借方登记企业外购、自行营造的林木，自行繁殖产畜和役畜等增加的生产性生物资产成本；贷方登记出售、报废、毁损、对外投资等减少的生产性生物资产原价（成本）；期末借方余额反映企业生产性生物资产的原价（成本）。

（二）生产性生物资产累计折旧

"生产性生物资产累计折旧"账户贷方登记企业按月计提成熟生产性生物资产的折旧；借方登记处置生产性生物资产结转的生产性生物资产累计折旧；期末贷方余额反映企业成熟生产性生物资产的累计折旧额。

活动 6.2.2　生产性生物资产的账务处理

一、生产性生物资产增加的账务处理

生产性生物资产增加的账务处理如表 6-9 所示。

表 6-9　　　　　　　　　　生产性生物资产增加的账务处理

业务内容	会计分录
企业外购的生产性生物资产，按照购买价款和相关税费入账	借：生产性生物资产 　　应交税费——应交增值税（进项税额） 贷：银行存款等
自行营造的林木类生产性生物资产，按照达到预定生产经营目的前发生的造林费、抚育费、营林设施费、良种试验费、调查设计费和应分摊的间接费用等必要支出入账	借：生产性生物资产——未成熟生产性生物资产 贷：原材料[或银行存款、应付利息等]

(续表)

业务内容	会计分录
自行繁殖的产畜和役畜,按照达到预定生产经营目的前发生的饲料费、人工费和应分摊的间接费用等必要支出入账	借：生产性生物资产——未成熟生产性生物资产 贷：原材料[或银行存款、应付利息等]
未成熟生产性生物资产在达到预定生产经营目的时,按照其账面余额入账	借：生产性生物资产——成熟生产性生物资产 贷：生产性生物资产——未成熟生产性生物资产
育肥畜转为产畜或役畜	借：生产性生物资产 贷：消耗性生物资产
产畜或役畜淘汰转为育肥畜	借：消耗性生物资产 　　生产性生物资产累计折旧 贷：生产性生物资产

【例 6-8】 甲公司自 2018 年年初开始自行营造 100 公顷橡胶树,当年发生种苗费 169 000 元,平整土地和定植所需机器设备折旧费 55 500 元;自营造开始正常生产周期为 6 年,假定各年均匀发生抚育肥料及农药费 41 750 元、人工费 75 000 元、每年应分摊管护费用 402 500 元。假定不考虑相关税费等其他因素。甲公司应编制如下会计分录：

(1) 2018 年,发生种苗费、平整土地等费用时：

借：生产性生物资产——未成熟生产性生物资产　　　　　　　　　　　　224 500
　　贷：原材料——种苗　　　　　　　　　　　　　　　　　　　　　　169 000
　　　　累计折旧　　　　　　　　　　　　　　　　　　　　　　　　　55 500

(2) 2018—2023 年,每年发生抚育肥料及农药费、人工费、应分摊管护费用时：

借：生产性生物资产——未成熟生产性生物资产　　　　　　　　　　　　519 250
　　贷：原材料——肥料及农药　　　　　　　　　　　　　　　　　　　41 750
　　　　应付职工薪酬　　　　　　　　　　　　　　　　　　　　　　　75 000
　　　　银行存款　　　　　　　　　　　　　　　　　　　　　　　　　402 500

【例 6-9】 承[例 6-8],2018—2023 年,甲公司自行营造生产性生物资产达到预定生产经营目的。甲公司应编制如下会计分录：

生产性生物资产成本总额=224 500+519 250×6=3 340 000(元)

借：生产性生物资产——成熟生产性生物资产　　　　　　　　　　　　3 340 000
　　贷：生产性生物资产——未成熟生产性生物资产　　　　　　　　　3 340 000

二、生产性生物资产后续费用的账务处理

生产性生物资产后续费用的账务处理如表 6-10 所示。

表 6-10　　　　　　　　生产性生物资产后续费用的账务处理

业务内容	会计分录
择伐、间伐或抚育更新等生产性采伐而补植林木类生产性生物资产发生的后续费用	借：生产性生物资产——未成熟生产性生物资产 贷：银行存款等
生产性生物资产发生的管护、饲养费用等后续费用	借：管理费用 贷：银行存款等

三、生产性生物资产折旧的账务处理

(1) 企业对达到预定生产经营目的的生产性生物资产,应当按期计提折旧,并根据用途分别计入相关资产的成本或当期损益。

(2) 企业应当根据生产性生物资产的性质、使用情况和有关经济利益的预期实现方式,合理确定其使用寿命、预计净残值和折旧方法。可选用的折旧方法包括年限平均法、工作量法、产量法等。生产性生物资产的使用寿命、预计净残值和折旧方法一经确定、不得随意变更。

(3) 企业确定生产性生物资产的使用寿命,应当考虑的因素包括以下几点:

第一,预计的产出能力或实物产量。

第二,预计的有形损耗,如产畜和役畜衰老、经济林老化等。

第三,预计的无形损耗,如因新品种的出现而使现有的生产性生物资产的产出能力和产出农产品的质量等方面相对下降、市场需求的变化使生产性生物资产产出的农产品相对过时等。

(4) 企业至少应当于每年年度终了对生产性生物资产的使用寿命、预计净残值和折旧方法进行复核。

四、生产性生物资产减值的账务处理

企业至少应当于每年年度终了对生产性生物资产进行检查,有确凿证据表明由于遭受自然灾害、病虫害、动物疫病侵袭或市场需求变化等原因,企业生产性生物资产的可收回金额低于其账面价值的,应当按照可收回金额低于账面价值的差额,计提生物资产减值准备,并计入当期损益中。可收回金额应当按照资产减值的办法确定。生产性生物资产减值,一经计提不得转回。

五、生产性生物资产成本结转的账务处理

企业对生产性生物资产收获的农产品成本,按照产出或采收过程中发生的材料费、人工费和应分摊的间接费用等必要支出计算确定,并采用加权平均法、个别计价法、蓄积量比例法、轮伐期年限法等方法,将其账面价值结转为农产品成本。

六、生产性生物资产后续计量的公允价值账务处理

生产性生物资产通常按照成本计量,但有确凿证据表明其公允价值能够持续可靠取得的除外。采用公允价值计量的生产性生物资产,应当同时满足下列两个条件:

(1) 生产性生物资产有活跃的交易市场。其中活跃的交易市场是指同时具有下列特征的市场:市场内交易的对象具有同质性;可以随时找到自愿交易的买方和卖方;市场价格的信息是公开的。

(2) 能够从交易市场上取得同类或类似生产性生物资产的市场价格及其他相关信息,从而对生产性生物资产的公允价值作出合理估计。其中同类或类似是指生产性生物资产的品种相同或类似、质量等级相同或类似、生长时间相同或类似、所处气候和地理环境相同或类似。

下列关于生产性生物资产折旧的账务处理中,正确的是(　　)。
A. 生产性生物资产可不计提折旧
B. 生产性生物资产的使用寿命、预计净残值和折旧方法可以随意变更
C. 生产性生物资产可选用的折旧方法包括年限平均法、工作量法、产量法等
D. 生产性生物资产的使用寿命或预计净残值的变更属于会计政策变更

【正确答案】 C
【答案解析】 企业对达到预定生产经营目的的生产性生物资产,应当按期计提折旧,选项A错误;生产性生物资产的使用寿命、预计净残值和折旧方法一经确定、不得随意变更,选项B错误;生产性生物资产的使用寿命或预计净残值的变更属于会计估计变更,选项D错误。

任务6.3　长期待摊费用

一、长期待摊费用的概念

长期待摊费用是指企业已经发生但应由本期和以后各期负担的分摊期限在1年以上的各项费用,如以租赁方式租入的使用权资产发生的改良支出等。

二、长期待摊费用的账户设置

"长期待摊费用"账户借方登记发生的长期待摊费用,贷方登记摊销的长期待摊费用,期末借方余额反映企业尚未摊销完毕的长期待摊费用。

三、长期待摊费用的账务处理

长期待摊费用的账务处理如表6-11所示。

表6-11　　　　　　　　　　长期待摊费用的账务处理

业务内容	会计分录
企业发生长期待摊费用时	借:长期待摊费用 　　应交税费——应交增值税(进项税额) 　贷:银行存款 　　　原材料 　　　应付职工薪酬等
摊销长期待摊费用时	借:管理费用 　　销售费用等 　贷:长期待摊费用

【例6-10】 2022年6月1日,银华公司对以租赁方式新租入的办公楼进行装修,发生以下支出:领用生产用材700 000元;发生有关人员工资等职工薪酬500 000元。2022年11月30日,该办公楼装修完工,达到预定可使用状态并交付使用,按租赁期10年进行摊销。假定

不考虑其他因素。银华公司应编制如下会计分录：

(1) 装修办公楼领用原材料时：

借：长期待摊费用　　　　　　　　　　　　　　　　　　　　　　　　700 000
　　贷：原材料　　　　　　　　　　　　　　　　　　　　　　　　　　　　700 000

(2) 确认工程人员职工薪酬时：

借：长期待摊费用　　　　　　　　　　　　　　　　　　　　　　　　500 000
　　贷：应付职工薪酬　　　　　　　　　　　　　　　　　　　　　　　　500 000

(3) 2022年12月，摊销装修支出时：

借：管理费用　　　　　　　　　　　　　　　　　　　　　　　　　　10 000
　　贷：长期待摊费用　　　　　　　　　　　　　　　　　　　　　　　　10 000

(单项选择题)2022年12月初，某企业"长期待摊费用"账户余额为4 000元，12月借方发生额为3 000元，贷方发生额为2 000元，不考虑其他因素。2022年年末，该企业"长期待摊费用"的账户余额为(　　)元。

A. 借方3 000　　　　B. 贷方3 000　　　　C. 贷方5 000　　　　D. 借方5 000

【正确答案】　D

【答案解析】　2022年年末该企业"长期待摊费用"账户的余额为5 000元(4 000+3 000-2 000)，"长期待摊费用"账户是资产类账户，增加在借方，选项D正确。

模 块 测 试

一、单项选择题

1. 下列各项中，不属于企业投资性房地产的是(　　)。

A. 企业已出租的土地使用权

B. 企业开发完成后用于出租的房屋

C. 企业持有并准备增值后转让的土地使用权

D. 企业拥有并自行经营的旅馆

2. 下列各项中，属于投资性房地产的是(　　)。

A. 房地产企业开发的准备出售的房屋

B. 房地产企业开发的已经出租的房屋

C. 企业持有的准备建造房屋的土地使用权

D. 按国家有关规定认定的闲置土地

3. 已出租的土地使用权，其作为投资性房地产的确认时点一般为(　　)。

A. 租赁期开始日　　　　　　　　　　B. 董事会或类似机构作出书面决议的日期

C. 停止自用的日期　　　　　　　　　D. 准备增值后转让的日期

4. 会计核算结果的可靠性和可控性较高、不同会计期间会计资料的可比性较强,便于监督管理的投资性房地产后续计量模式为( )。

A. 成本模式
B. 现值模式
C. 公允价值模式
D. 可变现净值模式

5. 下列关于成本模式计量的投资性房地产的说法中,错误的是( )。

A. 初始计量和后续计量均采用实际成本核算
B. 后续发生符合资本化条件的支出计入账面成本
C. 后续计量按照固定资产或无形资产的相关规定按期计提折旧或摊销
D. 资产负债表日发生减值的无需计提减值准备

6. 丁公司自行建造一栋办公楼,准备完工后对外进行出租,已通过董事会批准并作出了书面决议。该项办公楼建设期间发生土地开发费 250 万元,符合资本化条件的借款费用为 20 万元,分摊其他间接费用为 5 万元,建造过程中发生的非正常性损失 3 万元。不考虑其他因素,该办公楼完工后的入账成本为( )万元。

A. 250
B. 270
C. 275
D. 278

7. 丙企业的投资性房地产采用公允价值模式计量。2022 年 12 月 1 日,丙企业购入一栋建筑物用于出租。该建筑物的成本为 500 万元,预计使用年限为 20 年,预计净残值为 20 万元。2022 年应该计提的折旧额为( )万元。

A. 0
B. 22
C. 24
D. 20

8. 2022 年 1 月 1 日,甲公司以 2 000 万元的价格购入一栋办公楼。该办公楼的预计尚可使用年限为 20 年,并准备经营出租,甲公司对其以公允价值模式进行后续计量。2022 年年末,该办公楼的公允价值为 2 200 万元。2022 年年末,该办公楼的账面价值为( )万元。

A. 2 200
B. 1 900
C. 2 000
D. 2 050

9. 甲企业将一栋出租用房出售,取得收入 2 560 万元并存入银行。甲公司采用成本模式计量,该栋出租房的账面原值为 3 000 万元,已计提折旧 500 万元,已计提减值准备 100 万元。假定不考虑其他因素,甲公司应记入"其他业务收入"账户的金额为( )万元。

A. 3 000
B. 2 560
C. 2 500
D. 2 400

10. 下列各项中,属于生产性生物资产的是( )。

A. 防风固沙林
B. 薪炭林
C. 水土保持林
D. 水源涵养林

11. 下列各项中,不属于生产性生物资产具备的特征是( )。

A. 自我生长型
B. 能够在生产经营中长期,反复使用
C. 不断产出农产品
D. 只能使用一次

12. 下列关于生产性生物资产会计处理的表述中,不正确的是( )。

A. 企业至少应于每年年度终了对生产性生物资产进行检查,以确定其是否发生了减值
B. 生产性生物资产通常按照成本计量,但满足相关条件时,也可采用公允价值计量
C. 生产性生物资产折旧方法等发生变更的,应作为会计政策变更处理
D. 以经营出租为目的而持有的生物资产,属于生产性生物资产

13. 企业对经营租赁方式租入的办公楼进行装修改造,发生以下支出:领用生产用材料 50 万元,购进该批原材料支付的增值税进项税额为 8.5 万元;确认装修人员的薪酬为 43.5 万元。不考虑其他因素,下列关于该企业装修办公楼支出的会计处理结果中,正确的是( )。

A. 管理费用增加 93.5 万元　　　　B. 管理费用增加 102 万元
C. 长期待摊费用增加 93.5 万元　　D. 长期待摊费用增加 102 万元

二、多项选择题

1. 下列各项中,可作为投资性房地产核算的有(　　)。
A. 已出租的生产厂房
B. 按国家有关规定认定的闲置土地
C. 出租和自用共存的办公楼,能够单独计量的出租部分
D. 持有并准备增值后转让的土地使用权

2. 自行建造的投资性房地产成本由达到预定可使用状态前发生的必要支出构成,包括(　　)。
A. 土地开发费　　　　　　　　　B. 建筑安装成本
C. 建造过程中的非正常损失　　　D. 应予以资本化的借款费用

3. 将作为存货的房产转换为采用公允价值模式计量的投资性房地产,该项房产在转换日的公允价值与其账面价值的差额应记入的会计账户可能有(　　)。
A. "公允价值变动损益"　　　　　B. "投资收益"
C. "其他综合收益"　　　　　　　D. "资本公积"

4. 下列各项中,属于生产性生物资产的有(　　)。
A. 经济林　　　B. 薪炭林　　　C. 产畜　　　D. 役畜

5. 企业确定生产性生物资产的使用寿命,应当考虑的因素包括(　　)。
A. 预计的有形损耗
B. 预计的无形损耗
C. 预计的产出能力
D. 法律或者类似规定对该项资产使用的限制

三、判断题

1. 企业持有投资性房地产的目的主要有赚取租金和资本增值。(　　)
2. 对以经营租赁方式租入土地使用权再转租给其他单位的,可以确认为投资性房地产。(　　)
3. 企业处置投资性房地产,应将处置收入扣除其账面价值和相关税费后的金额计入当期损益。(　　)
4. 外购的生产性生物资产,以购买价款和支付的相关税费为企业所得税的计税基础。(　　)
5. 停止使用的生产性生物资产,应当自停止使用的当月起停止计算折旧。(　　)

模块 7

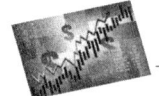

负 债

[考核目标]
1. 了解负债的定义与内容。
2. 掌握短期借款、应付利息、应付股利的基本理论及账务处理。
3. 掌握应付票据、应付账款、预收账款、其他应付款的基本理论及账务处理。
4. 掌握应付职工薪酬的基本理论,掌握短期职工薪酬和长期职工薪酬的概念、内容等基本理论及账务处理。
5. 掌握应交税费的基本理论、应交增值税计税方法和税率等基本理论,掌握一般纳税人采购、销售、月末结转的账务处理及小规模纳税人的账务处理,掌握应交消费税、其他应交税费的基本理论及账务处理。
6. 掌握长期借款、长期应付款的基本理论及账务处理。

[实践目标]
1. 完成短期借款业务和分配股利业务的账务处理。
2. 完成应付及预收款项业务的账务处理。
3. 完成各类应付职工薪酬业务的账务处理。
4. 计算增值税等各类税费,同时能够完成应交税费业务的账务处理。
5. 完成长期借款、长期应付款业务的账务处理。

[思政目标]
1. 培养学生细致、谨慎、有条不紊的财经专业素质。
2. 培养学生诚实、守信、坚持原则的职业道德。
3. 加强学生的法律意识,树立企业责任意识和学生的社会责任意识。

[知识点思维导图]

```
      ┌负债概述
      │筹资类流动负债(短期借款,应付利息,应付股利)
      │应付及预收款项(应付票据,应付账款,预收账款,其他应付款)
      │                ┌应付职工薪酬概述
      │应付职工薪酬─┤短期职工薪酬(货币性职工薪酬,非货币性职工薪酬)
负债─┤                └长期职工薪酬(离职后福利,辞退福利,其他长期职工福利)
      │            ┌应交税费概述
      │应交税费─┤应交增值税(一般纳税人,小规模纳税人)
      │            │应交消费税
      │            └其他应交税费
      └非流动负债(长期借款,长期应付款)
```

 **案例导入**

中国证券监督管理委员会对A企业及相关当事人出具的《行政处罚决定书》(〔2020〕62号)及《市场禁入决定书》(〔2020〕13号),公布了以下违规事实以及对该企业及相关责任人作出的行政处罚。

一是虚构销售和采购交易。2016年12月至2018年5月期间,A企业为完成营业收入、利润总额等业绩指标,虚构其所控制的B企业与客户之间的翡翠原石销售交易,虚构销售和采购资金流。

二是A企业2016年年度报告的营业收入、营业成本、利润总额存在虚假记载。2016年,B企业通过虚构销售合同及现金流等手段,虚构销售交易14 169.09万元。同时,B企业通过伪造采购合同等方式,虚构采购交易20 104.02万元。最终,A企业2016年年度报告虚增营业收入14 169.09万元,虚增营业成本4 665万元,导致虚增利润总额9 504.09万元,占当年合并利润表利润总额的29.60%。

三是A企业2017年年度报告的营业收入、营业成本、利润总额存在虚假记载。2017年度,B企业通过虚构销售合同及现金流等手段,虚构销售交易29 487.1万元。同时,B企业通过上述伪造采购合同等方式,虚构采购交易61 714.1万元。最终,A企业2017年年度报告虚增营业收入29 487.1万元,虚增营业成本11 038.9万元,导致虚增利润总额18 448.2万元,占当年合并利润表利润总额的59.70%。

四是A企业2018年半年度报告的营业收入、营业成本、利润总额、应收账款存在虚假记载。2018年上半年,B企业通过虚构销售合同及现金流等手段,虚构销售交易12 000万元。同时,B企业2018年3月形成应收账款7 720万元,虚增应收账款余额。最终,A企业2018年半年度报告虚增营业收入12 000万元,虚增营业成本4 100万元,虚增应收账款7 720万元,导致虚增利润总额7 900万元,占2018年半年度报告利润总额比例为211.48%。

[思考]

(1) 上市公司的董事、监事、各类高级管理人员应该具备怎么样的财经素养?

(2) 在云财务共享时代,如何加强内控控制,进而杜绝虚增采购成本的行为?

案例来源:

中新经纬.严打财务造假!"翡翠第一股"被公开谴责,19人遭纪律处分[EB/OL].(2020-12-08)[2023-01-13].https://www.sohu.com/a/437020865_561670.

任务7.1 负债概述

一、负债的概念

负债是指企业过去的交易或事项形成的、预期会导致经济利益流出企业的现时义务。

二、负债的分类

负债的分类如表 7-1 所示。

表 7-1　　　　　　　　　　　　　　负债的分类

分类标准	概念及特征	内容
流动负债	偿还期限短，举借的目的是满足流动资金周转需要的负债。其特征是债务利息低或者不需要支付利息、与企业商业模式紧密相关、具有相对稳定性等	短期借款、应付票据、应付账款、应付利息、预收账款、应付职工薪酬、应交税费、应付股利、其他应付款等
非流动负债	需要在 1 年或长于 1 年的一个营业周期内偿还的负债。其特征是偿还期限较长、债务金额较大、借款费用较高	长期借款、应付债券、长期应付款等

（单项选择题）下列各项中，不属于企业流动负债的是（　　）。

A. 预收采购企业预付的货款　　　　B. 预付给供货企业的采购商品款
C. 应付给供货企业的货款　　　　　D. 购买材料给供货企业开出的商业承兑汇票

【正确答案】　B
【答案解析】　选项 A，记入预收账款；选项 B，记入预付账款，是资产类账户；选项 C，记入应付账款；选项 D，记入应付票据。

任务 7.2　筹资类流动负债

活动 7.2.1　短期借款

一、短期借款的概念

短期借款是指企业向银行或其他金融机构等借入的期限在 1 年以下（含 1 年）的各种款项。短期借款一般是企业为了满足正常生产经营所需的资金或者是为了抵偿某项债务而借入的款项。短期借款具有借款金额小、时间短、利息低等特点，对企业资产的流动性要求高。

二、短期借款的账户设置

"短期借款"账户贷方登记取得短期借款本金的金额，借方登记偿还短期借款的本金金额，期末余额在贷方，反映企业尚未偿还的短期借款。

三、短期借款的账务处理

短期借款的账务处理如表 7-2 所示。

表 7-2　　　　　　　　　　　　　短期借款的账务处理

业务内容		会计分录
取得借款		借：银行存款 　　贷：短期借款
发生短期借款的利息	预提短期借款利息	借：财务费用 　　贷：应付利息
	实际支付短期借款利息	借：财务费用 　　贷：银行存款
到期偿还本金		借：短期借款 　　贷：银行存款

【例 7-1】　A 公司于 2022 年 1 月 1 日向银行借入一笔期限 9 个月的流动资金借款 24 万元，年利率为 5%。借款协议注明借款利息按季支付，到期还本。A 公司应编制如下会计分录：

(1) 2022 年 1 月 1 日，借入短期借款时：

借：银行存款　　　　　　　　　　　　　　　　　　　　　　　　　　　240 000
　　贷：短期借款　　　　　　　　　　　　　　　　　　　　　　　　　　　240 000

(2) 2022 年 1 月 31 日，计提 1 月应付利息时：

1 月应付利息＝240 000×5%÷12＝1 000(元)

借：财务费用　　　　　　　　　　　　　　　　　　　　　　　　　　　1 000
　　贷：应付利息　　　　　　　　　　　　　　　　　　　　　　　　　　　1 000

2 月末计提 2 月利息费用的处理与 1 月相同。

(3) 3 月末，支付第 1 季度银行借款利息时：

借：财务费用　　　　　　　　　　　　　　　　　　　　　　　　　　　1 000
　　应付利息　　　　　　　　　　　　　　　　　　　　　　　　　　　　2 000
　　贷：银行存款　　　　　　　　　　　　　　　　　　　　　　　　　　　3 000

第 2、第 3 季度的账务处理同第一季度。

(4) 2022 年 10 月 1 日，偿还银行借款本金时：

借：短期借款　　　　　　　　　　　　　　　　　　　　　　　　　　　240 000
　　贷：银行存款　　　　　　　　　　　　　　　　　　　　　　　　　　　240 000

承[例 7-1]，借款期限是 8 个月，则到期日为 9 月 1 日，8 月末之前的会计处理与上述相同。但在 9 月 1 日偿还银行借款本金，需同时支付 7 月和 8 月已提未付利息，此时 A 公司应编制怎么样的会计分录？

（单项选择题）2022年5月1日，某企业向银行借入一笔经营周转资金270万元，期限为3个月，到期一次还本付息，年利率为5%，借款利息按月预提。2022年7月30日，该短期借款的账面价值为（　　）万元。

A. 273.375　　　　　B. 272.25　　　　　C. 270　　　　　D. 0

【正确答案】 C

【答案解析】 短期借款的利息计入应付利息，不影响短期借款的账面价值，2022年7月30日，该短期借款的账面价值为270万元。

活动7.2.2　应付利息

一、应付利息的概念

应付利息是指企业按照合同约定应支付的利息。它包括以下内容：短期借款应支付的利息；分期付息到期还本的长期借款应支付的利息；分期付息到期还本的企业债券应支付的利息。

二、应付利息的账户设置

"应付利息"账户贷方登记按照合同约定计算的应付利息，借方登记实际支付的利息，期末余额在贷方，反映企业应付未付的利息。

三、应付利息的账务处理

应付利息的账务处理如表7-3所示。

表7-3　　　　　　　　　　　应付利息的账务处理

业务内容	会计分录
计提应付利息	借：财务费用（或在建工程、研发支出等） 　贷：应付利息
实际支付利息	借：应付利息 　贷：银行存款

相关账务处理例题，参见[例7-1]。

活动7.2.3　应付股利

一、应付股利的概念

应付股利是指企业根据股东大会或类似机构审议批准的利润分配方案，确定分配给投资者的现金股利或利润。

二、应付股利的账户设置

"应付股利"账户贷方登记应支付的现金股利或利润,借方登记实际支付的现金股利或利润,期末余额在贷方,反映企业应付未付的现金股利或利润。

三、应付股利的账务处理

应付股利的账务处理如表 7-4 所示。

表 7-4　　　　　　　　　　　应付股利的账务处理

业务内容	会计分录
确认应付给投资者现金股利或利润	借:利润分配——应付现金股利(或者利润) 　　贷:应付股利
实际支付现金股利或利润	借:应付股利 　　贷:银行存款

【例 7-2】 A 有限责任公司有甲、乙两个股东,其出资分别占注册资本的 40% 和 60%。2022 年度,A 公司实现净利润 500 000 元,经过股东会批准,决定分配股利 300 000 元。股利已用银行存款支付。A 公司应编制如下会计分录:

(1) 确认应付给投资者现金股利或利润时:

借:利润分配——应付现金股利(或者利润)　　　　　　　　　　　　300 000
　　贷:应付股利——甲股东　　　　　　　　　　　　　　　　　　　120 000
　　　　　　　　——乙股东　　　　　　　　　　　　　　　　　　　180 000

(2) 实际支付现金股利或利润时:

借:应付股利——甲股东　　　　　　　　　　　　　　　　　　　　120 000
　　　　　　——乙股东　　　　　　　　　　　　　　　　　　　　180 000
　　贷:银行存款　　　　　　　　　　　　　　　　　　　　　　　　300 000

企业分配股票股利不通过"应付股利"账户核算,而选择借记"利润分配"账户、贷记"股本"账户,这样处理正确吗?

考一考

(判断题)企业股东大会审议批准的利润分配方案中应分配的现金股利,在支付前不作账务处理,但应在报表附注中披露。　　　　　　　　　　　　　　　　　　　　　　(　　)

【正确答案】　×

【答案解析】　企业应该对拟分配的现金股利进行账务处理,而不需要在附注中进行披露。

任务 7.3　应付及预收款项

活动 7.3.1　应付票据

一、应付票据的概念

应付票据是指企业因购买材料、商品和接受劳务供应等而开出、承兑的商业汇票。它包括商业承兑汇票和银行承兑汇票。我国商业汇票的付款期限不超过 6 个月。

二、应付票据的账户设置

"应付票据"账户贷方登记开出、承兑汇票的面值,借方登记支付票据的金额,期末余额在贷方,反映企业尚未到期的商业汇票的票面金额。

三、应付票据的账务处理

应付票据的账务处理如表 7-5 所示。

表 7-5　　　　　　　　　　　　应付票据的账务处理

业务内容		会计分录
开出应付票据	以商业汇票购买材料或商品	借:材料采购[或在途物资、原材料、库存商品等] 　　应交税费——应交增值税(进项税额) 贷:应付票据[开出、承兑商业汇票的面值]
	企业支付银行承兑汇票手续费	借:财务费用 　　应交税费——应交增值税(进项税额) 贷:银行存款
以商业汇票偿还货款		借:银行存款 贷:应付票据
企业无力支付到期的应付票据(企业支付)		借:应付票据 贷:应付账款
企业无力支付到期的应付票据(银行代为支付)		借:应付票据 贷:短期借款

【例 7-3】　A 公司为增值税一般纳税人,原材料按实际成本核算。2022 年 2 月 10 日,A 公司购入原材料一批,增值税专用发票上注明的价款为 31 万元,增值税税额为 4.03 万元,原材料已验收入库。购买当日,A 公司开出并经开户银行承兑的一张面值为 35.03 万元、期限为 4 个月的商业汇票,A 公司向开户银行缴纳银行承兑手续费 180 元。6 月 10 日,商业汇票到期,A 公司以银行存款支付票款。A 公司应编制如下会计分录:

（1）开出并承兑商业汇票购入材料时：

借：原材料　　　　　　　　　　　　　　　　　　　　　　　310 000
　　应交税费——应交增值税（进项税额）　　　　　　　　　40 300
　　贷：应付票据　　　　　　　　　　　　　　　　　　　　　350 300

（2）支付商业汇票承兑手续费时：

借：财务费用　　　　　　　　　　　　　　　　　　　　　　　180
　　贷：银行存款　　　　　　　　　　　　　　　　　　　　　　180

（3）支付商业汇票款项时：

借：应付票据　　　　　　　　　　　　　　　　　　　　　　350 300
　　贷：银行存款　　　　　　　　　　　　　　　　　　　　　350 300

【例 7-4】　承［例 7-3］，假定银行承兑汇票到期时 A 公司无力支付票款，A 公司开户行代为支付，A 公司应编制如下会计分录：

借：应付票据　　　　　　　　　　　　　　　　　　　　　　350 300
　　贷：短期借款　　　　　　　　　　　　　　　　　　　　　350 300

（单项选择题）下列关于应付票据会计处理的说法中，不正确的是（　　）。
A. 企业到期无力支付的商业承兑汇票，应按账面余额转入"短期借款"账户
B. 企业支付的银行承兑汇票手续费，记入"财务费用"账户
C. 企业到期无力支付的银行承兑汇票，应按账面余额转入"短期借款"账户
D. 企业开出商业汇票，应当按其票面金额作为应付票据的入账金额
【正确答案】　A
【答案解析】　应付商业承兑汇票到期，如企业无力支付票款，由于商业汇票已经失效，但企业还欠对方货款，所以应转作应付账款。

活动 7.3.2　应付账款

一、应付账款的概念

应付账款是指企业因购买材料、商品或接受劳务供应等经营活动应支付的款项。应付账款的入账价值包括应付的货款、增值税进项税额、销售方企业代垫的运杂费等。

二、应付账款的账户设置

"应付账款"账户贷方登记应付未付款项的增加，借方登记应付未付款项的减少，期末余额一般在贷方，反映企业尚未支付的应付账款余额。

三、应付账款的账务处理

实务中,应付账款应按以下情况区别处理:

(1) 在物资和发票账单同时到达的情况下,企业一般在所购物资验收入库后,根据发票账单登记入账,确认应付账款。该情况下应付账款的账务处理如表7-6所示。

表7-6　　　　　　　　　　　应付账款的账务处理

业务内容		会计分录
发生应付账款时	企业购入材料、商品等验收入库,但货款尚未支付	借:材料采购[或在途物资、原材料、库存商品等] 　　应交税费——应交增值税(进项税额) 　贷:应付账款
	企业接受供应单位提供劳务,发生应付却未付款项	借:生产成本[或管理费用等] 　　应交税费——应交增值税(进项税额) 　贷:应付账款
偿还应付账款时		借:应付账款 　贷:银行存款[或应付票据]
由于债权人单位撤销等原因会产生无法支付的应付账款,企业应将确实无法支付的应付账款予以转销		借:应付账款 　贷:营业外收入

(2) 在所购物资已经验收入库,但是发票账单未能同时到达的情况下,企业应将所购物资和相关的应付账款暂估入账,待下月初做红字冲销处理,其账务处理如下所示:

借:原材料(或周转材料)
　贷:应付账款

【例7-5】 A公司为增值税一般纳税人,对存货按实际成本计价核算。A公司于2022年12月5日从B公司购入一批材料,货款为20万元,增值税税额为2.6万元。材料已验收入库,款项尚未支付。同年12月11日,A公司以银行存款支付购入材料的全部款项。A公司应编制如下会计分录:

(1) 2022年12月5日,确认应付账款时:

借:原材料　　　　　　　　　　　　　　　　　　　　　　　　　　　　200 000
　　应交税费——应交增值税(进项税额)　　　　　　　　　　　　　　　26 000
　贷:应付账款　　　　　　　　　　　　　　　　　　　　　　　　　　　　226 000

(2) 2022年12月11日,支付材料款时:

借:应付账款　　　　　　　　　　　　　　　　　　　　　　　　　　　226 000
　贷:银行存款　　　　　　　　　　　　　　　　　　　　　　　　　　　　226 000

【例7-6】 A公司收到银行转来供电公司的收费单据,支付电费5.65万元,其中生产车间电费3.5万元、企业行政管理部门电费1.5万元,款项尚未支付。假定不考虑相关税费,A公司应编制如下会计分录:

(1) 支付供电费用时:

借:应付账款——供电公司　　　　　　　　　　　　　　　　　　　　　50 000
　　应交税费——应交增值税(进项税额)　　　　　　　　　　　　　　　6 500
　贷:银行存款　　　　　　　　　　　　　　　　　　　　　　　　　　　　56 500

（2）月末分配供电费用时：

借：制造费用　　　　　　　　　　　　　　　　　　　　　　　　　　35 000
　　管理费用　　　　　　　　　　　　　　　　　　　　　　　　　　15 000
　　贷：应付账款——供电公司　　　　　　　　　　　　　　　　　　　　　50 000

为什么企业外购燃气、动力时通过"应付账款"账户借方核算？

【例 7-7】　A 公司有一笔 12 万元的应付账款因债权人企业撤销而无法支付，经审批后予以转销。A 公司应编制如下会计分录：

借：应付账款　　　　　　　　　　　　　　　　　　　　　　　　　　120 000
　　贷：营业外收入　　　　　　　　　　　　　　　　　　　　　　　　　120 000

（单项选择题）甲公司为增值税一般纳税人，适用的增值税税率为 13%，从其他企业赊购一批原材料，货款为 400 000 元，增值税税额为 52 000 元，对方代垫运杂费 6 000 元，原材料已验收入库。假定不考虑其他因素，甲公司对该项购买业务应确认应付账款的入账价值为（　　）元。

A. 400 000　　　　B. 458 000　　　　C. 468 000　　　　D. 406 000

【正确答案】　B
【答案解析】　应付账款的入账价值＝400 000＋52 000＋6 000＝458 000（元）。

四、特殊情况的核算

"预付账款"账户和"应付账款"账户是一对双重性质的账户，不单独设置"预付账款"账户核算的企业，会将预付的账款也放在"应付账款"账户中核算。如果"应付账款"账户的期末余额在借方，则反映企业预付的账款。

活动 7.3.3　预收账款

一、预收账款的概念

预收账款是指企业按照合同规定向购货单位预收的款项。

二、预收账款的账户设置

预收账款情况不多的企业，可以不设"预收账款"账户，通过"应收账款"账户核算有关预收账款的业务。"预收账款"账户贷方登记发生的预收账款金额，借方登记企业冲销的预收账款金额，期末余额如在贷方，反映企业预收的款项；如期末余额在借方，反映企业尚未转销的款项。

三、预收账款的账务处理

预收账款的账务处理如表 7-7 所示。

表 7-7　　　　　　　　　　　　预收账款的账务处理

业务内容	会计分录
预收货款时	借：银行存款 　　贷：预收账款
实现收入时	借：预收账款 　　贷：主营业务收入 　　　　应交税费——应交增值税（销项税额）
收到补付货款时	借：银行存款 　　贷：预收账款
退回多付款时	借：预收账款 　　贷：银行存款

【例 7-8】　A 公司为增值税一般纳税人。2023 年 1 月 1 日，A 公司与 B 公司签订销货合同。根据规定，签订合同当日 B 公司向 A 公司预付货款 14 万元，待商品验收入库后付清剩余款项。2023 年 1 月 1 日，A 公司收到预付货款；1 月 5 日，A 公司将货物发运到 B 公司并开出增值税专用发票，B 公司验收货物后付清余款。该批商品货款金额为 24 万元，增值税税额为 4.08 万元。A 公司应编制如下会计分录：

(1) 收到预付的货款时：

　　借：银行存款　　　　　　　　　　　　　　　　　　　　　　　　140 000
　　　　贷：预收账款——B 公司　　　　　　　　　　　　　　　　　　　　140 000

(2) 向 B 公司发出商品，开出发票账单时：

　　借：预收账款——B 公司　　　　　　　　　　　　　　　　　　　280 800
　　　　贷：主营业务收入　　　　　　　　　　　　　　　　　　　　　　240 000
　　　　　　应交税费——应交增值税（销项税额）　　　　　　　　　　　　40 800

(3) 收到 B 公司补付的货款时：

　　借：银行存款　　　　　　　　　　　　　　　　　　　　　　　　140 800
　　　　贷：预收账款——B 公司　　　　　　　　　　　　　　　　　　　　140 800

【例 7-9】　承[例 7-8]，假定 A 公司不设置"预收账款"账户，其预收的款项通过"应收账款"核算。A 公司应编制如下会计分录：

(1) 收到预付的货款时：

　　借：银行存款　　　　　　　　　　　　　　　　　　　　　　　　140 000
　　　　贷：应收账款——B 公司　　　　　　　　　　　　　　　　　　　　140 000

(2) 向 B 公司发出商品,开出发票账单时:

借:应收账款——B 公司 280 800
　　贷:主营业务收入 240 000
　　　　应交税费——应交增值税(销项税额) 40 800

(3) 收到 B 公司补付的货款时:

借:银行存款 140 800
　　贷:应收账款——B 公司 140 800

活动 7.3.4　其他应付款

一、其他应付款的概念

其他应付款是指企业应付票据、应付账款、预收账款、应付职工薪酬、应交税费、应付股利等经营活动以外的其他各项应付、暂收的款项,如应付租入包装物租金、存入保证金等。

二、其他应付款的账户设置

"其他应付款"账户贷方登记发生的各种应付、暂收款项,借方登记偿还或转销的各种应付、暂收款项,期末余额在贷方,反映企业应付未付的其他应付款项。

三、其他应付款的账务处理

其他应付款的账务处理如表 7-8 所示。

表 7-8　　　　　　　　　　其他应付款的账务处理

业务内容	会计分录
企业发生其他各种应付、暂收款项	借:管理费用等 　　贷:其他应付款
支付或退回其他各种应付、暂收款项	借:其他应付款 　　贷:银行存款等

【例 7-10】　A 公司从 2022 年 1 月 5 日起租入 B 公司的一栋仓库,租期 3 个月,每月租金为 15 000 元,租金于租赁期满时一次性支付。A 公司应编制如下会计分录:

(1) 1 月计提租金时:

借:管理费用 15 000
　　贷:其他应付款 15 000

(2) 2 月计提租金的账务处理同 1 月。

(3) 3 月租赁期满时支付租金:

借:其他应付款 30 000
　　管理费用 15 000
　　贷:银行存款 45 000

考一考

(单项选择题)下列事项中,不记入"其他应付款"账户的是( )。

A. 无力支付到期的银行承兑汇票　　B. 销售商品收取的包装物押金
C. 应付租入包装物的租金　　　　　　D. 应付经营租赁固定资产租金

【正确答案】　A

【答案解析】　选项 A,计入短期借款,借记应付票据,贷记短期借款。

任务 7.4　应付职工薪酬

活动 7.4.1　应付职工薪酬概述

一、应付职工薪酬的概念

应付职工薪酬是指企业为获得职工提供的服务而给予各种形式的职工薪酬。

二、应付职工薪酬的内容

应付职工薪酬包括短期职工薪酬和长期职工薪酬。

(一) 短期职工薪酬

1. 概念

短期职工薪酬是指企业预期在职工提供相关服务的年度报告期间结束后 12 个月内将全部予以支付的职工薪酬,因解除与职工的劳动关系给予的补偿除外。因解除与职工的劳动关系给予的补偿属于辞退福利的范畴。

2. 内容

短期职工薪酬包括货币性职工薪酬和非货币性职工薪酬,具体内容有:①职工工资、奖金、津贴和补贴。②职工福利费。③养老保险费、医疗保险费、失业保险费、工伤保险费、住房公积金、工会经费、职工教育经费等国家规定计提标准的职工薪酬。④短期带薪缺勤。⑤短期利润分享计划。⑥其他短期薪酬。

(二) 长期职工薪酬

1. 概念

长期职工薪酬是指企业为获得职工提供的服务或解除劳动关系而给予各种形式的报酬或补偿。

2. 内容

长期职工薪酬包括的内容有:①离职后福利。②辞退福利。③其他长期职工福利。

考一考

(多项选择题)下列各项中,应通过"应付职工薪酬"账户核算的有( )。

A. 支付职工的工资、奖金及津贴　　　　B. 按规定计提的职工教育经费
C. 向职工发放的福利费　　　　　　　　D. 职工出差报销的差旅费

【正确答案】　ABC
【答案解析】　职工出差报销的差旅费应当计入管理费用中。

三、应付职工薪酬的账户设置

"应付职工薪酬"账户的贷方登记已分配计入有关成本费用项目的职工薪酬,借方登记实际发放的职工薪酬(包括扣还的款项等),期末余额在贷方,反映企业应付未付的职工薪酬。企业在核算时,应按照工资、职工福利费、非货币性福利、社会保险费、住房公积金、工会经费、职工教育经费、带薪缺勤、利润分享计划、设定提存计划、设定受益计划、辞退福利等职工薪酬项目设置明细账进行明细核算。

活动 7.4.2　短期职工薪酬

一、货币性职工薪酬

(一) 工资、奖金、津贴和补贴

工资、奖金、津贴和补贴的账务处理如表 7-9 所示。

表 7-9　　　　　　　　　　工资、奖金、津贴和补贴的账务处理

业务内容	会计分录
计提货币性职工薪酬	借：管理费用(或生产成本、销售费用、制造费用、合同履约成本等) 　　贷：应付职工薪酬——工资
支付职工薪酬	借：应付职工薪酬——工资 　　贷：银行存款 　　　　其他应收款(扣还代垫的各种款项) 　　　　应交税费——应交个人所得税(代扣个人所得税)

【例 7-11】　A 公司当月应付工资总额为 75 万元,其中：生产人员工资为 45 万元,车间管理人员工资为 11 万元,企业行政管理人员工资为 10 万元,专设销售机构人员工资为 9 万元。A 公司应编制如下会计分录：

借：生产成本　　　　　　　　　　　　　　　　　　　　　　　　450 000
　　制造费用　　　　　　　　　　　　　　　　　　　　　　　　110 000
　　管理费用　　　　　　　　　　　　　　　　　　　　　　　　100 000
　　销售费用　　　　　　　　　　　　　　　　　　　　　　　　 90 000
　　贷：应付职工薪酬——工资　　　　　　　　　　　　　　　　750 000

【例 7-12】　承[例 7-11],A 公司根据"工资费用分配汇总表"结算本月应付职工工资总额。其中：企业代扣职工房租 1.5 万元,代垫职工家属医药费 0.9 万元,代扣个人所得税 0.2 万元,实发工资 72.4 万元。A 公司应编制如下会计分录：

(1) 代垫款项时：

借：应付职工薪酬——工资　　　　　　　　　　　　　　　　　　　26 000
　　贷：其他应收款——职工房租　　　　　　　　　　　　　　　　15 000
　　　　　　　　　　——代垫医药费　　　　　　　　　　　　　　9 000
　　　　应交税费——应交个人所得税　　　　　　　　　　　　　　2 000

(2) 实际发放工资时：

借：应付职工薪酬——工资　　　　　　　　　　　　　　　　　　　726 000
　　贷：银行存款　　　　　　　　　　　　　　　　　　　　　　　726 000

(二) 职工福利费

职工福利费的账务处理如表7-10所示。

表7-10　　　　　　　　　　　职工福利费的账务处理

业务内容	会计分录
计提职工福利费	借：管理费用(或生产成本、销售费用、制造费用等) 　　贷：应付职工薪酬——职工福利费
支付职工福利费	借：应付职工薪酬——职工福利费 　　贷：银行存款

【例7-13】　A公司下设一所职工食堂，每月根据在岗职工数量及岗位分布情况、相关历史经验数据等计算需要补贴食堂的金额，从而确定企业每期因补贴职工食堂需要承担的福利费金额。2023年1月，公司管理部门共10人，生产车间生产人员共70人，每个职工每月需补贴食堂200元，月末时A公司支付16 000元给职工食堂。A公司应编制如下会计分录：

(1) 计提职工食堂补贴时：

借：管理费用　　　　　　　　　　　　　　　　　　　　　　　　　2 000
　　制造费用　　　　　　　　　　　　　　　　　　　　　　　　　14 000
　　贷：应付职工薪酬——职工福利费　　　　　　　　　　　　　　16 000

(2) 支付职工食堂补贴时：

借：应付职工薪酬——职工福利费　　　　　　　　　　　　　　　　16 000
　　贷：银行存款　　　　　　　　　　　　　　　　　　　　　　　16 000

(三) 国家规定计提标准的职工薪酬

1. 国家规定计提标准的职工薪酬的内容

国家规定计提标准的职工薪酬包括社会保险费、住房公积金、工会经费、职工教育经费。

(1) 社会保险费包括医疗保险费、养老保险费、失业保险费、工伤保险费。企业承担的社会保险费，除了养老保险费和失业保险费按规定确认为离职后福利，其他的社会保险费应作为企业的短期薪酬。

(2) 住房公积金分为职工所在单位为职工缴存和职工个人缴存两部分，但其全部属于职工个人所有。

(3) 根据《中华人民共和国工会法》的规定，企业应按每月全部职工工资总额的2%向工会拨缴经费,主要用于为职工服务和工会活动。职工教育经费一般由企业按照每月工资总额的8%计提,主要用于职工接受岗位培训、继续教育等方面的支出。

2. 国家规定计提标准的职工薪酬的账务处理

国家规定计提标准的职工薪酬的账务处理如表 7-11 所示,这里以社会保险费为例。

表 7-11　　　　　　　　国家规定计提标准的职工薪酬的账务处理

业务内容	会计分录
计提社会保险费	借:管理费用(或生产成本、销售费用、制造费用等) 　贷:应付职工薪酬——社会保险费
支付社会保险费	借:应付职工薪酬——社会保险费 　贷:银行存款

住房公积金、工会经费、职工教育经费的账务处理与社会保险费相同。

【例 7-14】　承[例 7-11],A 公司根据国家规定的计提标准计算,当月应向社会保险经办机构缴纳职工社会保险费共计 11.1 万元,其中,应计入生产成本 6.9 万元,应计入制造费用 1.6 万元,应计入管理费用 1.4 万元,应计入销售费用 1.2 万元。A 公司应编制如下会计分录:

```
借:生产成本                                      69 000
   制造费用                                      16 000
   管理费用                                      14 000
   销售费用                                      12 000
   贷:应付职工薪酬——社会保险费                  111 000
```

承[例 7-14],若社会保险费换为住房公积金、工会经费、职工教育经费,该如何进行账务处理?

(四) 短期带薪缺勤

短期带薪缺勤包括累积带薪缺勤和非累积带薪缺勤。

1. 累积带薪缺勤

累积带薪缺勤是指带薪权利可以结转下期的带薪缺勤。本期尚未用完的带薪缺勤权利可以在未来期间使用。企业应当在职工提供了服务从而增加了其未来享有的带薪缺勤权利时,确认与累积带薪缺勤相关的职工薪酬,并以累积未行使权利而增加的预期支付金额计量。有关账务处理如下:

```
借:管理费用(或生产成本、销售费用、制造费用等)
   贷:应付职工薪酬——带薪缺勤——短期带薪缺勤——累积带薪缺勤
```

【例 7-15】　A 公司共有 600 名职工,该公司实行累积带薪缺勤制度。该制度规定,每个职工每年可享受 5 个工作日带薪休假,未使用的休假只能向后结转一个公历年度,超过 1 年未使用的权利作废;职工休假是以先从当年可享受的权利中扣除,再从上年结转的带薪休假余额中扣除;职工离开公司时,公司对职工未使用的累积带薪休假不支付现金。

2022 年年末,每个职工当年平均未使用带薪病假为 2 天。预期该情况将延续,A 公司预计

2023年有570名职工将享受不超过5天的带薪病假,剩余30名职工每人将平均享受6.5天休假,假定这30名职工全部为总部各部门经理,A公司平均每名职工每个工作日工资为300元。

A公司在2022年年末应当预计由于职工累积未使用的带薪休假权利而导致的预期支付的追加金额,即相当于45天(30×1.5)的休假工资13 500元(45×300)。A公司应编制如下会计分录:

借:管理费用　　　　　　　　　　　　　　　　　　　　　　　　　　　　　　　13 500
　　贷:应付职工薪酬——带薪缺勤——短期带薪缺勤——累积带薪缺勤　　　　　13 500

2. 非累积带薪缺勤

非累积带薪缺勤是指带薪权利不能结转下期的带薪缺勤。本期尚未用完的带薪缺勤权利将予以取消,并且职工离开企业时也无权获得现金支付。我国企业职工休婚假、产假、丧假、探亲假、病假期间的工资通常属于非累积带薪缺勤。

在通常情况下,与非累积带薪缺勤相关的职工薪酬已经包括在企业每期向职工发放的工资等薪酬中,因此,不必额外作相应的账务处理。

二、非货币性职工薪酬

非货币性职工薪酬的账务处理如表7-12所示。

表7-12　　　　　　　　　非货币性职工薪酬的账务处理

业务内容		会计分录
企业以其自产产品作为非货币性福利发放给职工	视同销售,确认收入	借:应付职工薪酬——非货币性福利 　　贷:主营业务收入 　　　　应交税费——应交增值税(销项税额)
	结转产品成本	借:主营业务成本 　　贷:库存商品
	确认应付职工薪酬	借:生产成本 　　　管理费用 　　　销售费用等 　　贷:应付职工薪酬——非货币性福利
将企业拥有的房屋等资产无偿提供给职工使用	确认应付职工薪酬时	借:管理费用(或生产成本、制造费用等) 　　贷:应付职工薪酬——非货币性福利
	计提折旧时	借:应付职工薪酬——非货币性福利 　　贷:累计折旧
租赁住房等资产供职工无偿使用	确认应付职工薪酬时	借:管理费用(或生产成本、制造费用等) 　　贷:应付职工薪酬——非货币性福利
	支付房租时	借:应付职工薪酬——非货币性福利 　　贷:银行存款

【例7-16】　A公司是一家小型家电生产企业,下属员工共有180名,其中150名为生产工人,30名为行政管理人员。2022年年初,A公司决定将自产产品焖烧锅作为职工福利发放给每位职工,该自产产品的生产成本为每台600元,市场售价为每台850元。A公司适用的增值税税率为13%。A公司应编制如下会计分录:

(1)将自产产品作为非货币性职工福利,视同销售,确认收入时:

借：应付职工薪酬——非货币性福利　　　　　　　　　　　　　　　172 890
　　　贷：主营业务收入　　　　　　　　　　　　　　　　　　　　153 000
　　　　　应交税费——应交增值税（销项税额）　　　　　　　　　 19 890

（2）结转自产产品成本时：

借：主营业务成本　　　　　　　　　　　　　　　　　　　　　　 108 000
　　　贷：库存商品　　　　　　　　　　　　　　　　　　　　　　108 000

（3）确认应付职工薪酬时：

借：生产成本　　　　　　　　　　　　　　　　　　　　　　　　 144 075
　　管理费用　　　　　　　　　　　　　　　　　　　　　　　　 28 815
　　　贷：应付职工薪酬——非货币性福利　　　　　　　　　　　　172 890

【例7-17】A公司有中层管理人员15名，高级管理人员4名。为了留住中高层管理人才，A公司决定为中层管理人员每人提供一辆轿车免费使用，假定每辆轿车每月应计提折旧1 000元；为高级管理人员每人提供一套租赁住房免费使用，住房月租金为每套3 000元。A公司应编制如下会计分录：

（1）每月确认提供轿车的非货币性福利时：

借：管理费用　　　　　　　　　　　　　　　　　　　　　　　　 15 000
　　　贷：应付职工薪酬——非货币性福利　　　　　　　　　　　　 15 000

（2）每月计提折旧时：

借：应付职工薪酬——非货币性福利　　　　　　　　　　　　　　 15 000
　　　贷：累计折旧　　　　　　　　　　　　　　　　　　　　　　 15 000

（3）每月确认租赁住房的非货币性福利时：

借：管理费用　　　　　　　　　　　　　　　　　　　　　　　　 12 000
　　　贷：应付职工薪酬——非货币性福利　　　　　　　　　　　　 12 000

（4）每月支付住房租金时：

借：应付职工薪酬——非货币性福利　　　　　　　　　　　　　　 12 000
　　　贷：银行存款　　　　　　　　　　　　　　　　　　　　　　 12 000

考一考

（单项选择题）A公司将自产商品100件作为福利发放给职工，每台商品成本为0.5万元，市场售价为0.8万元（不含增值税），该公司适用的增值税税率为13%。假定不考虑其他因素，A公司应确认的"应付职工薪酬"为（　　）万元。

A. 58.5　　　　　　B. 90.4　　　　　　C. 50　　　　　　D. 80

【正确答案】　B

【答案解析】　应确认的应付职工薪酬＝100×0.8×(1＋13%)＝90.4(万元)。

活动 7.4.3　长期职工薪酬

一、离职后福利

（一）相关概念

离职后福利是指企业为获得职工提供的服务而在职工退休或与企业解除劳动关系后，提供的各种形式的报酬和福利，如职工离职后享受的待业、养老保险、企业年金、人寿保险、医疗保障等。

离职后福利计划是指企业与职工就离职后福利达成的协议，或者企业为向职工提供离职后福利制定的规章或办法等。离职后福利计划分为设定提存计划和设定受益计划。其中，设定提存计划是指企业向独立的基金缴存固定费用后，不再承担进一步支付义务的离职后福利计划，如职工缴纳的养老保险、失业保险等社会保险费用；设定受益计划是指设定提存计划之外的其他计划。

（二）账务处理

离职后福利的账务处理如表 7-13 所示。

表 7-13　　　　　　　　　　　离职后福利的账务处理

业务内容	会计分录
计提离职后福利	借：管理费用（或生产成本、销售费用、制造费用等） 　　贷：应付职工薪酬——设定提存计划
支付离职后福利	借：应付职工薪酬——设计提存计划 　　贷：银行存款

【**例 7-18**】　A 公司根据所在地政府规定，按照职工工资总额的 12％计提基本养老保险费，缴存当地社会保障机构。A 公司当月缴存的基本养老保险费，应计入生产成本的金额为 20 万元，应计入制造费用的金额为 12 万元，应计入管理费用的金额为 18 万元。A 公司应编制如下会计分录：

（1）计提离职后养老保险：

　　借：生产成本　　　　　　　　　　　　　　　　　　　　　　　200 000
　　　　制造费用　　　　　　　　　　　　　　　　　　　　　　　120 000
　　　　管理费用　　　　　　　　　　　　　　　　　　　　　　　180 000
　　　　　贷：应付职工薪酬——设定提存计划（基本养老保险）　　500 000

（2）支付离职后养老保险：

　　借：应付职工薪酬——设定提存计划（基本养老保险）　　　　　500 000
　　　　贷：银行存款　　　　　　　　　　　　　　　　　　　　　500 000

二、辞退福利

（一）概念及内容

辞退福利是指企业在职工劳动合同到期之前解除与职工的劳动关系，或者为鼓励职工自愿接受裁减而给予职工的补偿。它包括解除劳动关系时一次性补偿支付、提高退休后养老金、提高其他离职后福利标准等。

(二)账务处理

企业向职工提供辞退福利的,应当在"企业不能单方面撤回因解除劳动关系或裁减所提供的辞退福利时"和"企业确认涉及支付辞退福利的重组相关的成本或费用时"两者孰早日,确认辞退福利产生的职工薪酬负债,并计入当期损益。辞退福利的账务处理如表 7-14 所示。

表 7-14　　　　　　　　　　　　辞退福利的账务处理

业务内容	会计分录
企业按照辞退计划条款的规定,预计并确认辞退福利产生的应付职工薪酬时	借:管理费用 　　贷:应付职工薪酬——辞退福利
企业实际支付辞退福利时	借:应付职工薪酬——辞退福利 　　贷:银行存款

【例 7-19】　A 公司为实现转产制订一项辞退计划,决定从 2022 年年初起辞退企业的部分员工。辞退计划准备辞退一般技工 10 人,计划补偿金额为 5 万元/人;辞退高级技工 5 人,计划补偿金额为 8 万元/人;辞退车间管理人员 2 名,计划补偿金额为 7.5 万元/人。针对辞退福利业务,A 公司应编制如下会计分录:

(1)确认辞退福利时:

应确认的辞退福利=10×5+5×8+2×7.5=105(万元)

借:管理费用　　　　　　　　　　　　　　　　　　　　　　　　　1 050 000
　　贷:应付职工薪酬——辞退福利　　　　　　　　　　　　　　　　　　1 050 000

(2)实际支付辞退福利时:

借:应付职工薪酬——辞退福利　　　　　　　　　　　　　　　　　1 050 000
　　贷:银行存款　　　　　　　　　　　　　　　　　　　　　　　　　1 050 000

(单项选择题)下列各项中,属于职工薪酬的有(　　)。

A. 职工福利费　　　　　　　　　　　　B. 辞退福利
C. 离职后福利　　　　　　　　　　　　D. 给予职工配偶、子女的福利

【正确答案】　ABCD

【答案解析】　企业提供给职工配偶和子女的福利,也属于职工薪酬。

三、其他长期职工福利

(一)概念及内容

长期职工福利是指短期薪酬、离职后福利和辞退福利以外的其他所有职工福利。它包括长期带薪缺勤、其他长期服务福利、长期残疾福利、长期利润分享计划、长期奖金计划等。

(二)账务处理

企业向职工提供的其他长期职工福利,符合设定提存计划条件的,应当按照设定提存计划的有关规定进行账务处理;符合设定受益计划条件的,应当按照设定受益计划的有关规定进行账务处理。

任务 7.5　应交税费

活动 7.5.1　应交税费概述

一、应交税费的内容

我国现行征收的税费包括增值税、消费税、城市维护建设税、教育费附加、地方教育附加、资源税、城镇土地使用税、企业所得税、个人所得税、土地增值税、房产税、车船税、土地使用税、契税等。

二、应交税费的账户设置

"应交税费"账户贷方登记应交纳的各种税费,借方登记实际交纳的税费,期末余额在贷方,反映企业尚未交纳的税费;期末余额在借方,反映企业多交或尚未抵扣的税费。

活动 7.5.2　应交增值税

一、增值税的概念

增值税是以商品(含应税劳务、应税行为)在流转过程中实现的增值额作为计税依据而征收的一种流转税。

二、增值税的征税范围

增值税的征收范围包括以下几项:
(1) 销售货物。
(2) 应税劳务,即提供加工修理修配劳务。
(3) 销售应税服务,即交通运输业服务、邮政服务、电信服务、金融服务、现代服务、生活服务。
(4) 应税行为,即销售无形资产和不动产。
(5) 销售进口货物。

三、增值税纳税人的分类

(一) 一般纳税人

一般纳税人是指年销售额达到国家规定标准、会计核算健全、能够按规定准确提供税务资料的企业单位。一般纳税人按规定进行登记后,原则上不能再转为小规模纳税人。

(二) 小规模纳税人

小规模纳税人是指年销售额在规定标准以下,并且会计核算不健全,不能按规定报送会计资料,实行简易计税办法征收增值税的纳税人。

四、增值税计税方法

(一) 一般计税方法

一般纳税人适用一般计税方法计算交纳增值税。一般计税方法的应纳税额,是指当期销项税额抵扣当期进项税额后的余额。有关计算公式如下:

$$应纳税额 = 当期销项税额 - 当期进项税额$$
$$销项税额 = 销售额 \times 税率$$

如果企业采用价税合并定价销售时,应将价税分离后,再计算销项税额,按照下列公式计算销售额:

$$销售额 = 含税销售额 \div (1 + 增值税税率)$$

(二) 简易计税方法

小规模纳税人适用简易计税方法计算交纳增值税。简易计税方法的应纳税额,是指按照销售额和增值税征收率计算的增值税额,不得抵扣进项税额。有关计算公式如下:

$$应纳税额 = 销售额 \times 征收率$$

简易计税方法的销售额不包括其应纳税额,纳税人采用销售额和应纳税额合并定价方法的,按照下列公式计算销售额:

$$销售额 = 含税销售额 \div (1 + 征收率)$$

五、增值税税率

一般纳税人采用的税率有13%、9%、6%和零税率。

(1) 一般纳税人销售货物、劳务、有形动产租赁服务或者进口货物,适用税率为13%。

(2) 一般纳税人销售或者进口粮食等农产品、食用植物油、食用盐、自来水、暖气、冷气、热水、煤气、石油液化气、天然气、二甲醚、沼气、居民用煤炭制品、图书、报纸、杂志、音像制品、电子出版物、饲料、化肥、农药、农机、农膜以及国务院及其有关部门规定的其他货物,适用税率为9%;提供交通运输、邮政、基础电信、建筑、不动产租赁服务,销售不动产,转让土地使用权,适用税率为9%。

(3) 一般纳税人的其他应税行为,适用税率为6%。

(4) 一般纳税人出口货物,适用税率为零;但是,国务院另有规定的除外。境内单位和个人发生的跨境应税行为税率为零,具体范围由财政部和国家税务总局另行规定。

六、准予从销项税额中抵扣的进项税额

准予从销项税额中抵扣的进项税额有以下几种:
(1) 从销售方取得的增值税专用发票上注明的增值税进项税额。

(2) 从海关取得的完税凭证上注明的增值税进项税额。

(3) 农产品收购发票或销售发票乘以扣除率计算的进项税额。

(4) 境外提供应税服务取得税收缴款凭证上注明的进项税额。

(5) 一般纳税人支付的道路通行费,凭增值税电子普通发票上注明的收费金额和规定的方法计算的可抵扣的增值税进项税额,如桥、闸通行费。

(6) 当期销项税额小于当期进项税额不足抵扣时,其不足部分可以结转下期继续抵扣。

七、增值税一般纳税人

(一) 应交增值税的相关账户设置

应交增值税的相关账户设置如表 7-15 所示。

表 7-15　　　　　　　　　　应交增值税的相关账户设置

账户名称	核算内容
应交税费——应交增值税(进项税额)	一般纳税人购进货物、加工修理修配劳务、服务、无形资产或不动产而支付或负担的、准予从当期销项税额中抵扣的增值税税额
应交税费——应交增值税(销项税额抵减)	一般纳税人按照现行增值税制度规定因扣减销售额而减少的销项税额
应交税费——应交增值税(已交税金)	一般纳税人当月已交纳的应交增值税税额
应交税费——应交增值税[转出未(多)交增值税]	一般纳税人月度终了转出当月应交未交(多交)的增值税税额
应交税费——应交增值税(减免税款)	一般纳税人按现行增值税制度规定准予减免的增值税税额
应交税费——应交增值税(出口抵减内销产品应纳税额)	实行"免、抵、退"办法的一般纳税人按规定计算的出口货物的进项税抵减内销产品的应纳税额
应交税费——应交增值税(销项税额)	一般纳税人销售货物、加工修理修配劳务、服务、无形资产或不动产应收取的增值税税额
应交税费——应交增值税(出口退税)	一般纳税人出口货物、加工修理修配劳务、服务、无形资产按规定退回的增值税税额
应交税费——应交增值税(进项税额转出)	一般纳税人购进货物、加工修理修配劳务、服务、无形资产或不动产等发生非正常损失以及其他原因而不应从销项税额中抵扣、按规定转出的进项税额

(二) 其他与应交增值税相关账户的设置

其他与应交增值税相关账户的设置如表 7-16 所示。

表 7-16　　　　　　　　　其他与应交增值税相关账户的设置

账户名称	核算内容
应交税费——未交增值税	一般纳税人月度终了从"应交增值税"或"预交增值税"明细账户转入当月应交未交、多交或预交的增值税税额,以及当月交纳以前期间未交的增值税税额
应交税费——预交增值税	一般纳税人转让不动产、提供不动产经营租赁服务、提供建筑服务、采用预收款方式销售自行开发的房地产项目等,按现行增值税制度规定应预交的增值税税额
应交税费——待抵扣进项税	一般纳税人已取得增值税扣税凭证并经税务机关认证,按照现行增值税制度规定准予以后期间从销项税额中抵扣的进项税额

(续表)

账户名称	核算内容
应交税费——待认证进项税额	一般纳税人由于未取得增值税扣税凭证或未经税务机关认证而不得从当期销项税额中抵扣的进项税额
应交税费——待转销项税额	一般纳税人销售货物、加工修理修配劳务、服务、无形资产或不动产,已确认相关收入(或利得)但尚未发生增值税纳税义务而需于以后期间确认为销项税额的增值税税额
应交税费——简易计税	一般纳税人采用简易计税方法发生的增值税计提、扣减、预缴、交纳等业务的增值税税额
应交税费——转让金融商品应交增值税	增值税纳税人转让金融商品发生的增值税税额
应交税费——代扣代交增值税	增值税纳税人购进在境内未设经营机构的境外单位或个人在境内的应税行为代扣代交的增值税税额

考一考

(多项选择题)下列关于"应交税费"账户的表述中,正确的有( )。

A. 借方登记实际交纳的税费
B. 期末余额一般在贷方,反映企业尚未交纳的税费
C. 贷方登记应交纳的各种税费
D. 不可能出现借方余额

【正确答案】 ABC
【答案解析】 "应交税费"账户如果出现借方余额,反映企业多交或尚未抵扣的税费。

(三) 取得资产、接受劳务或者服务

取得资产、接受劳务或者服务的业务中有关增值税的账务处理有以下几种情况。

1. 购进货物、加工修理修配劳务、服务、无形资产、不动产等

购进货物、加工修理修配劳务、服务、无形资产、不动产等的有关账务处理如下:

借:材料采购[或在途物资、原材料、库存商品、生产成本、管理费用、无形资产、固定资产等]
　　应交税费——应交增值税(进项税额)[当月已认证可抵扣的增值税税额]
　　应交税费——待抵扣进项税额[当月未认证可抵扣的增值税税额]
贷:银行存款[或应付账款、应付票据等]

【例 7-20】 A 公司为增值税一般纳税人,销售商品适用的增值税税率为 13%,原材料按实际成本核算,销售商品价格为不含增值税的价格。2022 年 11 月,A 公司发生交易或事项以及应编制的会计分录如下:

(1) 1 日,购入原材料一批,增值税专用发票上注明的价款为 100 000 元,增值税税额为 13 000 元,材料尚未到达,全部款项已用银行存款支付。

借:在途物资　　　　　　　　　　　　　　　　　　　　　　　　100 000
　　应交税费——应交增值税(进项税额)　　　　　　　　　　　　 13 000
　　贷:银行存款　　　　　　　　　　　　　　　　　　　　　　　　113 000

(2) 5 日,收到 1 日购入的原材料并验收入库,实际成本总额为 80 000 元。同日,与运输

公司结清运输费用,增值税专用发票上注明的运输费用为 5 000 元,增值税税额为 450 元,运输费用和增值税税额已用转账支票付讫。

借:原材料　　　　　　　　　　　　　　　　　　　　　　　　　85 000
　　应交税费——应交增值税(进项税额)　　　　　　　　　　　　　450
　　贷:银行存款　　　　　　　　　　　　　　　　　　　　　　　　　5 450
　　　　在途物资　　　　　　　　　　　　　　　　　　　　　　　　80 000

(3) 10 日,购入不需要安装的生产设备一台,增值税专用发票上注明的价款为 20 000 元,增值税税额为 2 600 元,款项尚未支付。

借:固定资产　　　　　　　　　　　　　　　　　　　　　　　　　20 000
　　应交税费——应交增值税(进项税额)　　　　　　　　　　　　 2 600
　　贷:应付账款　　　　　　　　　　　　　　　　　　　　　　　　 22 600

(4) 15 日,购入农产品一批,农产品收购发票上注明的买价为 100 000 元,规定的扣除率为 9%,货物尚未到达,价款已用银行存款支付。

进项税额=购买价款×扣除率=100 000×9%=9 000(元)

借:在途物资　　　　　　　　　　　　　　　　　　　　　　　　　91 000
　　应交税费——应交增值税(进项税额)　　　　　　　　　　　　 9 000
　　贷:银行存款　　　　　　　　　　　　　　　　　　　　　　　　100 000

(5) 25 日,公司管理部门委托外单位修理机器设备,取得对方开具的增值税专用发票上注明的修理费用为 20 000 元,增值税税额为 2 600 元,款项已用银行存款支付。

借:管理费用　　　　　　　　　　　　　　　　　　　　　　　　　20 000
　　应交税费——应交增值税(进项税额)　　　　　　　　　　　　 2 600
　　贷:银行存款　　　　　　　　　　　　　　　　　　　　　　　　 22 600

2. 货物等已验收入库但尚未取得增值税扣税凭证

货物等已验收入库但尚未取得增值税扣税凭证的账务处理如表 7-17 所示。

表 7-17　　　　货物等已验收入库但尚未取得增值税扣税凭证的账务处理

业务内容	会计分录
应按货物清单或相关合同协议上的价格暂估入账	借:原材料[或库存商品、无形资产、固定资产等] 　　贷:应付账款——暂估应付账款
下月初红字冲销	借:原材料[或库存商品、无形资产、固定资产等][红字] 　　贷:应付账款——暂估应付账款[红字]
待取得相关增值税扣税凭证并经认证后	借:原材料[或库存商品、无形资产、固定资产等] 　　应交税费——应交增值税(进项税额) 　　贷:银行存款[或应付账款、应付票据等]

【例 7-21】　2022 年 5 月 25 日,A 公司购进原材料一批已验收入库,但尚未收到增值税扣税凭证,款项也未支付,随货同行的材料清单列明的原材料销售价格为 34 万元。6 月 1 日,A 公司收到该原材料增值税专用发票。A 公司应编制如下会计分录:

(1) 2022 年 5 月 25 日，暂估入账时：

借：原材料 340 000
    贷：应付账款——暂估应付账款 340 000

(2) 2022 年 6 月 1 日，红字冲销时：

借：原材料 340 000[红字]
    贷：应付账款——暂估应付账款 340 000[红字]

(3) 取得相关增值税扣税凭证并经认证后：

借：原材料 340 000
    应交税费——应交增值税（进项税额） 44 200
    贷：银行存款 384 200

3. 进项税额转出

进项税额转出的账务处理如表 7-18 所示。

表 7-18　　　　　　　　进项税额转出的账务处理

业务内容		会计分录
购进的货物发生非正常损失（不含自然灾害造成的损失），包括管理不善被盗、丢失、霉烂变质的损失，以及被执法部门没收或强令没收、销毁、拆除的情况		借：待处理财产损溢[或应付职工薪酬、固定资产、无形资产等] 　　贷：应交税费——应交增值税（进项税额转出） [或应交税费——待抵扣进项税额、应交税费——待认证进项税额]
已单独确认进项税额的购进货物、加工修理修配劳务或服务、无形资产或不动产但其事后改变用途，如用于简易方法计税项目、免征增值税项目、集体福利或者个人消费的非增值税应税项目等	取得增值税专用发票时	借：库存商品[或原材料等] 　　应交税费——待认证进项税额 　　贷：银行存款
	经税务机关认证增值税进项税额不可抵扣时	借：应交税费——应交增值税（进项税额） 　　贷：应交税费——待认证进项税额 同时： 借：库存商品[或原材料等资产或者成本费用] 　　贷：应交税费——应交增值税（进项税额转出）

【例 7-22】　A 公司 2022 年 11 月发生的进项税额转出事项如下：

(1) 5 日，由于管理不善造成部分库存原材料发生损失，经确认该部分原材料的成本为 30 000 元，增值税税额为 3 900 元。

借：待处理财产损溢——待处理流动资产损溢 33 900
    贷：原材料 30 000
        应交税费——应交增值税（进项税额转出） 3 900

(2) 10 日，领用一批原材料用于发放职工集体福利，经确认该批原材料的成本为 50 000 元，购入时已抵扣增值税进项税额为 6 500 元。

借：应付职工薪酬——职工福利费 56 500
    贷：原材料 50 000
        应交税费——应交增值税（进项税额转出） 6 500

 考一考

（判断题）属于转作待处理财产损失的进项税额,应与非正常损失的购进货物、在产品或库存商品、固定资产或无形资产的成本一并处理。   （　）

【正确答案】 √

【答案解析】 参考[例 7-21]。

【例 7-23】 2022 年 6 月 28 日,A 公司外购空调扇 200 台作为福利发放给直接从事生产的职工,取得的增值税专用发票上注明的价款为 100 000 元、增值税税额为 13 000 元,以银行存款支付了购买空调扇的价款和增值税进项税额,增值税专用发票尚未经税务机关认证。A 公司应编制如下会计分录：

(1) 购入时：

借：库存商品——空调扇　　　　　　　　　　　　　　　　　　　100 000
　　应交税费——待认证进项税额　　　　　　　　　　　　　　　　 13 000
　　　贷：银行存款　　　　　　　　　　　　　　　　　　　　　　　113 000

(2) 经税务机关认证不可抵扣时：

借：应交税费——应交增值税(进项税额)　　　　　　　　　　　　 13 000
　　　贷：应交税费——待认证进项税额　　　　　　　　　　　　　　 13 000

同时：

借：库存商品——空调扇　　　　　　　　　　　　　　　　　　　 13 000
　　　贷：应交税费——应交增值税(进项税额转出)　　　　　　　　　 13 000

(3) 实际发放时：

借：应付职工薪酬——非货币性福利　　　　　　　　　　　　　　113 000
　　　贷：库存商品——空调扇　　　　　　　　　　　　　　　　　　113 000

(四) 销售业务

1. 企业销售货物、加工修理修配劳务、服务、无形资产或不动产

企业销售货物、加工修理修配劳务、服务、无形资产或不动产的账务处理如表 7-19 所示。

表 7-19　企业销售货物、加工修理修配劳务、服务、无形资产或不动产的账务处理

业务内容		会计分录
销售时		借：银行存款[或应收账款、应收票据等] 　　贷：主营业务收入[或其他业务收入、固定资产清理等] 　　　　应交税费——应交增值税(销项税额)[或应交税费——简易计税]
发生销售退回时		借：主营业务收入[或其他业务收入、固定资产清理等] 　　应交税费——应交增值税(销项税额)[或应交税费——简易计税] 　　贷：银行存款[或应收账款、应收票据等]
会计上收入或利得确认时点先于增值税纳税义务发生时点的	确认收入,增值税待转	借：银行存款[或应收账款、应收票据等] 　　贷：主营业务收入[或其他业务收入] 　　　　应交税费——待转销项税额
	实际发生纳税义务时	借：应交税费——待转销项税额 　　贷：应交税费——应交增值税(销项税额)

【例 7-24】 A 公司向 B 公司销售产品一批,开具的增值税专用发票注明的价款为 46 万元,增值税税额为 5.98 万元,商品已经发出,款项尚未收到。A 公司应编制如下会计分录:

借:应收账款 519 800
　　贷:主营业务收入 460 000
　　　　应交税费——应交增值税(销项税额) 59 800

(单项选择题)交通运输服务适用增值税税率为 9%,某交通运输公司某月提供运输劳务的价税款合计为 763 000 元,则应确认的增值税税额是(　　)元。

A. 60 000　　　　B. 63 000　　　　C. 68 670　　　　D. 70 000

【正确答案】 B

【答案解析】 运输劳务的价款是含税的,要先进行价税分离,再计算相应的增值税。应确认的增值税税额为 63 000 元[763 000÷(1+9%)×9%]。

2. 视同销售行为

企业有些交易和事项按照现行增值税制度规定,应视同对外销售处理,如企业将自产或委托加工的货物用于集体福利或个人消费、作为投资提供给其他单位或个体工商户、分配给股东或投资者、对外捐赠等。其账务处理如下:

借:长期股权投资[或应付职工薪酬、利润分配、营业外支出等]
　　贷:其他业务收入[或库存商品等]
　　　　应交税费——应交增值税(销项税额)

【例 7-25】 A 公司用一批原材料对外进行长期股权投资。该批原材料的入账成本为 32 万元,双方协议价为 36 万元(不含税)。A 公司应编制如下会计分录:

借:长期股权投资 406 800
　　贷:其他业务收入 360 000
　　　　应交税费——应交增值税(销项税额) 46 800

【例 7-26】 A 公司生产的产品对外捐赠,该批产品的实际成本为 100 000 元,市场不含税售价为 130 000 元,开具的增值税专用发票上注明的增值税税额为 16 900 元。

甲公司以自产产品对外捐赠应交的增值税销项税额=130 000×13%=16 900(元)

借:营业外支出 116 900
　　贷:库存商品 100 000
　　　　应交税费——应交增值税(销项税额) 16 900

(多项选择题)一般纳税人企业发生的下列业务中,属于视同销售行为,要计算增值税销项税额的有(　　)。

A. 将自产的产品用于建造办公楼　　　　B. 将自产的产品分配给股东

C. 将外购的材料用于建造厂房　　　　D. 将自产的产品用于集体福利

【正确答案】　BD

【答案解析】　选项BD,视同销售,应确认增值税销项税额;选项AC,办公楼和厂房为固定资产,所以两项业务均属于用于增值税应税项目,不属于视同销售,不确认增值税销项税额。选项A,借记"在建工程"账户,贷记"库存商品"账户。选项B,借记"应付股利"账户,贷记"主营业务收入"账户,贷记"应交税费——应交增值税(销项税额)"账户。选项C,借记"在建工程"账户,贷记"原材料"账户。选项D,借记"应付职工薪酬"账户,贷记"主营业务收入"账户,贷记"应交税费——应交增值税(销项税额)"账户。

(判断题)凡是企业能够计算应交增值税的业务,均应确认收入。　　　　　　(　　)

【正确答案】　×

【答案解析】　参考[例7-25]。

(五) 月末增值税处理

月末增值税处理的账务处理如表7-20所示。

表7-20　　　　　　　　　　月末增值税处理的账务处理

业务内容		会计分录
月末"应交税费——应交增值税"明细账户转入"应交税费——未交增值税"账户	当月应交未交的增值税	借:应交税费——应交增值税(转出未交增值税) 贷:应交税费——未交增值税
	当月多交的增值税	借:应交税费——未交增值税 贷:应交税费——应交增值税(转出多交增值税)
交纳当月的增值税		借:应交税费——应交增值税(已交税金) 贷:银行存款
交纳以前期间未交的增值税		借:应交税费——未交增值税 贷:银行存款

【例7-27】　2023年1月,A公司当月发生的销项税额合计为228 800元,进项税额转出合计为16 400元,进项税额合计为76 290元。A公司应编制如下会计分录:

应交增值税=228 800+16 400-76 290=168 910(元)

(1) 2023年1月,结转增值税时:

借:应交税费——应交增值税(转出未交增值税)　　　　　　　　　　　　168 910
　　贷:应交税费——未交增值税　　　　　　　　　　　　　　　　　　　　　168 910

(2) 2023年2月,交纳增值税时:

借:应交税费——未交增值税　　　　　　　　　　　　　　　　　　　　　168 910
　　贷:银行存款　　　　　　　　　　　　　　　　　　　　　　　　　　　　168 910

（单项选择题）甲企业为增值税一般纳税人，本月发生进项税额 1 300 万元，销项税额 3 900 万元，进项税额转出 39 万元，同时月末以银行存款交纳增值税 1 000 万元，那么本月尚未交纳的增值税为（　　）万元。

　　A. 3 939　　　　　B. 2 639　　　　　C. 2 600　　　　　D. 1 639

【正确答案】　D

【答案解析】　本月尚未交纳的增值税＝销项税额＋进项税额转出－进项税额－已交税金＝3 900＋39－1 300－1 000＝1 639（万元）。

八、增值税小规模纳税人

（一）概述

小规模纳税人核算增值税采用简化的方法，即购进货物、接受应税劳务和应税行为支付的增值税，一律不予抵扣，直接计入有关货物或劳务的成本。

销售货物、提供应税劳务和应税行为时，小规模纳税人按照不含税的销售额和规定的增值税征收率计算应交纳的增值税，但不得开具增值税专用发票。

（二）相关计算公式

一般来说，小规模纳税人采用销售额和应纳税额合并定价的方法并向客户结算款项，销售货物或提供应税劳务后，应进行价税分离，确定不含税的销售额。不含税销售额有关计算公式如下：

$$不含税销售额＝含税销售额÷（1＋征收率）$$
$$应纳税额＝不含税销售额×征收率$$

（三）应交增值税的相关账户设置

小规模纳税人应交增值税的核算，通过在"应交税费"账户下设置"应交增值税"明细账户进行，但不需要设置有关专栏。"应交税费——应交增值税"账户贷方登记应交纳的增值税，借方登记已交纳的增值税。期末余额在贷方，反映企业尚未交纳的增值税；期末余额在借方，反映企业多交纳的增值税。

（四）小规模纳税人的有关增值税业务的账务处理

小规模纳税人的有关增值税业务的账务处理如表 7-21 所示。

表 7-21　　　　　小规模纳税人的有关增值税业务的账务处理

业务内容	会计分录
购进货物或接受应税劳务、应税行为	借：原材料（或库存商品、在途物资、材料采购等） 　　贷：银行存款（或应付账款、应付票据等）
销售货物、提供应税劳务和应税行为	借：银行存款（或应付账款、应付票据等） 　　贷：主营业务收入 　　　　应交税费——应交增值税

【例 7-28】　A 公司为增值税小规模纳税人，适用增值税征收率为 3%，对存货计价按实际

成本核算。2023年1月1日,A公司购入原材料一批,取得的增值税专用发票中注明的货款为55 000元,增值税税额为7 150元,材料已验收入库款项,款项已全部支付;1月5日,销售产品一批,开具的增值税普通发票中注明的货款(含税)为72 100元,款项已经收到;1月8日,通过银行转账支付本月应纳的增值税。A公司应编制如下会计分录:

(1)购入原材料时:

借:原材料　　　　　　　　　　　　　　　　　　　　　　　　　　　62 150
　　贷:银行存款　　　　　　　　　　　　　　　　　　　　　　　　　　62 150

(2)销售产品时:

不含税销售额=含税销售额÷(1+征收率)=72 100÷(1+3%)=70 000(元)

应纳增值税=不含税销售额×征收率=70 000×3%=2 100(元)

借:银行存款　　　　　　　　　　　　　　　　　　　　　　　　　　72 100
　　贷:主营业务收入　　　　　　　　　　　　　　　　　　　　　　　　70 000
　　　　应交税费——应交增值税　　　　　　　　　　　　　　　　　　　2 100

(3)交纳增值税时:

借:应交税费——应交增值税　　　　　　　　　　　　　　　　　　　2 100
　　贷:银行存款　　　　　　　　　　　　　　　　　　　　　　　　　　2 100

活动7.5.3　应交消费税

一、消费税的概念

消费税是指在我国境内生产、委托加工和进口应税消费品的单位和个人,按其流转额交纳的一种税。

二、消费税的征收方法

消费税有从价定率、从量定额和复合计税三种征收方法。从价定率是以不含增值税的销售额和适用的税率计算应纳的消费税;从量定额是以应税消费品的数量和单位税额计算应纳的消费税;复合计税是对应税消费品先征一定的从量定额税,然后再从价征税。

三、应交消费税的账户设置

"应交税费——应交消费税"账户贷方登记应交纳的消费税,借方登记已交纳的消费税。期末余额在贷方,反映企业尚未交纳的消费税;期末余额在借方,反映企业多交纳的消费税。

四、应交消费税的账务处理

(一)销售应税消费品

企业销售应税消费品时有关消费税的账务处理如下:

借:税金及附加
　　贷:应交税费——应交消费税

【例 7-29】 A 公司销售一批应税消费品,款项已经收到。开具的增值税专用发票上注明的价款为 45 万元,增值税税额为 5.85 万元,适用的消费税税率为 30%,不考虑其他相关税费。A 公司应编制如下会计分录:

(1) 实现销售时:

借:银行存款　　　　　　　　　　　　　　　　　　　　　　　　508 500
　　贷:主营业务收入　　　　　　　　　　　　　　　　　　　　　450 000
　　　　应交税费——应交增值税(销项税额)　　　　　　　　　　 58 500

(2) 计提消费税时:

应交消费税税额=450 000×30%=135 000(元)

借:税金及附加　　　　　　　　　　　　　　　　　　　　　　　135 000
　　贷:应交税费——应交消费税　　　　　　　　　　　　　　　 135 000

(二) 自产自用应税消费品

企业将生产的应税消费品用于在建工程、对外投资、职工福利等方面,其有关消费税的账务处理如下:

借:在建工程等
　　贷:应交税费——应交消费税

【例 7-30】 A 公司为建造厂房领用自产产品一批,成本为 66 000 元,涉及的应纳消费税为 7 920 元,假定不考虑其他相关税费。A 公司应编制如下会计分录:

借:在建工程　　　　　　　　　　　　　　　　　　　　　　　　 73 920
　　贷:库存商品　　　　　　　　　　　　　　　　　　　　　　　 66 000
　　　　应交税费——应交消费税　　　　　　　　　　　　　　　　 7 920

【例 7-31】 A 公司领用一批自产产品用于发放职工集体福利,该批产品的成本为 58 000 元,市场价格为 72 000 元(不含增值税),适用的消费税税率为 10%,增值税税率为 13%。A 公司应编制如下会计分录:

(1) 发放福利时:

借:应付职工薪酬　　　　　　　　　　　　　　　　　　　　　　 81 360
　　税金及附加　　　　　　　　　　　　　　　　　　　　　　　　 7 200
　　贷:主营业务收入　　　　　　　　　　　　　　　　　　　　　 72 000
　　　　应交税费——应交增值税(销项税额)　　　　　　　　　　　 9 360
　　　　应交税费——应交消费税　　　　　　　　　　　　　　　　 7 200

(2) 结转产品成本时:

借:主营业务成本　　　　　　　　　　　　　　　　　　　　　　 58 000
　　贷:库存商品　　　　　　　　　　　　　　　　　　　　　　　 58 000

(三) 委托加工应税消费品

委托加工应税消费品的账务处理如表 7-22 所示。

表 7-22　　　　　　　　　　委托加工应税消费品的账务处理

业务内容		会计分录
委托加工物资收回后用于连续生产应税消费品，一般应由受托方代收代交消费税	发出委托加工材料	借：委托加工物资等 　　贷：银行存款[或应付账款等]
	支付加工费、增值税和消费税	借：委托加工物资 　　　应交税费——应交增值税（进项税额） 　　　　　　　　——应交消费税 　　贷：银行存款[或应付账款等]
	收回委托加工物资	借：原材料 　　贷：委托加工物资
委托加工物资收回后，直接用于销售的（售价不高于受托方计税价格），应将受托方代收代交的消费税计入委托加工物资的成本	发出委托加工材料	借：委托加工物资等 　　贷：银行存款[或应付账款等]
	支付加工费、增值税和消费税	借：委托加工物资 　　　应交税费——应交增值税（进项税额） 　　贷：银行存款[或应付账款等]
	收回委托加工物资	借：原材料 　　贷：委托加工物资

【例 7-32】　A 公司委托 B 公司代为加工一批物资，A 公司向 B 公司发出原材料一批，该批材料成本为 120 000 元，A 公司向 B 公司支付加工费 60 000 元，B 公司开出增值税专用发票，由 B 公司代收代交的消费税税额为 20 000 元。材料加工完成后，A 公司收回加工物资并验收入库，各项款项均已支付。A 公司采用实际成本法对存货进行核算，应编制如下会计分录：

（1）若 A 公司收回加工物资继续用于连续生产时：

① A 公司发出委托加工材料时：

借：委托加工物资　　　　　　　　　　　　　　　　　　　　　　　　120 000
　　贷：原材料　　　　　　　　　　　　　　　　　　　　　　　　　　120 000

② A 公司支付加工费、增值税和消费税时：

借：委托加工物资　　　　　　　　　　　　　　　　　　　　　　　　 60 000
　　应交税费——应交增值税（进项税额）(60 000×13%)　　　　　　　 7 800
　　　　　　——应交消费税　　　　　　　　　　　　　　　　　　　 20 000
　　贷：银行存款　　　　　　　　　　　　　　　　　　　　　　　　　87 800

③ A 公司收回委托加工物资时：

借：原材料　　　　　　　　　　　　　　　　　　　　　　　　　　　180 000
　　贷：委托加工物资　　　　　　　　　　　　　　　　　　　　　　 180 000

（2）若 A 公司将收回的委托加工物资直接对外销售：

① A 公司发出委托加工材料时：

借：委托加工物资　　　　　　　　　　　　　　　　　　　　　　　　120 000
　　贷：原材料　　　　　　　　　　　　　　　　　　　　　　　　　　120 000

② A公司支付加工费、增值税和消费税时：

借：委托加工物资　　　　　　　　　　　　　　　　　　　　　　　80 000
　　应交税费——应交增值税（进项税额）(60 000×13％)　　　　 7 800
　　贷：银行存款　　　　　　　　　　　　　　　　　　　　　　　　87 800

③ A公司收回委托加工物资时：

借：原材料　　　　　　　　　　　　　　　　　　　　　　　　　　200 000
　　贷：委托加工物资　　　　　　　　　　　　　　　　　　　　　200 000

（四）进口应税消费品

企业进口应税物资交纳的消费税由海关代征，应交的消费税按照组成计税价格和规定的税率计算，消费税计入该项物资成本。其账务处理如下：

借：材料采购（或在途物资、原材料、库存商品等）
　　贷：银行存款

【例7-33】 A公司进口一批应税消费品，货款完税价格为50万元，关税为6万元，货物报关后，自海关取得的"海关进口消费税专用缴款书"注明的消费税税额为10万元，"海关进口增值税专用缴款书"注明的增值税税额为6.5万元。商品已经验收入库，货款和税款已经用银行存款支付。A公司应编制如下会计分录：

借：库存商品(500 000＋60 000＋100 000)　　　　　　　　　　660 000
　　应交税费——应交增值税（进项税额）　　　　　　　　　　　 65 000
　　贷：银行存款　　　　　　　　　　　　　　　　　　　　　　　725 000

（多项选择题）下列税金中，应计入存货成本的有(　　　)。
A. 由受托方代收代交的委托加工物资直接用于对外销售的商品负担的消费税
B. 由受托方代收代交的委托加工物资继续用于生产应纳消费税的商品负担的消费税
C. 进口原材料交纳的进口关税
D. 小规模纳税企业购买原材料交纳的增值税

【正确答案】 ACD
【答案解析】 参考[例7-32]。

活动7.5.4　其他应交税费

一、其他应交税费的内容

其他应交税费包括资源税、城市维护建设税、土地增值税、房产税、土地使用税、车船税、个人所得税、教育费附加等。

二、应交资源税

(一) 资源税的概念

资源税是对我国境内开采矿产品或者生产盐的单位和个人征收的一种税。

(二) 账务处理

应交资源税的账务处理如表7-23所示。

表7-23 应交资源税的账务处理

业务内容	会计分录
企业对外销售应税产品应交纳的资源税	借:税金及附加 贷:应交税费——应交资源税
自产自用应税产品应交纳的资源税	借:生产成本(或制造费用等) 贷:应交税费——应交资源税
交纳资源税时	借:应交税费——应交资源税 贷:银行存款

【例7-34】 A公司本期对外销售一批资源税的应税矿产品,该批产品共2 300吨,矿产品应交资源税的计税依据是5元/吨。另外,A公司还将自产的资源税应税矿产品940吨用于产品生产。A公司应编制如下会计分录:

(1) 计算对外销售应税矿产品应交资源税时:

借:税金及附加   11 500
 贷:应交税费——应交资源税   11 500

(2) 计算自用应税矿产品应交资源税时:

借:生产成本   4 700
 贷:应交税费——应交资源税   4 700

(3) 交纳资源税时:

借:应交税费　应交资源税   16 200
 贷:银行存款   16 200

三、应交城市维护建设税

(一) 城市维护建设税的概念

城市维护建设税是以流转税为计税依据征收的一种税。

(二) 计算公式

应交城市维护建设税的计算公式如下:

$$应交城市维护建设税=(应交增值税+应交消费税)\times 适用税率$$

(三) 账务处理

应交城市维护建设税的账务处理如表7-24所示。

表 7-24　　　　　　　　　　　应交城市维护建设税的账务处理

业务内容	会计分录
计提城市维护建设税	借：税金及附加 　贷：应交税费——应交城市维护建设税
交纳城市维护建设税时	借：应交税费——应交城市维护建设税 　贷：银行存款

【例 7-35】　A 公司本期应交增值税税额为 365 000 元，应交消费税税额为 179 000 元，适用的城市维护建设税税率为 7%。A 公司应编制如下会计分录：

（1）计提城市维护建设税时：

应交的城市维护建设税＝(365 000＋179 000)×7%＝38 080(元)

借：税金及附加　　　　　　　　　　　　　　　　　　　　　　　38 080
　贷：应交税费——应交城市维护建设税　　　　　　　　　　　　　　　38 080

（2）交纳城市维护建设税时：

借：应交税费——应交城市维护建设税　　　　　　　　　　　　　　38 080
　贷：银行存款　　　　　　　　　　　　　　　　　　　　　　　　　38 080

四、应交教育费附加

(一) 教育费附加的概念

教育费附加是指为了发展教育事业而向企业征收的附加费用。

(二) 计算公式

应交教育费附加的计算公式如下：

$$应交教育费附加＝(应交增值税＋应交消费税)×适用税率$$

(三) 账务处理

应交教育费附加的账务处理如表 7-25 所示。

表 7-25　　　　　　　　　　　应交教育费附加的账务处理

业务内容	会计分录
计提教育费附加	借：税金及附加 　贷：应交税费——应交教育费附加
交纳教育费附加	借：应交税费——应交教育费附加 　贷：银行存款

【例 7-36】　A 公司本期应交增值税 30 000 元，应交消费税 10 000 元，适用的教育费附加税率为 3%。A 公司应编制如下会计分录：

（1）计提应交教育费附加时：

应交的城市维护建设税＝(30 000＋10 000)×3%＝1 200(元)

借：税金及附加　　　　　　　　　　　　　　　　　　　　　　　1 200
　贷：应交税费——应交教育费附加　　　　　　　　　　　　　　　　1 200

（2）交纳教育费附加：

借：应交税费——应交教育费附加　　　　　　　　　　　　　　　　　1 200
　　贷：银行存款　　　　　　　　　　　　　　　　　　　　　　　　　　1 200

五、应交土地增值税

（一）土地增值税的概念

土地增值税是对转让国有土地使用权、地上的建筑物及其附着物并取得增值性收入的单位和个人所征收的一种税。

（二）征收标准

土地增值税按照转让房地产所取得的增值额和规定的税率计算征收。

转让房地产的增值额是转让收入减去税法规定扣除项目金额后的余额，其中，转让收入包括货币收入、实物收入和其他收入；扣除项目主要包括取得土地使用权所支付的金额、开发土地的成本及费用、新建房及配套设施的成本及费用、与转让房地产有关的税金、旧房及建筑物的评估价格、财政部确定的其他扣除项目等。

（三）税率

土地增值税采用四级超率累进税率，其中最低税率为30%，最高税率为60%。

（四）账务处理

应交土地增值税的账务处理如表7-26所示。

表7-26　　　　　　　　　　　应交土地增值税的账务处理

业务内容	会计分录
企业转让的土地使用权连同地上建筑物及其附着物一并在"固定资产"账户核算，转让时对应交土地增值税应进行账务处理	借：固定资产清理 　　贷：应交税费——应交土地增值税
土地使用权在"无形资产"账户核算，转让时对应交土地增值税应进行账务处理	借：银行存款 　　累计摊销 　　无形资产减值准备 　　资产处置损益（净损失） 　　贷：应交税费——应交土地增值税 　　　　无形资产 　　　　资产处置损益（净收益）
房地产开发经营企业销售房地产计提应交纳土地增值税	借：税金及附加 　　贷：应交税费——应交土地增值税
交纳土地增值税	借：应交税费——应交土地增值税 　　贷：银行存款

【例7-37】 A公司对外转让一栋厂房，根据税法规定计算的应交土地增值税税额为35 000元。A公司应编制如下会计分录：

（1）计提应交纳的土地增值税：

借：固定资产清理　　　　　　　　　　　　　　　　　　　　　　　　　35 000
　　贷：应交税费——应交土地增值税　　　　　　　　　　　　　　　　　35 000

（2）交纳土地增值税：

借：应交税费——应交土地增值税　　　　　　　　　　　　　　　　　　　　　35 000
　　贷：银行存款　　　　　　　　　　　　　　　　　　　　　　　　　　　　　　35 000

六、应交房产税、应交土地使用税和应交车船税

（一）房产税、土地使用税和车船税的概念

1. 房产税

房产税是指国家对在城市、县城、建制县和工矿区征收的由产权所有人交纳的一种税。房产税依照房产原值一次减除10%～30%后的余额计算交纳。房产出租的，以房产租金收入为房产税的计税依据。

2. 土地使用税

土地使用税又称城镇土地使用税，是指以城市、县城、建制镇、工矿区范围内使用土地的单位和个人为纳税人，以其实际占用的土地面积和规定税额计算征收的一种税。

3. 车船税

车船税是指由拥有并且使用车辆、船舶的单位和个人按照定额税率计算交纳的一种税。

（二）账务处理

应交房产税、土地使用税和车船税的账务处理如表7-27所示。

表7-27　　　　　　　　　　应交房产税、土地使用税和车船税的账务处理

业务内容	会计分录
计提应交房产税、土地使用税和车船税	借：税金及附加 　　贷：应交税费——应交房产税（或应交城镇土地使用税、应交车船税）
交纳应交房产税、土地使用税和车船税	借：应交税费——应交房产税（或应交城镇土地使用税、应交车船税） 　　贷：银行存款

【例7-38】　A公司按税法规定本期应交纳房产税190 000元、城镇土地使用税32 000元、车船税53 000元。A公司应编制如下会计分录：

（1）计提应交房产税、车船税及城镇土地使用税时：

借：税金及附加　　　　　　　　　　　　　　　　　　　　　　　　　　　　　275 000
　　贷：应交税费——应交房产税　　　　　　　　　　　　　　　　　　　　　190 000
　　　　　　　　——应交城镇土地使用税　　　　　　　　　　　　　　　　　　32 000
　　　　　　　　——应交车船税　　　　　　　　　　　　　　　　　　　　　　53 000

（2）交纳房产税、车船税及城镇土地使用税时：

借：应交税费——应交房产税　　　　　　　　　　　　　　　　　　　　　　　190 000
　　　　　　——应交城镇土地使用税　　　　　　　　　　　　　　　　　　　　32 000
　　　　　　——应交车船税　　　　　　　　　　　　　　　　　　　　　　　　53 000
　　贷：银行存款　　　　　　　　　　　　　　　　　　　　　　　　　　　　　275 000

（单项选择题）某企业为增值税一般纳税人，2022年实际应交纳税金情况如下：增值税850万元，消费税650万元，土地增值税80万元，房产税40.5万元，印花税1.5万元，所得税120万元。不考虑其他因素，上述各项税金应记入"应交税费"账户借方的金额是（　　）万元。

A. 1 700.5　　　　B. 1 620.5　　　　C. 1 702　　　　D. 1 622

【正确答案】　B

【答案解析】　印花税是不需要预计应交数的税金，不通过"应交税费"账户核算，所以记入"应交税费"账户借方的金额＝增值税＋消费税＋土地增值税＋房产税＝850＋650＋80＋40.5＝1 620.5（万元）。

任务7.6　非流动负债

活动7.6.1　长期借款

一、长期借款的概念

长期借款是指企业向银行或其他金融机构借入的期限在1年以上（不含1年）或超过1年的一个营业周期以上的各项借款。它一般用于固定资产的购建、改扩建工程、大修理工程、对外投资，以及为了保持企业长期经营能力等方面。

二、长期借款的账户设置

"长期借款"账户贷方登记长期借款本息的增加额，借方登记本息的减少额，期末余额一般在贷方，表示企业尚未偿还的长期借款。该账户可分别按"本金"和"利息调整"进行明细核算。

三、长期借款的账务处理

（一）长期借款取得与使用

长期借款取得的有关账务处理如下：

借：银行存款［实际收到的金额］
　　长期借款——利息调整［如存在差额］
　　贷：长期借款——本金

【例7-39】　A公司于2022年1月1日从银行借入期限为3年的借款207万元，借款合同规定的年利率为5%，到期一次还本付息。A公司利用该借款购买不需安装的设备一台，设备价款为150万元，增值税税额为19.5万元。A公司应编制如下关会计分录：

（1）取得借款时：

借：银行存款　　　　　　　　　　　　　　　　　　　　　2 070 000
　　贷：长期借款——本金　　　　　　　　　　　　　　　　　2 070 000

(2) 支付购买设备价款时：

借：固定资产　　　　　　　　　　　　　　　　　　　　　　　　　1 500 000
　　应交税费——应交增值税（进项税额）　　　　　　　　　　　　　　195 000
　　贷：银行存款　　　　　　　　　　　　　　　　　　　　　　　　　　　1 695 000

（二）长期借款利息的确认

长期借款利息费用应当在资产负债表日按照实际利率法计算确定，实际利率与合同利率差异较小的，也可采用合同利率计算确定利息费用。长期借款利息应按以下情况分别记入不同的账户，如表7-27所示。

表7-27　　　　　　　　　　　长期借款利息记入的相关账户名称

业务内容			账户名称
应付未付利息	分期付息		应付利息
	到期一次还本付息		长期借款——应计利息
长期借款利息费用	属于筹建期		管理费用
	属于生产经营期间	符合资本化条件，在资产尚未达到预定可使用状态前	在建工程等
		达到预定可使用状态后发生的利息支出以及不予资本化的利息支出	财务费用

企业每期计算利息费用时具体账务处理如下：

借：在建工程
　　财务费用
　　制造费用
　　研发支出
　　贷：应付利息（分期付息）
　　　　长期借款——应计利息（到期一次还本付息）
　　　　　　　——利息调整

【例7-40】 承[例7-39]，A公司每月末计提长期借款利息时的有关会计分录如下：
每月末计提的长期借款利息＝2 070 000×5％÷12＝8 625（元）

借：财务费用　　　　　　　　　　　　　　　　　　　　　　　　　　　8 625
　　贷：长期借款——应计利息　　　　　　　　　　　　　　　　　　　　　8 625

（三）长期借款归还

长期借款归还的账务处理如表7-28所示。

表7-28　　　　　　　　　　　长期借款归还的账务处理

业务内容	会计分录
企业归还长期借款的本金时	借：长期借款——本金 　　贷：银行存款
按归还的利息	借：应付利息（或长期借款——应计利息） 　　贷：银行存款

【例7-41】 承[例7-39]，A公司于到期日偿还该笔银行借款本息。A公司应编制如下会计分录：

应计利息＝2 070 000×5％÷12×35＝301 875(元)

借：财务费用	8 625
长期借款——本金	2 070 000
——应计利息	301 875
贷：银行存款	2 380 500

(多项选择题)下列关于长期借款利息费用会计处理的表述中，正确的有( )。
A. 筹建期间不符合资本化条件的借款利息费用计入管理费用
B. 生产经营期间不符合资本化条件的借款利息计入财务费用
C. 为购建固定资产发生的符合资本化条件的借款利息费用计入在建工程
D. 为购建厂房发生的借款利息费用在所建厂房达到预定可使用状态后的部分计入管理费用

【正确答案】 ABC
【答案解析】 选项D，购建厂房发生的借款利息达到预定可使用状态后的部分计入财务费用。

活动7.6.2 长期应付款

一、长期应付款的概念

长期应付款是指企业除了长期借款和应付债券的其他各种长期应付款项，包括应付融资租入固定资产的租赁费及分期付款方式购入固定资产发生的应付款项等。

二、长期应付款的账户设置

"长期应付款"账户贷方登记发生的长期应付款，借方登记偿还的应付款项，期末余额一般在贷方，反映企业尚未偿还的长期应付款。该账户可按长期应付款的种类和债权人进行明细核算。

三、长期应付款的账务处理

(一) 应付融资租赁款

1. 概念

应付融资租赁款是指企业融资租入固定资产而发生的应付款。它是在租赁开始日承租人应向出租人支付的最低租赁付款额。

2. 账务处理

应付融资租赁款的账务处理如表7-29所示。

表 7-29　　　　　　　　　　　　　应付融资租赁款的账务处理

业务内容	会计分录
在租赁期开始日,承租人的账务处理	借:固定资产(或在建工程)[租赁资产公允价值与最低租赁付款额现值两者中较低者＋初始直接费用] 　　未确认融资费用(差额) 　贷:长期应付款(最低租赁付款额) 　　　银行存款(初始直接费用)
付款时	借:长期应付款 　贷:银行存款
分摊未确认融资费用时(未确认融资费用应当在租赁期内的各个期间进行分摊,企业应当采用实际利率法计算确认当期的融资费用)	借:财务费用 　　在建工程等 　贷:未确认融资费用

(单项选择题)A 公司以融资租赁方式租入生产经营用设备,该设备的公允价值为 85 万元,最低租赁付款额的现值为 90 万元,在租赁谈判和签订租赁合同过程中发生手续费、律师费等合计为 1 万元。A 公司该项融资租入固定资产的入账价值为(　　)万元。

A. 91　　　　　　　B. 85　　　　　　　C. 86　　　　　　　D. 90

【正确答案】　C

【答案解析】　融资租入固定资产的入账价值＝85＋1＝86(万元)。

(二) 具有融资性质的延期付款

企业延期付款购买资产,实质上具有融资性质,所购资产的成本应当以延期支付购买价款的现值为基础确定。具有融资性质的延期付款的账务处理如表 7-30 所示。

表 7-30　　　　　　　　　　　具有融资性质的延期付款的账务处理

业务内容	会计分录
购入固定资产时	借:固定资产(延期支付购买价款的现值) 　　未确认融资费用(差额) 　贷:长期应付款(延期支付购买价款)
分摊未确认融资费用时(实际支付的价款与购买价款的现值之间的差额,应当在信用期间内采用实际利率法进行摊销,计入相关资产成本或当期损益)	借:财务费用 　　在建工程等 　贷:未确认融资费用

(单项选择题)A 公司采用分期付款方式购入生产经营设备一台,当日投入使用。合同约定的价款为 2 700 万元,分 3 年等额支付;该分期支付购买价款的现值为 2 430 万元。假定不考虑其他因素,A 公司该设备的入账价值为(　　)万元。

A. 810　　　　　　B. 2 430　　　　　　C. 900　　　　　　D. 2 700

【正确答案】　B

【答案解析】 如采用分期付款方式购买资产,且在合同中规定的付款期限比较长,超过了正常信用条件。在这种情况下,该类购货合同实质上具有融资租赁性质,购入资产的成本不能以各期付款额之和确定,而应以各期付款额的现值之和确定。

模 块 测 试

一、单项选择题

1. 预收货款业务不多的企业,可以不设置"预收账款"账户,其所发生的预收货款,可以通过( )核算。
   A. "应收账款"账户借方　　　　　B. "应付账款"账户借方
   C. "应收账款"账户贷方　　　　　D. "应付账款"账户贷方

2. 下列关于企业以自产产品作为非货币性福利发放给职工的会计处理的表述中,不正确的是( )。
   A. 按产品的账面价值确认主营业务成本
   B. 按产品的公允价值确认主营业务收入
   C. 按产品的账面价值加上增值税销项税额确认应付职工薪酬
   D. 按产品的公允价值加上增值税销项税额确认应付职工薪酬

3. 企业发生赊购商品业务,下列各项中,不影响应付账款入账金额的是( )。
   A. 商品价款　　　　　　　　　　B. 增值税进项税额
   C. 现金折扣　　　　　　　　　　D. 销货方代垫运杂费

4. 甲企业为增值税小规模纳税人,适用的增值税征收率为3%,原材料按实际成本核算。该企业发生经济业务如下:购入原材料一批,取得的增值税专用发票中注明的货款是30 000元,增值税税额是3 900元,款项以银行存款支付,材料验收入库。下列处理中,正确的是( )。
   A. 借:原材料　　　　　　　　　　　　　　　　　　　　　　　33 900
      　　贷:银行存款　　　　　　　　　　　　　　　　　　　　　33 900
   B. 借:原材料　　　　　　　　　　　　　　　　　　　　　　　30 000
      　　应交税费——应交增值税　　　　　　　　　　　　　　　　3 900
      　　贷:银行存款　　　　　　　　　　　　　　　　　　　　　33 900
   C. 借:原材料　　　　　　　　　　　　　　　　　　　　　　　30 000
      　　应交税费——应交增值税(进项税额)　　　　　　　　　　3 900
      　　贷:银行存款　　　　　　　　　　　　　　　　　　　　　33 900
   D. 借:原材料　　　　　　　　　　　　　　　　　　　　　　　30 000
      　　应交税费——应交增值税　　　　　　　　　　　　　　　　　900
      　　贷:银行存款　　　　　　　　　　　　　　　　　　　　　30 900

5. 甲企业结算本月管理部门人员的应付职工工资共500 000元,代扣该部门职工个人所得税30 000元,实发工资470 000元,下列会计处理中,不正确的是( )。
   A. 借:管理费用　　　　　　　　　　　　　　　　　　　　　　500 000
      　　贷:应付职工薪酬　　　　　　　　　　　　　　　　　　　500 000

B. 借：应付职工薪酬　　　　　　　　　　　　　　　　　　　　　　30 000
　　　贷：应交税费——应交个人所得税　　　　　　　　　　　　　　　　30 000
C. 借：其他应收款　　　　　　　　　　　　　　　　　　　　　　　30 000
　　　贷：应交税费——应交个人所得税　　　　　　　　　　　　　　　　30 000
D. 借：应付职工薪酬　　　　　　　　　　　　　　　　　　　　　　470 000
　　　贷：银行存款　　　　　　　　　　　　　　　　　　　　　　　　470 000

6. 企业计提短期借款利息时,贷方应记入的会计账户是(　　)。
　A. "财务费用"　　B. "短期借款"　　C. "应收利息"　　D. "应付利息"

7. 2023年1月1日,甲公司采用分期付款方式购入大型设备一套,当日投入使用。合同约定的价款为2 700万元,分3年等额支付；该分期支付购买价款的现值为2 430万元。假定不考虑其他因素,甲公司该设备的入账价值为(　　)万元。
　A. 810　　B. 2 430　　C. 900　　D. 2 700

8. 下列各项中,不应通过"其他应付款"账户核算的是(　　)。
　A. 应付的客户存入保证金
　B. 应付的因解除劳动合同而给予员工的经济补偿
　C. 应付的经营租入固定资产租金
　D. 应付的租入包装物租金

9. 2022年9月1日,某企业向银行借入一笔期限2个月、到期一次还本付息的生产经营周转借款200 000元,年利率为6%。借款利息不采用预提方式,于实际支付时确认。11月1日,该企业以银行存款偿还借款本息的会计处理中,正确的是(　　)。
　A. 借：短期借款　　　　　　　　　　　　　　　　　　　　　　　200 000
　　　　应付利息　　　　　　　　　　　　　　　　　　　　　　　　2 000
　　　　贷：银行存款　　　　　　　　　　　　　　　　　　　　　　　202 000
　B. 借：短期借款　　　　　　　　　　　　　　　　　　　　　　　200 000
　　　　应付利息　　　　　　　　　　　　　　　　　　　　　　　　1 000
　　　　财务费用　　　　　　　　　　　　　　　　　　　　　　　　1 000
　　　　贷：银行存款　　　　　　　　　　　　　　　　　　　　　　　202 000
　C. 借：短期借款　　　　　　　　　　　　　　　　　　　　　　　200 000
　　　　财务费用　　　　　　　　　　　　　　　　　　　　　　　　2 000
　　　　贷：银行存款　　　　　　　　　　　　　　　　　　　　　　　202 000
　D. 借：短期借款　　　　　　　　　　　　　　　　　　　　　　　202 000
　　　　贷：银行存款　　　　　　　　　　　　　　　　　　　　　　　202 000

10. 企业每期期末计提的长期借款利息(一次还本付息),对其中应当予以资本化的部分,下列会计处理中,正确的是(　　)。
　A. 借记"财务费用"账户,贷记"长期借款"账户
　B. 借记"财务费用"账户,贷记"应付利息"账户
　C. 借记"在建工程"账户,贷记"长期借款"账户
　D. 借记"在建工程"账户,贷记"应付利息"账户

11. 2022年12月,乙公司发出一批原材料,其成本为100万元,购入时支付的增值税为13万元。其中,作为职工个人福利领用该材料10万元,生产设备的安装工程领用该材料

60万元，厂房的建造工程领用该材料30万元。该公司的有关会计分录中，不正确的是（　　）。
    A. 借记"应付职工薪酬——职工福利"113 000元
    B. 借记"在建工程——安装"600 000元
    C. 借记"在建工程——厂房"300 000元
    D. 贷记"应交税费——应交增值税（进项税额转出）"52 000元

12. 下列关于甲企业的业务中，应通过"应付利息"账户借方进行核算的是（　　）。
    A. 2022年9月1日，支付7月、8月已计提的短期借款利息
    B. 2022年12月31日，董事会通过利润分配方案拟分配现金股利
    C. 2022年1月1日，借入一笔短期借款，1月末计提1月的应付利息
    D. 2022年1月31日，计提分期付息到期还本的长期借款的利息

13. 甲公司为增值税一般纳税人，适用的增值税税率为13%。年末，甲公司将20台本公司自产的冰箱作为福利发给本公司职工，该冰箱的成本为1 000元/台，市场售价为2 000元/台（不含增值税）。下列说法中，正确的是（　　）。
    A. 实际发放时，记入"应付职工薪酬"账户的金额为40 000元
    B. 实际发放时，记入应交税费——应交增值税（销项税额）账户的金额为2 600元
    C. 将自产产品作为福利发放给员工不视同销售，但需要确认收入结转成本
    D. 将自产产品作为福利发放给员工视同销售，并且要确认收入结转成本

14. 筹建期间的长期借款利息应记入（　　）账户。
    A."财务费用"　　B."管理费用"　　C."在建工程"　　D."研发支出"

15. 下列有关短期带薪缺勤的说法中，正确的是（　　）。
    A. 确认非累积带薪缺勤时，借记"管理费用"等账户
    B. 病假期间的工资属于累积带薪缺勤
    C. 短期带薪缺勤包括累积带薪缺勤和非累积带薪缺勤
    D. 企业对累积带薪缺勤和非累积带薪缺勤的会计处理相同

16. 企业外购电力、燃气等动力一般通过（　　）账户核算。
    A."应付账款"　　　　　　　　　　B."其他应付款"
    C."其他应收款"　　　　　　　　　　D."其他业务成本"

17. 甲企业为增值税一般纳税人，于2022年12月1日从银行借入资金200万元，借款期限为3年，年利率为6%（到期一次还本付息，不计复利）。所借入款项存入银行。甲企业于2022年12月31日计提长期借款利息，应记入"应付利息"账户的金额为（　　）万元。
    A. 0　　　　B. 1　　　　C. 6　　　　D. 12

二、多项选择题

1. 下列各项中，能引起"应付票据"账户金额发生增减变动的有（　　）。
    A. 开出商业承兑汇票购买原材料
    B. 转销已到期无力支付票款的商业承兑汇票
    C. 转销已到期无力支付票款的银行承兑汇票
    D. 支付银行承兑汇票手续费

2. 2月1日某企业购入原材料一批，开出一张面值为113 000元，期限为3个月的不带息

的商业承兑汇票。5月1日该企业无力支付票款时,下列会计处理不正确的有(　　)。

　　A. 借：应付票据　　　　　　　　　　　　　　　　　113 000
　　　　　贷：短期借款　　　　　　　　　　　　　　　　　113 000
　　B. 借：应付票据　　　　　　　　　　　　　　　　　113 000
　　　　　贷：其他应付款　　　　　　　　　　　　　　　　113 000
　　C. 借：应付票据　　　　　　　　　　　　　　　　　113 000
　　　　　贷：应付账款　　　　　　　　　　　　　　　　　113 000
　　D. 借：应付票据　　　　　　　　　　　　　　　　　113 000
　　　　　贷：预付账款　　　　　　　　　　　　　　　　　113 000

3. 企业交纳的下列税费,不通过"应交税费"账户核算的有(　　)。
　　A. 印花税　　　　B. 耕地占用税　　　　C. 土地使用税　　　　D. 土地增值税

4. 下列税金中,应计入存货成本的有(　　)。
　　A. 由受托方代收代缴的委托加工直接用于对外销售的商品负担的消费税
　　B. 由受托方代收代缴的委托加工继续用于生产应纳消费税的商品负担的消费税
　　C. 进口原材料交纳的进口关税
　　D. 小规模纳税人购买原材料交纳的增值税

5. 生产部门人员的职工薪酬可能涉及的账户有(　　)。
　　A. "生产成本"　　　B. "制造费用"　　　C. "管理费用"　　　D. "劳务成本"

6. 下列各项中,应计入长期应付款的有(　　)。
　　A. 具有融资性质的、以分期付款方式购入固定资产的应付款项
　　B. 因债权人单位撤销而长期无法支付的应付款项
　　C. 应付融资租入固定资产的租赁费
　　D. 应付租入包装物的租金

7. 下列关于负债的说法中,正确的有(　　)。
　　A. 负债是由过去的交易或事项形成的
　　B. 负债是由将来的交易或事项形成的
　　C. 负债会导致经济利益流出企业的过去义务
　　D. 负债预期会导致经济利益流出企业的现时义务

8. 下列对长期借款利息费用的会计处理中,正确的有(　　)。
　　A. 筹建期间不符合资本化条件的借款利息计入管理费用
　　B. 筹建期间的借款利息计入长期待摊费用
　　C. 生产经营期间发生的不符合资本化条件的借款利息计入财务费用
　　D. 符合资本化条件的借款利息计入相关资产成本

9. 下列各项中,不通过"其他应付款"账户核算的有(　　)。
　　A. 应付外购专利款　　　　　　B. 存入保证金
　　C. 应付的社会保险费　　　　　D. 应付兼职员工工资

10. 下列税金中,应计入相关资产成本的有(　　)。
　　A. 以库存商品对外投资应交的增值税
　　B. 小规模纳税企业购入原材料的增值税

C. 小规模纳税企业购入库存商品的增值税

D. 一般纳税企业 2022 年 1 月购入一台生产用设备的增值税

11. 下列关于其他长期职工福利说法中,正确的有(　　)。

A. 符合设定受益计划条件的,按照设定受益计划的有关规定处理

B. 符合设定提存计划条件的,按照设定提存计划的有关规定处理

C. 长期残疾福利水平与职工提供服务期间长短无关的,应在导致职工长期残疾事件发生的当期确认应付长期残疾福利

D. 长期残疾福利水平取决于职工提供服务时间长短的,应在职工提供服务的期间确认应付长期残疾福利义务

三、判断题

1. "应付票据"账户只能用于核算企业购买材料、商品和接受劳务供应等而开出的银行承兑汇票。(　　)

2. 到期还本付息的短期借款,如果利息金额不大,可以不预提,而在实际支付时直接计入当期损益。(　　)

3. 企业购入不需要安装的生产设备,购买价款超过正常信用条件延期支付,实质具有融资性质的,应当以购买价款的现值为基础确定其成本。(　　)

4. 对于一般纳税人,企业实际交纳当月的增值税,应通过"应交税费——应交增值税(已交税金)"账户核算。(　　)

5. 采取从量定额计征的消费税,以不含增值税的销售额为税基,按照税法规定的税率计算。(　　)

6. 企业支付给职工的非货币性福利,也属于企业提供的职工薪酬。(　　)

7. 企业转销无法支付的应付账款,借记"应付账款"账户,贷记"资本公积"账户。(　　)

8. 企业出口产品按规定退税的,按应收的出口退税,借记"其他应收款"账户,贷"应交税费——应交增值税(出口退税)"账户。(　　)

9. "应交税费"账户贷方登记应交纳的各种税费等,借方登记实际交纳的税费,期末余额一般在贷方,反映企业尚未交纳的税费。(　　)

10. 应付股利是指企业根据股东大会或类似机构审议尚未批准的利润分配方案确定分配给投资者的现金股利或利润。(　　)

四、不定项选择题

1. 甲公司为增值税一般纳税人,2022 年 6 月发生如下经济业务:

(1) 2 日,与 A 公司签订协议,采用预收货款方式向 A 公司销售商品一批,该批商品的实际成本为 40 万元,当日收到 A 公司预付款 10 万元,已送存银行;10 日,向 A 公司发出商品,开具的增值税专用发票上注明的价款为 50 万元,增值税税额为 6.5 万元。余款尚未收到。

(2) 11 日,从 B 公司购入一批原材料 20 万元,增值税税额为 2.6 万元;17 日,以银行存款支付 B 公司购货款。

(3) 25 日,从 C 公司购入工程物资一批用于自建厂房,取得的增值税专用发票上注明的价款为 200 万元,增值税税额为 26 万元,甲公司开具了一张面值 226 万元、为期 3 个月的不带息银行承兑汇票予以支付,同时因向银行申请承兑汇票以银行存款支付手续费 2 万元;28 日,为建造厂房领用工程物资 180 万元。

(4) 30 日,甲公司有一张商业承兑汇票到期,无力支付票款。

要求:根据上述资料,假定取得的增值税专用发票均已经税务机关认证,不考虑其他因素,分析回答下列小题。

〈1〉根据资料(1),下列关于甲公司采用预收货款方式销售商品相关账户的会计处理结果中,正确的是(　　)。

A. 6 月 2 日,应贷记"库存商品"账户 400 000 元
B. 6 月 2 日,应贷记"合同负债"账户 100 000 元
C. 6 月 10 日,应贷记"应收账款"账户 565 000 元
D. 6 月 10 日,应贷记"主营业务收入"账户 500 000 元

〈2〉根据资料(2),甲公司采购材料确认的应付账款的入账价值为(　　)万元。

A. 20　　　　　　　　　　　　B. 22.6
C. 17.4　　　　　　　　　　　D. 2.6

〈3〉根据资料(3),下列关于甲公司开具银行承兑汇票的相关会计处理结果中,正确的是(　　)。

A. 开出的银行承兑汇票通过其他货币资金账户核算
B. 支付的银行承兑汇票手续费计入财务费用
C. 银行承兑汇票属于商业承兑汇票
D. 到期无力支付的银行承兑汇票,应将其账面余额转作短期借款

〈4〉根据资料(3),下列关于甲公司采购和领用工程物资的相关会计处理结果中,正确的是(　　)。

A. 6 月 25 日,应借记"工程物资"账户 2 260 000 元,贷记"应付票据"账户 2 260 000 元
B. 6 月 25 日,应增加"工程物资"2 000 000 元
C. 6 月 28 日,应借记"在建工程"账户 20 340 000 元
D. 6 月 28 日,应减少"工程物资"1 800 000 元

〈5〉根据资料(4),下列关于甲公司商业承兑汇票到期的会计处理结果表述中,正确的是(　　)。

A. 应将应付票据账面余额转作营业外收入
B. 应将应付票据账面余额转作应付账款
C. 应将应付票据账面余额转作短期借款
D. 不作处理

2. 某棉纺企业为增值税一般纳税人,适用的增值税税率为 13%。2022 年 10 月 1 日,该企业"应付职工薪酬"账户贷方余额为 516 000 元(全部为工资)。该企业 2022 年 10 月发生的有关职工薪酬业务如下:

(1) 1 日,租入房屋 4 套供管理人员免费使用,月租金共计 12 000 元,每月末支付租金;31 日,以银行存款支付本月租金 12 000 元。

(2) 5 日,从月初应付职工薪酬中扣除企业代扣由职工承担的个人所得税 8 900 元(尚未缴纳)、为职工代垫的家属医药费 5 000 元;通过银行转账实际发放工资 502 100 元。

(3) 24 日,以其生产的毛巾被作为福利发放给直接从事生产活动的职工,该批毛巾被市场售价总额为 45 000 元(不含税价格),成本总额为 30 000 元。

(4) 31日,本月各部门工资计算结果如表7-31所示。

表7-31　　　　　　　　　　　各部门工资计算结果(简表)

2022年10月　　　　　　　　　　　　　　　　　　　　　　　　　　　　单位:元

部门	车间生产部门	车间管理部门	行政管理部门	销售部门	施工部门	合计
金额	258 000	29 700	63 400	74 100	59 800	485 000

假定该企业社会保险费的计提比例为工资总额的20%,住房公积金的计提比例为工资总额的15%。要求:根据上述资料,不考虑其他因素,分析回答下列小题。

〈1〉根据资料(1),下列该企业的会计处理中,正确的是(　　)。

A. 借:管理费用　　　　　　　　　　　　　　　　　　　　　　　　　　　12 000
　　　贷:银行存款　　　　　　　　　　　　　　　　　　　　　　　　　　12 000

B. 借:管理费用　　　　　　　　　　　　　　　　　　　　　　　　　　　12 000
　　　贷:应付职工薪酬——非货币性福利　　　　　　　　　　　　　　　　12 000

C. 借:应付职工薪酬——非货币性福利　　　　　　　　　　　　　　　　　12 000
　　　贷:银行存款　　　　　　　　　　　　　　　　　　　　　　　　　　12 000

D. 借:应付职工薪酬——非货币性福利　　　　　　　　　　　　　　　　　12 000
　　　贷:管理费用　　　　　　　　　　　　　　　　　　　　　　　　　　12 000

〈2〉根据资料(3),下列该企业会计处理结果中,正确的是(　　)。

A. 库存商品减少45 000元　　　　　　B. 生产成本增加50 850元

C. 制造费用增加35 850元　　　　　　D. 主营业务成本增加30 000元

〈3〉根据资料(2)~(4),下列各项中,应通过"应付职工薪酬"账户核算的是(　　)。

A. 企业为职工缴纳的社会保险费　　　B. 企业为职工家属代垫的医药费

C. 企业为职工缴纳的住房公积金　　　D. 企业将自产毛巾被作为福利发放给职工

〈4〉根据资料(4),下列该企业分配职工薪酬的会计处理中,正确的是(　　)。

A. 制造费用增加40 095元　　　　　　B. 管理费用增加85 590元

C. 销售费用增加100 035元　　　　　 D. 管理费用增加125 685元

〈5〉根据资料(4),该企业10月分配职工薪酬直接影响利润表"营业利润"的金额是(　　)元。

A. 125 685　　　　B. 140 130　　　　C. 185 625　　　　D. 225 720

模块 8

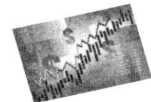

所有者权益

[考核目标]
1. 了解所有者权益的概念和内容。
2. 掌握实收资本(或股本)的主要内容及账务处理。
3. 掌握资本公积的主要内容和账务处理。
4. 掌握留存收益的主要内容和账务处理。

[实践目标]
1. 完成实收资本(或股本)业务的核算。
2. 完成资本公积业务的核算。
3. 完成留存收益的核算。

[思政目标]
1. 培养学生细致、谨慎、有条不紊的财经专业素质。
2. 培养学生诚实、守信、坚持原则的职业道德。
3. 培养学生懂法守法、热爱祖国、努力奋斗的精神。

[知识点思维导图]

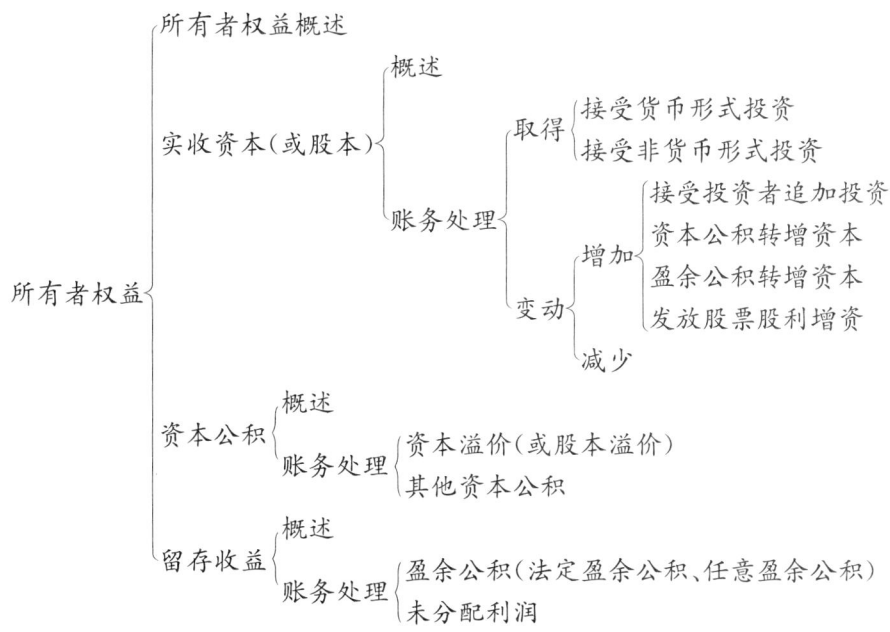

 **案例导入**

小王在毕业后工作的第三年决定创建一家名为"恒泽"的环境保护机械设备公司(以下简称"恒泽公司"),该公司主要生产污水处理设备。恒泽公司在开业前需要购买机器设备、生产所需的各项物料、运行和维护机器所需的备品备件,还要购买一个仓库用作工厂。该公司取得以上资产,一共需要资金40万元,而小王的全部积蓄只有20万元,如果恒泽公司能够顺利开业,小王至少需要再融资20万元。

小王先找到了他的两位朋友——小张、小李,希望能够向两人借入资金,小张和小李也非常看好小王的项目,但小张和小李表示只愿意给小王投资而不是借钱给小王。最终小王同意小张、小李入伙,两人每人向恒泽公司投资了10万元。之后小王又以仓库作为抵押,向银行借款20万元。至此,小王取得了确保恒泽公司顺利开业所需的全部资金,而且留有一定的流动资金确保公司的日常开支和招募员工。

随着中国社会经济的发展和产业结构的调整,环保产业对国民经济的直接贡献将由小变大,逐渐成为改善经济运行质量、促进经济增长、提高经济技术档次的产业。小王响应国家"发展环保行业和循环经济建设"的号召,投资环保产业,顺利开启了创业之旅。

[思考]

(1) 恒泽公司成立所需的资本,主要的来源渠道有哪些?

(2) 小张、小李为什么不愿意借钱给小王,但愿意给"恒泽"公司投资?如果是你的话,你将怎么选择?

(3) 小王及朋友愿意投资环保产业,是基于该产业在国家经济发展中的哪些重要意义?

任务8.1 所有者权益概述

一、所有者权益的概念

所有者权益又称股东权益,是指企业资产扣除负债后,由所有者享有的剩余权益。它反映的是所有者对企业资产的剩余索取权。

 **考一考**

(单项选择题)下列各项中,符合所有者权益会计要素概念的是( )。

A. 所有者权益=资产-负债

B. 所有者权益=资产+负债

C. 所有者权益=期初资产+本期新增资产-本期减少资产

D. 所有者权益=未分配利润

【正确答案】 A
【答案解析】 选项 A,符合"所有者权益是指资产扣除负债后,由所有者享有的剩余权益"这一概念。

二、所有者权益的内容

所有者权益,通常由实收资本(或股本)、资本公积(含资本溢价或股本溢价、其他资本公积)、留存收益(含盈余公积、未分配利润)、专项储备、其他综合收益和其他权益工具等构成。本模块主要介绍实收资本(或股本)、资本公积、留存收益三大主要内容。

考一考

(多项选择题)下列各项中,属于所有者权益的包括(   )。
A. 短期借款　　　　B. 实收资本　　　　C. 资本公积　　　　D. 盈余公积
【正确答案】 BCD
【答案解析】 选项 A,是借入的款项,属于企业的一项负债。

任务 8.2　实收资本(或股本)

活动 8.2.1　实收资本(或股本)概述

一、实收资本(或股本)的概念

实收资本是指企业按照章程规定或者合同、协议约定,接受投资者投入企业的资本。对于股份有限公司而言,实收资本即为股本,是指经股份有限公司授权、代表公司所有权的全部股份。

二、实收资本与注册资本的关系

我国企业注册登记时,实行注册资本认缴制,即登记机关只登记企业股东认缴的出资总额(注册资本),而股东实际缴纳的出资额由企业股东自主约定并记载于公司章程。只有股东实际缴存了其认缴的出资额,才可以在会计上被确认为实收资本。

三、实收资本(或股本)的账户设置

"实收资本"账户贷方登记企业收到投资者符合注册资本的出资额,借方登记企业按照法定程序报经批准减少的注册资本额,期末余额在贷方,反映企业实有的资本额。"股本"账户贷方登记已发行的股票面值,借方登记经批准核销的股票面值,期末余额在贷方,反映企业发行在外的股票面值。

活动 8.2.2　实收资本(或股本)的账务处理

一、实收资本(或股本)取得的账务处理

《中华人民共和国公司法》规定,股东可以用货币出资,也可以用实物、知识产权、土地使用权等可用货币估价并能依法转让的非货币性财产作价出资,但法律、行政法规规定不得作为出资的财产除外。

(一)接受货币形式投资

1. 股份有限公司以外的企业

股份有限公司以外的企业,收到投资者以现金资产进行出资的账务处理如下:

借:银行存款等(投资者存入企业银行账户的实际出资额)
　　贷:实收资本(投资者在企业注册资本中所占份额)
　　　　资本公积——资本溢价(实际出资额与所占份额的差额,若有)

【例 8-1】　A、B、C 三人共同投资成立一家 D 有限责任公司,注册资本为 5 000 000 元,A、B、C 三人的持股比例分别为 50%、25%、25%。按照章程规定,A、B、C 投入的资本分别为 2 500 000 元、1 250 000 元、1 250 000 元。D 有限责任公司已经如期收到 A、B、C 投资者一次性缴足的款项。D 有限责任公司应编制如下会计分录:

借:银行存款　　　　　　　　　　　　　　　　　　　　　　　5 000 000
　　贷:实收资本——A　　　　　　　　　　　　　　　　　　　2 500 000
　　　　　　　　——B　　　　　　　　　　　　　　　　　　　1 250 000
　　　　　　　　——C　　　　　　　　　　　　　　　　　　　1 250 000

(多项选择题)甲、乙、丙三人共同投资设立一家丁有限责任公司,注册资本为 300 万元,甲、乙、丙投入的资本分别为 180 万元、75 万元和 45 万元。丁有限责任公司如期收到各投资者一次缴足的款项。下列说法中,正确的有(　　)。

A. 甲公司所占比例是 60%　　　　　　B. 乙公司所占比例是 25%
C. 丙公司所占比例是 15%　　　　　　D. 甲公司收到投资者投资应记入盈余公积

【正确答案】　ABC
【答案解析】　选项 A,甲公司所占比例=180÷300×100%=60%;选项 B,乙公司所占比例=75÷300×100%=25%;选项 C,丙公司所占比例=45÷300×100%=15%;选项 D,收到投资者投资,按合同或协议约定在企业注册资本中所占的份额,应记入"实收资本"账户。

2. 股份有限公司

股份有限公司通过发行股票筹集资金时的账务处理如下:

借:银行存款等(企业实际收到的股票发行收入)
　　贷:股本(每股股票面值×发行股票总数)
　　　　资本公积——股本溢价(实际收到的发行收入与股本的差额,若有)

【例8-2】 A股份有限公司发行普通股1 000 000股,每股面值为1元,每股发行价格为1元。假定股票发行成功,股款1 000 000元已全部收到,不考虑发行过程中的税费等因素。根据上述资料,A股份有限公司应编制如下会计分录:

借:银行存款　　　　　　　　　　　　　　　　　　　　　　　　1 000 000
　　贷:股本　　　　　　　　　　　　　　　　　　　　　　　　　　1 000 000

承[例8-2],如果发行股票的过程中发生的手续费、佣金等发行费用,此时,A股份有限公司应当如何编制会计分录呢?

(二) 接受非货币形式投资

股东以"固定资产""无形资产""原材料"等非货币形式进行出资的账务处理如下:

借:固定资产(或无形资产、原材料等)[合同或协议约定的价值,不公允的除外]
　　应交税费——应交增值税(进项税额)
　　贷:实收资本(或股本)[按合同或协议约定在注册资本或股本中应享有的份额]
　　　　资本公积——资本溢价(或股本溢价)[计算的差额,若有]

【例8-3】 A有限责任公司设立时,收到B公司作为资本投入的不需要安装的机器设备一台,合同约定该机器设备的价值为5 000 000元,增值税进项税额为650 000元,已开具增值税专用发票。经投资合同约定,A有限责任公司接受B公司的投入资本为5 650 000元。合同约定的固定资产价值与其公允价值相符,不考虑其他因素。A有限责任公司应编制如下会计分录:

借:固定资产　　　　　　　　　　　　　　　　　　　　　　　　5 000 000
　　应交税费——应交增值税(进项税额)　　　　　　　　　　　　　650 000
　　贷:实收资本——B公司　　　　　　　　　　　　　　　　　　　5 650 000

【例8-4】 A有限责任公司设立时,收到B公司作为资本投入的非专利技术一项,该项非专利技术投资合同约定价值为100 000元,增值税进项税额为6 000元,已开具增值税专用发票。合同约定的资产价值与其公允价值相符,不考虑其他因素。A有限责任公司应编制如下会计分录:

借:无形资产——非专利技术　　　　　　　　　　　　　　　　　　100 000
　　应交税费——应交增值税(进项税额)　　　　　　　　　　　　　　6 000
　　贷:实收资本——B公司　　　　　　　　　　　　　　　　　　　　106 000

【例8-5】 F有限责任公司设立时,收到A公司作为资本投入的X材料一批,该批X材料投资合同或协议约定价值为200 000元,增值税进项税额为26 000元,已开具增值税专用发票。合同约定的价值与其公允价值相符,不考虑其他因素。F有限责任公司应编制如下会计分录:

借:原材料——X材料　　　　　　　　　　　　　　　　　　　　　200 000
　　应交税费——应交增值税(进项税额)　　　　　　　　　　　　　　26 000
　　贷:实收资本——A公司　　　　　　　　　　　　　　　　　　　　226 000

 考一考

（单项选择题）Y企业以一项专利权对Z有限责任公司进行投资，该专利技术投资合同约定价值为240万元，占注册资本的40%，注册资本总额为600万元。合同约定该项专利技术的资产价值与其公允价值相符，不考虑增值税税额及其他因素。下列说法中，正确的是（　　）。

A. 借记"无形资产"账户 2 000 000 元
B. 贷记"实收资本"账户 2 400 000 元
C. 贷记"应交税费——应交增值税（进项税额）"账户 144 000 元
D. 贷记"资本公积——资本溢价"账户 400 000 元

【正确答案】　A

【答案解析】　选项B，Y企业收到投资者投资，按合同或协议约定在企业注册资本中所占的份额为240万元（600×40%），应记入"实收资本"账户。

二、实收资本（或股本）变动的账务处理

（一）实收资本（或股本）的增加

一般企业增加资本主要有接受投资者追加投资、资本公积转增资本、盈余公积转增资本三个途径。股份有限公司还可以通过发放股票股利实现增资。实收资本（或股本）增加的账务处理如表8-1所示。

表 8-1　　　　　　　　　实收资本（或股本）增加的账务处理

业务内容	会计分录
接受投资者追加投资（其核算方法与投资者初次投入时相同）	借：固定资产（无形资产、原材料等）[合同或协议约定的价值，不公允的除外] 　　应交税费——应交增值税（进项税额） 　贷：实收资本（或股本）[按合同或协议约定在注册资本或股本中应享有的份额] 　　资本公积——资本溢价（或股本溢价）[计算的差额]
资本公积转增资本	借：资本公积——资本溢价（或股本溢价）[批准转增资本的金额] 　贷：实收资本（或股本）[按原出资比例计算各投资者增加的出资额]
盈余公积转增资本	借：盈余公积[批准转增资本的金额] 　贷：实收资本（或股本）[按原出资比例计算各投资者增加的出资额]
发放股票股利增资	宣告股票股利时不进行账务处理，办妥增资手续后再进行处理

【例8-6】　A、B、C三人共同投资成立一家D有限责任公司，原注册资本为5 000 000元，按照章程规定，A、B、C投入资本分别为2 500 000元、1 250 000元、1 250 000元。为扩大经营规模，经批准，D有限责任公司注册资本扩大为6 000 000元，A、B、C照原出资比例分别追加投资500 000元、250 000元、250 000元，D有限责任公司如期收到A、B、C追加的现金投资。D有限责任公司应编制如下会计分录：

```
借：银行存款                                1 000 000
    贷：实收资本——A                              500 000
            ——B                              250 000
            ——C                              250 000
```

【例 8-7】 承[例 8-6],因扩大经营规模需要,经批准,D 有限责任公司将资本公积 2 000 000 元转增资本,A、B、C 原出资比例为 50%、25%、25%。D 有限责任公司应编制如下会计分录:

  借:资本公积——资本溢价   2 000 000
    贷:实收资本——A   1 000 000
      ——B   500 000
      ——C   500 000

【例 8-8】 承[例 8-6],因扩大经营规模需要,经批准,D 有限责任公司将盈余公积 1 000 000 元转增资本,A、B、C 原出资比例为 50%、25%、25%。D 有限责任公司应编制如下会计分录:

  借:盈余公积   1 000 000
    贷:实收资本——A   500 000
      ——B   250 000
      ——C   250 000

(单项选择题)甲、乙、丙三人共同投资成立一家 W 有限责任公司,原注册资本为 100 万元,按照章程规定,甲、乙、丙投入的资本分别为 50 万元、25 万元、25 万元。为扩大经营规模,经批准,W 有限责任公司注册资本扩大为 200 万元,甲、乙、丙照原出资比例分别追加投资 50 万元、25 万元、25 万元,W 有限责任公司如期收到甲、乙、丙追加的现金投资。不考虑其他因素,下列关于 W 有限责任公司追加投资的账务处理结果中,正确的是( )。

 A. 借记"银行存款"账户 500 000 元
 B. 贷记"实收资本——甲"账户 250 000 元
 C. 贷记"实收资本——乙"账户 250 000 元
 D. 贷记"资本公积——资本溢价"账户 2 000 000 元

【正确答案】 C
【答案解析】 企业按规定接受投资者追加投资时,其核算方法与投资者初次投入时相同。W 有限责任公司的注册资本扩大为 200 万元,甲、乙、丙照原出资比例应分别追加投资 50 万元、25 万元、25 万元,甲、乙、丙已完成追加投资,则应记入"实收资本——甲"账户 50 万元,"实收资本——乙"账户 25 万元,"实收资本——丙"账户 25 万元,选项 C 正确。

存在资本溢价或者股本溢价的原因是什么?

(二) 实收资本(或股本)的减少

企业实收资本(或股本)减少的原因主要包括三种:一是资本过剩;二是企业发生重大亏损而减少实收资本;三是因企业发展需要而调节资本结构。

1. 股份有限公司以外的企业

股份有限公司以外的企业发还投资,按法定程序报经批准减少注册资本,其账务处理如下:

借:实收资本(按法定程序报经批准减少注册资本额)
　　贷:银行存款等

【例 8-9】 A 有限责任公司现有注册资本 6 000 000 元,因资本过剩决定减少注册资本 1 000 000 元,减少资本公积 200 000 元,按法定程序报经批准后可予以减少,已通过银行存款发还投资额。不考虑其他因素,A 有限责任公司应编制如下会计分录:

借:实收资本　　　　　　　　　　　　　　　　　　　　　　　　1 000 000
　　资本公积——资本溢价　　　　　　　　　　　　　　　　　　　 200 000
　　贷:银行存款　　　　　　　　　　　　　　　　　　　　　　　　　　　1 200 000

2. 股份有限公司

股份有限公司发还投资时,采用收购本公司股票方式减资的,应通过"库存股"账户核算回购股份的金额。库存股是指已公开发行但发行公司通过购入、赠予或其他方式重新获得可再行出售或注销的股票。股份有限公司减少股本的有关账务处理如表 8-2 所示。

表 8-2　　　　　　　　　股份有限公司减少股本的有关账务处理

业务内容	会计分录
回购股票	借:库存股(每股回购价格×回购股数) 　　贷:银行存款等(回购股票支付的价款)
注销股票	借:股本(股票面值×注销股数) 　　贷:库存股(注销库存股的账面余额)
注销股票情况 1:溢价回购(即回购股票支付的价款高于股票面值总额)	借:股本(股票面值×注销股数) 　　资本公积——股本溢价(股本与库存股的差额) 　　盈余公积(股本溢价不足时冲减) 　　利润分配——未分配利润(股本溢价、盈余公积不足时冲减) 　　贷:库存股(注销库存股的账面余额)
注销股票情况 2:折价回购(即回购股票支付的价款低于股票面值总额)	借:股本(股票面值×注销股数) 　　贷:库存股(注销库存股的账面余额) 　　　　资本公积——股本溢价(差额)

【例 8-10】 2022 年 12 月 31 日,A 上市公司的股本为 200 000 000 元(面值为 1 元),资本公积(股本溢价)为 20 000 000 元,盈余公积为 50 000 000 元。经股东大会批准,A 上市公司以现金回购方式回购本公司股票 15 000 000 股并注销。假定 A 上市公司按每股 2 元的价格回购股票,不考虑其他因素。A 上市公司应编制如下会计分录:

(1)回购股票时:

借:库存股　　　　　　　　　　　　　　　　　　　　　　　　　30 000 000
　　贷:银行存款　　　　　　　　　　　　　　　　　　　　　　　　　　　30 000 000

(2)注销股份时:

借：股本	15 000 000	
资本公积——股本溢价	15 000 000	
贷：库存股		30 000 000

【例 8-11】 承[例 8-10]，假定 A 上市公司按每股 4 元的价格回购股票，其他条件不变，A 上市公司应编制如下会计分录：

（1）回购股票时：

借：库存股	60 000 000	
贷：银行存款		60 000 000

（2）注销股份时：

借：股本	15 000 000	
资本公积——股本溢价	20 000 000	
盈余公积	25 000 000	
贷：库存股		60 000 000

【例 8-12】 承[例 8-10]，假定 A 上市公司按每股 0.8 元的价格回购股票，其他条件不变，A 上市公司应编制如下会计分录：

（1）回购股票时：

借：库存股	12 000 000	
贷：银行存款		12 000 000

（2）注销股份时：

借：股本	15 000 000	
贷：库存股		12 000 000
资本公积——股本溢价		3 000 000

（单项选择题）2022 年 12 月 31 日，L 股份有限公司的股本为 6 000 万元（面值为 1 元），资本公积（股本溢价）为 2 000 万元，盈余公积为 2 000 万元。经股东大会批准，该公司回购本公司股票 100 万股并注销，回购价格为每股 2 元。不考虑其他因素，下列关于该公司注销全部库存股的会计处理结果中，正确的是（　　）。

A. 盈余公积减少 200 万元　　　　　　B. 股本减少 200 万元
C. 资本公积减少 100 万元　　　　　　D. 盈余公积减少 100 万元

【正确答案】 C

【答案解析】 回购时，按每股回购价格×回购股数（2 元×100 万股）记入"库存股"账户，溢价回购；注销时，按股票面值×注销股数（1 元×100 万股），记入"股本"账户，差额 100 万元（200－100）冲减"资本公积——股本溢价"账户；"资本公积——股本溢价"不足冲减时，才依次冲减"盈余公积""利润分配——未分配利润"，本题不涉及。

任务 8.3 资本公积

活动 8.3.1 资本公积概述

一、资本公积的概念

资本公积是指企业收到投资者(股东)的出资额超出其在注册资本(或股本)中所占份额的那部分资本,以及其他资本公积。资本公积由全体股东所有,主要用于转增资本(或股本)。

考一考

(单项选择题)下列各项中,不会引起"资本公积"账户发生变动的是(   )。
A. 经批准将资本公积转增资本
B. 投资者投入的资金大于其按约定比例在注册资本中应享有的份额
C. 其他资本公积的变动
D. 股东大会宣告分配现金股利
【正确答案】 D
【答案解析】 选项 A,经批准将资本公积转增资本,使资本公积减少。选项 B,投资者投入的资金大于其按约定比例在注册资本中享有的份额,需记入"资本公积——资本(股本)溢价"账户进行核算。选项 C,"资本公积"的来源包括其他资本公积,其他资本公积的变动会引起资本公积的变动。选项 D,股东大会宣告分配现金股利,未分配利润减少,应付股利增加,不涉及"资本公积"。

二、资本公积的内容

资本公积主要包括资本溢价(或股本溢价)和其他资本公积。
资本溢价(或股本溢价)由投资者超额缴入资本、股票溢价发行等原因形成;资本溢价(或股本溢价)以外所有者权益的其他变动,则形成其他资本公积。

三、资本公积的账户设置

"资本公积"账户贷方登记资本公积的增加额,借方登记资本公积的减少额,期末余额一般在贷方,反映企业资本公积结余金额。

活动 8.3.2 资本公积的账务处理

一、资本溢价(或股本溢价)的账务处理

(一) 资本溢价

有限责任公司和一般企业在企业重组或者引入新的投资者时,时常会出现资本溢价,此时

的账务处理如下：

借：银行存款等（投资者实际缴入的金额）
　　贷：实收资本（投资者在企业注册资本中所占份额）
　　　　资本公积——资本溢价（实际收到的金额与实收资本的差额）

【例8-13】 2022年1月1日，A有限责任公司由B、C两位投资者投资6 000 000元设立，每人出资3 000 000元。2023年1月1日，为扩大经营规模，经批准引入第三位投资者D加入，A有限责任公司注册资本增加到9 000 000万元。按照投资协议，新投资者D需投入现金3 200 000万元，同时享有该公司三分之一的表决权。A有限责任公司已收到该现金投资。假定不考虑其他因素，A有限责任公司应编制的会计分录如下：

借：银行存款　　　　　　　　　　　　　　　　　　　　　　　　　　3 200 000
　　贷：实收资本　　　　　　　　　　　　　　　　　　　　　　　　　3 000 000
　　　　资本公积——资本溢价　　　　　　　　　　　　　　　　　　　　 200 000

（单项选择题）甲公司是由A、B、C三方各出资200万元设立的。2022年年末，该公司所有者权益项目的余额如下：实收资本为600万元，资本公积为200万元，盈余公积为100万元，未分配利润为150万元。为扩大经营规模，A、B、C三方决定重组公司，吸收D投资者加入，D投资者应投入货币资金300万元，且A、B、C、D各自所占的份额均为25%。接受D投资后的注册资本为800万元。则甲公司接受D投资者投资时，应记入"资本公积——资本溢价"账户的金额为（　　）万元。

A. 100　　　　　　B. 200　　　　　　C. 300　　　　　　D. 400

【正确答案】 A

【答案解析】 引入新投资者后，A、B、C、D各自占甲公司注册资本的份额均为25%，则注册资本为800万元（200÷25%）；甲公司接受新投资者投资的资产时，以投资者在公司注册资本中所占份额200万元（800×25%）记入"实收资本"账户，投资协议约定的现金投资为300万元，差额100万元记入"资本公积——资本溢价"账户。

（二）股本溢价

股本溢价的账务处理如表8-3所示。

表8-3　　　　　　　　　　　　　　股本溢价的账务处理

业务内容	会计分录
按面值发行股票	借：银行存款等[发行股票实际收到的款额] 　　贷：股本[每股股票面值×发行股份总数]
按溢价发行股票	借：银行存款等[发行股票实际收到的款额] 　　贷：股本[每股股票面值×发行股份总数] 　　　　资本公积——股本溢价[差额]
抵扣发行费用（发行费用是指发行股票发生的相关手续费、佣金等发行费用。溢价发行股票的，发行费用应从溢价中抵扣；无溢价发行股票或溢价金额不足以抵扣的，应将不足抵扣的部分依次冲减"盈余公积""利润分配——未分配利润"账户）	借：资本公积——股本溢价 　　盈余公积 　　利润分配——未分配利润 　　贷：银行存款等

【例 8-14】 A 股份有限公司首次公开发行普通股 1 000 000 股,每股面值为 1 元,每股发行价格为 3 元。不考虑其他因素,假定收到的股款已存入银行。A 股份有限公司应编制如下会计分录:

借:银行存款　　　　　　　　　　　　　　　　　　　　　　　　　3 000 000
　　贷:股本　　　　　　　　　　　　　　　　　　　　　　　　　　1 000 000
　　　　资本公积——股本溢价　　　　　　　　　　　　　　　　　　2 000 000

【例 8-15】 A 股份有限公司首次公开发行普通股 1 000 000 股,每股面值为 1 元,每股发行价格为 3 元。不考虑其他因素,假定收到的股款已存入银行。假定 A 股份有限公司与证券公司约定,按发行收入的 2% 收取佣金,从发行收入中扣除。其他条件不变,A 股份有限公司应编制如下会计分录:

借:银行存款　　　　　　　　　　　　　　　　　　　　　　　　　3 000 000
　　贷:股本　　　　　　　　　　　　　　　　　　　　　　　　　　1 000 000
　　　　资本公积——股本溢价　　　　　　　　　　　　　　　　　　2 000 000
借:资本公积——股本溢价　　　　　　　　　　　　　　　　　　　　60 000
　　贷:银行存款　　　　　　　　　　　　　　　　　　　　　　　　60 000

以上两笔会计分录可以整合成一笔会计,如下:

借:银行存款　　　　　　　　　　　　　　　　　　　　　　　　　2 940 000
　　贷:股本　　　　　　　　　　　　　　　　　　　　　　　　　　1 000 000
　　　　资本公积——股本溢价　　　　　　　　　　　　　　　　　　1 940 000

考一考

M 股份有限公司公开发行普通股 100 万股,每股面值为 1 元,每股发行价格为 5 元,按发行收入的 3% 向证券公司支付佣金,从发行收入中扣除,收到的款项已存入银行。不考虑其他因素,该公司发行股票应记入"资本公积"账户的金额为(　　)万元。

A. 500　　　　　　　B. 400　　　　　　　C. 385　　　　　　　D. 15

【正确答案】 C
【答案解析】 应记入"资本公积——股本溢价"账户的金额=溢价收入-发行佣金=100×(5-1)-100×5×3%=385(万元)。

二、其他资本公积的账务处理

其他资本公积涉及的业务情况较为复杂,在此主要介绍两种典型的业务情况。

(一)采用权益法核算的长期股权投资

在持股比例不变的条件下,被投资单位发生净损益、其他综合收益及利润分配以外的所有者权益的其他变动。此时投资单位的账务处理为:

借:长期股权投资(被投资单位所有者权益的增减数额×持股比例)
　　贷:资本公积——其他资本公积(或借贷相反)

【例 8-16】 A 有限责任公司于 2022 年 1 月 1 日向 B 公司投资 6 000 000 元,拥有 B 公司

25%的股份,并对 B 公司有重大影响,对 B 公司的长期股权投资采用权益法核算。2022 年 12 月 31 日,B 公司净损益、其他综合收益和利润分配之外的所有者权益增加了 2 000 000 元。假定 B 公司的其他类型所有者权益没有变化,A 有限责任公司的持股比例没有变化,B 公司资产的账面价值与公允价值一致,不考虑其他因素。A 有限责任公司应编制如下会计分录:

A 有限责任公司对 B 公司投资增加的资本公积＝2 000 000×25%＝500 000(元)

借:长期股权投资——B 公司　　　　　　　　　　　　　　　500 000
　　贷:资本公积——其他资本公积　　　　　　　　　　　　　　　500 000

(二) 以权益结算的股份支付

以权益结算的有关账务处理如表 8-4 所示。

表 8-4　　　　　　　　　以权益结算的有关账务处理

业务内容	会计分录
企业以权益结算的股份支付换取职工或其他方提供服务	借:管理费用[授予日权益工具的公允价值] 　　贷:资本公积——其他资本公积
在职工或其他方行权日	借:资本公积——其他资本公积[按实际行权的权益数量计算确定的金额] 　　贷:实收资本(或股本)[行权时增加的面值总额] 　　　　资本公积——资本溢价(或股本溢价)[差额]

三、资本公积转增资本

经股东大会或类似机构决议,企业用资本公积转增资本时的账务处理如下:

借:资本公积——资本溢价(或股本溢价)[批准转增资本的金额]
　　贷:实收资本(或股本)[按原出资比例计算各投资者增加的出资额]

有关账务处理过程,参见[例 8-7]的有关内容。

任务 8.4　留存收益

活动 8.4.1　留存收益概述

一、留存收益的概念

留存收益是指企业从历年实现的利润中提取或形成的留存于企业的内部积累。它包括盈余公积和未分配利润两类。

二、盈余公积

(一) 概念

盈余公积是指企业按照规定从净利润中提取的各种积累资金。它主要包括法定盈余公积和任意盈余公积。

(二)用途

企业提取的盈余公积经批准可用于弥补亏损、转增资本、发放现金股利或利润等。

(三)计提标准

计提法定盈余公积以国家的法律或者行政规章为依据,按照规定的比例从净利润中进行提取;任意盈余公积则是按照股东会或股东大会决议提取的盈余公积。

(四)账户设置

"盈余公积"账户贷方登记按规定提取的盈余公积数额,借方登记用盈余公积弥补亏损和转增资本的实际数额,期末余额在贷方,反映企业的盈余公积余额。

三、未分配利润

(一)概念

未分配利润是指企业实现的净利润在经过弥补亏损、提取盈余公积、向投资者分配利润后留存在企业的、历年结存的利润。

(二)公式

提取盈余公积、向投资者分配利润等利润分配过程,需要以可供分配利润为基础。可供分配利润公式如下:

可供分配利润=当年实现的净利润(或净亏损)+年初未分配利润(或"一年初未弥补亏损")+其他转入

(三)账户设置

企业应设置"利润分配——未分配利润"的明细账户,反映企业利润的分配(或亏损的弥补)和历年分配(或弥补)后的未分配利润(或未弥补亏损)。年终结转后,"利润分配——未分配利润"明细账户期末一般为贷方余额,表示累积未分配的利润金额;如为借方余额,表示累积未弥补的亏损金额。

活动 8.4.2　盈余公积的账务处理

一、提取盈余公积

若年初未分配利润余额>0,企业计算提取法定盈余公积的基数时,不包括年初未分配利润;若年初未分配利润余额<0,应先弥补以前年度亏损,之后再提取盈余公积。企业一般按净利润(减弥补以前年度亏损)的10%提取法定盈余公积。提取盈余公积的账务处理如表8-5所示。

表 8-5　　　　　　　　　　提取盈余公积的账务处理

业务内容	会计分录
提取法定盈余公积	借:利润分配——提取法定盈余公积 　贷:盈余公积——法定盈余公积
提取任意盈余公积	借:利润分配——提取任意盈余公积 　贷:盈余公积——任意盈余公积

【例8-17】 A股份有限公司本年实现净利润为6 000 000元,年初未分配利润为0。经股东大会批准,A股份有限公司按当年净利润的10%提取法定盈余公积,按当年净利润的2%提取任意盈余公积。假定不考虑其他因素,A股份有限公司应编制如下会计分录:

借:利润分配——提取法定盈余公积　　　　　　　　　　　　　　600 000
　　　　　　——提取任意盈余公积　　　　　　　　　　　　　　120 000
　　贷:盈余公积——法定盈余公积　　　　　　　　　　　　　　600 000
　　　　　　　——任意盈余公积　　　　　　　　　　　　　　120 000

 考一考

(单项选择题)2022年1月1日,甲股份有限公司未分配利润为100万元,2022年度实现净利润500万元,法定盈余公积的提取率为10%,不考虑其他因素,下列关于该公司盈余公积的账务处理中,正确的是(　　)。

A. 借:利润分配——提取法定盈余公积　　　　　　　　　　　　400 000
　　贷:盈余公积——法定盈余公积　　　　　　　　　　　　　　400 000
B. 借:本年利润——提取法定盈余公积　　　　　　　　　　　　400 000
　　贷:盈余公积——法定盈余公积　　　　　　　　　　　　　　400 000
C. 借:本年利润——提取法定盈余公积　　　　　　　　　　　　500 000
　　贷:盈余公积——法定盈余公积　　　　　　　　　　　　　　500 000
D. 借:利润分配——提取法定盈余公积　　　　　　　　　　　　500 000
　　贷:盈余公积——法定盈余公积　　　　　　　　　　　　　　500 000

【正确答案】　D
【答案解析】　如果期初未分配利润为亏损,计提盈余公积时的基数为净利润扣除亏损之后的余额;如果为盈利,计提盈余公积时的基数为当期实现的净利润。应计提法定盈余公积50万元(500×10%)。

二、盈余公积弥补亏损

企业发生亏损时,经股东大会或类似机构批准,可用盈余公积弥补亏损。有关账务处理如下:

借:盈余公积
　　贷:利润分配——盈余公积补亏

【例8-18】 经股东大会批准,A股份有限公司用以前年度提取的盈余公积弥补当年亏损,当年弥补亏损的金额为800 000元。假定不考虑其他因素,A股份有限公司应编制如下会计分录:

借:盈余公积　　　　　　　　　　　　　　　　　　　　　　　　800 000
　　贷:利润分配——盈余公积补亏　　　　　　　　　　　　　　800 000

有人说:"企业盈利时必须计提法定盈余公积,这种做法也可以认为是企业盈利后的'强制存款'。"这种观点正确吗?

三、盈余公积转增资本

企业经股东大会或类似机构决议,可用盈余公积转增资本。相关账务处理如下:

借:盈余公积
    贷:实收资本(或股本)

如涉及多个投资者的企业,用盈余公积转增资本时,应按原投资者各自的出资比例,相应增加各投资者的出资额。有关账务处理过程,参见[例8-8]的有关内容。

(多项选择题)因扩大经营规模需要,经股东大会批准,Z股份有限公司将盈余公积500 000元转增股本。假定不考虑其他因素,下列关于盈余公积的账务处理中,正确的是( )。

A. 贷记"盈余公积"500 000元 B. 借记"盈余公积"500 000元
C. 贷记"实收资本"500 000元 D. 贷记"股本"500 000元

【正确答案】 AD

【答案解析】 企业用盈余公积转增股本时,借记"盈余公积"账户,贷记"股本"账户。

四、用盈余公积发放现金股利或利润

企业经股东大会或类似机构决议,可用盈余公积分派现金股利或利润。相关账务处理如下:

借:盈余公积
    贷:应付股利

【例8-19】 2022年12月31日,A股份有限公司的股本为80 000 000元(每股面值为1元),可供投资者分配的利润为5 000 000元,盈余公积为20 000 000元。2023年1月20日,该公司股东大会批准了2022年度利润分配方案,按每10股1元发放现金股利。A股份有限公司共需要分派现金股利8 000 000元,其中动用可供投资者分配的利润5 000 000元、盈余公积3 000 000元。假定不考虑其他因素。A股份有限公司应编制如下会计分录:

(1)宣告发放现金股利时:

借:利润分配——应付现金股利或利润   5 000 000
    盈余公积   3 000 000
    贷:应付股利   8 000 000

(2)实际发放现金股利时:

借:应付股利   8 000 000
    贷:银行存款   8 000 000

活动 8.4.3 未分配利润账务处理

一、结转本年净利润（或净亏损）

年末，企业应将全年实现的净利润或发生的净亏损，自"本年利润"账户转入"利润分配——未分配利润"账户。结转本年利润的账务处理如表 8-6 所示。

表 8-6 结转本年利润的账务处理

业务内容	会计分录
当期实现净利润	借：本年利润 　　贷：利润分配——未分配利润
当期发生净亏损	借：利润分配——未分配利润 　　贷：本年利润

二、结转"利润分配"账户余额

年末，企业还需要将"利润分配"账户所属其他明细账户的余额，转入"利润分配——未分配利润"明细账户。利润分配的账务处理如表 8-7 所示。

表 8-7 利润分配的账务处理

业务内容		会计分录
当期提取了盈余公积（只有实现净利润才涉及）	提取时	借：利润分配——提取法定盈余公积 　　　　　　——提取任意盈余公积 　　贷：盈余公积——法定盈余公积 　　　　　　——任意盈余公积
	结转时	借：利润分配——未分配利润 　　贷：利润分配——提取法定盈余公积 　　　　　　——提取任意盈余公积
宣告分配现金股利或利润（若有）	宣告时	借：利润分配——应付现金股利或利润 　　贷：应付股利
	结转时	借：利润分配——未分配利润 　　贷：利润分配——应付现金股利或利润
实际支付股票股利（若有）	在办妥增资手续后	借：利润分配——转作股本的股利 　　贷：股本
	结转时	借：利润分配——未分配利润 　　贷：利润分配——转作股本的股利
盈余公积补亏（若有）	补亏时	借：盈余公积 　　贷：利润分配——盈余公积补亏
	结转时	借：利润分配——盈余公积补亏 　　贷：利润分配——未分配利润

【例 8-20】 A 股份有限公司年初未分配利润为 1 000 000 元,本年实现净利润 1 000 000 元,本年提取法定盈余公积 100 000 元,提取任意盈余公积 20 000 元,宣告发放现金股利 500 000 元。假定不考虑其他因素,A 股份有限公司应编制如下会计分录:

(1) 结转实现净利润时:

借:本年利润 1 000 000
　　贷:利润分配——未分配利润 1 000 000

(2) 提取盈余公积时:

借:利润分配——提取法定盈余公积 100 000
　　　　　　——提取任意盈余公积 20 000
　　贷:盈余公积——法定盈余公积 100 000
　　　　　　　——任意盈余公积 20 000

(3) 宣告发放现金股利时:

借:利润分配——应付现金股利或利润 500 000
　　贷:应付股利 500 000

(4) 将"利润分配"账户所属其他明细账户的余额结转至"利润分配——未分配利润"明细账户:

借:利润分配——未分配利润 620 000
　　贷:利润分配——提取法定盈余公积 100 000
　　　　　　　——提取任意盈余公积 20 000
　　　　　　　——应付现金股利或利润 500 000

本例中,"利润分配——未分配利润"明细账户的余额在贷方,表示 A 股份有限公司本年年末的累计未分配利润。

A 股份有限公司本年年末累计未分配利润＝年初未分配利润＋本年利润－提取盈余公积－应付现金股利＝1 000 000＋1 000 000－120 000－500 000＝1 380 000(元)。

考一考

(单项选择题)某股份有限公司年初未分配利润为－100 万元,本年实现净利润 300 万元,本年提取法定盈余公积 20 万元,宣告分配现金股利 50 万元。假定不考虑其他因素,该公司本年年末"利润分配——未分配利润"明细账户贷方余额是(　　)万元。

A. 200　　　　　B. 180　　　　　C. 150　　　　　D. 130

【正确答案】 D

【答案解析】 未分配利润是以可供分配的利润为基础,按照"提取法定盈余公积→提取任意盈余公积→向投资者分配利润"的顺序进行分配后留存在企业的、历年结存的利润。

可供分配利润＝当年实现的净利润(或净亏损)＋年初未分配利润(或－年初未弥补亏损)＋其他转入＝300－100＝200(万元)

分配后该股份有限公司本年"利润分配——未分配利润"明细账户年末余额＝200－20－50＝130(万元)。

模 块 测 试

一、单项选择题

1. 下列各项中,不属于所有者权益的是( )。
   A. 资本公积　　　　　　　　　　B. 盈余公积
   C. 未分配利润　　　　　　　　　D. 应付高管人员基本薪酬

2. 下列各项中,不会引起实收资本增加的是( )。
   A. 盈余公积弥补亏损　　　　　　B. 盈余公积转增资本
   C. 资本公积转增资本　　　　　　D. 接受现金资产投资

3. 某非上市公司为一般纳税人,于设立时接受商品投资,则实收资本的入账金额为( )。
   A. 商品的市场价值评估
   B. 评估确认的商品价值
   C. 确认的商品价值加上或减去商品进销差价
   D. 商品的公允价值加上进项税额

4. A、B公司均为增值税一般纳税人,适用的增值税税率为13%。A公司接受B公司投资的原材料一批,账面价值为1 000 000元,投资协议约定的价值为1 200 000元,假定投资协议约定的价值与公允价值相符,增值税进项税额由B公司支付,并开具了增值税专用发票,该项投资没有产生资本溢价。A公司因该项投资确认的实收资本金额为( )元。
   A. 1 356 000　　B. 1 130 000　　C. 1 200 000　　D. 1 000 000

5. 甲股份有限公司委托证券公司发行股票2 000万股,每股面值为1元,每股发行价格为8元,向证券公司支付佣金500万元。该公司应记入"股本"账户的金额为( )万元。
   A. 7 000　　　B. 2 000　　　C. 8 000　　　D. 7 500

6. 股份有限公司采用溢价发行股票方式筹集资本,其"股本"账户所登记的金额是( )。
   A. 股票面值与发行股票总数的乘积
   B. 实际收到的款项
   C. 发行总收入加上支付给证券商的费用
   D. 发行总收入减去支付给证券商的费用

7. 甲企业以一专利权对乙有限责任公司进行投资,该专利权的原价为300万元,已摊销32万元,双方确认该专利权的价值为320万元(假设是公允的),占注册资本的40%,注册资本总额为600万元,则乙企业应作的会计处理为( )。
   A. 借:无形资产　　　　　　　　　　　　　　　　　　　　　3 200 000
   　　贷:实收资本　　　　　　　　　　　　　　　　　　　　　　　　3 200 000
   B. 借:无形资产　　　　　　　　　　　　　　　　　　　　　2 680 000
   　　贷:实收资本　　　　　　　　　　　　　　　　　　　　　　　　2 680 000

C. 借：无形资产　　　　　　　　　　　　　　　　　　3 200 000
　　贷：实收资本　　　　　　　　　　　　　　　　　　　2 400 000
　　　　资本公积　　　　　　　　　　　　　　　　　　　　800 000

D. 借：无形资产　　　　　　　　　　　　　　　　　　3 200 000
　　贷：累计摊销　　　　　　　　　　　　　　　　　　　　320 000
　　　　实收资本　　　　　　　　　　　　　　　　　　　2 880 000

8. 企业增资扩股时，投资者实际缴纳的出资额大于其按约定比例计算的其在注册资本中所占的份额部分，应作为(　　)。

A. 营业外收入　　　　　　　　　　B. 实收资本
C. 资本公积——资本溢价　　　　　D. 盈余公积

9. 股份有限公司采用收购本公司股票方式减资的，按注销股票的面值总额减少股本，购回股票支付的价款超过面值的部分，应依次冲减的会计账户是(　　)。

A. "利润分配——未分配利润""盈余公积""资本公积"
B. "资本公积""盈余公积""利润分配——未分配利润"
C. "盈余公积""资本公积""利润分配——未分配利润"
D. "利润分配——未分配利润""资本公积""盈余公积"

10. 资本公积的主要用途是(　　)。

A. 归还投资　　　B. 分配股利　　　C. 转增资本　　　D. 弥补亏损

11. 甲公司收到某投资者作为资本投入的银行存款800万元，在注册资本中所占的份额为750万元，则该业务记入甲公司"资本公积"账户的金额为(　　)。

A. 50万元　　　B. 800万元　　　C. 0　　　D. 750万元

12. 乙上市公司发行普通股1 000万股，每股面值为1元，每股发行价格为4元，支付手续费10万元，支付咨询费50万元。该公司发行普通股记入"资本公积"账户的金额为(　　)万元。

A. 1 000　　　B. 2 990　　　C. 4 000　　　D. 3 000

13. 一般将企业所有者权益中的盈余公积和未分配利润称为(　　)。

A. 留存收益　　　B. 实收资本　　　C. 资本公积　　　D. 所有者权益

14. 下列各项中，导致企业所有者权益总额发生增减变动的业务是(　　)。

A. 盈余公积补亏　　　　　　　　　B. 资本公积转实收资本
C. 盈余公积转实收资本　　　　　　D. 当年实现净利润

15. 某企业所有者权益期初余额为300万元，本年实现净利润300万元，从中提取盈余公积30万元，宣告发放现金股利30万元，以资本公积转增资本40万元，则该企业年末所有者权益的金额为(　　)万元。

A. 570　　　B. 600　　　C. 500　　　D. 560

16. 下列各项中，会引起企业留存收益总额发生变动的是(　　)。

A. 提取任意盈余公积　　　　　　　B. 股本溢价
C. 盈余公积转增资本　　　　　　　D. 接受现金资产投资

17. A股份有限公司所有者权益情况如下：股本为2 000万元(面值为1元)，资本公积为股本溢价)600万元，盈余公积为800万元。经股东大会批准，A股份有限公司按照3元/股回购本公司股票500万股并注销。A股份有限公司在注销股份时应当冲减的"盈余公积"账户金额为(　　)万元。

A. 800　　　　　　B. 400　　　　　　C. 200　　　　　　D. 500

18. D公司年初未分配利润为300万元,本年实现净利润200万元,本年提取法定盈余公积20万元,任意盈余公积5万元。假定不考虑其他因素,D公司年末未分配利润为(　　)万元。

A. 500　　　　　　B. 200　　　　　　C. 25　　　　　　D. 475

19. 下列关于盈余公积会计处理的表述中,正确的是(　　)。

A. 用盈余公积发放现金股利时,应借记"盈余公积"账户,贷记"利润分配——应付现金股利或利润"账户

B. 用盈余公积弥补亏损时,应借记"盈余公积"账户,贷记"利润分配——盈余公积补亏"账户

C. 用盈余公积转增资本时,应借记"盈余公积"账户,贷记"资本公积"账户

D. 提取盈余公积时,应借记"本年利润"账户,贷记"盈余公积——法定(任意)盈余公积"账户

20. 某企业2022年1月1日所有者权益构成情况如下:实收资本为1 000万元,资本公积为200万元,盈余公积为300万元,未分配利润为300万元。2022年度,该企业实现利润总额为500万元,企业所得税税率为25%。假定不存在纳税调整事项及其他因素,该企业在2022年12月31日可供分配的利润为(　　)万元。

A. 500　　　　　　B. 675　　　　　　C. 800　　　　　　D. 1 100

二、多项选择题

1. 下列各项中,属于所有者权益的有(　　)。

A. 资本公积　　　B. 递延收益　　　C. 固定资产　　　D. 未分配利润

2. 下列各项中,所有者权益总额不变,仅引起所有者权益结构发生变动的有(　　)。

A. 用盈余公积弥补亏损　　　　　　B. 分配股票股利

C. 用盈余公积转增资本　　　　　　D. 宣告分配现金股利

3. 下列关于接受现金资产投资的会计处理中,正确的有(　　)。

A. 借记"银行存款"账户

B. 贷记"实收资本"账户

C. 实际收到的金额超过投资者在注册资本中所占份额的部分,记入"其他综合收益"账户

D. 实际收到的金额超过投资者在注册资本中所占份额的部分,记入"资本公积——资本溢价"账户

4. 甲公司在筹建期间委托证券公司代理发行普通股2 000万股,每股面值为1元,按每股1.05元的价格发行。甲公司与华东证券公司约定,华东证券公司按发行收入的3%收取手续费,从发行收入中扣除,甲公司的"资本公积"账户余额为100万元,均是发行股票产生的溢价收入。收到的股款已存入银行。在上述情况下,甲公司收到股款的会计分录可能涉及的账户有(　　)。

A. "财务费用"　　B. "银行存款"　　C. "盈余公积"　　D. "股本"

5. 甲有限责任公司为增值税一般纳税人,2022年10月,收到乙公司投入设备注明的价款

为110万元,增值税税额为14.3万元,合同约定设备的价款为110万元(假设与公允价值相同),甲有限责任公司收到乙公司投资后注册资金共1 000万元,乙公司占10%的份额。下列会计处理中,正确的有(　　)。

　　A. 实收资本的入账金额为100万元　　B. 接受投资产生的溢价为24.3万元
　　C. 实收资本增加110万元　　　　　　D. 准予抵扣的进项税额为14.3万元

6. 企业实收资本或股本增加的途径有(　　)。
　　A. 经批准用资本公积转增资本　　　　B. 经批准用盈余公积转增资本
　　C. 接受投资者现金资产投资　　　　　D. 股东大会宣告发放现金股利

7. 企业减少实收资本应按法定程序报经批准,一般发生在企业(　　)而需要减资的情况下。
　　A. 投资者要求　　B. 发生重大亏损　　C. 资本过剩　　D. 盈利

8. 下列各项中,应计入资本公积的有(　　)。
　　A. 溢价发行的股票
　　B. 其他资本公积
　　C. 交易性金融资产的公允价值变动
　　D. 投资者投入的资本超过其所占注册资本份额的差额

9. 股份有限公司委托其他单位发行股票,支付手续费或佣金等相关费用,如果发行股票的溢价不够冲减或者无溢价的,其差额可能记入的账户有(　　)。
　　A. "管理费用"　　　　　　　　　　　B. "财务费用"
　　C. "利润分配——未分配利润"　　　　D. "盈余公积"

10. 下列各项中,不会引起所有者权益总额发生增减变动的有(　　)。
　　A. 接受投资者追加投资　　　　　　　B. 资本公积转增资本
　　C. 盈余公积转增资本　　　　　　　　D. 宣告发放股票股利

11. 2022年12月31日,某股份有限公司股本为10 000 000元(每股面值为1元),资本公积为1 500 000元,盈余公积为1 000 000元,经股东大会批准,该公司以每股2元价格回购公司股票2 000 000股并注销。下列关于该公司注销所回购股份相关账户的会计处理结果中,正确的有(　　)。
　　A. 借记"股本"2 000 000元
　　B. 借记"资本公积——股本溢价"1 500 000元
　　C. 借记"盈余公积"500 000元
　　D. 贷记"库存股"2 000 000元

12. 下列各项中,能引起企业留存收益总额发生增减变动的有(　　)。
　　A. 提取法定盈余公积　　　　　　　　B. 盈余公积转增资本
　　C. 本年度实现净利润　　　　　　　　D. 向投资企业宣告分配现金股利

13. 下列各项中,不会使盈余公积减少的有(　　)。
　　A. 盈余公积转增资本　　　　　　　　B. 盈余公积补亏
　　C. 计提盈余公积　　　　　　　　　　D. 当年实现的净利润

14. 下列账户中,年度终了需要转入"利润分配——未分配利润"账户的有(　　)。
　　A. 本年利润　　　　　　　　　　　　B. 利润分配——提取法定盈余公积

C. 利润分配——应付现金股利或利润　　D. 利润分配——盈余公积补亏

15. 下列各项中,应记入"资本公积"账户贷方的有(　　)。

A. 以资本公积转增资本 200 万元

B. 向银行借入期限为一年的短期贷款 200 万元

C. 接受投资者以现金投资 3 000 万元,其中属于资本溢价的部分是 300 万元

D. 接受投资者投入一批材料,投资双方确认的价值超过该投资者在注册资本中所占份额

三、判断题

1. "资本公积""盈余公积"都是反映企业留存收益的账户。　　　　　　　　　　(　　)
2. 企业接受投资者投资,投资者超额缴入的资本应该记入"资本公积"账户。　(　　)
3. 企业接受投资者作为对价投入的材料物资,应按投资合同或协议约定价值确定材料物资价值(不公允的除外)作为材料物资的入账价值。　　　　　　　　　　　　　　(　　)
4. 企业接受的投资者以原材料投资,其增值税税额不能记入"实收资本"账户。(　　)
5. 企业增发新股,应按发行新股的股数与每股股票的发行价格的乘积金额记入"股本"账户。　　　　　　　　　　　　　　　　　　　　　　　　　　　　　　　　(　　)
6. 一般企业增加资本主要的途径包括接受投资者追加投资、资本公积转增资本,但是不包括盈余公积转增资本。　　　　　　　　　　　　　　　　　　　　　　　(　　)
7. 股份有限公司以收购本企业股票方式减资的,按注销股票的面值总额减少股本,购回股票支付的价款小于面值总额的部分,依次冲减"资本公积""盈余公积"和"利润分配——未分配利润"。　　　　　　　　　　　　　　　　　　　　　　　　　　　　(　　)
8. 用资本公积转增资本属于留存收益内部变动的,不影响所有者权益总额。　(　　)
9. 资本公积包括投资者的出资额超出其在注册资本(或股本)中所占份额的部分,以及其他资本公积等。　　　　　　　　　　　　　　　　　　　　　　　　　　(　　)
10. 企业发行股票支付的手续费,如果是溢价发行股票的,应从溢价中抵扣,冲减资本公积(股本溢价);无溢价或溢价金额不足以抵扣的,应将不足抵扣的部分冲减盈余公积和未分配利润。　　　　　　　　　　　　　　　　　　　　　　　　　　　　　(　　)

四、不定项选择题

1. 2022 年 1 月 1 日,A、B、C 三人决定共同出资成立甲有限责任公司(以下简称"甲公司"),注册资本为 500 万元,经投资合同约定,A、B、C 三人的出资比例为 50%、30%、20%。甲公司 2022 年 1 月发生与所有者权益相关的交易或事项如下:

(1) 10 日,甲公司收到 A 投资者投入的现金资产 250 万元,款项已收存银行。

(2) 11 日,甲公司收到 B 投资者作为资本投入的非专利技术一项,该非专利技术投资合同约定价值为 160 万元、增值税进项税额为 9.6 万元,已开具增值税专用发票。合同约定的资产价值与公允价值相符,不考虑其他因素。

(3) 12 日,甲公司收到 C 投资者作为资本投入的不需安装机器设备一台,合同约定该机器设备的价值为 100 万元,增值税进项税额为 13 万元,已开具增值税专用发票。合同约定的固定资产价值与公允价值相符,不考虑其他因素。

要求:据上述资料,不考虑其他因素,分析回答下列小题。

〈1〉根据资料(1),下列会计处理结果中,正确的是(　　)。

A. 借记"银行存款"账户 2 500 000 元

B. 贷记"实收资本——A"账户 2 500 000 元
C. 借记"实收资本"账户 2 500 000 元
D. 贷记"资本公积"账户 500 000 元

〈2〉根据资料(2),甲公司应记入"资本公积"账户的金额为(　　)万元。
A. 160　　　　　B. 9.6　　　　　C. 19.6　　　　　D. 169.6

〈3〉根据资料(3),下列会计处理结果中,正确的是(　　)。

A. 借：固定资产　　　　　　　　　　　　　　　　　　　　1 000 000
　　　贷：实收资本——C　　　　　　　　　　　　　　　　　　　　1 000 000

B. 借：固定资产　　　　　　　　　　　　　　　　　　　　1 130 000
　　　贷：实收资本——C　　　　　　　　　　　　　　　　　　　　1 130 000

C. 借：固定资产　　　　　　　　　　　　　　　　　　　　1 000 000
　　　应交税费——应交增值税(进项税额)　　　　　　　　　　130 000
　　　贷：实收资本——C　　　　　　　　　　　　　　　　　　　　1 130 000

D. 借：固定资产　　　　　　　　　　　　　　　　　　　　1 000 000
　　　应交税费——应交增值税(进项税额)　　　　　　　　　　130 000
　　　贷：实收资本——C　　　　　　　　　　　　　　　　　　　　1 000 000
　　　　　资本公积——资本溢价　　　　　　　　　　　　　　　　130 000

2. 2022 年 1 月 1 日,乙股份有限公司(以下简称"乙公司")股东权益合计金额为 2 000 万元,其中,股本为 500 万元(每股面值为 1 元),资本公积为 1 000 万元,盈余公积为 300 万元,未分配利润为 200 万元。乙公司 2022 年发生与所有者权益相关的交易或事项如下：

(1) 1 月 10 日,乙公司委托证券公司发行普通股 500 万股,每股面值为 1 元,发行价格为每股 2 元,按发行收入的 3% 支付佣金,发行完毕。收到款项存入银行。

(2) 10 月 10 日,经股东大会批准,用资本公积转增股本 500 万元,并办妥相关增资手续。

(3) 2022 年度,实现净利润 1 200 万元,按净利润的 10% 提取法定盈余公积,按 2% 提取任意盈余公积。

要求：据上述资料,不考虑其他因素,分析回答下列小题。

〈1〉根据资料(1),下列会计处理结果中,正确的是(　　)。
A. "财务费用"账户借方登记 30 万元　　B. "银行存款"账户借方登记 970 万元
C. "股本"账户贷方登记 500 万元　　　　D. "资本公积"账户贷方登记 470 万元

〈2〉根据资料(2),下列会计处理结果中,正确的是(　　)。
A. 资本公积减少 500 万元　　　　　　　B. 未分配利润增加 500 万元
C. 库存股增加 500 万元　　　　　　　　D. 股本增加 500 万元

〈3〉根据上述资料,2022 年 12 月 31 日,乙公司"股本"账户的余额为(　　)万元。
A. 1 000　　　　B. 1 500　　　　C. 1 200　　　　D. 2 000

〈4〉根据上述资料,2022 年年末,乙公司"利润分配——未分配利润"账户的余额为(　　)万元。
A. 1 280　　　　B. 1 400　　　　C. 1 200　　　　D. 1 256

3. 2022 年 1 月 1 日,丙股份有限公司(以下简称"丙公司")所有者权益总额为 3 500 万元,其中：股本为 1 000 万元,资本公积为 1 500 万元,盈余公积为 500 万元,未分配利润为

500万元。2022年,丙公司发生的有关股东权益业务资料如下:

(1) 1月20日,委托证券公司发行普通股500万股,每股面值为1元,每股发行价格为5元,按照发行价的2%向证券公司支付相关手续费(假定不考虑发行过程中的税费等因素)。

(2) 2月8日,经股东大会批准将资本公积500万元转增股本。

(3) 6月25日,经股东大会批准,以每股3元的价格回购本公司股票100万股并予以注销。

(4) 2022年度,实现利润总额1 000万元,其中包括本年实现的国债利息收入20万元,并且当年营业外支出中有10万元为税收滞纳金罚金,所得税税率为25%,按净利润的10%提取法定盈余公积。

(5) 经股东大会批准,宣告发放现金股利250万元。

要求:根据上述资料,不考虑其他因素,分析回答下列小题。

〈1〉根据资料(1),丙公司发行股票应记入"资本公积"账户的金额为( )万元。
A. 2 500　　　　　B. 2 450　　　　　C. 500　　　　　D. 1 950

〈2〉根据资料(2),下列会计处理结果的表述中,正确的是( )。
A. 公司所有者权益总额减少500万元
B. 公司留存收益减少500万元
C. 不会导致公司所有者权益总额发生增减变化
D. 公司股本增加500万元

〈3〉根据资料(3),丙公司回购并注销库存股的会计处理中,正确的是( )。

A. 借:库存股　　　　　　　　　　　　　　　　　　　　　3 000 000
　　　贷:银行存款　　　　　　　　　　　　　　　　　　　　　　3 000 000

B. 借:股本　　　　　　　　　　　　　　　　　　　　　　3 000 000
　　　贷:库存股　　　　　　　　　　　　　　　　　　　　　　3 000 000

C. 借:股本　　　　　　　　　　　　　　　　　　　　　　1 000 000
　　　资本公积——股本溢价　　　　　　　　　　　　　　　2 000 000
　　　贷:库存股　　　　　　　　　　　　　　　　　　　　　　3 000 000

D. 借:股本　　　　　　　　　　　　　　　　　　　　　　3 000 000
　　　贷:库存股　　　　　　　　　　　　　　　　　　　　　　3 000 000

〈4〉根据期初资料和资料(4),下列会计处理结果中,正确的是( )。
A. 期末盈余公积余额为500万元　　　B. 期末盈余公积余额为575.25万元
C. 本年增加盈余公积75万元　　　　　D. 本年增加盈余公积75.25万元

〈5〉根据资料(5),下列会计处理结果中,正确的是( )。
A. 借记"利润分配——应付现金股利或利润"账户2 500 000元
B. 贷记"应付股利"账户2 500 000元
C. 借记"应付股利"账户2 500 000元
D. 贷记"盈余公积"账户2 500 000元

模块 9

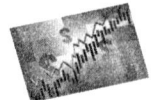

收入、费用和利润

[考核目标]

1. 了解收入的概念、分类、确认和计量。
2. 掌握现金结算方式销售业务、委托收款结算方式销售业务、商业汇票结算方式销售业务、赊销方式销售业务、发出商品业务、材料销售业务、销售退回业务、可变对价业务、在某一时段内完成的商品销售收入业务九种收入类业务的账务处理。
3. 了解费用的概念、确认与计量。
4. 掌握营业成本、税金及附加、期间费用的账务处理。
5. 了解利润的概念、构成、计算公式。
6. 掌握营业外收支、所得税费用、本年利润的账务处理。

[实践目标]

1. 完成现金结算方式销售业务、委托收款结算方式销售业务、商业汇票结算方式销售业务、赊销方式销售业务、发出商品业务、材料销售业务、销售退回业务、可变对价业务、在某一时段内完成的商品销售收入业务九种收入类业务的账务处理。
2. 完成营业成本、税金及附加、期间费用的账务处理。
3. 完成利润表的计算。
4. 完成营业外收支、所得税费用、本年利润的账务处理。

[思政目标]

1. 培养学生细致、准确、有条不紊的财经专业素质。
2. 培养学生诚实、守信、坚持原则的职业道德。
3. 加强学生的法律意识,树立企业财务人员的责任意识和学生的社会责任意识。

[知识点思维导图]

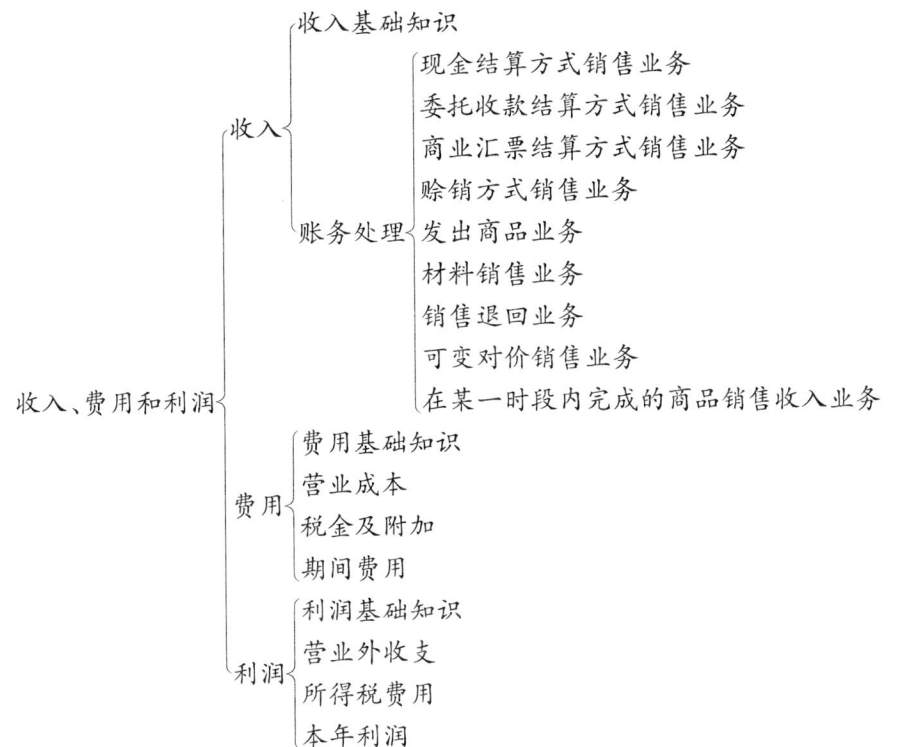

案例导入

2020年11月30日,美盈森集团股份有限公司(证券代码:002303,以下简称"美盈森")发布了2020-124号公告,披露其控股子公司深圳市金之彩文化创意有限公司(以下简称"深圳金之彩")收到《税务行政处罚事项告知书》的相关事宜进展。根据其披露的深圳市税务局第三稽查局公告的深税三稽罚告〔2020〕1170号《税务行政处罚事项告知书》,税务机关查明深圳金之彩存在的违法事实包括:①2012年10月至2013年9月,通过个人账户收取客户货款未登记入账,少计销售收入、少申报交纳增值税及附征税费。②2014年,取得房租收入少计收入,导致未足额申报交纳营业税金及附加。③2012—2015年度,未按规定如实履行代扣代交员工工资薪金个人所得义务。④2013—2015年度,签订租赁合同少申报交纳租赁合同印花税。⑤2013—2014年度,应调增应纳税所得额,即少交企业所得税。税务机关认定上述行为构成偷税,拟对上述违法行为作出相应处罚(合计365万元),并告知深圳金之彩陈述、申辩及要求听证的权利。

遵守国家各项法律法规,按时足额交纳各项税金是我们每个纳税义务人应尽的义务。任何企业想通过不法手段隐匿收入、偷逃税款都将面临高额的处罚。

[思考]
(1) 公司的税金及附加该如何计算?公司的税金及附加该如何进行账务处理?
(2) 偷逃税要受到怎么样的法律惩罚?

案例来源:
上海启赋律师事务所.上市公司控股子公司隐瞒收入的"税"与"罚"[EB/OL].(2021-06-17)[2023-01-13].https://www.sohu.com/a/472359290_121149803.

任务 9.1 收入

活动 9.1.1 收入基础知识

一、收入概述

(一) 收入的概念

收入是指企业在日常活动中形成的、会导致所有者权益增加的、与所有者投入资本无关的经济利益的总流入。

(二) 收入的特点

(1) 收入是从企业的日常活动中产生的,而不是从偶发的交易或事项中产生的。
(2) 收入可能表现为资产的增加,或者负债的减少,或者两者兼而有之。
(3) 收入会导致企业所有者权益的增加。
(4) 收入只包括本企业经济利益的总流入,不包括为第三方或客户代收的款项。

考一考

(单项选择题)下列各项中,不符合收入会计要素定义的是(　　)。
A. 制造业企业处置固定资产收到的款项　　B. 企业销售商品收到的款项
C. 企业销售材料取得的收益　　D. 投资性房地产取得租金收入
【正确答案】 A
【答案解析】 选项 A,处置固定资产是企业的偶发交易,其收到的款项不属于企业的收入。

(三) 收入的分类

按照企业主要经营业务等经常性经营活动实现的收入,收入通常分为主营业务收入和其他业务收入。例如,制造业企业的产品销售收入是其主营业务收入,生产产品用的材料销售收入或出租包装物等收入则属于其他业务收入。又如,商业银行的利息收入是其主营业务收入。

二、收入的确认与计量

(一) 收入确认与计量的步骤

按照《企业会计准则》相关规定,收入确认与计量的基本步骤大致分为以下五步:
第一步,识别与客户订立的合同。
第二步,识别合同中的单项履约义务。
第三步,确定交易价格。
第四步,将交易价格分摊至各单项履约义务。

第五步,履行各单项履约义务时确认收入。

收入确认与计量的五个步骤中,第一步、第二步和第五步主要与收入的确认有关,第三步和第四步主要与收入的计量有关。

(二) 识别与客户订立的合同

1. 合同概述

合同是指双方或多方之间订立有法律约束力的权利义务的协议。合同有书面形式、口头形式及其他形式。合同的存在是企业确认客户合同收入的前提,企业与客户之间的合同一经签订,企业即享有从客户取得与转移商品和服务对价的权利,同时负有向客户转移商品和服务的履约义务。

2. 收入确认的原则

企业应当在履行了合同中的履约义务时,即在客户取得相关商品控制权时确认收入。其中,取得相关商品控制权,是指客户能够主导该商品的使用并从中获得几乎全部经济利益的权利,也包括有能力阻止其他方主导该商品的使用并从中获得经济利益的权利。取得商品控制权包括三个要素:

(1) 客户必须拥有现时权利,能够主导该商品的使用并从中获得几乎全部经济利益。如果客户只能在未来的某一期间主导该商品的使用并从中获益,则表明其尚未取得该商品的控制权。

(2) 客户有能力主导该商品的使用,即客户在其活动中有权使用该商品,或者能够允许或阻止其他方使用该商品。

(3) 客户能够获得几乎全部的经济利益。商品的经济利益是指商品的潜在现金流量,既包括现金流入的增加,也包括现金流出的减少。客户可以通过使用、消耗、出售、处置、交换、抵押或持有等多种方式直接或间接地获得商品的经济利益。

3. 收入确认的前提条件

企业与客户之间的合同同时满足下列五项条件的,企业应当在客户取得相关商品控制权时确认收入:

(1) 合同各方已批准该合同并承诺将履行各自义务。

(2) 该合同明确了合同各方与所转让商品相关的权利和义务。

(3) 该合同有明确的与所转让商品相关的支付条款。

(4) 该合同具有商业实质,即履行该合同将改变企业未来现金流量的风险、时间分布或金额。

(5) 企业因向客户转让商品而有权取得的对价很可能收回。

(三) 识别合同中的单项履约义务

履约义务是指合同中企业向客户转让可明确区分商品或服务的承诺。企业应当将向客户转让可明确区分商品(或者商品的组合)的承诺以及向客户转让一系列实质相同且转让模式相同的、可明确区分商品的承诺作为单项履约义务。

例如,某企业与客户签订合同,向其销售空调并提供安装服务,该安装服务简单,该企业之外其他供应商也可以提供此类安装服务,该合同中销售的空调和提供安装服务即为两项单项履约义务。若安装服务复杂且商品需要按客户定制要求修改,则合同中销售空调和提供安装服务则合并为单项履约义务。

(四)确定交易价格

交易价格是指企业因向客户转让商品而预期有权收取的对价金额,不包括企业代第三方收取的款项(如增值税)以及企业预期将退还给客户的款项。合同条款所承诺的对价,可能是固定金额、可变金额,或两者兼有。

【例 9-1】 甲企业与乙公司签订合同为其建造一艘货轮,约定的价款为 1 000 万元,10 个月完工,交易价格为固定金额 1 000 万元;假如合同中约定若提前 1 个月完工,客户将额外奖励甲企业 100 万元,甲企业对合同估计工程提前 1 个月完工的概率为 95%。请计算甲企业该项业务的交易价格。

本例中,甲企业将合同估计工程提前 1 个月完工的概率为 95%,则预计有权收取的对价为 1 100 万元,即交易价格应包括固定金额 1 000 万元和可变金额 100 万元,总计为 1 100 万元。

(五)将交易价格分摊至各单项履约义务

当合同中包含两项或多项履约义务时,需要将交易价格分摊至各单项履约义务,分摊的方法是在合同开始日,按照各单项履约义务所承诺商品的单独售价(企业向客户单独销售商品的价格)的相对比例,将交易价格分摊至各单项履约义务。通过分摊交易价格,企业分摊至各单项履约义务的交易价格能够反映其因向客户转让已承诺的相关商品而有权收取的对价金额。

【例 9-2】 甲企业与乙公司签订合同,向其销售 A、B、C 三件产品,不含增值税的合同总价款为 20 000 元。A、B、C 产品的不含增值税单独售价分别为 10 000 元、7 000 元、15 000 元,合计 32 000 元。请计算 A 产品、B 产品、C 产品应当分摊的价格。

本例中,甲企业应按照 A、B、C 产品各单项履约义务所承诺商品的单独售价的相对比例进行分摊:

A 产品应当分摊的交易价格 = 10 000 ÷ 32 000 × 20 000 = 6 250(元)
B 产品应当分摊的交易价格 = 7 000 ÷ 32 000 × 20 000 = 4 375(元)
C 产品应当分摊的交易价格 = 15 000 ÷ 32 000 × 20 000 = 9 375(元)

(六)履行各单项履约义务时确认收入

当企业将商品转移给客户,客户取得了相关商品的控制权,意味着企业履行了合同履约义务,此时,企业应确认收入。企业将商品控制权转移给客户,可能是在某一时段内发生,也可能在某一时点发生。企业应当根据实际情况来判断履约义务是否满足在某一时段内履行的条件,如不满足,则该履约义务属于在某一时点履行的履约义务。

三、收入和对应成本的账户设置

为有助于读者对收入和对应成本的账户设置共性的理解,此处提前列出收入和对应成本的账户设置,对应成本的相关概念等会在后面活动逐步讲解,收入和对应成本的账户设置如表 9-1 所示。

表 9-1　　　　　　　　　　收入和对应成本的账户设置

账户名称	账户设置
主营业务收入	贷方登记企业主营业务活动实现的收入,借方登记期末转入"本年利润"账户的主营业务收入,结转后该账户应无余额

(续表)

账户名称	账户设置
其他业务收入	贷方登记企业其他业务活动实现的收入,借方登记期末转入"本年利润"账户的其他业务收入,结转后该账户应无余额
主营业务成本	借方登记企业应结转的主营业务成本,贷方登记期末转入"本年利润"账户的主营业务成本,结转后该账户应无余额
其他业务成本	借方登记企业应结转的其他业务成本,贷方登记期末转入"本年利润"账户的其他业务成本,结转后该账户应无余额
合同取得成本	借方登记发生的合同取得成本,贷方登记摊销的合同取得成本,期末余额在借方,反映企业尚未结转的合同取得成本
合同履约成本	借方登记发生的合同履约成本,贷方登记摊销的合同履约成本,期末余额在借方,反映企业尚未结转的合同履约成本
合同资产	借方登记因已转让商品而有权收取的对价金额,贷方登记取得无条件收款权的金额,期末余额在借方,反映企业已向客户转让商品而有权收取的对价金额
合同负债	贷方登记企业在向客户转让商品之前,已经收到或已经取得无条件收取合同对价权利的金额,借方登记企业向客户转让商品时冲销的金额,期末余额在贷方,反映企业在向客户转让商品之前,已经收到的合同对价或已经取得的无条件收取合同对价权利的金额

活动 9.1.2　收入的账务处理

一、对控制权转移的判断

本活动以一般商品销售收入为例对收入的账务处理进行介绍。企业一般商品销售属于在某一时点履行的履约义务。对于在某一时点履行的履约义务,企业应当在客户取得相关商品控制权时点确认收入。在判断控制权是否转移时,企业应当综合考虑的控制权转移的迹象如表 9-2 所示。

表 9-2　　　　　　　　　　控制权转移的迹象

迹象	案例
企业就该商品享有现时收款权利,即客户就该商品负有现时付款义务	甲企业与客户签订销售商品合同,约定客户有权定价且在收到商品无误后 10 日内付款。在客户收到甲企业开具的发票、商品验收入库后,客户能够自主确定商品的销售价格或商品的使用情况,此时甲企业享有收款权利,客户负有现时付款义务
企业已将该商品的法定所有权转移给客户,即客户已拥有该商品的法定所有权	房地产企业向客户销售商品房,在客户付款后取得房屋产权证时,表明企业已将该商品房的法定所有权转移给客户
企业已将该商品实物转移给客户,即客户已占有该商品实物	企业与客户签订交款提货合同,在企业销售商品并送货到客户指定地点,客户验收合格并付款,表明企业已将该商品实物转移给客户,即客户已占有该商品实物
企业已将该商品所有权包含的主要风险和报酬转移给客户,即客户已取得该商品所有权包含的主要风险和报酬	甲房地产公司向客户销售商品房办理产权转移手续后,该商品房价格上涨或下跌带来的利益或损失全部属于客户,表明客户取得该商品房所有权上的主要风险和报酬
客户已接受该商品	企业向客户销售为其定制生产的节能设备,客户收到并验收合格后办理入库手续,表明客户已接受该商品
其他表明客户已取得商品控制权的迹象	(略)

二、现金结算方式销售业务的账务处理

企业以现金结算方式对外销售商品,在客户取得相关商品控制权时点确认收入。有关账务处理如下:

借:库存现金(或银行存款)
　　贷:主营业务收入
　　　　应交税费——应交增值税(销项税额)

【例 9-3】 2022 年 10 月 3 日,甲公司向乙公司销售一批商品,开具的增值税专用发票上注明的售价为 200 000 元,增值税税率为 13%;当日甲公司收到乙公司支付的款项并存入银行;该批商品的实际成本为 180 000 元;乙公司收到商品并验收入库。

本例中,甲公司已经收到乙公司支付的货款,客户乙公司收到商品并验收入库,因此,该项业务为单项履约义务且属于在某一时点履行的履约义务。甲公司应编制如下会计分录:

(1) 确认收入时:

借:银行存款　　　　　　　　　　　　　　　　　　　　　　226 000
　　贷:主营业务收入　　　　　　　　　　　　　　　　　　　　200 000
　　　　应交税费——应交增值税(销项税额)　　　　　　　　　 26 000

(2) 结转销售商品成本时:

借:主营业务成本　　　　　　　　　　　　　　　　　　　　180 000
　　贷:库存商品　　　　　　　　　　　　　　　　　　　　　　180 000

三、委托收款结算方式销售业务的账务处理

企业以委托收款结算方式对外销售商品,在其办妥委托收款手续且客户取得相关商品控制权时点确认收入。委托收款结算销售业务的账务处理如表 9-3 所示。

表 9-3　　　　　　　　委托收款结算销售业务的账务处理

业务内容	会计分录
确认收入时	借:应收账款 　　贷:主营业务收入 　　　　应交税费——应交增值税(销项税额)
结转销售成本时	借:主营业务成本 　　贷:库存商品
实际收到款项时	借:银行存款 　　贷:应收账款

【例 9-4】 2022 年 10 月 4 日,甲公司向乙公司赊销一批商品,开具的增值税专用发票上注明的售价为 25 000 元,增值税税率为 13%;甲公司以银行存款 545 元代乙公司垫付运费。当日,乙公司收到商品并验收入库,甲公司将委托收款凭证和债务证明提交开户银行,办妥托收手续;该批商品的实际成本为 20 000 元。10 月 16 日,甲公司收到银行转来的收款通知,货款已全部收存银行。

本例中,甲公司已向银行办妥委托收款手续,客户乙公司收到商品并验收入库,因此,该项业务为单项履约义务且属于在某一时点履行的履约义务。甲公司应编制如下会计分录:

(1) 10 月 4 日,确认收入时:

借:应收账款　　　　　　　　　　　　　　　　　　　　　　　　　　28 795
　　贷:主营业务收入　　　　　　　　　　　　　　　　　　　　　　　　25 000
　　　　应交税费——应交增值税(销项税额)　　　　　　　　　　　　　 3 250
　　　　银行存款　　　　　　　　　　　　　　　　　　　　　　　　　　 545

同时,结转销售商品成本时:

借:主营业务成本　　　　　　　　　　　　　　　　　　　　　　　　20 000
　　贷:库存商品　　　　　　　　　　　　　　　　　　　　　　　　　　20 000

(2) 10 月 16 日,收到收款通知时:

借:银行存款　　　　　　　　　　　　　　　　　　　　　　　　　　28 795
　　贷:应收账款　　　　　　　　　　　　　　　　　　　　　　　　　　28 795

四、商业汇票结算方式销售业务的账务处理

企业以商业汇票结算方式对外销售商品,在收到商业汇票且客户取得相关商品控制权时点确认收入,其账务处理与委托收款结算方式销售业务的账务处理相似,但在确认销售收入时,使用"应收票据"账户进行核算。

【例 9-5】 甲公司向乙公司销售一批商品,开具的增值税专用发票上注明的售价为 150 000 元,增值税税额为 19 500 元;甲公司收到乙公司开出的不带息银行承兑汇票一张,票面金额为 169 500 元,期限为 4 个月;该批商品成本为 120 000 元;乙公司收到商品并验收入库。

本例中,甲公司已经收到乙公司开出的不带息银行承兑汇票,客户乙公司收到商品并验收入库,因此,该项业务为单项履约义务且属于在某一时点履行的履约义务。甲公司应编制如下会计分录:

(1) 确认收入时:

借:应收票据　　　　　　　　　　　　　　　　　　　　　　　　　　169 500
　　贷:主营业务收入　　　　　　　　　　　　　　　　　　　　　　　 150 000
　　　　应交税费——应交增值税(销项税额)　　　　　　　　　　　　　19 500

(2) 结转销售商品成本时:

借:主营业务成本　　　　　　　　　　　　　　　　　　　　　　　 120 000
　　贷:库存商品　　　　　　　　　　　　　　　　　　　　　　　　　 120 000

(单项选择题)甲公司于 2022 年 10 月 1 日向乙公司销售一批产品,开具的增值税专用发票上注明的价款为 80 000 元,增值税税额为 10 400 元,并办理托收手续,收到乙公司开出的一

张3个月到期的不带息商业承兑汇票,符合收入确认条件。该项销售业务属于在某一时点履行的履约义务。2023年1月1日,甲公司所持该票据到期,收回到期票款。不考虑其他因素,下列关于甲公司的会计处理中,正确的有(   )。

A. 2022年10月1日销售商品时,借:应收票据80 000,贷:主营业务收入80 000
B. 2022年10月1日销售商品时,借:应收票据90 400,贷:主营业务收入90 400
C. 2023年1月1日票据到期时,借:银行存款80 000,贷:应收票据80 000
D. 2023年1月1日票据到期时,借:银行存款90 400,贷:应收票据90 400

【正确答案】 D
【答案解析】 乙公司开出商业承兑汇票确认的应收票据的金额应该包括货款和增值税,应收票据金额为90 400元(80 000+10 400),而收回到期票款时也应相应的结转应收票据的账面余额。

五、赊销方式销售业务的账务处理

企业以赊销方式对外销售商品,在客户取得相关商品控制权时点确认收入。赊销方式销售业务的账务处理如表9-4所示。

表9-4　　　　　　　　　　赊销方式销售业务的账务处理

业务内容		会计分录
单项履约义务	确认收入时	借:应收账款 　贷:主营业务收入 　　　应交税费——应交增值税(销项税额)
	结转销售成本时	借:主营业务成本 　贷:库存商品
	在实际收到款项时	借:银行存款 　贷:应收账款
多项履约义务	交付每一项商品时	借:合同资产 　贷:主营业务收入
	交付全部商品时	借:应收账款 　贷:合同资产 　　　主营业务收入 　　　应交税费——应交增值税(销项税额)
	结转销售成本时	借:主营业务成本 　贷:库存商品
	收到货款时	借:银行存款 　贷:应收账款

【例9-6】 2022年10月3日,甲公司向乙公司赊销一批商品,开具的增值税专用发票上注明的售价为10 000元,增值税税额为1 300元;双方约定2个月内支付货款。当日,乙公司收到商品并验收入库;该批商品的实际成本为9 000元。11月30日,甲公司收到乙公司支付的货款11 300元,并存入银行。

本例中,甲公司与乙公司约定2个月内付款,客户乙公司收到商品并验收入库,因此,该项业务为单项履约义务且属于在某一时点履行的履约义务。甲公司应编制如下会计分录：

（1）7月1日，确认收入时：

借：应收账款　　　　　　　　　　　　　　　　　　　　　　　　　　　11 300
　　贷：主营业务收入　　　　　　　　　　　　　　　　　　　　　　　　　10 000
　　　　应交税费——应交增值税（销项税额）　　　　　　　　　　　　　　1 300

同时，结转销售商品成本时：

借：主营业务成本　　　　　　　　　　　　　　　　　　　　　　　　　　9 000
　　贷：库存商品　　　　　　　　　　　　　　　　　　　　　　　　　　　9 000

（2）8月31日，收到货款时：

借：银行存款　　　　　　　　　　　　　　　　　　　　　　　　　　　　11 300
　　贷：应收账款　　　　　　　　　　　　　　　　　　　　　　　　　　　11 300

【例9-7】 2022年10月1日，甲公司与客户签订合同，向其销售A、B两种商品，A商品的单独售价为12 000元，B商品的单独售价为48 000元，A、B商品合同价款为50 000元。合同约定，A商品于合同开始日交付，B商品在1个月之后交付，当两项商品全部交付之后，甲公司才有权收取50 000元的合同对价。上述价格均不包含增值税。A、B商品的实际成本分别为8 200元和36 000元。假定A商品和B商品分别构成单项履约义务，其控制权在交付时转移给客户。2022年11月1日，甲公司交付B商品，开具的增值税专用发票上注明的售价为50 000元，增值税税额为6 500元。2022年12月1日，甲公司收到客户支付的货款并存入银行。

本例中，甲公司将A商品交付给客户之后，与该商品相关的履约义务已经履行，但需要等到后续交付B商品时，才具有无条件收取合同对价的权利，因此，甲公司应当将因交付A商品而有权收取的对价确认为合同资产，而不是应收账款。

甲公司应先将交易价格50 000元分摊至A、B商品两项履约义务：

分摊至A商品的合同价款＝[12 000÷(12 000＋48 000)]×50 000＝10 000（元）

分摊至B商品的合同价款＝[48 000÷(12 000＋48 000)]×50 000＝40 000（元）

甲公司应编制如下会计分录：

（1）10月1日，交付A商品时：

借：合同资产　　　　　　　　　　　　　　　　　　　　　　　　　　　　10 000
　　贷：主营业务收入　　　　　　　　　　　　　　　　　　　　　　　　　10 000

借：主营业务成本　　　　　　　　　　　　　　　　　　　　　　　　　　8 400
　　贷：库存商品　　　　　　　　　　　　　　　　　　　　　　　　　　　8 400

（2）11月1日，交付B商品时：

借：应收账款　　　　　　　　　　　　　　　　　　　　　　　　　　　　56 500
　　贷：合同资产　　　　　　　　　　　　　　　　　　　　　　　　　　　10 000
　　　　主营业务收入　　　　　　　　　　　　　　　　　　　　　　　　　40 000
　　　　应交税费——应交增值税（销项税额）　　　　　　　　　　　　　　6 500

借：主营业务成本　　　　　　　　　　　　　　　　　　　　　　　　　　36 000
　　贷：库存商品　　　　　　　　　　　　　　　　　　　　　　　　　　　36 000

(3) 12月1日,收到货款时:

借:银行存款　　　　　　　　　　　　　　　　　　　　　　　　　　　　　　　　　56 500
　　贷:应收账款　　　　　　　　　　　　　　　　　　　　　　　　　　　　　　　　　　56 500

六、发出商品业务的账务处理

(一)账户设置

企业按合同发出商品,合同约定客户只有在商品售出取得价款后才支付货款。企业向客户转让商品的对价未达到"很可能收回"收入确认条件。在发出商品时,企业不应确认收入,而应将发出商品的成本记入"发出商品"账户。"发出商品"账户一般用于核算企业商品已发出但客户没有取得商品控制权的商品成本。

(二)概率的表述

《企业会计准则》关于概率的表述之规定如表9-5所示。

表 9-5　　　　　　　　　　　　　　关于概率的表述

关于发生概率的表述	事件发生概率
基本确定	是指发生的可能性大于95%但小于100%
很可能	是指发生的可能性大于50%但小于或等于95%
可能	是指发生的可能性大于5%但小于或等于50%
极小可能	是指发生的可能性大于0但小于或等于5%

(三)账务处理

发出商品业务的账务处理如表9-6所示。

表 9-6　　　　　　　　　　　　　发出商品业务的账务处理

业务内容	会计分录
发出商品时	借:发出商品 　　贷:库存商品
发出商品被退回时	借:库存商品 　　贷:发出商品
当收到货款或取得收取货款权利时,确认收入	借:银行存款[或应收账款] 　　贷:主营业务收入 　　　　应交税费——应交增值税(销项税额)
结转已销商品成本时	借:主营业务成本 　　贷:发出商品

【例9-8】 2022年10月10日,甲公司向乙公司销售一批商品,开出的增值税专用发票上注明的销售价款为100 000元,增值税税额为13 000元,款项尚未收到;该批商品成本为60 000元。甲公司在销售时已知乙公司资金周转发生困难,但为了减少存货积压,同时也为了维持与乙公司长期建立的商业合作关系,甲公司仍将商品发往乙公司且办妥托收手续。假定甲公司发出该批商品时其增值税纳税义务尚未发生。

本例中,乙公司资金周转存在困难,因而甲公司在货款回收方面存在较大的不确定性,与该批商品所有权有关的风险和报酬没有转移给乙公司。根据在某一时点履行的履约义务的收入确认条件,甲公司在发出商品且办妥托收手续时不能确认收入。甲公司发出商品时应编制如下会计分录:

借:发出商品 60 000
　　贷:库存商品 60 000

【例 9-9】 甲公司与乙公司均为增值税一般纳税人。2022 年 10 月 1 日,甲公司与乙公司签订委托代销合同,甲公司委托乙公司销售 A 商品 3 000 件,A 商品当日发出,每件成本为 60 元。合同约定乙公司应按每件 100 元的价格对外销售,甲公司按不含增值税的销售价格的 10% 向乙公司支付手续费。除非这些商品在乙公司存放期间内由于乙公司的责任发生毁损或丢失,否则在 A 商品对外销售之前,乙公司没有义务向甲公司支付货款。乙公司不承担包销责任,没有售出的 A 商品须退回给甲公司,同时,甲公司也有权要求收回 A 商品或将其销售给其他的客户。2022 年 10 月,乙公司实际对外销售 1 000 件,开出的增值税专用发票上注明的售价为 100 000 元,增值税税额为 13 000 元。2022 年 10 月 31 日,甲公司收到乙公司开具的代销清单和代销手续费增值税专用发票(增值税税率为 6%),以及扣除代销手续费后的货款;甲公司也向乙公司开具相应的增值税专用发票。

(1) 甲公司应编制如下会计分录:

① 10 月 1 日,发出商品时:

借:发出商品 180 000
　　贷:库存商品 180 000

② 10 月 31 日,收到代销清单、代销手续费发票时:

借:应收账款——乙公司 113 000
　　贷:主营业务收入 100 000
　　　　应交税费——应交增值税(销项税额) 13 000

借:主营业务成本 60 000
　　贷:发出商品 60 000

借:销售费用——代销手续费 10 000
　　应交税费——应交增值税(进项税额) 600
　　贷:应收账款——乙公司 10 600

③ 10 月 31 日,收到乙公司支付的货款时:

借:银行存款 102 400
　　贷:应收账款——乙公司 102 400

(2) 乙公司应编制如下会计分录:

① 10 月 1 日,收到商品时:

借:受托代销商品——甲公司 300 000
　　贷:受托代销商品款——甲公司 300 000

② 10月对外销售时：

借：银行存款　　　　　　　　　　　　　　　　　　　　　　　113 000
　　贷：受托代销商品——甲公司　　　　　　　　　　　　　　　　100 000
　　　　应交税费——应交增值税（销项税额）　　　　　　　　　　 13 000

③ 10月31日，收到甲公司开具的增值税专用发票时：

借：受托代销商品款——甲公司　　　　　　　　　　　　　　　100 000
　　应交税费——应交增值税（进项税额）　　　　　　　　　　　 13 000
　　贷：应付账款——甲公司　　　　　　　　　　　　　　　　　　113 000

④ 10月31日，支付货款并计算代销手续费：

借：应付账款——甲公司　　　　　　　　　　　　　　　　　　113 000
　　贷：银行存款　　　　　　　　　　　　　　　　　　　　　　102 400
　　　　其他业务收入——代销手续费　　　　　　　　　　　　　　 10 000
　　　　应交税费——应交增值税（销项税额）　　　　　　　　　　　　600

（单项选择题）甲企业委托乙企业代销一批商品，共6 000件，代销价款为100元/件。该商品成本为60元/件，甲企业适用增值税税率为13%。2022年8月，甲企业收到乙企业开来的代销清单上列明已销售代销商品的50%，甲企业向乙企业开具增值税专用发票。甲企业按售价的3%支付给乙企业手续费。甲企业2022年8月应确认的销售收入为（　　）元。

　　A. 188 000　　　　B. 300 000　　　　C. 400 000　　　　D. 388 000

【正确答案】　B

【答案解析】　支付手续费方式委托代销业务中，企业应该根据受托方开来的代销清单列明的已销商品来确认收入，因此甲企业应确认的销售收入为300 000元（6 000×100×50%）。

七、材料销售业务的账务处理

企业在日常活动中发生对外销售不需用的原材料、随同商品对外销售单独计价的包装物等业务所取得的收入计入其他业务收入。企业销售原材料、包装物等存货取得收入的确认、计量原则、账务处理可以比照商品销售。

【例9-10】　甲公司向乙公司销售一批原材料，开具的增值税专用发票上注明的售价为10 000元，增值税税额为1 300元；甲公司收到乙公司支付的款项并存入银行；该批原材料的实际成本为7 500元；乙公司收到原材料并验收入库。

本例中，甲公司已经收到乙公司支付的货款，乙公司收到原材料并验收入库，该项业务为单项履约义务且属于在某一时点履行的履约义务。甲公司应编制如下会计分录：

（1）确认收入时：

借：银行存款　　　　　　　　　　　　　　　　　　　　　　　 11 300
　　贷：其他业务收入　　　　　　　　　　　　　　　　　　　　 10 000
　　　　应交税费——应交增值税（销项税额）　　　　　　　　　　1 300

（2）结转销售原材料成本：

借：其他业务成本　　　　　　　　　　　　　　　　　　　　　　　7 500
　　贷：原材料　　　　　　　　　　　　　　　　　　　　　　　　　　　7 500

八、销售退回业务的账务处理

销售退回是指企业因售出商品在质量、规格等方面不符合销售合同规定条款的要求，客户要求企业予以退货。企业销售商品发生退货，表明企业履约义务的减少和客户商品控制权及其相关经济利益的丧失。已确认销售商品收入的售出商品发生销售退回（属于资产负债表日后事项的除外），企业收到退回的商品时，应退回货款或冲减应收账款，并冲减主营业务收入和增值税销项税额。

【例9-11】　2022年10月20日，甲公司销售一批商品，增值税专用发票上注明的售价为200 000元，增值税税额为26 000元；客户收到该批商品并验收入库；当日收到客户支付的货款存入银行。该批商品成本为150 000元。2022年11月20日，该批部分商品质量出现严重问题，客户将该批商品的60%退回给甲公司。甲公司同意退货，于退货当日支付退货款，并按规定向客户开具了增值税专用发票（红字）。假定不考虑其他因素，甲公司应编制如下会计分录：

（1）10月20日，确认收入时：

借：银行存款　　　　　　　　　　　　　　　　　　　　　　　　　226 000
　　贷：主营业务收入　　　　　　　　　　　　　　　　　　　　　　　200 000
　　　　应交税费——应交增值税（销项税额）　　　　　　　　　　　　　26 000

同时，结转销售商品成本：

借：主营业务成本　　　　　　　　　　　　　　　　　　　　　　　150 000
　　贷：库存商品　　　　　　　　　　　　　　　　　　　　　　　　　150 000

（2）11月20日，商品的60%销售退回时：

借：主营业务收入　　　　　　　　　　　　　　　　　　　　　　　120 000
　　应交税费——应交增值税（销项税额）　　　　　　　　　　　　　　15 600
　　贷：银行存款　　　　　　　　　　　　　　　　　　　　　　　　　135 600

借：库存商品　　　　　　　　　　　　　　　　　　　　　　　　　　90 000
　　贷：主营业务成本　　　　　　　　　　　　　　　　　　　　　　　　90 000

考一考

（单项选择题）甲企业为增值税一般纳税人，2022年5月，销售产品，取得不含税收入150 000元，对应成本为100 000元。该项销售业务属于在某一时点履行的履约义务。7月，由于质量问题部分产品被退回（不考虑资产负债表日后事项），退回部分产品对应的收入为60 000元，对应的成本为30 000元。甲企业销售该批产品对企业利润影响的金额为（　　）元。

　　A. 50 000　　　　　B. －10 000　　　　C. 20 000　　　　D. 30 000

【正确答案】　C

【答案解析】 本题考核销售退回。发生销售退回,应冲减企业当期收入和成本,因此该笔业务对甲企业利润影响的金额为 20 000 元(150 000－100 000－60 000＋30 000)。

九、可变对价销售业务的账务处理

(一) 概述

企业与客户的销售合同中约定的对价金额可能是固定的,也可能会因折扣、价格折让、返利、退款、奖励积分、激励措施、业绩奖金、索赔等因素而变化。此外,根据一项或多项或有事项的发生而收取不同对价金额的销售合同,也属于可变对价的情形。

若合同中存在可变对价,企业应当对计入交易价格的可变对价进行估计。企业应当按照期望值或最可能发生金额确定可变对价的最佳估计数。但是,企业只能选取其中一种方法,不得随意进行切换。期望值是按照各种可能发生的对价金额及相关概率计算确定的金额;最可能发生金额是一系列可能发生的对价金额中最可能发生的单一金额,即销售合同最可能产生的单一结果。

此外,需要注意的是,企业确定可变对价金额之后,计入交易价格的可变对价金额还应满足限制条件,即包含可变对价的交易价格,应当不超过在相关不确定性消除时,累计已确认的收入极可能不会发生重大转回的金额。

(二) 账务处理

【例 9-12】 2022 年 10 月 1 日,甲公司向乙公司销售一批商品,增值税专用发票上注明的售价为 600 000 元,增值税税额为 78 000 元,款项尚未收到;该批商品成本为 540 000 元。该项业务属于在某一时点履行的履约义务。2022 年 10 月 20 日,乙公司在验收过程中发现商品外观上存在瑕疵,但基本上不影响使用,要求甲公司在价格上(不含增值税税额)给予 5% 的减让。假定甲公司已确认收入。甲公司同意价格折让,并按规定向乙公司开具了增值税专用发票(红字)。2022 年 10 月 30 日,甲公司收到乙公司支付的货款存入银行。甲公司应编制如下会计分录:

(1) 10 月 1 日,确认收入时:

借:应收账款　　　　　　　　　　　　　　　　　　　　　　　678 000
　　贷:主营业务收入　　　　　　　　　　　　　　　　　　　　600 000
　　　　应交税费——应交增值税(销项税额)　　　　　　　　　 78 000

同时,结转销售商品成本:

借:主营业务成本　　　　　　　　　　　　　　　　　　　　　540 000
　　贷:库存商品　　　　　　　　　　　　　　　　　　　　　　540 000

(2) 10 月 20 日,发生销售折让时:

借:主营业务收入(600 000×5%)　　　　　　　　　　　　　　 30 000
　　应交税费——应交增值税(销项税额)　　　　　　　　　　　 3 900
　　贷:应收账款　　　　　　　　　　　　　　　　　　　　　　 33 900

(3) 10 月 30 日,收到货款时:

借:银行存款　　　　　　　　　　　　　　　　　　　　　　　644 100
　　贷:应收账款　　　　　　　　　　　　　　　　　　　　　　644 100

【例9-13】 甲公司为增值税一般纳税人,2022年10月1日,向客户销售A商品5 000件并开具增值税专用发票,每件商品的标价为200元(不含增值税),A商品适用的增值税税率为13%;每件商品的实际成本为120元;由于是成批销售,甲公司给予客户10%的商业折扣,并在销售合同中规定现金折扣条件为"2/20,N/30",且计算现金折扣时不考虑增值税;当日A商品发出,客户收到商品并验收入库。甲公司基于对客户的了解,预计客户20天内付款的概率为90%,20天后付款的概率为10%。2022年10月18日,甲公司收到客户支付的货款。

本例中,该项销售业务属于在某一时点履行的履约义务。对于商业折扣,甲公司需从应确认的销售商品收入中予以扣除;对于现金折扣,甲公司认为按照最可能发生金额能够更好地预测其有权获取的对价金额。因此,甲公司应确认的销售商品收入为882 000元[200×(1-10%)×5 000×(1-2%)];增值税销项税额为117 000元[200×(1-10%)×5 000×13%]。甲公司应编制如下会计分录:

(1) 10月1日,确认收入、结转成本时:

借:应收账款　　　　　　　　　　　　　　　　　　　　　　　　　　999 000
　　贷:主营业务收入　　　　　　　　　　　　　　　　　　　　　　　　882 000
　　　　应交税费——应交增值税(销项税额)　　　　　　　　　　　　117 000

借:主营业务成本　　　　　　　　　　　　　　　　　　　　　　　　600 000
　　贷:库存商品　　　　　　　　　　　　　　　　　　　　　　　　　　600 000

(2) 10月18日,收到货款时:

借:银行存款　　　　　　　　　　　　　　　　　　　　　　　　　　999 000
　　贷:应收账款　　　　　　　　　　　　　　　　　　　　　　　　　　999 000

【例9-14】 甲公司是一家家电生产销售企业,销售家电适用的增值税税率为13%。2022年10月,甲公司向零售商乙公司销售2 000台A型冰箱,每台价格为3 000元,合同价款合计600万元。每台A型冰箱的成本为2 000元。乙公司收到A型冰箱并验收入库。甲公司向乙公司提供价格保护,同意在未来3个月内如果同款冰箱售价下降,则按照合同价格与最低售价之间的差额向乙公司支付差价。甲公司根据以往执行类似合同的经验,预计未来3个月内每台空调不降价的概率为40%,降价金额为200元的概率为35%,降价金额为400元的概率为25%。

本例中,该项销售业务属于在某一时点履行的履约义务。甲公司认为期望值能够更好地预测其有权获取的对价金额。在该方法下,甲公司估计交易价格为2 830元(3 000×40%+2 800×35%+2 600×25%)。2022年10月,甲公司应编制如下会计分录:

(1) 确认收入时:

借:应收账款　　　　　　　　　　　　　　　　　　　　　　　　　6 395 800
　　贷:主营业务收入　　　　　　　　　　　　　　　　　　　　　　　5 660 000
　　　　应交税费——应交增值税(销项税额)　　　　　　　　　　　　735 800

(2) 结转销售商品成本时:

借：主营业务成本　　　　　　　　　　　　　　　　　　　　　　　　　　4 000 000
　　贷：库存商品　　　　　　　　　　　　　　　　　　　　　　　　　　　　4 000 000

（单项选择题）某企业在 2022 年 10 月 8 日销售商品 150 件，该商品单价为 200 元，增值税税率为 13%，该企业给购货方 5% 的商业折扣，当日发出商品，购货方尚未支付货款，则该企业应收账款的入账价值为（　　）元。

A. 28 500　　　　B. 27 400　　　　C. 32 205　　　　D. 35 100

【正确答案】　C

【答案解析】　该企业应按扣除商业折扣后的实际售价和增值税销项税额之和确认应收账款，因此应确认的应收账款的入账价值为 32 205 元[150×200×(1+13%)×(1−5%)]。

（单项选择题）甲企业为增值税一般纳税人，适用的增值税税率为 13%。2022 年 3 月 1 日，甲企业向乙企业销售产品 500 件，每件不含增值税的销售价格为 1 500 元。现金折扣条件为"2/10，N/30"，计算现金折扣时不考虑增值税。根据以往经验，甲企业预计客户 10 天内付款的概率为 80%，10 天后付款的概率为 20%。该项销售业务属于在某一时点履行的履约义务。乙企业于 3 月 8 日交付货款，甲企业实际收取的款项为（　　）元。

A. 830 550　　　　B. 735 500　　　　C. 750 000　　　　D. 832 500

【正确答案】　D

【答案解析】　甲企业实际收取的款项为 832 500 元[500×1 500×(1−2%)+500×1 500×13%]。3 月 1 日的会计分录为："借：应收账款　832 500，贷：主营业务收入　735 000，应交税费——应交增值税（销项税额）　97 500"。3 月 8 日的会计分录为："借：银行存款　832 500，贷：应收账款　832 500"。

十、在某一时段内完成的商品销售收入的账务处理

（一）履约义务

对于在某一时段内履行的履约义务，企业应当在该段时间内按照履约进度确认收入，履约进度不能合理确定的除外。满足下列条件之一的，属于在某一时段内履行的履约义务：

（1）客户在企业履约的同时即取得并消耗企业履约所带来的经济利益。

（2）客户能够控制企业履约过程中在建的商品。

（3）企业履约过程中所产出的商品具有不可替代用途，且该企业在整个合同期间内有权就累计至今已完成的履约部分收取款项。其中，具有不可替代用途是指因合同限制或实际可行性限制，企业不能轻易地将商品用于其他用途；有权就累计至今已完成的履约部分收取款项是指在由于客户或其他方原因终止合同的情况下，企业有权就累计至今已完成的履约部分收取能够补偿其已发生成本和合理利润的款项，并且该权利具有法律约束力。

企业应当考虑商品的性质，采用实际测量的完工进度，评估已实现的结果、时间进度、已完工或交付的产品等产出指标，或采用投入的材料数量、花费的人工工时、机器工时、发生的成本

和时间进度等投入指标确定恰当的履约进度,并且在确定履约进度时,企业应当扣除那些控制权尚未转移给客户的商品和服务。通常,企业按照累计实际发生的成本占预计总成本的比例(即成本法)确定履约进度。累计实际发生的成本包括企业向客户转移商品过程中所发生的直接成本和间接成本,如直接人工、直接材料、分包成本,以及其他与合同相关的成本。

对于每一项履约义务,企业只能采用一种方法来确定其履约进度,并加以一贯运用。对于类似情况下的类似履约义务,企业应当采用相同的方法确定履约进度。资产负债表日,企业应按照合同的交易价格总额乘以履约进度扣除以前会计期间累计已确认的收入后的金额,确认当期收入。当履约进度不能合理确定时,已经发生的成本预计能够得到补偿的,企业应当按照已经发生的成本金额确认收入,直到履约进度能够合理确定为止。

(二) 合同成本与合同负债

1. 合同取得成本

企业为取得合同发生的增量成本且预期能够收回的,应作为合同取得成本确认为一项资产。增量成本是指企业不取得合同就不会发生的成本,也就是企业发生的与合同直接相关,但又不是所签订合同的对象或内容(如建造商品或提供服务)本身所直接发生的费用。例如,销售佣金,若企业预期可通过未来的相关服务收入予以补偿,该销售佣金(即增量成本)应在发生时确认为一项资产,即合同取得成本。

企业为取得合同发生的、预期能够收回的增量成本之外的其他支出,如无论是否取得合同均会发生的差旅费、投标费、为准备投标资料发生的相关费用等,应当在发生时计入当期损益,除非这些支出已明确由客户承担。

2. 合同履约成本

企业为履行合同可能会发生各种成本,企业在确认收入的同时应当对这些成本进行分析,若不属于存货、固定资产、无形资产等规范范围且同时满足下列条件的,应当作为合同履约成本确认为一项资产:

(1) 该成本与一份当前或预期取得的合同直接相关,如表 9-8 所示。

表 9-8　　　　　　　　　当前或预期取得的合同直接相关成本

成本类型		具体内容
与合同直接相关的成本	直接人工	如支付给直接为客户提供所承诺服务的人员的工资、奖金等
	直接材料	如为履行合同耗用的原材料、辅助材料、构配件、零件、半成品的成本和周转材料的摊销及租赁费用等
	制造费用或类似费用	如组织和管理相关生产、施工、服务等活动发生的费用,包括车间管理人员的职工薪酬、劳动保护费、固定资产折旧费及修理费、物料消耗、取暖费、水电费、办公费、差旅费、财产保险费、工程保修费、临时设施摊销费等
已明确由客户承担的成本以及仅因该合同而发生的其他成本		如支付给分包商的成本、机械使用费、设计和技术援助费用、施工现场二次搬运费、生产工具和用具使用费、检验试验费、工程定位复测费、工程点交费用、场地清理费等

(2) 该成本增加了企业未来用于履行(包括持续履行)履约义务的资源。

(3) 该成本预期能够收回。

企业应当在下列支出发生时,将其计入当期损益:一是管理费用,除非这些费用明确由客户承担;二是非正常消耗的直接材料、直接人工和制造费用(或类似费用),这些支出是为履行合同发生的,但未反映在合同价格中;三是与履约义务中已履行(包括已全部履行或部分履行)部分相关的支出,即该支出与企业过去的履约活动相关;四是无法在尚未履行的与已履行(或已部分履行)的履约义务之间区分的相关支出。

3. 合同负债

合同负债是指企业已收或应收客户对价而应向客户转让商品的义务。需要说明的是,对于尚未向客户履行转让商品的义务而已收或应收客户对价中的增值税部分,因其不符合合同负债的定义,不应被确认为合同负债。

(三) 合同取得成本及销售收入的账务处理

企业对已确认为资产的合同取得成本,应当采用与该资产相关的商品收入确认相同的基础进行摊销,计入当期损益。为简化实务操作,该资产摊销期限不超过1年的,企业可以在发生时计入当期损益。合同取得成本及销售收入的账务处理如表9-9所示。

表9-9　　　　　　　　　合同取得成本及销售收入的账务处理

业务内容	会计分录
企业发生合同取得成本时	借:合同取得成本 　　贷:银行存款(或应付职工薪酬)
对合同取得成本进行摊销时	借:销售费用 　　贷:合同取得成本

【例9-15】 甲公司是一家税务咨询公司,为增值税一般纳税人,对外提供税务咨询服务适用的增值税税率为6%。2022年,甲公司通过竞标赢得一个服务期为5年的客户,该客户于每年年末向甲公司支付含税税务咨询费3 816 000元。为取得与该客户的合同,甲公司聘请外部律师进行尽职调查支付相关费用为30 000元,为投标而发生的差旅费为20 000元,支付销售人员佣金为120 000元。甲公司预期这些支出未来均能够收回。此外,甲公司根据其年度销售目标、整体盈利情况及个人业绩等,向销售部门经理支付年度奖金20 000元。

本例中,甲公司因签订该客户合同而向销售人员支付的佣金属于取得合同发生的增量成本,应当将其作为合同取得成本确认为一项资产;甲公司聘请外部律师进行尽职调查发生的支出、为投标发生的差旅费及向销售部门经理支付的年度奖金(不能直接归属于可识别的合同)不属于增量成本,应当于发生时直接计入当期损益。甲公司应编制如下会计分录:

(1) 支付与取得合同相关的费用时:

借:合同取得成本　　　　　　　　　　　　　　　　　　　　　　　120 000
　　管理费用　　　　　　　　　　　　　　　　　　　　　　　　　　50 000
　　贷:银行存款　　　　　　　　　　　　　　　　　　　　　　　　170 000

(2) 每月确认服务收入,摊销合同取得成本时:

每月服务收入=[3 816 000÷(1+6%)]÷12=300 000(元)

每月摊销合同取得成本=120 000÷5÷12=2 000(元)

借：应收账款	318 000	
贷：主营业务收入		300 000
应交税费——应交增值税（销项税额）		18 000
借：销售费用	2 000	
贷：合同取得成本		2 000

（3）确认销售部门经理奖金时：

借：销售费用 20 000
　　贷：应付职工薪酬 20 000

（4）发放销售部门经理奖金时：

借：应付职工薪酬 20 000
　　贷：银行存款 20 000

（四）合同履约成本及销售收入的账务处理

企业对已确认为资产的合同履约成本，应当采用与该资产相关的商品收入确认相同的基础进行摊销，计入当期损益。合同履约成本及销售收入的账务处理如表9-10所示。

表 9-10　　　　　　　　合同履约成本及销售收入的账务处理

业务内容	会计分录
企业发生合同履约成本时	借：合同履约成本 　　贷：银行存款（或应付职工薪酬、原材料、累计折旧、累计摊销等）
对合同履约成本进行摊销时	借：主营业务成本（或其他业务成本） 　　贷：合同履约成本

【例9-16】　甲公司为增值税一般纳税人，建筑业适用增值税税率为9%。2022年9月1日，甲公司与乙公司签订一项为期3个月的建筑合同，合同约定装修价款为500 000元，增值税税额为45 000元，建造费用将于每月末按完工进度支付。2022年9月30日，经专业测量师测量后，该项劳务确定的完工程度为25%；乙公司按完工进度支付价款及相应的增值税税款。截至2022年9月30日，甲公司为完成该合同累计发生劳务成本100 000元（假定均为建造人员薪酬），估计还将发生劳务成本300 000元。

假定该业务属于甲公司的主营业务，全部由其自行完成；该装修服务构成单项履约义务，并属于在某一时段内履行的履约义务；甲公司应按照实际测量的完工进度确定履约进度。甲公司应编制如下会计分录：

（1）实际发生劳务成本时：

借：合同履约成本 100 000
　　贷：应付职工薪酬 100 000

（2）2022年9月30日，确认劳务收入、结转劳务成本时：

应确认的劳务收入=500 000×25%-0=125 000（元）

借：银行存款 136 250
　　贷：主营业务收入 125 000
　　　　应交税费——应交增值税（销项税额） 11 250

借：主营业务成本　　　　　　　　　　　　　　　　　　　　　　　　　　100 000
　　贷：合同履约成本　　　　　　　　　　　　　　　　　　　　　　　　　　　100 000

2022年10月31日，经专业测量师测量后，该项劳务确定的完工程度为70%；乙公司按完工进度支付价款同时支付对应的增值税税款。2022年10月，甲公司为完成该合同发生劳务成本180 000元（假定均为建造人员薪酬），为完成该合同估计还将发生劳务成本120 000元。甲公司应编制如下会计分录：

（1）实际发生劳务成本时：

借：合同履约成本　　　　　　　　　　　　　　　　　　　　　　　　　　180 000
　　贷：应付职工薪酬　　　　　　　　　　　　　　　　　　　　　　　　　　　180 000

（2）2022年10月31日，确认劳务收入、结转劳务成本时：

应确认的劳务收入＝500 000×70%－125 000＝225 000（元）

借：银行存款　　　　　　　　　　　　　　　　　　　　　　　　　　　　245 250
　　贷：主营业务收入　　　　　　　　　　　　　　　　　　　　　　　　　　　225 000
　　　　应交税费——应交增值税（销项税额）　　　　　　　　　　　　　　　　20 250

借：主营业务成本　　　　　　　　　　　　　　　　　　　　　　　　　　180 000
　　贷：合同履约成本　　　　　　　　　　　　　　　　　　　　　　　　　　　180 000

2022年11月30日，装修完工，乙公司验收合格，按完工进度支付价款同时支付对应的增值税税款。2022年11月，为完成该合同发生劳务成本120 000元（假定均为建造人员薪酬）。甲公司应编制如下会计分录：

（1）实际发生劳务成本时：

借：合同履约成本　　　　　　　　　　　　　　　　　　　　　　　　　　120 000
　　贷：应付职工薪酬　　　　　　　　　　　　　　　　　　　　　　　　　　　120 000

（2）2022年11月30日，确认劳务收入、结转劳务成本时：

应确认的劳务收入＝500 000－125 000－225 000＝150 000（元）

借：银行存款　　　　　　　　　　　　　　　　　　　　　　　　　　　　163 500
　　贷：主营业务收入　　　　　　　　　　　　　　　　　　　　　　　　　　　150 000
　　　　应交税费——应交增值税（销项税额）　　　　　　　　　　　　　　　　13 500

借：主营业务成本　　　　　　　　　　　　　　　　　　　　　　　　　　120 000
　　贷：合同履约成本　　　　　　　　　　　　　　　　　　　　　　　　　　　120 000

［例9-16］涉及增值税的，是否还应进行相应的处理？

（五）合同负债及销售收入的账务处理

合同负债及销售收入的账务处理如表9-11所示。

表 9-11　合同负债及销售收入的账务处理

业务内容	会计分录
企业发生合同负债时	借：银行存款 　　贷：合同负债 　　　　应交税费——待转销项税额
确认收入，同时将对应的待转销项税额确认为销项税额时	借：合同负债 　　应交税费——待转销项税额 　　贷：主营业务收入 　　　　应交税费——应交增值税（销项税额）

【例 9-17】 甲公司为增值税一般纳税人，经营一家健身俱乐部。2022 年 10 月 1 日，某客户与甲公司签订合同，成为甲公司的会员，并向甲公司支付会员费 7 632 元，该客户可在未来的 12 个月内在该俱乐部健身，且没有次数的限制。该业务适用的增值税税率为 6%。

本例中，客户在成为会员期间可随时来俱乐部健身，且没有次数限制，客户已使用俱乐部健身的次数不会影响其未来继续使用的次数，甲公司在该合同下的履约义务是承诺随时准备在客户需要时为其提供健身服务，因此，该履约义务属于在某一时段内履行的履约义务，并且该履约义务在会员的会籍期间内随时间的流逝而被履行。甲公司应按照直线法确认收入，每月应当确认的收入为 600 元{[7 632÷(1+6%)]÷12}。甲公司应编制如下会计分录：

（1）10 月 1 日，收到会员费时：

借：银行存款　　　　　　　　　　　　　　　　　　　　　　　　7 632
　　贷：合同负债　　　　　　　　　　　　　　　　　　　　　　　7 200
　　　　应交税费——待转销项税额　　　　　　　　　　　　　　　　432

（2）10 月 31 日，确认收入，同时将对应的待转销项税额确认为销项税额时：

借：合同负债　　　　　　　　　　　　　　　　　　　　　　　　　600
　　应交税费——待转销项税额　　　　　　　　　　　　　　　　　　36
　　贷：主营业务收入　　　　　　　　　　　　　　　　　　　　　　600
　　　　应交税费——应交增值税（销项税额）　　　　　　　　　　　　36

以后 11 个月内每月确认收入会计分录同上。

任务 9.2　费用

活动 9.2.1　费用基础知识

一、费用概述

（一）概念

费用是指企业在日常活动中发生的、会导致所有者权益减少的、与向所有者分配利润无关的经济利益的总流出。

（二）特点

（1）费用是企业在日常活动中形成的。因日常活动所产生的费用通常包括销售成本（营业成本）、管理费用等。将费用界定为日常活动所形成的，目的是将其与损失相区分，企业非日常活动所形成的经济利益的流出不能确认为费用，而应计入损失。

（2）费用会导致所有者权益减少。与费用相关的经济利益的流出应当会导致所有者权益的减少，不会导致所有者权益减少的经济利益的流出不符合费用的定义，不应确认为费用。

（3）费用导致的经济利益总流出与向所有者分配利润无关。费用的发生应当会导致经济利益的流出，从而导致资产的减少或者负债的增加（最终也会导致资产的减少）。

（判断题）企业向所有者分配利润也会导致经济利益的流出，因此该形式属于费用。（　　）

【正确答案】　×

【答案解析】　该经济利益的流出属于投资者的回报分配，是所有者权益的直接抵减项目，不应确认为费用。

（多项选择题）下列各项中，属于费用的有（　　）。

A. 税金及附加　　　B. 销售费用　　　C. 管理费用　　　D. 营业外支出

【正确答案】　ABC

【答案解析】　费用是指企业在日常活动中发生的经济利益的总流出，营业外支出不是日常活动中发生的，所以不属于费用。

（三）内容

费用包括企业日常活动所发生的经济利益的总流出，主要指企业为取得营业收入进行产品销售等营业活动所发生的营业成本、税金及附加和期间费用。

二、费用的确认和计量

费用应按照权责发生制确认，凡应属于本期发生的费用，不论其款项是否支付，均应确认为本期费用；反之，不属于本期发生的费用，即使其款项已在本期支付，也不应确认为本期费用。

活动 9.2.2　营业成本

营业成本是指与营业收入直接相关的，已经确定了归属期和归属对象的各种直接费用。营业成本包括主营业务成本和其他业务成本。

一、主营业务成本

（一）概念

主营业务成本是指企业销售商品、提供劳务等经常性活动发生的成本。企业一般在确认销售商品、提供劳务等主营业务收入时或在月末,将已销售商品、已提供劳务的成本结转入主营业务成本。

(二) 账务处理

主营业务成本的账务处理如表 9-12 所示。

表 9-12　　　　　　　　　　　主营业务成本的账务处理

业务内容	会计分录
结转销售成本或者劳务成本	借:主营业务成本 　　贷:库存商品(或合同履约成本等)
期末结转到"本年利润"账户	借:本年利润 　　贷:主营业务成本

【例 9-18】 A 公司销售商品一批,商品已经运抵购货企业,所有款项均已收到。A 公司开出的增值税专用发票上注明售价为 150 000 元,增值税税额为 19 500 元,该批商品成本为 114 000 元。A 公司应编制如下会计分录:

(1) 确认销售收入时:

借:银行存款　　　　　　　　　　　　　　　　　　　　　　　　169 500
　　贷:主营业务收入　　　　　　　　　　　　　　　　　　　　　150 000
　　　　应交税费——应交增值税(销项税额)　　　　　　　　　　　19 500

(2) 结转销售成本时:

借:主营业务成本　　　　　　　　　　　　　　　　　　　　　　114 000
　　贷:库存商品　　　　　　　　　　　　　　　　　　　　　　　114 000

(3) 期末结转损益时:

借:本年利润　　　　　　　　　　　　　　　　　　　　　　　　114 000
　　贷:主营业务成本　　　　　　　　　　　　　　　　　　　　　114 000

借:主营业务收入　　　　　　　　　　　　　　　　　　　　　　150 000
　　贷:本年利润　　　　　　　　　　　　　　　　　　　　　　　150 000

二、其他业务成本

(一) 概念

其他业务成本是指企业确认的主营业务活动以外的其他经营活动所发生的支出。其他业务成本包括销售材料的成本、出租固定资产的折旧额、出租无形资产的摊销额、出租包装物的成本或摊销额等。

(二) 账务处理

其他业务成本的账务处理如表 9-13 所示。

表 9-13　　　　　　　　　　　　其他业务成本的账务处理

业务内容	会计分录
结转销售成本或者劳务成本	借：其他业务成本 　　贷：原材料 　　　　周转材料 　　　　累计折旧 　　　　应付职工薪酬等
期末结转到"本年利润"账户	借：本年利润 　　贷：其他业务成本

【例 9-19】 A 公司销售一批原材料，该批原材料的实际成本为 48 000 元，A 公司开具的增值税专用发票上注明的售价为 55 000 元，增值税税额为 7 150 元，所有款项均已收到。A 公司应编制如下会计分录：

（1）确认销售收入时：

借：银行存款　　　　　　　　　　　　　　　　　　　　　　　　　　62 150
　　贷：其他业务收入　　　　　　　　　　　　　　　　　　　　　　55 000
　　　　应交税费——应交增值税（销项税额）　　　　　　　　　　　7 150

（2）结转销售成本时：

借：其他业务成本　　　　　　　　　　　　　　　　　　　　　　　　48 000
　　贷：原材料　　　　　　　　　　　　　　　　　　　　　　　　　48 000

（3）期末，将收入及相应成本结转到"本年利润"账户时：

借：其他业务收入　　　　　　　　　　　　　　　　　　　　　　　　55 000
　　贷：本年利润　　　　　　　　　　　　　　　　　　　　　　　　55 000

借：本年利润　　　　　　　　　　　　　　　　　　　　　　　　　　48 000
　　贷：其他业务成本　　　　　　　　　　　　　　　　　　　　　　48 000

活动 9.2.3　税金及附加

一、概念

税金及附加是指企业经营活动应负担的相关税费，包括消费税、城市维护建设税（城建税）、教育费附加、资源税、土地增值税、房产税、环境保护税、城镇土地使用税、车船税、印花税等。

二、账户设置

为了核算企业经营活动相关税费的发生和结转情况，企业应设置"税金及附加"账户。该账户借方登记企业经营业务发生的各项税费，贷方登记期末结转入本年利润的税费，结转后该账户应无余额。

三、账务处理

税金及附加的账务处理如表 9-14 所示。

表 9-14　　　　　　　　　　　税金及附加的账务处理

业务内容	会计分录
计提应交消费税、城市维护建设税、教育费附加、资源税等	借：税金及附加 　贷：应交税费——应交消费税（或二级账户为城市维护建设税、教育费附加、资源税等）
交纳消费税、城市维护建设税、教育费附加、资源税等	借：应交税费——应交消费税（或二级账户为城市维护建设税、教育费附加、资源税等） 　贷：银行存款
期末结转到"本年利润"账户	借：本年利润 　贷：税金及附加

【例 9-20】 A 公司当月取得应纳消费税的销售商品收入 2 600 000 元，该产品适用的消费税税率为 25%。关于消费税的业务，A 公司应编制如下会计分录：

（1）计算应交消费税额时：

应交消费税额 = 2 600 000 × 25% = 650 000（元）

借：税金及附加　　　　　　　　　　　　　　　　　　　650 000
　　贷：应交税费——应交消费税　　　　　　　　　　　　　　　650 000

（2）交纳消费税时：

借：应交税费——应交消费税　　　　　　　　　　　　650 000
　　贷：银行存款　　　　　　　　　　　　　　　　　　　　　650 000

【例 9-21】 A 公司当月实际应交增值税为 370 000 元，应交消费税为 190 000 元，城市维护建设税税率为 7%，教育费附加税率为 3%。关于城市维护建设税、教育费附加的业务，A 公司应编制如下会计分录：

（1）计提城市维护建设税和教育费附加时：

城市维护建设税 = (370 000 + 190 000) × 7% = 39 200（元）
教育费附加 = (370 000 + 190 000) × 3% = 16 800（元）

借：税金及附加　　　　　　　　　　　　　　　　　　　56 000
　　贷：应交税费——应交城市维护建设税　　　　　　　　　　39 200
　　　　　　　　——应交教育费附加　　　　　　　　　　　　16 800

（2）实际交纳城市维护建设税和教育费附加时：

借：应交税费——应交城市维护建设税　　　　　　　　39 200
　　　　　　——应交教育费附加　　　　　　　　　　　16 800
　　贷：银行存款　　　　　　　　　　　　　　　　　　　　　5 600

（单项选择题）企业本期实际交纳增值税 80 万元、消费税 90 万元，已知城市维护建设税税

率为7%,教育费附加税率为3%,不考虑其他税费因素,期末应列入利润表中"税金及附加"项目的金额为(　　)万元。

A. 67　　　　　　B. 187　　　　　　C. 107　　　　　　D. 17

【正确答案】 C

【答案解析】 增值税属于价外税,是从购买方收取并最终缴纳给税务机关的,不影响企业的损益,不通过"税金及附加"账户核算。企业应交的城市维护建设税=(增值税+消费税)×城市维护建设税税率,企业应交的教育费附加=(增值税+消费税)×教育费附加税率,所以列入税金及附加目的金额=消费税+城市维护建设税+教育费附加=90+(80+90)×(7%+3%)=107(万元)。

活动 9.2.4　期间费用

一、期间费用的概念

期间费用是指企业日常活动发生的、不能计入特定核算对象的成本,而应计入发生当期损益的费用。它包括销售费用、管理费用和财务费用。期间费用是企业日常活动中所发生的经济利益的流出,通常不计入特定的成本核算对象,这是因为期间费用是企业为组织和管理整个经营活动所发生的费用,与可以确定特定成本核算对象的材料采购、产成品生产等没有直接关系,因而于发生时直接计入当期损益。

二、销售费用

(一) 概念

销售费用是指企业销售商品和材料、提供服务的过程中发生的各种费用,包括企业在销售商品过程中发生的保险费、包装费、展览费、广告费、商品维修费、预计产品质量保证损失、运输费、装卸费等,以及为销售本企业商品而专设的销售机构(含销售网点、售后服务网点等)的职工薪酬、业务费、折旧费等经营费用。企业发生的与专设销售机构相关的固定资产修理费用等后续支出也属于销售费用。

(二) 账户设置

"销售费用"账户借方登记企业所发生的各项销售费用,贷方登记期末转入"本年利润"账户的销售费用,结转后该账户应无余额。

(三) 账务处理

销售费用的账务处理如表 9-15 所示。

表 9-15　　　　　　　　　　　销售费用的账务处理

业务内容	会计分录
发生销售费用时	借:销售费用 　贷:银行存款等
期末结转到"本年利润"账户	借:本年利润 　贷:销售费用

【例9-22】 某公司销售部当月共发生费用295 000元,其中:运输费为53 000元,运输发票是增值税专用发票,其注明的税额为4 770元;宣传新产品发生广告费61 000元,取得增值税普通发票;销售人员薪酬120 000元;销售部专用设备折旧费47 000元;装卸费14 000元。运输费、广告费及装卸费均以转账支付。A公司应编制如下会计分录:

(1) 发生销售费用时:

借:销售费用——运输费　　　　　　　　　　　　　　　　　53 000
　　　　　——广告费　　　　　　　　　　　　　　　　　　61 000
　　　　　——工资薪酬　　　　　　　　　　　　　　　　　120 000
　　　　　——折旧费　　　　　　　　　　　　　　　　　　47 000
　　　　　——装卸费　　　　　　　　　　　　　　　　　　14 000
　　应交税费——应交增值税(进项税额)　　　　　　　　　　4 770
　　贷:应付职工薪酬　　　　　　　　　　　　　　　　　　120 000
　　　　累计折旧　　　　　　　　　　　　　　　　　　　　47 000
　　　　银行存款　　　　　　　　　　　　　　　　　　　　132 770

(2) 期末结转销售费用时:

借:本年利润　　　　　　　　　　　　　　　　　　　　　　295 000
　　贷:销售费用　　　　　　　　　　　　　　　　　　　　295 000

(多项选择题)下列各项中,应记入"销售费用"账户的有(　　)。

A. 销售商品发生的售后服务费
B. 委托代销商品支付的手续费
C. 结转的随商品出售且单独计价的包装物成本
D. 预计的产品质量保证损失

【正确答案】　ABD。
【答案解析】　选项C应该记入"其他业务成本"账户。

三、管理费用

(一) 概念

管理费用是指企业为组织和管理生产经营发生的各种费用。它包括企业在筹建期间内发生的开办费、董事会和行政管理部门在企业的经营管理中发生的以及应由企业统一负担的公司经费(包括行政管理部门职工薪酬、物料消耗、低值易耗品摊销、办公费、差旅费等)、行政管理部门负担的工会经费、董事会费(包括董事会成员津贴、会议费和差旅费等)、聘请中介机构费、咨询费(含顾问费)、诉讼费、业务招待费、技术转让费、研究费用等。企业行政管理部门发生的固定资产修理费用等后续支出,也作为管理费用核算。

(二) 账户设置

"管理费用"账户借方登记企业发生的各项管理费用,贷方登记期末转入"本年利润"账户的管理费用,结转后该账户应无余额。

(三)账务处理

管理费用的账务处理如表 9-16 所示。

表 9-16　　　　　　　　　　管理费用的账务处理

业务内容	会计分录
发生管理费用时	借:管理费用 　　贷:银行存款等
期末结转到"本年利润"账户	借:本年利润 　　贷:管理费用

【例 9-23】 A 公司行政部门当月份共发生费用开支 160 000 元,其中:行政人员薪酬为 115 000 元;行政部专用办公设备折旧费为 27 000 元;报销行政人员差旅费 12 000 元(假定报销人员均未预借差旅费,差旅费已按现金结算);电费为 2 000 元,电费发票是增值税专用发票,其注明的税额合计为 260 元;其他办公费为 4 000 元。电费及其他办公费已开出转账支票支付。A 公司应编制如下会计分录:

(1)发生管理费用时:

借:管理费用——工资　　　　　　　　　　　　　　　　　　115 000
　　　　　　——折旧费　　　　　　　　　　　　　　　　　　27 000
　　　　　　——差旅费　　　　　　　　　　　　　　　　　　12 000
　　　　　　——电费　　　　　　　　　　　　　　　　　　　2 000
　　　　　　——办公费　　　　　　　　　　　　　　　　　　4 000
　　贷:应付职工薪酬　　　　　　　　　　　　　　　　　　　115 000
　　　　累计折旧　　　　　　　　　　　　　　　　　　　　　27 000
　　　　库存现金　　　　　　　　　　　　　　　　　　　　　12 000
　　　　银行存款　　　　　　　　　　　　　　　　　　　　　6 000

(2)结转管理费用时:

借:本年利润　　　　　　　　　　　　　　　　　　　　　　160 000
　　贷:管理费用　　　　　　　　　　　　　　　　　　　　　160 000

考一考

(多项选择题)下列各项中,应计入管理费用的有(　　)。

A. 行政管理部门人员薪酬 10 万元　　　　B. 业务招待费 3 万元
C. 产品展销费用 4 万元　　　　　　　　　D. 违反合同约定支付违约金 16 万元

【正确答案】　AB

【答案解析】　选项 C,产品展销费用计入销售费用;选项 D,违约金计入营业外支出。

四、财务费用

(一)概念

财务费用是指企业为筹集生产经营所需资金等而发生的筹资费用。它包括利息支出(减利息收入)、汇兑损益及相关的手续费等。

(二) 账户设置

"财务费用"账户借方登记企业发生的各项财务费用,贷方登记期末结转入"本年利润"账户的各项财务费用,结转后该账户应无余额。

(三) 账务处理

财务费用的账务处理如表 9-17 所示。

表 9-17　　　　　　　　　　　　财务费用的账务处理

业务内容	会计分录
发生财务费用时	借:财务费用 　　贷:银行存款等
发生利息收入、汇兑差额和现金折扣等应冲减财务费用时	借:银行存款等 　　贷:财务费用
期末结转到"本年利润"账户	借:本年利润 　　贷:财务费用

【例 9-24】 A 公司 2023 年 1 月发生下列有关业务:①5 日,用银行存款支付银行手续费 3 000 元。②15 日,支付短期借款利息 8 000 元。③20 日,接到银行通知,1 月存款利息收入为 6 000 元。A 公司应编制会计分录如下:

(1) 支付手续费时:

借:财务费用——手续费　　　　　　　　　　　　　　　　　　　　　　　　3 000
　　贷:银行存款　　　　　　　　　　　　　　　　　　　　　　　　　　　　　3 000

(2) 支付短期借款利息时:

借:财务费用——利息支出　　　　　　　　　　　　　　　　　　　　　　　　8 000
　　贷:银行存款　　　　　　　　　　　　　　　　　　　　　　　　　　　　　8 000

(3) 收到存款利息收入时:

借:银行存款　　　　　　　　　　　　　　　　　　　　　　　　　　　　　　6 000
　　贷:财务费用　　　　　　　　　　　　　　　　　　　　　　　　　　　　　6 000

(4) 期末结转财务费用时:

借:本年利润　　　　　　　　　　　　　　　　　　　　　　　　　　　　　　5 000
　　贷:财务费用　　　　　　　　　　　　　　　　　　　　　　　　　　　　　5 000

考一考

(单项选择题)下列各项中,应计入期间费用的是(　　)。

A. 计提车间管理用固定资产的折旧费　　B. 预计产品质量保证损失
C. 车间管理人员的工资费用　　　　　　D. 销售商品发生的商业折扣

【正确答案】 B

【答案解析】 期间费用包括销售费用、管理费用和财务费用。选项 B,预计产品质量保证损失计入销售费用。选项 A、C 应计入制造费用;选项 D 不应确认。

（多项选择题）某企业2022年12月发生的费用有：外设销售机构办公费用40万元，销售人员工资30万元，计提车间用固定资产折旧20万元，发生车间管理人员工资60万元，支付委托代销商品手续费60万元，汇兑收益40万元，支付行政部门的业务招待费20万元，行政管理人员工资10万元。则下列说法中，正确的有(　　)。

A. 该企业12月发生财务费用－40万元　　B. 该企业12月发生销售费用130万元
C. 该企业12月发生制造费用20万元　　　D. 该企业12月发生管理费用30万元

【正确答案】　ABD

【答案解析】　车间用固定资产折旧与车间管理人员的工资应该计入制造费用，外设销售机构办公费用、销售人员工资、支付委托代销商品手续费计入销售费用；汇兑收益冲减财务费用；支付的行政部门业务招待费和行政管理人员的工资计入管理费用，则本期财务费用＝－40(万元)，本期制造费用＝20＋60＝80(万元)，本期销售费用＝40＋30＋60＝130(万元)，本期管理费用＝20＋10＝30(万元)。

任务9.3　利润

活动9.3.1　利润基础知识

一、利润的概念

利润是指企业在一定会计期间的经营成果。它包括收入减去费用后的净额、直接计入当期利润的利得和损失等。其中，利得是指由企业非日常活动所形成的、会导致所有者权益增加的、与所有者投入资本无关的经济利益的流入；损失是指由企业非日常活动所发生的、会导致所有者权益减少的、与向所有者分配利润无关的经济利益的流出。

二、利润的构成

利润分为营业利润、利润总额和净利润。

(1) 营业利润是指企业在销售商品、提供劳务等日常活动中所产生的利润。它是企业利润的主要来源。

(2) 利润总额是指企业在生产经营过程中各种收入扣除各种耗费后的盈余。它反映企业在报告期内实现的盈亏总额。

(3) 净利润一般也称税后利润，是指企业按规定交纳了所得税后的利润留成。

三、利润的计算

(一) 营业利润

企业利润的计算公式如下：

营业利润＝营业收入－营业成本－税金及附加－销售费用－管理费用－研发费用－财务费用＋其他收益＋投资收益(－损失)＋净敞口套期收益(－损失)＋公允价值变动收益(－损失)＋资产减值损失(－损失)＋信用减值损失(－损失)＋资产处置收益(－损失)①

该公式中的各部分定义如下，之前已经列示的内容不再进行介绍。

1. 营业收入

营业收入是指企业经营业务所实现的收入总额。它包括主营业务收入和其他业务收入。

2. 营业成本

营业成本是指企业经营业务所发生的实际成本总额。它包括主营业务成本和其他业务成本。

3. 研发费用

研发费用是指企业计入管理费用的、进行研究与开发过程中发生的费用化支出，以及计入管理费用的自行开发无形资产的摊销。

4. 其他收益

其他收益主要是指与企业日常活动相关，属于冲减相关成本费用以外的政府补助，以及其他应计入其他收益的内容。

5. 投资收益

投资收益是指企业以各种方式对外投资所取得的收益。投资损失以负数表示。

6. 公允价值变动收益

公允价值变动收益是指企业交易性金融资产等公允价值变动形成的应计入当期损益的利得。公允价值变动损失以负数表示。

7. 信用减值损失

信用减值损失是指企业计提各项金融资产信用减值准备所确认的信用损失。

8. 资产减值损失

资产减值损失是指企业计提有关资产减值准备所形成的损失。

9. 资产处置收益

资产处置收益反映企业出售划分为持有待售的非流动资产(金融工具、长期股权投资和投资性房地产除外)或处置组(子公司和业务除外)时确认的处置利得，以及处置未划分为持有待售的固定资产、在建工程、生产性生物资产及无形资产而产生的处置利得，还包括非货币性资产交换中换出非流动资产产生的利得。资产处置形成的损失以负数表示。

(判断题)利得和损失均要计入当期利润。　　　　　　　　　　　　　　　　( )

【正确答案】　×

【答案解析】　利得和损失有两个去向：一是计入当期利润；二是直接计入所有者权益的其他综合收益项目。

---

① 该公式中，"(－损失)"是指如该项目在当期出现亏损，则以负数列示；如当期出现收益，则反之，后同。

考一考

(单项选择题)下列各项中,不影响企业营业利润的是( )。

A. 管理费用　　　　B. 财务费用　　　　C. 所得税费用　　　　D. 资产减值损失

【正确答案】 C

【答案解析】 所得税费用影响净利润,不影响营业利润。

考一考

(多项选择题)下列各项中,影响当期营业利润的有( )。

A. 所得税费用　　　　　　　　　　　B. 固定资产处置损失
C. 销售材料收入　　　　　　　　　　D. 交易性金融资产公允价值变动收益

【正确答案】 CD

【答案解析】 所得税费用在利润总额之后列示,不会影响营业利润影响净利润;固定资产处置损失计入当期营业外支出,不会影响营业利润影响利润总额;销售材料收入属于其他业务收入,计入营业收入,影响营业利润;交易性金融资产公允价值变动收益计入当期公允价值变动损益,在利润表中计入公允价值变动收益,影响营业利润。

(二) 利润总额

利润总额的计算公式如下:

$$利润总额 = 营业利润 + 营业外收入 - 营业外支出$$

营业外收入是指企业发生的与其日常活动无直接关系的各项利得。
营业外支出是指企业发生的与其日常活动无直接关系的各项损失。

(三) 净利润

净利润的计算公式如下:

$$净利润 = 利润总额 - 所得税费用$$

其中,所得税费用是指企业确认的应从当期利润总额中扣除的所得税费用。

活动 9.3.2　营业外收支

一、营业外收入

(一) 概念

营业外收入是指企业确认的与其日常活动无直接关系的各项利得。它并不是企业经营资金耗费所产生的,实际上是经济利益的净流入,不需要与有关的费用进行配比。

(二) 内容

营业外收入主要包括非流动资产毁损报废收益、与企业日常活动无关的政府补助、盘盈利得、捐赠利得等。非流动资产毁损报废收益是指因自然灾害等发生毁损、已丧失使用功能而报废非流动资产所产生的清理收益。其中,与企业日常活动无关的政府补助是指企业从政府无偿取得货币性资产或非货币性资产,且与企业日常活动无关的利得;盘盈利得是指企业对现金等资产清查盘点时发生盘盈,报经批准后计入营业外收入的金额;捐赠利得是指企业接受捐赠产生的利得。

(三) 账户设置

"营业外收入"账户贷方登记企业确认的营业外收入,借方登记期末转入"本年利润"账户的营业外收入,结转后该账户应无余额。

(四) 账务处理

营业外收入的账务处理如表 9-18 所示。

表 9-18　　　　　　　　　　　营业外收入账务处理

业务内容	会计分录
企业确认处置非流动资产毁损报废收益	借:固定资产清理(或银行存款、待处理财产损溢等) 　贷:营业外收入
企业确认盘盈利得与捐赠利得	借:库存现金(或待处理财产损溢等) 　贷:营业外收入
期末结转到"本年利润"账户	借:营业外收入 　贷:本年利润

【例 9-25】 A 公司处置一台旧设备,原价为 100 000 元,已提折旧 80 000 元,售价为 25 000 元,款项已收。A 公司应编制如下会计分录:

(1) 将固定资产转入清理时:

借:固定资产清理　　　　　　　　　　　　　　　　　　　　　　　　20 000
　　累计折旧　　　　　　　　　　　　　　　　　　　　　　　　　　 80 000
　　贷:固定资产　　　　　　　　　　　　　　　　　　　　　　　　　100 000

(2) 取得处置收入时:

借:银行存款　　　　　　　　　　　　　　　　　　　　　　　　　　25 000
　　贷:固定资产清理　　　　　　　　　　　　　　　　　　　　　　　25 000

(3) 结转固定资产处置净损益时:

借:固定资产清理　　　　　　　　　　　　　　　　　　　　　　　　5 000
　　贷:营业外收入　　　　　　　　　　　　　　　　　　　　　　　　5 000

【例 9-26】 A 公司在现金清查中盘盈 100 元,按管理权限报经批准后转入营业外收入。A 公司应编制如下会计分录:

(1) 发现盘盈时:

借:库存现金　　　　　　　　　　　　　　　　　　　　　　　　　　100
　　贷:待处理财产损溢　　　　　　　　　　　　　　　　　　　　　　100

(2) 经批准转入营业外收入时:

借:待处理财产损溢　　　　　　　　　　　　　　　　　　　　　　　100
　　贷:营业外收入　　　　　　　　　　　　　　　　　　　　　　　　100

【例 9-27】 承[例 9-25]和[例 9-26]，A 公司本期营业外收入总额为 5 100 元，期末结转本年利润。A 公司应编制如下会计分录：

借：营业外收入　　　　　　　　　　　　　　　　　　　　　　　　　　5 100
　　贷：本年利润　　　　　　　　　　　　　　　　　　　　　　　　　　　　5 100

二、营业外支出

(一) 概念

营业外支出是指企业发生的与其日常活动无直接关系的各项损失。

(二) 内容

营业外支出主要包括非流动资产毁损报废损失、捐赠支出、盘亏损失、非常损失、罚款支出等。其中，非流动资产毁损报废损失是指因自然灾害等发生毁损、已丧失使用功能而报废非流动资产所产生的清理损失；捐赠支出是指企业对外进行捐赠发生的支出；盘亏损失主要是指企业对于财产清查盘点中盘亏的资产，查明原因并报经批准计入营业外支出的损失；非常损失是指企业对于因客观因素（如自然灾害等）造成的损失；扣除保险公司赔偿后应计入营业外支出的净损失；罚款支出是指企业支付的行政罚款、税务罚款，以及其他违反法律法规、合同协议等而支付的罚款、违约金、赔偿金等支出。

(三) 账户设置

"营业外支出"账户借方登记确认的营业外支出，贷方登记期末转入"本年利润"账户的营业外支出，结转后该账户应无余额。

(四) 账务处理

营业外支出的账务处理如表 9-19 所示。

表 9-19　　　　　　　　　　　　营业外支出账务处理

业务内容	会计分录
企业确认处置非流动资产毁损报废损失	借：营业外支出 　　贷：固定资产清理（或无形资产等）
企业确认盘亏、罚款支出	借：营业外支出 　　贷：待处理财产损溢（或库存现金等）
期末结转到"本年利润"账户	借：本年利润 　　贷：营业外支出

【例 9-28】 A 公司报废一项非专利技术，原价为 100 000 元，已提摊销 80 000 元。A 公司应编制如下会计分录：

借：营业外支出　　　　　　　　　　　　　　　　　　　　　　　　　　20 000
　　累计摊销　　　　　　　　　　　　　　　　　　　　　　　　　　　　80 000
　　贷：无形资产　　　　　　　　　　　　　　　　　　　　　　　　　　　100 000

【例 9-29】 A 公司在存货盘点中发现材料盘亏 10 000 元，经查明是意外灾害所导致，不考虑相关税费。A 公司应编制如下会计分录：

(1) 发生自然灾害时：

借：待处理财产损溢	10 000	
贷：原材料		10 000

(2) 经批准允许结转至营业外支出时：

借：营业外支出	10 000	
贷：待处理财产损溢		10 000

【例9-30】 承[例9-28]和[例9-29]，A公司本期末营业外支出总额为30 000元，期末进行结转。A公司应编制如下会计分录：

借：本年利润	30 000	
贷：营业外支出		30 000

(单项选择题)甲公司2023年2月发生下列业务：支付税务罚款2万元，确认固定资产盘亏净损失5万元，处置专利权发生净损失15万元，确认所得税费用20万元。假定不考虑其他因素，甲公司2月计入营业外支出的金额为(　　)万元。

A. 2　　　　　　B. 7　　　　　　C. 22　　　　　　D. 42

【正确答案】 B

【答案解析】 处置专利权净收益记入"资产处置损益"账户，确认的所得税费用记入"所得税费用"账户。计入营业外支出的金额＝2+5=7(万元)。

活动9.3.3　所得税费用

一、所得税费用的概念

企业的所得税费用包括当期所得税和递延所得税两部分。其中，当期所得税是指企业当期应交所得税；递延所得税包括递延所得税资产和递延所得税负债。递延所得税资产是指以未来期间很可能取得用来抵扣可抵扣暂时性差异的应纳税所得额为限确认的一项资产。递延所得税负债是指根据应纳税暂时性差异计算的未来期间应付所得税的金额。以下将对应交所得税进行详细介绍。

二、应交所得税

(一) 概念

应交所得税是指企业按照《中华人民共和国企业所得税法》(以下简称《企业所得税法》)规定，计算确定的针对当期发生的交易和事项应交纳给税务部门的所得税金额，即当期应交所得税。

计算应交所得税需要先确认应纳税所得额，应纳税所得额是在企业税前会计利润(即利润总额)的基础上调整确定的。

（二）计算公式

应纳税所得额＝税前会计利润＋纳税调整增加额－纳税调整减少额
应交所得税＝应纳税所得额×适用税率

（三）纳税调整

1. 纳税调整增加额

纳税调整增加额主要包括《企业所得税法》规定允许扣除项目中，企业已计入当期费用但超过税法规定扣除标准的金额（如超过企业所得税法规定标准的职工福利费、工会经费、职工教育经费、业务招待费、公益性捐赠支出、广告费、业务宣传费等），以及企业已计入当期损失但《企业所得税法》规定不允许扣除项目的金额（如税收滞纳金、罚金、罚款等）。

2. 纳税调整减少额

纳税调整减少额主要包括《企业所得税法》规定允许弥补的亏损和准予免税的项目，如前5年内未弥补亏损、国债利息收入，以及符合条件的居民企业之间的股息、红利等权益性投资收益等。

（多项选择题）下列各项中，企业在计算应纳税所得额时应在利润总额基础上进行纳税调增的内容有（　　）。

A. 企业投资国债取得利息收入6 000元
B. 企业支付的税收滞纳金20 000元
C. 企业从其投资的居民企业取得的现金股利20 000元
D. 企业支付超过《企业所得税法》规定标准的职工福利费5 000元

【正确答案】　BD
【答案解析】　选项A、C属于纳税调整减少的内容。

【例9-31】　甲公司2022年度利润总额（税前会计利润）为9 900 000元，适用的所得税税率为25％。甲公司全年实发工资薪金为1 000 000元，职工福利费为150 000元，工会经费为25 000元，职工教育经费为105 000元；经查，甲公司当年营业外支出中有60 000元为税收滞纳罚金。假定甲公司全年无其他纳税调整因素。

本例中，按《企业所得税法》规定，企业在计算当期应纳税所得额时，可以扣除工资薪金支出1 000 000元，职工福利费支出140 000元（1 000 000×14％），工会经费支出20 000元（1 000 000×2％），职工教育经费支出80 000元（1 000 000×8％）。甲公司有两种纳税调整因素：一是已计入当期费用但超过《企业所得税法》规定标准的费用支出；二是已计入当期营业外支出但按《企业所得税法》规定不允许扣除的税收滞纳金，这两种因素均应调整增加应纳税所得额。甲公司当期所得税的计算如下：

纳税调整增加额＝(150 000－140 000)＋(25 000－20 000)＋(105 000－80 000)＋60 000
　　　　　　　＝100 000(元)

应纳税所得额＝税前会计利润＋纳税调整增加额＝9 900 000＋100 000＝10 000 000(元)
当期应交所得税额＝10 000 000×25％＝2 500 000(元)

【例 9-32】 2022 年,甲公司全年利润总额(即税前会计利润)为 5 100 000 元,其中包括本年实现的国债利息收入 100 000 元,适用所得税税率为 25%。假定甲公司全年无其他纳税调整因素。按照《企业所得税法》的有关规定,企业购买国债的利息收入免交所得税,即在计算应纳税所得额时可将其扣除。甲公司当期所得税的计算如下:

应纳税所得额=税前会计利润-纳税调整减少额=5 100 000-100 000=5 000 000(元)

当期应交所得税额=5 000 000×25%=1 250 000(元)

三、所得税费用的账户设置

"所得税费用"账户核算企业所得税费用的确认及其结转情况。其借方登记按税法规定计算的当期应交所得税,贷方登记转入本年利润的所得税费用。期末,企业应将"所得税费用"账户的余额转入"本年利润"账户,借记"本年利润"账户,贷记"所得税费用"账户,结转后"所得税费用"账户应无余额。

四、所得税费用的计算

根据《企业会计准则》的规定,企业计算确定的当期所得税和递延所得税之和,即为应从当期利润总额中扣除的所得税费用。有关计算公式如下:

所得税费用=当期所得税+递延所得税

递延所得税=(递延所得税负债的期末余额-递延所得税负债的期初余额)-(递延所得税资产的期末余额-递延所得税资产的期初余额)

【例 9-33】 2022 年,甲公司应交所得税税额为 2 500 000 元;递延所得税负债年初数为 200 000 元,年末数为 250 000 元;递延所得税资产年初数为 125 000 元,年末数为 100 000 元。

甲公司所得税费用的计算如下:

递延所得税=(250 000-200 000)-(100 000-125 000)=75 000(元)

所得税费用=2 500 000+75 000=2 575 000(元)

甲公司应编制如下会计分录:

借:所得税费用 2 575 000
　　贷:应交税费——应交所得税 2 500 000
　　　　递延所得税负债 50 000
　　　　递延所得税资产 25 000

活动 9.3.4　本年利润

一、本年利润的概念

本年利润是指企业某个会计年度净利润(或净亏损)。它是由企业利润组成内容计算确定的,是企业从公历年 1 月至 12 月逐步累计而形成的一个动态指标。

二、结转本年利润的方法

(一)表结法

表结法是指用利润表结转期末损益类项目,计算体现期末财务成果的方法。在表结法下,企业每月末只结出损益类账户的本月发生额和月末累积余额,不结转到"本年利润"账户,只有在年末时才将全年累积余额结转入"本年利润"账户。但企业每月末要将损益类账户的本月发生额合计、本月末累积余额分别填入利润表的本月数栏和本年累积数栏,通过利润表计算反映各期的利润(或亏损)。

(二)账结法

在账结法下,企业每月末均需编制转账凭证,将在账上结计出的各损益类账户的余额转入"本年利润"账户。结转后"本年利润"账户的本月余额(本年余额)分别反映当月(本年累计)实现的利润或发生的亏损。账结法在各月均可通过"本年利润"账户提供当月及本年累计的利润(或亏损)额,但这增加了转账环节和工作量。

三、本年利润的账户设置

"本年利润"账户是一个汇总类账户,贷方登记企业当期所实现的各项收入、利得项目;借方登记企业当期所发生的各项费用、损失项目;借、贷方发生额相抵后,若为贷方余额则表示企业本期经营活动实现的净利润,若为借方余额则表示企业本期发生的亏损。

四、本年利润的账务处理

本年利润的账务处理如表9-20所示。

表9-20　　　　　　　　　　本年利润的账务处理

业务内容	会计分录
结转各收入、利得类账户	借:主营业务收入 　　其他业务收入 　　投资收益 　　公允价值变动损益(收益) 　　资产处置损益(收益) 　　营业外收入 　贷:本年利润
结转各项费用、损失类账户	借:本年利润 　贷:主营业务成本 　　其他业务成本 　　税金及附加 　　销售费用 　　管理费用 　　财务费用 　　投资收益 　　公允价值变动损益(损失) 　　资产处置损益(损失) 　　资产减值损失 　　信用减值损失 　　营业外支出
确认所得税费用	借:所得税费用 　贷:应交税费——应交所得税

(续表)

业务内容		会计分录
将"所得税费用"账户余额结转至"本年利润"账户		借：本年利润 　贷：所得税费用
将"本年利润"账户结转至"利润分配——未分配利润"账户	如"本年利润"账户为贷方余额	借：本年利润 　贷：利润分配——未分配利润
	如"本年利润"账户为借方余额	借：利润分配——未分配利润 　贷：本年利润

【例 9-34】 A 公司 2022 年有关损益类账户的年末余额如表 9-21 所示。该公司采用表结法年末一次结转损益类账户，适用的所得税税率为 25%。假设 A 公司 2022 年度不存在所得税纳税调整因素。

表 9-21　　　　　　　A 公司 2022 年有关损益类账户的年末余额表

账户名称	结账前余额
主营业务收入	6 000 000 元(贷)
其他业务收入	700 000 元(贷)
公允价值变动损益	150 000 元(贷)
投资收益	600 000 元(贷)
营业外收入	50 000 元(贷)
主营业务成本	4 000 000 元(借)
其他业务成本	400 000 元(借)
税金及附加	80 000 元(借)
销售费用	500 000 元(借)
管理费用	770 000 元(借)
财务费用	200 000 元(借)
资产减值损失	100 000 元(借)
营业外支出	250 000 元(借)

A 公司 2022 年年末结转本年利润时应编制如下会计分录：
（1）结转各项收入、利得类账户时：

借：主营业务收入　　　　　　　　　　　　　　　　　　　　　　　6 000 000
　　其他业务收入　　　　　　　　　　　　　　　　　　　　　　　　 700 000
　　公允价值变动损益　　　　　　　　　　　　　　　　　　　　　　 150 000
　　投资收益　　　　　　　　　　　　　　　　　　　　　　　　　　 600 000
　　营业外收入　　　　　　　　　　　　　　　　　　　　　　　　　 50 000
　贷：本年利润　　　　　　　　　　　　　　　　　　　　　　　　 7 500 000

(2) 结转各项费用、损失类账户时：

借：本年利润　　　　　　　　　　　　　　　　　　　　　　　　　　　6 300 000
　　贷：主营业务成本　　　　　　　　　　　　　　　　　　　　　　　　4 000 000
　　　　其他业务成本　　　　　　　　　　　　　　　　　　　　　　　　　400 000
　　　　税金及附加　　　　　　　　　　　　　　　　　　　　　　　　　　 80 000
　　　　销售费用　　　　　　　　　　　　　　　　　　　　　　　　　　　500 000
　　　　管理费用　　　　　　　　　　　　　　　　　　　　　　　　　　　770 000
　　　　财务费用　　　　　　　　　　　　　　　　　　　　　　　　　　　200 000
　　　　资产减值损失　　　　　　　　　　　　　　　　　　　　　　　　　100 000
　　　　营业外支出　　　　　　　　　　　　　　　　　　　　　　　　　　250 000

经过上述结转后，用"本年利润"账户的贷方发生额合计7 500 000元减去借方发生额合计6 300 000元，即为税前会计利润1 200 000元。

(3) 确认所得税费用时：

应交所得税＝1 200 000×25％＝300 000（元）

借：所得税费用　　　　　　　　　　　　　　　　　　　　　　　　　　　300 000
　　贷：应交税费——应交所得税　　　　　　　　　　　　　　　　　　　　300 000

(4) 将所得税费用结转至"本年利润"账户：

借：本年利润　　　　　　　　　　　　　　　　　　　　　　　　　　　　300 000
　　贷：所得税费用　　　　　　　　　　　　　　　　　　　　　　　　　　300 000

(5) 将"本年利润"账户年末余额转入"利润分配——未分配利润"账户：

借：本年利润（7 500 000－6 300 000－300 000）　　　　　　　　　　　　 900 000
　　贷：利润分配——未分配利润　　　　　　　　　　　　　　　　　　　　900 000

（判断题）年度终了，企业只有在盈利的情况下，才应将"本年利润"账户的本年累计余额转入"利润分配——未分配利润"账户。　　　　　　　　　　　　　　　　　　　　　　（　　）

【正确答案】　×

【答案解析】　年度终了，无论企业是否盈亏，均应将"本年利润"账户的本年累计余额转入"利润分配——未分配利润"账户。

（单项选择题）2022年，甲公司实现利润总额500万元，当期所得税为130万元，已知甲公司2022年年初递延所得税负债余额为20万元，年末余额为25万元。甲公司适用的所得税税率为25％。不考虑其他因素，甲公司2022年的净利润为（　　）万元。

　　A. 135　　　　　　B. 370　　　　　　C. 365　　　　　　D. －25

【正确答案】　C

【答案解析】　甲公司2022年的所得税费用＝130＋（25－20）＝135（万元），净利润＝利润总额－所得税费用＝500－135＝365(万元)。

模 块 测 试

一、单项选择题

1. 下列各项中,不属于费用的是( )。
   A. 主营业务成本　　B. 销售费用　　　　C. 营业外支出　　　D. 税金及附加
2. 企业专设销售机构固定资产的折旧费应记入( )账户。
   A. "其他业务成本"　B. "制造费用"　　　C. "销售费用"　　　D. "管理费用"
3. 下列各项中,应在发生时确认为"销售费用"的是( )。
   A. 车间管理人员的薪酬　　　　　　　B. 对外出租的投资性房地产的折旧
   C. 专设销售机构固定资产的折旧　　　D. 厂部管理人员的薪酬
4. 下列各项中,不属于企业销售费用核算范围的是( )。
   A. 广告费　　　　　　　　　　　　　B. 行政部门的业务招待费
   C. 预计产品质量保证损失　　　　　　D. 专设销售机构发生的固定资产修理费
5. 甲企业本期营业收入为2 500万元,营业成本为2 000万元,管理费用为30万元,销售费用为75万元,资产减值损失为175万元,投资损失为50万元,营业外收入为25万元,营业外支出为50万元,所得税费用为75万元。假定不考虑其他因素,甲企业本期营业利润为( )万元。
   A. 170　　　　　　　B. 195　　　　　　　C. 145　　　　　　　D. 70
6. 下列各项中,不影响制造业企业营业利润的是( )。
   A. 发生的业务招待费　　　　　　　　B. 处置投资取得的净收益
   C. 印花税　　　　　　　　　　　　　D. 应交增值税
7. 下列项目中,计算所得税的时候可以纳税调减的是( )。
   A. 盘盈的固定资产　　　　　　　　　B. 前1年的亏损额
   C. 前10年的亏损额　　　　　　　　　D. 税收滞纳金
8. 下列各项中,企业收到委托代销清单时确认的代销手续费应记入的会计账户是( )。
   A. "销售费用"　　　B. "其他业务成本"　C. "财务费用"　　　D. "管理费用"
9. 2022年9月,某企业发生行政管理部门工资50万元、诉讼费5万元,销售商品时发生的装卸费价税合计3万元,发生银行汇票手续费2万元,该企业9月应记入"管理费用"账户的金额是( )万元。
   A. 55　　　　　　　B. 50　　　　　　　C. 60　　　　　　　D. 58
10. 某企业2022年度实现利润总额1 450万元,当年发生的管理费用中按规定不能税前扣除的业务招待费为10万元,企业适用所得税税率为25%,该企业2022年实现的净利润为( )万元。
    A. 1 085　　　　　　B. 1 087.5　　　　　C. 1 095　　　　　　D. 1 450
11. 2022年度,某企业应交所得税为300万元,递延所得税负债年末数为40万元,年初数为100万元。该企业递延所得税的影响计入当期损益。不考虑其他因素,该企业年末确认的所得税费用是( )万元。

A. 240　　　　　B. 360　　　　　C. 400　　　　　D. 260

12. 某企业适用的所得税税率为25%,2022年实现利润总额1 350万元,其中,取得国债利息收入150万元,发生税收滞纳金3万元。不考虑其他因素,该企业2022年度利润表中所得税费用为( )万元。

A. 374.25　　　B. 337.5　　　C. 338.25　　　D. 300.75

13. 2022年11月1日,甲公司向乙公司销售电梯一台,并负责安装调试,如果电梯不能正常运行,则甲公司需要返修,然后再进行安装和检验,合同约定总价款为5 000万元(销售价格与安装费用无法区分)。货物已发出,但安装调试工作需要在2023年1月31日完成。不考虑其他因素,甲公司在2022年应确认的收入金额为( )万元。

A. 5 000　　　B. 5 850　　　C. 4 000　　　D. 0

14. 2022年10月1日,甲公司与乙公司签订合同,向乙公司销售100台电脑桌和100把电脑椅,总价款为60万元。其中,电脑桌的单独售价为48万元,电脑椅的单独售价为32万元。假定上述两项销售分别构成单项履约义务。不考虑其他因素,甲公司进行的下列会计处理中,正确的是( )。

A. 电脑桌应分摊的交易价格为24万元
B. 电脑桌应分摊的交易价格为48万元
C. 电脑椅应分摊的交易价格为24万元
D. 电脑椅应分摊的交易价格为32万元

15. 2022年1月1日,甲建筑公司与客户签订承建一栋办公楼的合同,合同规定2023年3月31日完工;合同总金额为9 000万元,预计合同总成本为7 500万元。2022年12月31日,甲建筑公司发生成本2 250万元,预计完成合同还需发生成本5 250万元。2022年,甲建筑公司发生成本3 750万元,该年年底预计完成合同还需发生成本1 500万元。甲建筑公司采用累计发生成本占预计合同总成本的比例确定履约进度。不考虑其他因素,甲建筑公司2023年度对该合同应确认的营业收入为( )万元。

A. 5 400　　　B. 4 500　　　C. 1 200　　　D. 7 500

16. 2022年5月,甲酒店计提与酒店经营直接相关的固定资产折旧共计250 000元、土地使用权摊销80 000元,发生管理费用50 000元。不考虑其他因素,甲酒店当月应确认的合同履约成本为( )元。

A. 250 000　　B. 330 000　　C. 380 000　　D. 300 000

17. 甲公司是一家装潢设计公司,其通过竞标赢得一个新客户。甲公司为取得该客户的合同发生的下列支出中,属于为取得合同发生的增量成本的是( )。

A. 因投标发生的投标费和差旅费3万元
B. 聘请外部律师进行尽职调查的支出6万元
C. 支付市场拓展部员工销售佣金2万元,甲公司预期该支出未来能够收回
D. 根据其年度盈利目标、整体盈利情况及个人业绩等向业务部门经理支付年度奖金30万元

18. 2022年度,某企业"财务费用"账户核算内容如下:短期借款利息支出为600万元,银

行存款利息收入为20万元,银行手续费支出为10万元。不考虑其他因素,2022年度该企业利润表中"财务费用"账户本年度金额为( )万元。

  A. 580   B. 590   C. 600   D. 610

19. 下列各项中,属于单项履约义务的是( )。

  A. 手机零售企业销售手机赠送1年维修服务
  B. 企业销售商品提供配送服务
  C. 房地产开发企业出售房屋赠送装修
  D. 中华会计网校提供注册会计师考试培训服务

20. 公司给客户办理健身会员卡收取1年费用,收取的年费计入( )。

  A. 合同负债   B. 其他应付款   C. 主营业务收入   D. 其他业务收入

21. 2022年12月份,某企业发生经济业务如下:计提行政办公大楼折旧40万元,支付会计师事务所审计费50万元,发生业务招待费60万元。不考虑其他因素,该企业2022年12月确认的管理费用金额为( )万元。

  A. 90   B. 100   C. 50   D. 150

22. 下列各项中,属于营业外支出的是( )。

  A. 确认的房屋减值损失   B. 出售闲置设备的净损失
  C. 原材料因管理不善发生的盘亏净损失   D. 对外捐赠设备的支出

23. 下列各项中,应通过"营业外支出"账户核算的是( )。

  A. 确认的专利权减值损失   B. 原材料因管理不善盘亏净损失
  C. 闲置设备出售净损失   D. 仓库因自然灾害毁损净损失

24. 下列各项中,企业发生的相关税费应通过"税金及附加"账户核算的是( )。

  A. 应代扣代交的个人所得税   B. 应交纳的企业所得税
  C. 应交纳的增值税   D. 应交纳的城市维护建设税

25. 下列各项中,企业应通过"税金及附加"账户核算的是( )。

  A. 代扣代交的个人所得税   B. 应交的房产税
  C. 应交的企业所得税   D. 应交的增值税

26. 下列各项中,不属于确定合同履约进度的产出指标的是( )。

  A. 花费的人工工时   B. 评估已实现的结果
  C. 实际测量的完工进度   D. 已完工或者交付的产品

27. 某企业本年实现利润总额192万元,当年发生的管理费用中不得税前抵扣的金额为8万元,企业所得税税率为25%。不考虑其他因素,该企业本年的净利润为( )万元。

  A. 142   B. 192   C. 144   D. 146

28. 甲公司为增值税一般纳税人,适用增值税税率为13%,2022年9月10日,甲公司向乙公司销售商品600件,每件标价为2 000元(不含增值税),实际成本为每件1 500元。当日,甲公司开具增值税专用发票并收到乙公司支付的价款,乙公司收到商品并验收入库。不考虑其他因素,甲公司应确认商品销售收入( )元。

  A. 9 000 000   B. 1 150 000   C. 1 200 000   D. 1 620 000

29. 2022年6月10日,甲公司向长江公司赊销一批商品,开具的增值税专用发票上注明的售价为10 000元,增值税税额为1 300元,双方约定2个月内支付货款。当日长江公司收到商品并验收入库。该批商品的实际成本为 7 000 元。不考虑其他因素,下列关于甲公司确认收入结转成本的处理中,错误的是(　　)。

A. 借记"应收账款"账户 11 300 元　　B. 借记"应收票据"账户 11 300 元

C. 贷记"主营业务收入"账户 10 000 元　　D. 借记"主营业务成本"账户 7 000 元

二、多项选择题

1. 甲企业于 2022 年 10 月售出产品一批,并确认了收入;2022 年 12 月,产品由于质量问题被退回时,甲企业在进行相关处理时不会涉及的账户有(　　)。

A. "库存商品"　　B. "营业外支出"　　C. "利润分配"　　D. "主营业务收入"

2. 下列各项中,应记入"税金及附加"账户的有(　　)。

A. 房产税

B. 房地产开发企业销售房地产应交纳的土地增值税

C. 印花税

D. 城市维护建设税

3. 某企业 2022 年 12 月发生的费用有:外设销售机构办公费用 40 万元,销售人员工资 30 万元,计提车间用固定资产折旧 20 万元,发生车间管理人员工资 60 万元,支付委托代销商品手续费 60 万元,形成汇兑收益 40 万元,支付行政部门的业务招待费 20 万元,支付行政管理人员工资 10 万元。则下列说法中,正确的有(　　)。

A. 该企业 12 月发生财务费用—40 万元

B. 该企业 12 月发生销售费用 130 万元

C. 该企业 12 月发生制造费用 20 万元

D. 该企业 12 月发生管理费用 30 万元

4. 下列各项费用,属于"销售费用"账户核算内容的有(　　)。

A. 销售商品发生的售后服务费　　B. 委托代销商品支付的手续费

C. 广告宣传费　　D. 预计的产品质量保证损失

5. 下列各项中,会影响管理费用的有(　　)。

A. 企业盘点现金,发生现金的盘亏

B. 存货盘点,发现存货盘亏,由管理不善造成的

C. 固定资产盘点,发现固定资产盘亏,盘亏的净损失

D. 现金盘点,发现现金盘点的净收益

6. 下列各项中,应记入"财务费用"账户的有(　　)。

A. 业务招待费　　B. 短期借款利息支出

C. 诉讼费　　D. 活期存款利息收入

7. 下列各项中,影响营业利润的项目有(　　)。

A. 营业外支出　　B. 税金及附加　　C. 资产减值损失　　D. 财务费用

8. 下列项目中,不作为当期营业利润扣除项目的有(　　)。

A. 交易性金融资产公允价值变动损失　　B. 经营方式出租的固定资产计提的折旧

C. 股票发行费用　　D. 增值税

9. 下列各项中,应记入"营业外收入"账户的有(　　)。

A. 企业接受原材料捐赠的利得　　B. 出售无形资产的净收益

C. 盘盈的固定资产 D. 因债权单位撤销而无法支付的应付款项

10. 下列各项中,能够增加企业当期营业外收入的有( )。
A. 转销无法支付的应付账款 B. 无法查明原因的现金溢余
C. 原材料盘盈 D. 盘盈的固定资产

11. 下列各项中,不应记入"营业外支出"账户的有( )。
A. 固定资产减值损失 B. 罚款支出
C. 固定资产报废损失 D. 收发差错造成存货盘亏损失

12. 下列关于应交所得税计算的表述中,正确的有( )。
A. 应交所得税是企业在税前会计利润的基础上调整确定的
B. 应交所得税计算公式为"应交所得税＝应纳税所得额×所得税税率"
C. 应纳税所得额是指当期应交所得税
D. 应纳税所得额计算公式为"应纳税所得额＝税前会计利润＋纳税调整增加额－纳税调整减少额"

13. 某公司经营一家健身俱乐部,适用的增值税税率为6%。2023年1月1日,该公司与客户签订合同,并收取客户会员费6 000元(不含税)。客户可在未来12个月内享受健身服务,且没有次数限制。不考虑其他因素,下列关于该公司相关会计处理的表述中,正确的有( )。
A. 1月31日确认主营业务收入500元
B. 1月31日确认主营业务收入530元
C. 1月1日收到会员费确认预计负债6 000元
D. 1月1日收到会员费确认合同负债6 000元

14. 下列各项中,应计入制造业企业"其他业务成本"账户的有( )。
A. 经营租出固定资产的折旧额 B. 经营租出无形资产的摊销额
C. 销售原材料的实际成本 D. 出租包装物的摊销额

15. 下列各项中,应记入企业"管理费用"账户的有( )。
A. 行政管理部门的办公费 B. 董事会成员公务差旅费
C. 聘请会计师事务所的咨询费 D. 计提销售商品的预计产品质量保证损失

16. 某制造业企业发生的下列业务中,需调整增加企业应纳税所得额的项目有( )。
A. 已计入投资收益的国库券利息收入
B. 已超过税法规定扣除标准,但已计入当期费用的业务招待费
C. 支付并已计入当期损失的各种税收滞纳金
D. 未超标的广告费支出

17. 下列各项中,企业应通过"税金及附加"账户核算的有( )。
A. 从事经营活动应交的车船税 B. 销售应税产品应交的资源税
C. 对外转让厂房应交的土地增值税 D. 购买印花税票支付的印花税

三、判断题

1. 企业出售固定资产发生的处置净损失属于企业的费用。 ( )
2. 损失是指由企业非日常活动所发生的,会导致所有者权益减少的,与向所有者分配利润无关的经济利益的流出。 ( )

3. 企业的所得税费用一定等于企业当年实现的利润总额乘以所得税税率。（ ）
4. 利润表中"所得税费用"项目的本期金额等于当期所得税，而不应考虑递延所得税。
（ ）
5. 企业计算确定的当期所得税与递延所得税之和，即为应从当期利润总额中扣除的所得税费用。（ ）
6. 企业出售交易性金融资产确认的投资收益，是营业利润的构成部分。（ ）
7. 企业当期的所得税费用应根据当期所得税和递延所得税计算确定。（ ）
8. 企业提供建筑安装劳务，当履约进度不能合理确定、且已经发生的成本预期能够得到补偿的，应当按照已经发生的成本确认收入，直到履约进度能够合理确定为止。（ ）
9. 会计期末，企业应将"所得税费用"账户余额转入"利润分配——未分配利润"账户。
（ ）
10. 企业以商业汇票结算方式对外销售商品，在收到款项时确认收入。（ ）

四、不定项选择题

1. 甲公司为增值税一般纳税人，适用的增值税税率为13%，适用的所得税税率为25%，2021年度和2022年度的有关资料如下：

（1）2021年年初，"利润分配——未分配利润"账户为贷方余额300万元，递延所得税负债年初数为25万元，递延所得税资产年初数为25万元，2021年利润总额为1 000万元，经纳税调整后应纳税所得额为800万元，递延所得税负债年末数为52.5万元，递延所得税资产年末数为5万元。

（2）2022年3月15日，经股东大会批准，按2021年税后利润的10%和5%分别提取法定盈余公积和任意盈余公积，并向投资者宣告分配现金股利80万元。

（3）2022年，实现利润总额800万元，当年支付税收滞纳金20万元，实际发生业务招待费200万元，但税法规定可于2022年税前扣除的业务招待费为160万元，除此之外无其他纳税调整事项。2022年的利润尚未进行分配。

要求：根据上述资料，不考虑其他因素，分析回答下列小题。

〈1〉根据资料（1），下列关于甲公司2021年的表述中，正确的是（ ）。

A. 甲公司应交所得税为200万元　　　B. 递延所得税费用为47.5万元

C. 递延所得税费用为7.5万元　　　　D. 所得税费用为247.5万元

〈2〉根据资料（1），"本年利润"账户结转到"利润分配——未分配利润"账户的金额为（ ）万元。

A. 752.5　　　B. 792.5　　　C. 247.5　　　D. 207.5

〈3〉根据资料（2），下列会计处理结果中，正确的是（ ）。

A. "盈余公积"账户贷方增加75.25万元

B. "盈余公积"账户贷方增加112.875万元

C. "应付股利"账户贷方增加80万元

D. "应付股利"账户借方增加80万元

〈4〉根据资料（3），下列表述中，正确的是（ ）。

A. 税收滞纳金不能税前扣除

B. 计算所得税时，业务招待费应按照200万元扣除

C. 计算所得税时,业务招待费应按照160万元扣除

D. 支付的税收滞纳金不影响利润总额

〈5〉根据资料(1)～(3),甲公司2022年年末未分配利润的余额为(　　)万元。

A. 1 481.95　　　　B. 1 454.625　　　　C. 1 144.625　　　　D. 1 444.625

2. 甲公司为增值税一般纳税人,适用的增值税税率为13%,库存商品采用实际成本法核算,商品售价不含增值税,商品销售成本随销售同时结转。2022年4月1日,W商品账面余额为230万元,未计提存货跌价准备。甲公司2022年4月发生的有关采购与销售业务如下:

(1) 3日,从A公司采购W商品一批,收到的增值税专用发票上注明的货款为80万元,增值税为10.4万元。W商品已验收入库,款项以支票形式支付。

(2) 8日,向B公司销售W商品一批,开出的增值税专用发票上注明的售价为150万元,增值税为19.5万元,该批W商品实际成本为120万元,收到对方开出的银行承兑汇票一张。

(3) 20日,由于销售给B公司的部分W商品存在质量问题,B公司要求退回4月8日所购W商品的50%,经过协商,甲公司同意了B公司的退货要求,并按规定向B公司开具了增值税专用发票(红字),发生的销售退回允许扣减当期的增值税销项税额,该批退回的W商品已验收入库。

(4) 25日,收到经营出租闲置设备的租金收入,开具的增值税专用发票上注明的租金为5万元,增值税税额为0.65万元,款项已存入银行。该设备当月折旧额为2万元。

(5) 30日,经过减值测试,W商品的可变现净值为230万元。

其他资料:上述销售业务均属于在某一时点履行的履约义务。

要求:根据上述资料,不考虑其他因素,分析回答下列小题。

〈1〉根据资料(1)～(2),下列关于甲公司的账务处理中,正确的是(　　)。

A. 4月3日:

借:库存商品　　　　　　　　　　　　　　　　　　　　　　　　　800 000
　　应交税费——应交增值税(进项税额)　　　　　　　　　　　　　104 000
　　贷:应付票据　　　　　　　　　　　　　　　　　　　　　　　　　904 000

B. 4月8日:

借:应收票据　　　　　　　　　　　　　　　　　　　　　　　　　1 695 000
　　贷:主营业务收入　　　　　　　　　　　　　　　　　　　　　　　1 500 000
　　　　应交税费——应交增值税(销项税额)　　　　　　　　　　　　　195 000

C. 4月3日:

借:库存商品　　　　　　　　　　　　　　　　　　　　　　　　　8 090 000
　　应交税费——应交增值税(进项税额)　　　　　　　　　　　　　104 000
　　贷:银行存款　　　　　　　　　　　　　　　　　　　　　　　　　904 000

D. 4月8日:

借:银行存款　　　　　　　　　　　　　　　　　　　　　　　　　1 695 000
　　贷:主营业务收入　　　　　　　　　　　　　　　　　　　　　　　1 500 000
　　　　应交税费——应交增值税(销项税额)　　　　　　　　　　　　　195 000

〈2〉根据资料(3),下列关于甲公司销售退回的会计处理结果的表述中,正确的是(　　)。

A. 冲减增值税销项税额 9.75 万元

B. 冲减库存商品 60 万元

C. 冲减当期的主营业务成本 60 万元

D. 冲减当期的主营业务收入 75 万元

〈3〉根据资料(4),下列关于甲公司设备出租的会计处理结果的表述中,正确的是(　　)。

A. 管理费用增加 2 万元　　　　　　B. 营业外收入增加 5 万元

C. 其他业务成本增加 2 万元　　　　D. 其他业务收入增加 5 万元

〈4〉甲公司 2022 年 4 月 30 日 W 商品的账面余额为(　　)万元。

A. 310　　　　　　B. 230　　　　　　C. 300　　　　　　D. 250

〈5〉根据资料(5),甲公司在 2022 年 4 月 30 日的 W 商品应确认的存货跌价准备为(　　)万元。

A. 10　　　　　　B. 20　　　　　　C. 30　　　　　　D. 230

模块 10

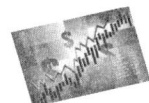

财务会计报告

[考核目标]
1. 了解财务会计报告。
2. 熟悉财务会计报告的组成部分。
3. 掌握资产负债表的结构及其编制方法。
4. 掌握利润表的结构及其编制方法。
5. 掌握现金流量表的结构及其编制方法。
6. 掌握所有者权益变动表的结构及其编制方法。
7. 熟悉会计报表附注的主要内容。

[实践目标]
1. 能够区分财务会计报告的组成部分。
2. 完成资产负债表的编制。
3. 完成利润表的编制。
4. 完成现金流量表的编制。
5. 完成所有者权益变动表的编制。
6. 能够区分会计报表附注的主要内容。

[思政目标]
1. 培养学生细致、谨慎、有条不紊的财经专业素质。
2. 培养学生诚实、守信、坚持原则的职业道德。
3. 培养学生主动学习大数据时代思维方式、新技术的意识。

[知识点思维导图]

财务会计报告
- 财务会计报告概述
- 资产负债表
  - 概述
  - 编制（填列方法、填列说明）
- 利润表
  - 概述
  - 编制（编制步骤、填列方法、填列说明）
- 现金流量表
  - 概述
  - 编制（填制依据、编制方法、填列说明、补充资料的项目内容及填列）
- 所有者权益变动表
  - 概述
  - 编制（填列方法、填列说明）
- 附注及财务会计报告信息披露

案例导入

Choice数据初步统计，2018—2020年中的两年半的时间，有368家A股上市公司因信息披露虚假或存在严重误导性陈述发生过违规行为。根据瑞恩资本2019年的《中国上市公司财务造假手段分析》报告，2008—2018年，共有198家A股上市公司因上述原因发生过违规行为，违规案件合计243起。曾经为A股有名医药企业之一的康美药业被证监会立案调查，最终披露的调查结果坐实了康美药业涉嫌巨额资金的财务造假罪名。有关资料显示，康美药业通过财务不记账、虚假记账，伪造、变造大额定期存单或银行对账单，配合营业收入造假伪造销售回款等方式，在2016年至2018年上半年，分别虚增货币资金225.49亿元、299.44亿元和361.88亿元，共计886.81亿元。需要注意的是，对于大部分涉嫌财务造假的上市公司，信息披露违规是一个不容忽视的问题，如何进一步规范信息披露是一个值得思考的问题。

[思考]
（1）上市公司被曝出的形形色色的财务造假和财务会计报告有什么联系？
（2）大数据治税时代已经全面来临，大数据治"假"是否可能在未来实现？
（3）如何进一步规范上市公司财务信息披露？

案例来源：
［1］苏浩.康美药业300亿财务造假案终落定，证监会顶格处罚60万，股价蒸发近9成［EB/OL］.(2020-05-18)[2023-01-13].https://www.cn-healthcare.com/article/20200518/content-536598.html? app=jkj.
［2］牛牛金融.财务造假获刑案例仍鲜见：处罚若不刮骨疗伤，康美不是最后一桩［EB/OL］.(2020-05-16)[2023-01-13].https://view.inews.qq.com/a/20200516A0LGIZ00? tbkt=G&uid=2213929264&refer=wx_hot.

任务10.1 财务会计报告概述

一、财务会计报告的概念

财务会计报告是指企业对外提供的反映企业某一特定日期的财务状况和某一会计期间的经营成果、现金流量等会计信息的文件。

二、财务会计报告的目标

财务会计报告的目标是向财务会计报告使用者提供与企业财务状况、经营成果、现金流量等有关的会计信息，反映企业管理层受托责任履行的情况，有助于财务会计报告使用者作出经济决策。财务会计报告使用者包括投资者、债权人、政府及其有关部门、社会公众等。

三、财务会计报告体系

会计报表包括资产负债表、利润表、现金流量表、所有者权益（或股东权益）变动表。一套完整的财务报表包括四表一附注，即资产负债表、利润表、现金流量表、所有者权益（或股东权益)变动表和附注。财务会计报告包括会计报表、会计报表附注、财务情况说明书,以上组成财务会计报告体系。

(判断题)一套完成的财务会计报告体系由资产负债表、利润表、现金流量表、股东权益变动表及附注组成。( )

【正确答案】 √

【答案解析】 本题考查财务会计报告的组成。

四、会计报表的分类

会计报表可以按照不同的标准进行分类。

(一) 会计报表按编报期间不同分为中期会计报表和年度会计报表

(1) 中期是指短于一个完整会计年度的报告期间(如月度、季度、半年度等)。中期会计报表包括月报、季报、半年报等。

(2) 年度会计报表是指全面反映企业整个会计年度的经营成果、现金流量情况及年末财务状况的会计报表,是企业在会计年度终了时对外提供的会计报表。

(二) 会计报表按反映财务活动方式不同分为静态会计报表和动态会计报表

(1) 静态会计报表是指反映企业资金运动处于某一相对静止状态情况的会计报表,如反映企业某一特定日期资产、负债和所有者权益的资产负债表。

(2) 动态会计报表是指反映企业资金运动状况的会计报表,如反映企业一定期间的经营成果情况的利润表、反映企业一定会计期间内营运资金来源和运用及其增减变化情况的现金流量表等。

(三) 会计报表按服务对象不同分为对外会计报表和内部会计报表

(1) 对外会计报表是指企业必须定期编制,定期向上级主管部门、投资者、财税部门等报送或按规定向社会公布的会计报表。这是一种主要的、定期规范化的会计报表,它要求有统一的报表格式、指标体系、编制时间等,资产负债表、利润表和现金流量表等均属于对外会计报表。

(2) 内部会计报表是指企业根据其内部经营管理的需要而编制的,供其内部管理人员使用的会计报表。它不要求统一格式,没有统一指标体系,如成本报表属于内部会计报表。

(四) 会计报表按编报的范围不同分为个别会计报表和合并会计报表

(1) 个别会计报表是指在以母公司和子公司组成的具有控股关系的企业集团中,由母公司和子公司各自为主体分别单独编制的会计报表。它用来分别反映母公司和子公司本身各自的财务状况和经营成果。

(2) 合并会计报表是指以母公司和子公司组成的企业集团为一会计主体,以母公司和子公司单独编制的个别会计报表为基础,由母公司编制的综合反映企业集团经营成果、财务状况及其资金变动情况的会计报表。

任务 10.2 资产负债表

活动 10.2.1 资产负债表概述

一、资产负债表的相关概念

资产负债表是反映企业在某一特定日期的财务状况的报表。它是对企业特定日期的资产、负债和所有者权益的结构性表述。其中,特定日期是指会计期间中会计年度的年末及中期的月末、季末和半年末(如 6 月 30 日)等;财务状况是指企业经营活动及其结果在某一特定日期的资金结构状况及其表现,表明企业取得资金的方式与来路,以及这些资金的使用状态与去向,如资产负债率是企业财务状况的重要财务指标,反映总资产中有多大比例是通过负债取得的。

二、资产负债表的作用

资产负债表可以反映企业在某一特定日期所拥有或控制的经济资源、所承担的现时义务和所有者对净资产的要求权,有助于会计报表使用者全面了解企业的财务状况、分析企业的偿债能力等情况,从而为其作出经济决策提供依据。

三、资产负债表的结构

资产负债表是根据"资产=负债+所有者权益"这一平衡公式,以各具体项目的性质和功能作为分类标准,依次将某一特定日期的资产、负债、所有者权益的具体项目予以适当的排列编制而成的。资产负债表的结构一般有报告式和账户式两种。我国企业的资产负债表采用账户式结构。

(一)报告式资产负债表

报告式资产负债表又称垂直式资产负债表,是指将资产、负债、所有者权益项目采用垂直分列的形式编报的资产负债表。它一般按"资产-负债=所有者权益"的等式列示,即上半部分列示资产,下半部分列示负债和所有者权益,具体表式如表 10-1 所示。

表 10-1　　　　　　　　　　资产负债表(报告式简表)

编制单位:　　　　　　　　　　年　月　日　　　　　　　　　　单位:元

项目	年初数	期末数
资产		
货币资金		
……		
资产合计		
负债		

(续表)

项目	年初数	期末数
短期借款		
……		
负债合计		
所有者权益		
实收资本（股本）		
……		
所有者权益合计		

（二）账户式资产负债表

账户式资产负债表是按照"T"字形账户的形式，将资产负债表分为左右两方，左方列示资产，右方列示负债和所有者权益，左右两方的合计数相等，即资产负债表左方和右方平衡。因此，账户式资产负债表可以反映资产、负债、所有者权益之间的内在关系，即"资产＝负债＋所有者权益"。

账户式资产负债表左方列示的资产大体按资产的流动性强弱排列，流动性强的资产如"货币资金""交易性金融资产"等排在前面，流动性弱的资产如"长期股权投资""固定资产"等排在后面；右方为负债和所有者权益项目，一般按要求清偿时间的先后顺序排列："短期借款""应付票据""应付账款"等需要在1年以内或者长于1年的一个正常营业周期内偿还的流动负债项目排在前面，"长期借款"等在1年以上才需偿还的非流动负债项目排在中间，在企业清算之前不需要偿还的所有者权益项目排在后面。

此外，为了使用者通过比较不同时点资产负债表的数据，掌握企业财务状况的变动情况及发展趋势，企业需要提供比较资产负债表，资产负债表还就各项目再分为"上年年末余额"和"期末余额"两栏分别填列，具体如表10-2所示。

表10-2　　　　　　　　　　　　　资产负债表　　　　　　　　　　　　　会企01表
编制单位：　　　　　　　　　　　　　年　月　日　　　　　　　　　　　　　单位：元

资产	期末余额	上年年末余额	负债和所有者权益（或股东权益）	期末余额	上年年末余额
流动资产：			流动负债：		
货币资金			短期借款		
交易性金融资产			交易性金融负债		
衍生金融资产			衍生金融负债		
应收票据			应付票据		
应收账款			应付账款		
应收款项融资			预收账款		
预付账款			合同负债		
其他应收款			应付职工薪酬		
存货			应交税费		

(续表)

资　　产	期末余额	上年年末余额	负债和所有者权益(或股东权益)	期末余额	上年年末余额
合同资产			其他应付款		
持有待售资产			持有待售负债		
一年内到期的非流动资产			一年内到期的非流动负债		
其他流动资产			其他流动负债		
流动资产合计			流动负债合计		
非流动资产：			非流动负债：		
债权投资			长期借款		
其他债权投资			应付债券		
长期应收款			其中：优先股		
长期股权投资			永续债		
其他权益工具投资			租赁负债		
其他非流动金融资产			长期应付款		
投资性房地产			预计负债		
固定资产			递延收益		
在建工程			递延所得税负债		
生产性生物资产			其他非流动负债		
油气资产			非流动负债合计		
使用权资产			负债合计		
无形资产			所有者权益(或股东权益)：		
开发支出			实收资本(或股本)		
商誉			其他权益工具		
长期待摊费用			其中：优先股		
递延所得税资产			永续债		
其他非流动资产			资本公积		
非流动资产合计			减：库存股		
			其他综合收益		
			专项储备		
			盈余公积		
			未分配利润		
			所有者权益(或股东权益)合计		
资产总计			负债和所有者权益(或股东权益)总计		

(单项选择题)下列等式中，企业在编制资产负债表时需满足的是(　　)。

A. 资产＝负债＋所有者权益

B. 收入－费用＝利润
C. 资产＋费用＝收入＋负债＋所有者权益
D. 资产＝负债＋所有者权益＋利润

【正确答案】 A
【答案解析】 本题考查资产负债表编制基础。

活动10.2.2　资产负债表的编制

一、资产负债表各项目的填列方法

资产负债表各项目均需填列"上年年末余额"和"期末余额"两栏。

（1）资产负债表的"上年年末余额"栏内各项数字，应根据上年年末资产负债表的"期末余额"栏内所列数字填列。如果上年度资产负债表规定的各个项目的名称和内容与本年度不相一致，应按照本年度的规定对上年年末资产负债表各项目的名称和数字进行调整，填入本年度"上年年末余额"栏内。

（2）资产负债表"期末余额"栏的填列方法归纳如图10-1所示。

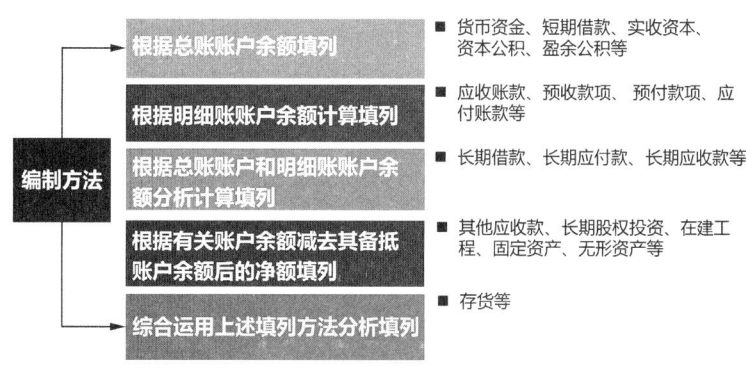

图10-1　资产负债表"期末余额"栏的填列方法

二、资产负债表主要项目的填列说明

（一）资产项目的填列说明

资产项目的填列说明如表10-3所示。

表10-3　　　　　　　　　　资产项目的填列说明

项目	填列说明
货币资金	本项目应根据"库存现金""银行存款""其他货币资金"账户期末余额的合计数填列
交易性金融资产	本项目应根据"交易性金融资产"账户的相关明细账户期末余额分析填列。自资产负债表日起超过1年到期且预期持有超过1年的以公允价值计量且其变动计入当期损益的非流动金融资产的期末账面价值，在"其他非流动金融资产"项目反映
应收票据	本项目应根据"应收票据"账户的期末余额，减去"坏账准备"账户中有关应收票据计提的坏账准备期末余额后的金额填列

(续表)

项目	填列说明
应收账款	本项目应根据"预收账款"账户和"应收账款"账户所属各明细账户的期末借方余额合计数,减去"坏账准备"账户中相关坏账准备期末余额后的金额分析填列
应收款项融资	本项目反映资产负债表日以公允价值计量且其变动计入其他综合收益的应收票据和应收账款等的账面金额
预付款项	本项目应根据"预付账款"账户和"应付账款"账户所属各明细账户的期末借方余额合计数,减去"坏账准备"账户中有关预付款项计提的坏账准备期末余额后的金额填列
其他应收款	本项目应根据"应收利息""应收股利""其他应收款"等账户的期末余额合计数,减去"坏账准备"账户中相关坏账准备期末余额后的金额填列
存货	本项目应根据"材料采购""原材料""低值易耗品""库存商品""周转材料""委托加工物资""委托代销商品""生产成本""受托代销商品"等账户的期末余额合计,减去"受托代销商品款""存货跌价准备"等账户期末余额后的金额填列。材料采用计划成本核算,以及库存商品采用计划成本核算或售价核算的企业,还应按加或减材料成本差异、商品进销差价后的金额填列
合同资产	本项目应根据"合同资产"账户的相关明细账户期末余额分析填列,同一合同下的合同资产和合同负债应当以净额列示,净额为借方余额的,应当根据其流动性在"合同资产"或"其他非流动资产"项目中填列,已计提减值准备的,还应以减去"合同资产减值准备"账户中相关的期末余额后的金额填列;净额为贷方余额的,应当根据其流动性在"合同负债"或"其他非流动负债"项目中填列
持有待售资产	本项目应根据"持有待售资产"账户的期末余额,减去"持有待售资产减值准备"账户的期末余额后的金额填列
一年内到期的非流动资产	该项目反映企业将于1年内到期的非流动资产项目金额。本项目应根据有关账户的明细资料分析填列
其他流动资产	本项目应根据有关账户的期末余额填列
债权投资	本项目应根据"债权投资"账户的相关明细账户期末余额,减去"债权投资减值准备"账户中相关减值准备的期末余额后的金额分析填列。自资产负债表日起1年内到期的长期债权投资的期末账面价值,在"一年内到期的非流动资产"项目反映。企业购入的以摊余成本计量的1年内到期的债权投资的期末账面价值,在"其他流动资产"项目反映
其他债权投资	本项目应根据"其他债权投资"账户的相关明细账户期末余额分析填列。自资产负债表日起1年内到期的长期债权投资的期末账面价值,在"一年内到期的非流动资产"项目反映。企业购入的以公允价值计量且其变动计入其他综合收益的1年内到期的债权投资的期末账面价值,在"其他流动资产"项目反映
长期应收款	本项目应根据"长期应收款"账户的期末余额,减去相应的"未实现融资收益"账户和"坏账准备"账户所属相关明细账户期末余额后的金额填列
长期股权投资	本项目应根据"长期股权投资"账户的期末余额,减去"长期股权投资减值准备"账户的期末余额后的净额填列
其他权益工具投资	本项目应根据"其他权益工具投资"账户的期末余额填列
固定资产	本项目应根据"固定资产"账户的期末余额,减去"累计折旧""固定资产减值准备""固定资产清理"账户期末余额后的金额填列
在建工程	本项目应根据"在建工程"账户的期末余额,减去"在建工程减值准备"账户的期末余额后的金额,以及"工程物资"账户的期末余额,减去"工程物资减值准备"账户的期末余额后的金额填列
使用权资产	本项目应根据"使用权资产"账户的期末余额,减去"使用权资产累计折旧"账户和"使用权资产减值准备"账户的期末余额后的金额填列
无形资产	本项目应根据"无形资产"账户的期末余额,减去"累计摊销"账户和"无形资产减值准备"账户期末余额后的金额填列
开发支出	本项目应根据"研发支出"账户中所属的"资本化支出"明细账户期末余额填列

(续表)

项目	填列说明
长期待摊费用	本项目应根据"长期待摊费用"账户的期末余额,减去将于1年内(含1年)摊销的数额后的金额分析填列。但长期待摊费用的摊销年限只剩1年或不足1年的,或预计在1年内(含1年)进行摊销的部分,不得归类为流动资产,仍在各该非流动资产项目中填列,不转入"一年内到期的非流动资产"项目
递延所得税资产	本项目应根据"递延所得税资产"账户的期末余额填列
其他非流动资产	本项目反映企业长期股权投资、固定资产、在建工程、无形资产等以外的其他非流动资产。本项目应根据有关账户的期末余额填列

【例 10-1】 2022年12月31日,甲公司"库存现金"账户余额为0.1万元,"银行存款"账户余额为100.9万元,"其他货币资金"账户余额为99万元。2022年12月31日,甲公司资产负债表中"货币资金"项目"期末余额"栏的列报金额为200万元(0.1+100.9+99)。

【例 10-2】 2022年12月31日,甲公司"交易性金融资产"账户余额为1 200万元。该交易性金融资产未超过1年到期,其金额可直接填列为"交易性金融资产"项目的期末余额。

【例 10-3】 2022年12月31日,甲公司"应收票据"账户的余额为300万元;"坏账准备"账户贷方余额中有关应收票据计提的坏账准备余额为11万元。2022年12月31日,甲公司资产负债表中"应收票据"项目"期末余额"栏的列报金额为289万元(300-11)。

【例 10-4】 2022年12月31日,甲公司"应收账款"账户的借方余额为1 000万元;"坏账准备"账户贷方余额中有关应收账款计提的坏账准备余额为34万元。2022年12月31日,甲公司资产负债表中"应收账款"项目"期末余额"栏的列报金额为966万元(1 000-34)。

【例 10-5】 2022年12月31日,甲公司"预付账款"账户的余额为200万元;"坏账准备"账户贷方余额中有关预付账款计提的坏账准备余额为0。2022年12月31日,甲公司资产负债表中"预付款项"项目"期末余额"栏的列报金额为200万元。

【例 10-6】 2022年12月31日,甲公司"其他应收款"账户的期末余额为15万元,"应收利息"账户的期末余额为25万元。2022年12月31日,甲公司资产负债表中"其他应收款"项目"期末余额"栏的列报金额为40万元。

【例 10-7】 2022年12月31日,甲公司有关账户余额如下:"库存商品"账户借方余额为1 175万元,"委托加工物资"账户借方余额为200万元,"存货跌价准备"账户贷方余额为100万元,"受托代销商品"账户借方余额为400万元,"受托代销商品款"账户贷方余额为400万元。2022年12月31日,甲公司资产负债表中"存货"项目"期末余额"栏的列报金额为1 275万元(1 175+200-100+400-400)。

【例 10-8】 甲公司计划出售一项固定资产,该固定资产于2022年12月31日(本月已计提折旧)被划分为持有待售固定资产,其账面价值为315万元,从划归为持有待售资产的下个月起停止计提折旧,不考虑其他因素。2022年12月31日,甲公司资产负债表中"持有待售资产"项目"期末余额"栏的列报金额为315万元。

【例 10-9】 2022年12月31日,甲公司持有乙公司发行的3年期一次还本、分期付息的债券。"债权投资"账户的期末账面价值为500万元。2022年12月31日,甲公司资产负债表中"债权投资"项目"期末余额"栏的列报金额为500万元。

【例 10-10】 2022 年 12 月 31 日,甲公司"长期股权投资"账户的期末账面净值为 3 600 万元。2022 年 12 月 31 日,甲公司资产负债表中"长期股权投资"项目"期末余额"栏的列报金额为 3 600 万元。

【例 10-11】 2022 年 12 月 31 日,甲公司"固定资产"账户借方余额为 2 400 万元,"累计折旧"账户贷方余额为 370 万元,"固定资产减值准备"账户贷方余额为 148 万元。2022 年 12 月 31 日,甲公司资产负债表中"固定资产"项目"期末余额"栏的列报金额为 1 882 万元(2 400－370－148)。

【例 10-12】 2022 年 12 月 31 日,甲公司"在建工程"账户借方余额为 118 万元,无未计提减值准备。2022 年 12 月 31 日,甲公司资产负债表中"在建工程"项目"期末余额"栏的列报金额为 118 万元。

【例 10-13】 2022 年 12 月 31 日,甲公司"使用权资产"账户借方余额为 230 万元。该项租赁开始日为 2022 年 12 月 15 日,甲公司选择自下月开始计提折旧。2022 年 12 月 31 日,甲公司资产负债表中"使用权资产"项目"期末余额"栏的列报金额为 230 万元。

【例 10-14】 2022 年 12 月 31 日,甲公司"无形资产"账户借方余额为 800 万元,"累计摊销"账户贷方余额为 200 万元,"无形资产减值准备"账户贷方余额为 54 万元,则 2022 年 12 月 31 日,甲公司资产负债表中"无形资产"项目"期末余额"栏的列报金额为 546 万元(800－200－54)。

【例 10-15】 2022 年 12 月 31 日,甲公司"研发支出——资本化支出"账户的借方余额为 300 万元。2022 年 12 月 31 日,甲公司资产负债表中"开发支出"项目"期末余额"栏的列报金额为 300 万元。

【例 10-16】 2022 年 12 月 31 日,甲公司"长期待摊费用"账户的借方余额为 21.6 万元。2022 年 12 月 31 日,甲公司资产负债表中"长期待摊费用"项目"期末余额"栏的列报金额为 21.6 万元。

【例 10-17】 2022 年 12 月 31 日,甲公司"递延所得税资产"账户的借方余额为 56.25 万元。2022 年 12 月 31 日,甲公司资产负债表中"递延所得税资产"项目"期末余额"栏的列报金额为 56.25 万元。

(二) 负债项目的填列说明

负债项目的填列说明如表 10-4 所示。

表 10-4 负债项目的填列说明

项目	填列说明
短期借款	本项目应根据"短期借款"账户的期末余额填列
交易性金融负债	本项目应根据"交易性金融负债"账户的相关明细账户期末余额填列
应付票据	本项目应根据"应付票据"账户的期末余额填列
应付账款	本项目应根据"应付账款"账户和"预付账款"账户所属各明细账户的期末贷方余额合计数填列
预收款项	本项目应根据"预收账款"账户和"应收账款"账户所属各明细账户的期末贷方余额合计数填列
合同负债	本项目应根据"合同负债"账户的相关明细账户期末余额分析填列
应付职工薪酬	本项目应根据"应付职工薪酬"账户所属各明细账户的期末贷方余额分析填列

(续表)

项目	填列说明
应交税费	本项目应根据"应交税费"账户的期末贷方余额填列。需要说明的是,"应交税费"账户下的"应交增值税""未交增值税""待抵扣进项税额""待认证进项税额""增值税留抵税额"等明细账户期末借方余额应根据情况,在资产负债表中的"其他流动资产"或"其他非流动资产"项目列示;"应交税费——待转销项税额"等账户期末贷方余额应根据情况,在资产负债表中的"其他流动负债"或"其他非流动负债"项目列示;"应交税费"账户下的"未交增值税""简易计税""转让金融商品应交增值税""代扣代交增值税"等明细账户期末贷方余额应在资产负债表中的"应交税费"项目列示
其他应付款	本项目应根据"应付利息""应付股利""其他应付款"等账户的期末余额合计数填列。其中,"应付利息"账户仅反映相关金融工具已到期应支付但于资产负债表日尚未支付的利息。基于实际利率法计提的金融工具的利息应包含在相应金融工具的账面余额中
持有待售负债	本项目应根据"持有待售负债"账户的期末余额填列
一年内到期的非流动负债	本项目反映企业非流动负债中将于资产负债表日后1年内到期部分的金额,如将于1年内偿还的长期借款。本项目应根据有关账户的期末余额填列
其他流动负债	本项目应根据有关账户的期末余额填列
长期借款	本项目应根据"长期借款"账户余额扣除"长期借款"账户所属的明细账户中将在资产负债表日起1年内到期且企业不能自主地将清偿义务展期的长期借款后的金额计算填列
应付债券	本项目应根据"应付债券"账户的期末余额分析填列。对于资产负债表日企业发行的金融工具,分类为金融负债的,应在本项目填列,对于优先股和永续债还应在本项目下的"优先股"项目和"永续债"项目分别填列
租赁负债	本项目应根据"租赁负债"账户的期末余额填列。自资产负债表日起1年内到期应予以清偿的租赁负债的期末账面价值,在"一年内到期的非流动负债"项目反映
长期应付款	本项目应根据"长期应付款"账户的期末余额,减去相关的"未确认融资费用"账户的期末余额后的金额,以及"专项应付款"账户的期末余额填列
预计负债	本项目应根据"预计负债"账户的期末余额填列
递延收益	本项目应根据"递延收益"账户的期末余额填列。本项目中摊销期限只剩1年或不足1年的,或预计在1年内(含1年)进行摊销的部分,不得归类为流动负债,仍在本项目中填列,不转入"一年内到期的非流动负债"项目
递延所得税负债	本项目应根据"递延所得税负债"账户的期末余额填列
其他非流动负债	本项目应根据有关账户期末余额减去将于1年内(含1年)到期偿还后的余额填列

【例10-18】 2022年12月31日,甲公司"短期借款"账户的余额如下:银行质押借款余额为310万元、信用借款余额为40万元。2022年12月31日,甲公司资产负债表中"短期借款"项目"期末余额"栏的列报金额为350万元(310+40)。

【例10-19】 2022年12月31日,甲公司"应付票据"账户的贷方余额为:125万元的银行承兑汇票、110万元的商业承兑汇票。2022年12月31日,甲公司资产负债表中"应付票据"项目"期末余额"栏的列报金额为235万元(125+110)。

【例10-20】 2022年12月31日,甲公司"应付账款"账户贷方余额为941.85万元。2022年12月31日,甲公司资产负债表中"应付账款"项目"期末余额"栏的列报金额为941.85万元。

【例10-21】 2022年12月31日,甲公司"预收账款"账户贷方余额为230万元。2022年12月31日,甲公司资产负债表中"预收款项"项目"期末余额"栏的列报金额为230万元。

【例10-22】 2022年12月31日,甲公司"应付职工薪酬"账户明细项目为:工资70万元、社会保险费(含医疗保险、工伤保险)4.1万元、设定提存计划(含基本养老保险费)2.5万元、住房公积金2万元、工会经费1.4万元。2022年12月31日,甲公司资产负债表中"应付职工薪酬"项目"期末余额"栏的列报金额为80万元(70+4.1+2.5+2+1.4)。

【例10-23】 2022年12月31日,甲公司"应交税费"账户贷方期末余额为450万元。2022年12月31日,甲公司资产负债表中"应交税费"项目"期末余额"栏的列报金额为450万元。

【例10-24】 2022年12月31日,甲公司"应付利息"账户贷方期末余额为5万元,"应付股利"账户贷方期末余额为250万元,"其他应付款"账户贷方期末余额为55万元。2022年12月31日,甲公司资产负债表中"其他应付款"项目"期末余额"栏的列报金额为310万元(5+250+55)。

【例10-25】 2022年12月31日,甲公司"长期借款"账户余额为440万元(12月末借入)。2022年12月31日,甲公司资产负债表中"长期借款"项目"期末余额"栏的列报金额为440万元。

【例10-26】 2022年12月31日,甲公司"租赁负债"账户余额为230万元,其中,"租赁负债——未确认融资费用"账户借方余额为70万元,"租赁负债——租赁付款额"账户贷方余额为300万元。2022年12月31日,甲公司资产负债表中"租赁负债"项目"期末余额"栏的列报金额为230万元。

【例10-27】 2022年12月31日,甲公司"递延所得税负债"账户余额为30万元。2022年12月31日,甲公司资产负债表中"递延所得税负债"项目"期末余额"栏的列报金额为30万元。

承[例10-25],假设甲公司存在1年内到期且公司不能自主地将清偿义务展期的长期借款40万元,则2022年12月31日,甲公司资产负债表中"长期借款"项目"期末余额"栏的列报金额应为多少万元?

(三)所有者权益项目的填列说明

所有者权益项目的填列说明如表10-5所示。

表10-5 所有者权益项目的填列说明

项目	填列说明
实收资本(或股本)	本项目应根据"实收资本(或股本)"账户的期末余额填列
其他权益工具	本项目反映资产负债表日企业发行在外的普通股以外分类为权益工具的金融工具的期末账面价值,并下设"优先股"和"永续债"两个项目,分别反映企业发行的分类为权益工具的优先股和永续债的账面价值
资本公积	本项目应根据"资本公积"账户的期末余额填列
其他综合收益	本项目应根据"其他综合收益"账户的期末余额填列
专项储备	本项目反映高危行业企业按国家规定提取的安全生产费的期末账面价值。本项目应根据"专项储备"账户的期末余额填列

(续表)

项目	填列说明
盈余公积	本项目应根据"盈余公积"账户的期末余额填列
未分配利润	本项目应根据"本年利润"账户和"利润分配"账户的余额计算填列。未弥补的亏损在本项目以"—"号填列

【例 10-28】 甲公司是由 A 公司于 2019 年 3 月 1 日注册成立的有限责任公司,注册资本为人民币 2 000 万元,A 公司以货币资金 2 000 万元出资,持有甲公司 100% 的权益。上述实收资本已于 2019 年 3 月 1 日经相关会计师事务所出具的验资报告验证。2022 年 12 月 10 日,甲公司重新办理了公司注册手续,注册资本由 2 000 万元变更为 5 000 万元。2022 年 12 月 10 日,A 公司与 B 公司和 C 公司根据之前签订的对甲公司的投资协议分别办理了投入资本和相关资产交接过户手续。其中:A 公司增加投入资本人民币 500 万元,拥有甲公司 50% 的股权份额;B 公司投资 4 300 万元,其中投资转入整套设备及生产线的公允价值为 1 308 万元(包括单独计价的在建工程 108 万元),增值税专用发票上注明的税款为 170.04 万元,其余 2 821.96 万元投入现金资产,拥有甲公司 35% 的股权份额为 1 750 万元;C 公司投资转入投资性房地产的公允价值为 1 200 万元,增值税专用发票注明的税款为 108 万元(由甲公司支付),拥有甲公司 15% 的股权份额为 750 万元。2022 年 12 月 31 日,甲公司资产负债表中"实收资本(或股本)"项目"期末余额"栏的列报金额为 5 000 万元。

【例 10-29】 2022 年 12 月 31 日,甲公司"资本公积"账户的期末余额为 3 600 万元。2022 年 12 月 31 日,甲公司资产负债表中"资本公积"项目"期末余额"栏的列报金额为 3 600 万元。

【例 10-30】 2022 年 12 月 31 日,甲公司"盈余公积"账户的期末余额为 213 万元。2022 年 12 月 31 日,甲公司资产负债表中"盈余公积"项目"期末余额"栏的列报金额为 213 万元。

【例 10-31】 2022 年 12 月 31 日,甲公司"利润分配——未分配利润"账户的期末贷方余额为 829 万元。2022 年 12 月 31 日,甲公司资产负债表中"未分配利润"项目"期末余额"栏的列报金额为 829 万元。

【例 10-32】 承[例 10-1]至[例 10-31],甲公司编制的 2022 年 12 月 31 日的资产负债表如表 10-6 所示。

表 10-6　　　　　　　　　　　　　　资产负债表　　　　　　　　　　　　　　会企 01 表
编制单位:甲公司　　　　　　　　　　2022 年 12 月 31 日　　　　　　　　　　　单位:元

资产	期末余额	上年年末余额	负债和所有者权益(或股东权益)	期末余额	上年年末余额
流动资产:			流动负债:		
货币资金	2 000 000	5 000 000	短期借款	3 500 000	
交易性金融资产	12 000 000		交易性金融负债		
衍生金融资产			衍生金融负债		
应收票据	2 890 000	1 500 000	应付票据	2 350 000	
应收账款	9 660 000	5 600 000	应付账款	9 418 500	5 370 000
应收款项融资			预收款项	2 300 000	1 200 000

(续表)

资产	期末余额	上年年末余额	负债和所有者权益（或股东权益）	期末余额	上年年末余额
预付款项	2 000 000	1 000 000	合同负债		
其他应收款	400 000	300 000	应付职工薪酬	800 000	445 000
存货	12 750 000	4 900 000	应交税费	4 500 000	185 000
合同资产			其他应付款	3 100 000	
持有待售资产	3 150 000		持有待售负债		
一年内到期的非流动资产			一年内到期的非流动负债		
其他流动资产			其他流动负债		
流动资产合计	44 850 000	18 300 000	流动负债合计	25 968 500	7 200 000
非流动资产：			非流动负债：		
债权投资	5 000 000		长期借款	4 400 000	
其他债权投资			应付债券		
长期应收款			其中：优先股		
长期股权投资	36 000 000		永续债		
其他权益工具投资			租赁负债	2 300 000	
其他非流动金融资产			长期应付款		
投资性房地产	12 000 000		预计负债		
固定资产	18 820 000	9 280 000	递延收益		
在建工程	1 180 000		递延所得税负债	300 000	
生产性生物资产			其他非流动负债		
油气资产			非流动负债合计	7 000 000	
使用权资产	2 300 000		负债合计	32 968 500	7 200 000
无形资产	5 460 000	6 240 000	所有者权益（或股东权益）：		
开发支出	3 000 000		实收资本（或股本）	500 000	20 000 000
商誉			其他权益工具		
长期待摊费用	216 000		其中：优先股		
递延所得税资产	562 500	500 000	永续债		
其他非流动资产			资本公积	36 000 000	6 000 000
非流动资产合计	84 538 500	16 020 000	减：库存股		
			其他综合收益		
			专项储备		
			盈余公积	2 130 000	360 000
			未分配利润	8 290 000	760 000
			所有者权益（或股东权益）合计	96 420 000	27 120 000
资产总计	129 388 500	34 320 000	负债和所有者权益（或股东权益）总计	129 388 500	34 320 000

考一考

（单项选择题）下列资产负债表项目中，属于汇总列报的是（　　）。
  A. 其他应付款　　　　　　　　　　B. 应付账款
  C. 长期借款　　　　　　　　　　　D. 资本公积
【正确答案】　A
【答案解析】　依据重要性原则，性质或功能相同或相近的应付利息、应付股利和其他应付款等应汇总列入"其他应付款"项目。

考一考

（单项选择题）2022年年末，A公司"库存商品"账户的余额为200万元，"发出商品"账户的余额为20万元，"原材料"账户的余额为90万元，"材料成本差异"账户的借方余额为15万元，"存货跌价准备"账户的余额为20万元，"制造费用"账户的余额为25万元，"委托代销商品"账户的余额为240万元，"工程物资"账户的余额为30万元，假定不考虑其他因素。2022年年末，A公司资产负债表中"存货"项目的填列金额为（　　）万元。
  A. 590　　　　　B. 570　　　　　C. 555　　　　　D. 535
【正确答案】　B
【答案解析】　"存货"项目的填列金额＝200＋20＋90＋15－20＋25＋240＝570（万元）。

考一考

（单项选择题）2022年12月31日，A公司结账后的"长期股权投资"账户所属各明细账户余额（借方）如下：投资成本1 000 000元，损益调整600 000元，其他综合收益300 000元，其他权益变动150 000元，"长期股权投资减值准备"（贷方）189 000元。2022年年末，A公司资产负债表中"长期股权投资"项目的填列金额为（　　）元。
  A. 1 789 000　　　B. 1 711 000　　　C. 1 672 000　　　D. 1 861 000
【正确答案】　D
【答案解析】　"长期股权投资"总账账户的期末余额为各个明细账户余额之和。"长期股权投资"项目的填列金额为1 861 000元（1 000 000＋600 000＋300 000＋150 000－189 000）。

考一考

（单项选择题）2022年12月1日，B公司购入原材料一批，价款为400 000元，增值税税额为68 000元，款项已付，材料已验收入库。当月根据实现的产品销售收入计算的增值税销项税额为180 000元，该月应交的消费税16 000元，尚未支付，没有其他未支付的税费。2022年年末，B公司资产负债表中"应交税费"项目的填列金额为（　　）元。
  A. 128 000　　　B. 84 000　　　C. 196 000　　　D. 264 000
【正确答案】　A
【答案解析】　本月应交的增值税＝增值税销项税额－可抵扣进项税额＝180 000－

68 000＝112 000(元)，本月应交的消费税＝16 000(元)，2022年年末资产负债表中"应交税费"项目的期末余额＝112 000＋16 000＝128 000(元)。

任务 10.3　利润表

活动 10.3.1　利润表概述

一、利润表的概念

利润表又称损益表，是指反映企业在一定会计期间的经营成果的报表。它是在会计凭证、会计账簿等会计资料的基础上进一步确认企业一定会计期间经营成果的结构性表述，综合反映企业利润的实现过程和利润的来源及构成情况，是对企业一定会计期间经营业绩的系统总结。

二、利润表的作用

利润表的主要作用是：①有助于使用者分析判断企业净利润的质量及其风险，评价企业经营管理效率。②有助于使用者预测企业净利润的持续性，从而作出正确的决策。

三、利润表的结构

利润表的列报结构一般有单步式和多步式两种。

单步式利润表是指将本期的所有收入和所有费用分别加以汇总，用收入合计减去费用合计得出本期利润的利润表。单步式利润表编制简单，收入、费用归类清楚，但收入、费用的性质不加区分，不利于报表分析。

多步式利润表是指将收入、费用按同类属性进行分类，通过多步计算，得出营业利润的利润表、利润总额和净利润的利润表。多步式利润表便于企业生产经营活动分析、不同企业间盈利的分析比较、企业今后盈利能力的预测等。目前，我国企业的利润表采用多步式的结构，如表10-7所示。

表 10-7　　　　　　　　　　　利润表　　　　　　　　　　　会企02表
编制单位：　　　　　　　　　　　年　月　　　　　　　　　　　单位：元

项　目	本期金额	上期金额
一、营业收入		
减：营业成本		
税金及附加		
销售费用		
管理费用		
研发费用		
财务费用		

(续表)

项 目	本期金额	上期金额
其中：利息费用		
利息收入		
加：其他收益		
投资收益（损失以"－"号填列）		
其中：对联营企业和合营企业的投资收益		
以摊余成本计量的金融资产终止确认收益（损失以"－"号填列）		
净敞口套期收益（损失以"－"号填列）		
公允价值变动收益（损失以"－"号填列）		
资产减值损失（损失以"－"号列）		
信用减值损失（损失以"－"号填列）		
资产处置收益（损失以"－"号填列）		
二、营业利润（亏损以"－"号填列）		
加：营业外收入		
减：营业外支出		
三、利润总额（亏损总额以"－"号填列）		
减：所得税费用		
四、净利润（净亏损以"－"号填列）		
（一）持续经营净利润（净亏损以"－"号填列）		
（二）终止经营净利润（净亏损以"－"号填列）		
五、其他综合收益的税后净额		
（一）不能重分类进损益的其他综合收益		
1. 重新计量设定受益计划变动额		
2. 权益法下不能转损益的其他综合收益		
3. 其他权益工具投资公允价值变动		
4. 企业自身信用风险公允价值变动		
（二）将重分类进损益的其他综合收益		
1. 权益法下可转损益的其他综合收益		
2. 其他债权投资公允价值变动		
3. 金融资产重分类计入其他综合收益的金额		
4. 其他债权投资信用减值准备		
5. 现金流量套期储备		
6. 外币财务报表折算差额		
六、综合收益总额		
七、每股收益：		
（一）基本每股收益		
（二）稀释每股收益		

活动 10.3.2　利润表的编制

一、利润表的编制步骤

利润表的具体编制步骤及其计算公式如下。

（一）以营业收入为基础计算营业利润

营业利润＝营业收入－营业成本－税金及附加－销售费用－管理费用－研发费用－
财务费用＋其他收益＋投资收益（－损失）＋净敞口套期收益（－损失）＋
公允价值变动收益（－损失）＋资产减值损失（－损失）＋信用减值损失（－损失）＋
资产处置收益（－损失）

（二）以营业利润为基础计算利润总额

利润总额＝营业利润＋营业外收入－营业外支出

（三）以利润总额为基础计算净利润

净利润＝利润总额－所得税费用

（四）列示其他综合收益的税收净额

其他综合收益的税后净额具体分为"不能重分类进损益的其他综合收益项目"和"将重分类进损益的其他综合收益项目"两类，并以扣除所得税影响后的净额列报。

（五）计算综合收益总额

综合收益总额＝净利润＋其他综合收益税后净额

综合收益是指企业在某一期间与所有者以其所有者身份进行的交易以外的其他交易或事项所引起的所有者权益变动。

（六）列示每股收益

普通股或潜在普通股已公开交易的企业，以及正处于公开发行普通股或潜在普通股过程中的企业，还应当在利润表中列示每股收益信息（包括基本每股收益和稀释每股收益）。

考一考

（多项选择题）下列各项中，影响当期利润表"营业利润"项目金额的有（　　）。
A. 转让专利所有权取得的净收益　　　B. 出租机器设备取得的净收益
C. 出售原材料取得的净收益　　　　　D. 支付税收滞纳金

【正确答案】　BC
【答案解析】　选项 A 计入营业外收入；选项 D 计入营业外支出，两者均影响"利润总额"项目。选项 BC 均计入其他业务收入，影响"营业利润"项目。

考一考

（多项选择题）下列各项中，应列入利润表"其他综合收益的税后净额"项目的有（　　）。

A. 交易性金融资产公允价值变动损益
B. 公允价值模式计量的投资性房地产期末公允价值与账面价值的差额
C. 其他债权投资公允价值变动收益
D. 权益法下被投资单位当期实现其他综合收益中享有的份额

【正确答案】 CD
【答案解析】 选项AB计入公允价值变动损益,不影响"其他综合收益的税后净额"项目。

二、利润表各项目的填列方法

(一) 利润表"上期金额"栏各项目的填列方法

"上期金额"栏内各项数字,应根据上年该期利润表的"本期金额"栏内所列数字填列。

(二) 利润表"本期金额"栏各项目的填列方法

"本期金额"栏内各期数字,除了"基本每股收益"项目和"稀释每股收益"项目,应当按照相关账户的发生额分析填列。

三、利润表各项目的填列说明

利润表各项目的填列说明如表10-8所示。

表10-8　　　　　　　　　利润表各项目的填列说明

项目	填列说明
营业收入	本项目应根据"主营业务收入"账户和"其他业务收入"账户的发生额分析填列
营业成本	本项目应根据"主营业务成本"账户和"其他业务成本"账户的发生额分析填列
税金及附加	本项目应根据"税金及附加"账户的发生额分析填列
销售费用	本项目应根据"销售费用"账户的发生额分析填列
管理费用	本项目应根据"管理费用"账户的发生额分析填列
财务费用	本项目反映企业筹集生产经营所需资金等而发生的筹资费用。本项目应根据"财务费用"账户的发生额分析填列
资产减值损失	本项目应根据"资产减值损失"账户发生额分析填列
公允价值变动收益	本项目应根据"公允价值变动损益"账户的发生额分析填列。如为净损失,本项目以"－"号填列
投资收益	本项目应根据"投资收益"账户的发生额分析填列。如为投资损失,本项目以"－"号填列
营业利润	本项目反映企业实现的营业利润。如为亏损,本项目以"－"号填列
营业外收入	本项目应根据"营业外收入"账户的发生额分析填列
营业外支出	本项目应根据"营业外支出"账户的发生额分析填列
利润总额	本项目反映企业实现的利润。如为亏损,本项目以"－"号填列
所得税费用	本项目应根据"所得税费用"账户的发生额分析填列
净利润	本项目反映企业实现的净利润。如为亏损,本项目以"－"号填列
每股收益	本项目包括基本每股收益和稀释每股收益两项指标,反映普通股或潜在普通股已公开交易的企业,以及正在公开发行普通股或潜在普通股过程中的企业的每股收益信息
其他综合收益的税后净额	反映企业根据企业会计准则规定未在损益中确认的各项利得和损失扣除所得税影响后的净额
综合收益总额	反映企业净利润与其他综合收益的合计金额

【例10-33】 甲公司是从事生产和销售家用电器产品的一家制造业企业,为一般纳税人。2022年度,甲公司"主营业务收入"账户发生额合计6 000万元,"其他业务收入"账户发生额合计120万元。2022年度,甲公司利润表中"营业收入"项目"本期金额"栏的列报金额为6 120万元(6 000+120)。

【例10-34】 甲公司2022年度"主营业务成本"账户发生额合计3 600万元,"其他业务成本"账户发生额合计80万元。2022年度,甲公司利润表中"营业成本"项目"本期金额"栏的列报金额为3 680万元(3 600+80)。

【例10-35】 甲公司2022年度"税金及附加"账户的发生额如下:城市维护建设税合计5万元,教育费附加合计3万元,房产税合计40万元,城镇土地使用税合计2万元。2022年度,甲公司利润表中"税金及附加"项目"本期金额"栏的列报金额为50万元(5+3+40+2)。

【例10-36】 甲公司2022年度"销售费用"账户的发生额合计数为120万元。2022年度,甲公司利润表中"销售费用"项目"本期金额"栏的列报金额为120万元。

【例10-37】 甲公司2022年度"管理费用"账户发生额合计数为780万元,其中"研发费用"明细账户发生额为300万元。2022年度,甲公司利润表中"管理费用"项目"本期金额"栏的列报金额为480万元。

【例10-38】 甲公司2022年度计入当期损益的研发费用合计数为300万元。2022年度,甲公司利润表中"研发费用"项目"本期金额"栏的列报金额为300万元。

【例10-39】 甲公司2022年度"财务费用"账户的发生额如下所示:银行借款利息费用合计17.5万元,银行存款利息收入合计25万元,银行手续费等支出合计82.5万元。2022年度,甲公司利润表中"财务费用"项目"本期金额"栏的列报金额为75万元(17.5+82.5-25)。

【例10-40】 甲公司2022年度"投资收益"账户的发生额合计为120万元。2022年度,甲公司利润表中投资收益项目"本期金额"栏的列报金额为120万元。

【例10-41】 甲公司2022年度"信用减值损失"账户的发生额合计为28万元。2022年度,甲公司利润表中"信用减值损失"项目"本期金额"栏的列报金额为28万元。

【例10-42】 甲公司2022年度"资产减值损失"账户的发生额为固定资产减值损失合计30万元。2022年度,甲公司利润表中"资产减值损失"项目"本期金额"栏的列报金额为30万元。

【例10-43】 甲公司2022年度"营业外收入"账户的发生额为固定资产报废清理净收益53万元。2022年度,甲公司利润表中"营业外收入"项目"本期金额"栏的列报金额为53万元。

【例10-44】 甲公司2022年度"所得税费用"账户的发生额合计350万元。2022年度,甲公司利润表中"所得税费用"项目"本期金额"栏的列报金额为350万元。

【例10-45】 根据[例10-33]至[例10-44],甲公司编制的2022年度利润表如表10-9所示。

表10-9　　　　　　　　　　　　　利润表　　　　　　　　　　　　会企02表

编制单位:甲公司　　　　　　　　　2022年12月31日　　　　　　　　　单位:元

项目	本期金额	上期金额
一、营业收入	61 200 000	(略)
减:营业成本	36 800 000	
税金及附加	500 000	

(续表)

项　　目	本期金额	上期金额
销售费用	1 200 000	
管理费用	4 800 000	
研发费用	3 000 000	
财务费用	750 000	
其中：利息费用	175 000	
利息收入	250 000	
加：其他收益		
投资收益（损失以"－"号填列）	1 200 000	
其中：对联营企业和合营企业的投资收益		
以摊余成本计量的金融资产终止确认收益（损失以"－"填列）		
净敞口套期收益（损失以"－"号填列）		
公允价值变动收益（损失以"－"号填列）		
资产减值损失（损失以"－"号列）	－300 000	
信用减值损失（损失以"－"号填列）	－280 000	
资产处置收益（损失以"－"号填列）		
二、营业利润（亏损以"－"号填列）	14 770 000	
加：营业外收入	530 000	
减：营业外支出		
三、利润总额（亏损总额以"－"号填列）	15 300 000	
减：所得税费用	3 500 000	
四、净利润（净亏损以"－"号填列）	11 800 000	
（一）持续经营净利润（净亏损以"－"号填列）	11 800 000	
（二）终止经营净利润（净亏损以"－"号填列）		
五、其他综合收益的税后净额		
（一）不能重分类进损益的其他综合收益		
1. 重新计量设定受益计划变动额		
2. 权益法下不能转损益的其他综合收益		
3. 其他权益工具投资公允价值变动		
4. 企业自身信用风险公允价值变动		
（二）将重分类进损益的其他综合收益		
1. 权益法下可转损益的其他综合收益		
2. 其他债权投资公允价值变动		
3. 金融资产重分类计入其他综合收益的金额		
4. 其他债权投资信用减值准备		
5. 现金流量套期储备		

(续表)

项　　目	本期金额	上期金额
6. 外币财务报表折算差额		
六、综合收益总额	11 800 000	
七、每股收益：		
（一）基本每股收益		
（二）稀释每股收益		

（单项选择题）2022年11月，某企业确认短期借款利息8.2万元（不考虑增值税），收到银行活期存款利息收入1.5万元，开具银行承兑汇票支付手续费0.5万元（不考虑增值税）。不考虑其他因素。2022年11月，该企业利润表中"财务费用"项目的本期金额为（　　）万元。

A. 6.7　　　　　　　B. 6.2　　　　　　　C. 8.7　　　　　　　D. 7.2

【正确答案】　D

【答案解析】　利润表中的"财务费用"项目的本期金额＝8.2－1.5＋0.5＝7.2（万元）。

（单项选择题）下列各项中，不属于企业利润表项目的是（　　）。

A. "综合收益总额"　　　　　　　　B. "未分配利润"

C. "每股收益"　　　　　　　　　　D. "公允价值变动收益"

【正确答案】　B

【答案解析】　未分配利润属于资产负债表中的所有者权益项目。

任务10.4　现金流量表

活动10.4.1　现金流量表概述

一、现金流量表的相关概念

（一）现金

现金是指企业库存现金以及可以随时用于支付的存款。它包括库存现金、银行存款和其他货币资金（如外埠存款、银行汇票存款、银行本票存款等）。不能随时用于支付的存款不属于现金。

（二）现金等价物

现金等价物是指企业持有的期限短、流动性强、易于转换为已知金额现金、价值变动风险很小的投资。期限短一般是指从购买日起3个月内到期。现金等价物,通常包括3个月内到期的债券投资等。权益性投资变现的金额通常不确定,因而不属于现金等价物。企业应当根据具体情况确定现金等价物的范围,范围一经确定不得随意变更。

(三) 现金流量

现金流量也称现金流,是指企业现金和现金等价物的流入和流出。企业的现金流量产生于不同的来源,也有不同的用途,如企业销售商品、提供劳务收回现金,向银行借款收到现金等为现金流入,为生产产品购买原材料支付现金,用现金支付职工工资等为现金流出。企业从银行提取现金、用现金购买短期到期的国债等现金和现金等价物之间的转换不属于现金流量。现金流入与流出的差额为现金净流量,如果是正数,则为净流入,如果是负数,则为净流出。

(四) 现金流量表

现金流量表是指以收付实现制为基础编制的财务状况变动表。它反映企业一定期间经营活动、投资活动、筹资活动过程中产生的现金流入和现金流出情况的会计报表,表明企业获得现金和现金等价物的能力。

从银行开出银行汇票和银行本票会产生现金流吗?

二、现金流量表的作用

现金流量表的作用主要体现在以下几个方面:
(1) 提供企业现金流量信息,有助于企业对财务状况作出客观评价。
(2) 有助于企业对支付能力、偿债能力等进行正确判断。
(3) 有助于企业评估报告期内与现金有关或无关的投资和筹资活动。
(4) 有助于企业预测未来的发展情况。

三、现金流量的影响因素

影响现金流量的因素主要是企业日常经营业务,但不是所有的经营业务都会影响现金流量。有关影响现金流量的情况分析如下:
(1) 现金各项目之间的增减变动,不影响现金流量的增减变动,如银行提取现金。
(2) 非现金各项目之间的增减变动,也不影响现金流量的增减变动,如生产产品领用材料。
(3) 现金各项目与非现金各项目之间的增减变动,会影响现金流量的增减变动,如销售商品收到现金。

四、现金流量的分类

(一) 经营活动产生的现金流量

经营活动是指企业投资活动和筹资活动以外的所有交易和事项。它主要包括销售商品、提供劳务、购买商品、接受劳务、支付税费等。

现金流入项目主要有:销售商品、提供劳务收到的现金,收到的税费返还,收到其他与经营活动有关的现金。

现金流出项目主要有：购买商品、接受劳务支付的现金，支付给职工以及为职工支付的现金，支付的各项税费，支付其他与经营活动有关的现金。

(二) 投资活动产生的现金流量

投资活动是指企业长期资产的购建和不包括在现金等价物范围内的投资及其处置活动。

现金流入项目主要有：收回投资收到的现金，取得投资收益收到的现金，处置固定资产、无形资产和其他长期资产收回的现金净额，处置子公司及其他营业单位收到的现金净额，收到其他与投资活动有关的现金。

现金流出项目主要有：购建固定资产、无形资产和其他长期资产支付的现金，投资支付的现金，取得子公司及其他营业单位支付的现金净额，支付其他与投资活动有关的现金。

(三) 筹资活动产生的现金流量

筹资活动是指导致企业资本及债务规模和构成发生变化的活动。

现金流入项目主要有：吸收投资收到的现金，取得借款收到的现金，收到其他与筹资活动有关的现金。

现金流出项目主要有：偿还债务支付的现金，分配股利、利润或偿付利息支付的现金，支付其他与筹资活动有关的现金。

(多项选择题)下列各项中，属于筹资活动产生的现金流入的项目有(　　)。
A. 吸收投资收到的现金　　　　　　B. 取得借款收到的现金
C. 偿还债务支付的现金　　　　　　D. 分配股利支付的现金
【正确答案】　AB
【答案解析】　选项AB，属于筹资活动现金流入项目；选项CD，属于筹资活动现金流出项目。

(单项选择题)下列业务中，不影响现金流量的是(　　)。
A. 计提坏账准备　　　　　　　　　B. 预付购货款
C. 发行股票　　　　　　　　　　　D. 接受现金捐赠
【正确答案】　A
【答案解析】　选项A，企业计提坏账准备时，应借记"资产减值损失"账户，贷记"坏账准备"账户，不影响现金流量。

五、现金流量表的结构

现金流量表的结构由现金流量表正表和现金流量表补充资料两部分构成。

(一) 现金流量表正表

现金流量表正表采用报告式的结构，分类反映经营活动产生的现金流量、投资活动产生的现金流量和筹资活动产生的现金流量，最后汇总反映企业现金及现金等价物净增加额。

(二) 现金流量表补充资料

现金流量表补充资料包括以下三部分内容：

(1) 将净利润调节为经营活动的现金流量(间接法编制经营活动的现金流量)。

(2) 不涉及现金收支的投资和筹资活动。

(3) 现金及现金等价物净增加情况。

我国企业现金流量表采用报告式结构,具体如表 10-10 所示。

表 10-10　　　　　　　　　　　现金流量表　　　　　　　　　　会企 03 表

编制单位:　　　　　　　　　　　年　月　　　　　　　　　　　　单位:元

项　目	本期金额	上期金额
一、经营活动产生的现金流量:		
销售商品、提供劳务收到的现金		
收到的税费返还		
收到其他与经营活动有关的现金		
经营活动现金流入小计		
购买商品、接收劳务支付的现金		
支付给职工以及为职工支付的现金		
支付的各项税费		
支付其他与经营活动有关的现金		
经营活动现金流出小计		
经营活动产生的现金流量净额		
二、投资活动产生的现金流量:		
收回投资收到的现金		
取得投资收益收到的现金		
处置固定资产、无形资产和其他长期资产收回的现金净额		
处置子公司及其他营业单位收回的现金净额		
收到其他与投资活动有关的现金		
投资活动现金流入小计		
购建固定资产、无形资产和其他长期资产支付的现金		
投资支付的现金		
取得子公司及其他营业单位支付的现金净额		
支付其他与投资活动有关的现金		
投资活动现金流出小计		
投资活动产生的现金流量净额		
三、筹资活动产生的现金流量:		
吸收投资收到的现金		
取得借款收到的现金		
收到其他与筹资活动有关的现金		
筹资活动现金流入小计		
偿还债务支付的现金		

(续表)

项　　目	本期金额	上期金额
分配股利、利润或偿付利息支付的现金		
支付其他与筹资活动有关的现金		
筹资活动现金流出小计		
筹资活动产生的现金流量净额		
四、汇率变动对现金及现金等价物的影响		
五、现金及现金等价物净增加额		
加：期初现金及现金等价物余额		
六、期末现金及现金等价物余额		

活动 10.4.2　现金流量表的编制

一、现金流量表的编制依据

现金流量表编制的主要依据是资产负债表、利润表及有关账户的记录资料等。企业编制的资产负债表、利润表及有关账户的记录资料反映的会计信息都是按照权责发生制基础记录和报告的,而现金流量表要求按收付实现制反映报告期的现金流量信息。编制现金流量表的过程就是将权责发生制下的会计信息转换为按收付实现制表示的现金流量信息的过程。

二、现金流量表的编制方法

本教材以经营活动现金流量的编制方法为例进行介绍。经营活动现金流量的编制方法有直接法和间接法。这两种方法通常也是编制现金流量表的方法。我国对投资活动和筹资活动这两部分现金流量的编制均采用直接法。

(一) 直接法

1. 概念

直接法是指通过现金收入和现金支出的主要类别直接反映企业经营活动的现金流量的方法。直接法一般以利润表中营业收入为起点,先调整与经营活动有关的项目的增减变动,然后计算出经营活动的现金流量。

企业采用直接法编制现金流量表时,可以采用工作底稿法或 T 形账户法,也可以根据有关账户记录分析填列。本教材主要介绍工作底稿法。采用工作底稿法编制现金流量表,就是以工作底稿为手段,以利润表和资产负债表数据为基础,结合有关的账簿资料(主要是有关的明细资料和备查账簿),对利润表项目和资产负债表项目逐一进行分析,并编制调整分录,进而编制出现金流量表。

2. 编制步骤

采用工作底稿法编制现金流量表的基本程序通常分为以下五个步骤：

第一步,将资产负债表各项目的期初数、期末数分别过入工作底稿的期初数栏和期末数栏。

第二步,对当期业务进行分析并编制调整分录。

第三步,将调整分录过入工作底稿中的相应项目。

第四步,核对调整分录,借、贷方合计金额应当相等,资产负债表各项目的上年年末余额加、减调整分录中的借贷金额后,应等于期末余额。

第五步,根据工作底稿中的现金流量表部分编制正式的现金流量表。

(二) 间接法

1. 概念

间接法是以本期净利润为起算点,调整不涉及现金的收入、费用、营业外收支等有关项目的增减变动,据此计算出经营活动的现金流量。

2. 调整项目

采用间接法编制现金流量表需调整以下项目:

(1) 实际没有支付现金的费用。

(2) 实际没有收到现金的收益。

(3) 不属于经营活动的损益。

(4) 与经营活动有关的经营性应收、应付项目的增减变动。

三、现金流量表正表主要项目填列说明

(一) 经营活动产生的现金流量

经营活动产生的现金流量项目填列说明如表 10-11 所示。

表 10-11　　　　　　　　经营活动产生的现金流量项目填列说明

	项目	填列说明
流入	销售商品、提供劳务收到的现金	本项目反映企业本期销售商品、提供劳务实际收到的现金,以及前期销售商品、提供劳务本期收到的现金(包括应向购买者收取的增值税销项税额)和本期预收的款项,减去销售退回支付的现金
	收到的税费返还	本项目反映企业收到返还的各种税费,包括收到的增值税、所得税、消费税、关税、教育费附加等各种税费的返还款
	收到其他与经营活动有关的现金	本项目反映企业其他与经营活动有关的现金流入,包括补贴收入、与经营活动有关的罚款收入、经营租赁收到的租金、出租和出借包装物未退还的押金收入、流动资产损失中由个人赔偿的现金收入、实际收到的违约金收入等
流出	购买商品、接受劳务支付的现金	本项目反映企业购买商品、接受劳务实际支付的现金(包括增值税进项税额),以及本期支付前期购买商品、接受劳务的未付款项和本期预付款项,减去本期发生的购货退回收到的现金
	支付给职工以及为职工支付的现金	本项目反映企业以现金方式支付给职工的工资和为职工支付的其他现金,包括缴纳养老、失业等社会保险基金、补充养老保险、住房公积金、住房困难补助、商业保险金、其他福利费用等
	支付的各项税费	本项目反映企业发生并支付、前期发生本期支付及预交的各项税费,税费种类包括所得税、增值税、消费税、印花税、房产税、土地增值税、车船税、教育费附加等
	支付其他与经营活动有关的现金	本项目反映企业上述各项目以外的,支付的其他与经营活动有关的现金流出,包括罚款支出、支付的差旅费、经营租赁的租金、业务招待费现金支出、支付的保险费、支付给离退休人员的各种费用等

处置不动产或无形资产产生的增值税等可以记入经营活动中"支付的各项税费"项目吗?

(二)投资活动产生的现金流量

投资活动产生的现金流量项目填列说明,如表10-12所示。

表10-12　　　　　　　投资活动产生的现金流量项目填列说明

	项目	填列说明
流入	收回投资收到的现金	本项目反映企业出售、转让或到期收回的现金等价物以外的、因对其他单位的权益工具、债务工具而收到的现金。本项目不包括收回债务工具实现的投资收益、处置子公司及其他经营单位收到的现金净额
	取得投资收益收到的现金	本项目反映企业现金等价物以外的、因对其他单位的权益工具、债务工具收到的现金股利、利润和利息等
	处置固定资产、无形资产和其他长期资产收回的现金净额	本项目反映企业处置固定资产、无形资产和其他长期资产而收到的现金,减去处置资产而支付的有关费用后的净额。本项目包括固定资产等因损失而收到的保险赔款等
	处置子公司及其他营业单位收到的现金净额	本项目反映企业处置子公司及其他营业单位收到的现金,减去相关处置费用以及子公司及其他营业单位持有的现金和现金等价物后的净额
	收到其他与投资活动有关的现金	本项目反映企业上述各项目以外的,收到的其他与投资活动有关的现金流入,如收到的属于购买时买价中所包含的现金股利或已到付息期的利息等
流出	购建固定资产、无形资产和其他长期资产支付的现金	本项目反映企业购买、建造固定资产,购买无形资产和其他长期资产所支付的现金。本项目不包括资本化的借款利息、融资租入固定资产所支付的租赁费、分期付款购建固定资产各期支付的款项等项目,这些项目在筹资活动产生的现金流量中反映
	投资支付的现金	本项目反映企业进行各种投资所支付的现金及支付的佣金、手续费等附加费用
	取得子公司及其他营业单位支付的现金净额	本项目反映企业购买子公司及其他营业单位购买出价中以现金支付的部分,减去子公司及其他营业单位持有的现金和现金等价物后的净额
	支付其他与投资活动有关的现金	本项目反映企业上述各项目以外的,反映企业购买股票和债券时,买价中所包含的已宣告发放但尚未领取的现金股利或已到付息期但尚未领取的利息等

假如企业处置固定资产、无形资产和其他长期资产而收到的现金净额为负数,应列在现金流量表投资活动的哪个项目中?

(三)筹资活动产生的现金流量

筹资活动产生的现金流量项目填列说明,如表10-13所示。

表10-13　　　　　　　筹资活动产生的现金流量项目填列说明

	项目	填列说明
流入	吸收投资收到的现金	本项目反映企业以发行股票、债券等方式筹集资金实际收到的款项净额(发行收入减去支付的佣金等发行费用后的净额)
	取得借款收到的现金	本项目反映企业本期因实际借入短期借款、长期借款所收到的现金
	收到其他与筹资活动有关的现金	本项目反映企业上述各项目以外的,收到的其他与筹资活动有关的现金流入,包括专项拨款、上级拨入资金、接受现金捐赠等

(续表)

	项目	填列说明
流出	偿还债务支付的现金	本项目反映企业以现金偿还的短期借款、长期借款和应付债券的本金。本项目不包括偿还的借款利息、债券利息
	分配股利、利润或偿付利息支付的现金	本项目反映企业实际支付的现金股利、支付给其他投资单位的利润或用现金支付的借款利息、债券利息等
	支付其他与筹资活动有关的现金	本项目反映企业上述各项目以外所支付的其他与筹资活动有关的现金流出

四、现金流量表补充资料的项目内容及填列

现金流量表补充资料中"将净利润调节为经营活动的现金流量",实际上是以间接法编制的经营活动的现金流量。此处不详细展开叙述。

考一考

(多项选择题)下列应收、应付款项中,将净利润调节为经营活动现金流量时应加回的有(   )。

A. 应收票据的减少额　　　　　　B. 应付账款的减少额
C. 应收账款的增加额　　　　　　D. 坏账准备的增加额

【正确答案】　AD
【答案解析】　应收票据的减少额,表明企业在本期净利润之外收到以前期间的现金流量;坏账准备的增加额,表明企业本期净利润已扣除的信用减值损失增加,但这部分没有产生现金流量。

考一考

(判断题)企业销售材料和代购代销业务收到的现金,在"销售商品、提供劳务收到的现金"项目反映。　　　　　　　　　　　　　　　　　　　　　　　(　　)

【正确答案】　√
【答案解析】　参考"销售商品、提供劳务收到的现金"项目填列说明。

任务 10.5　所有者权益变动表

活动 10.5.1　所有者权益变动表概述

一、所有者权益变动表的概念

所有者权益变动表是指反映构成所有者权益的各组成部分当期的增减变动情况的报表。

二、所有者权益变动表的作用

所有者权益变动表既可以为报表使用者提供所有者权益总量增减变动的信息,也可以为其提供所有者权益增减变动的结构性信息,特别是能够让报表使用者理解所有者权益增减变动的根源。

三、所有者权益变动表的结构

所有者权益变动表至少应当单独列示反映下列信息的项目:
(1) 综合收益总额。
(2) 会计政策变更和前期差错更正的累积影响金额。
(3) 所有者投入资本和向所有者分配利润等。
(4) 按照规定提取的盈余公积。
(5) 实收资本、资本公积、盈余公积、未分配利润的期初和期末余额及其调节情况。

所有者权益变动表以矩阵的形式列示:一方面,列示导致所有者权益变动的交易或事项,即所有者权益变动的来源,能对一定时期所有者权益的变动情况进行全面反映;另一方面,按照所有者权益各组成部分(即实收资本、资本公积、其他综合收益、盈余公积、未分配利润和库存股等)列示交易或事项对所有者权益各部分的影响。

目前我国企业所有者权益变动表的格式如表10-14所示。

(单项选择题)下列各项中,不在所有者权益变动表中列示的项目是( )。
A."综合收益总额"　　　　　　　　B."所有者投入和减少资本"
C."利润分配"　　　　　　　　　　D."每股收益"
【正确答案】 D
【答案解析】 每股收益是利润表反映的项目,不属于所有者权益变动表列示的项目。

活动10.5.2　所有者权益变动表的编制

一、所有者权益变动表项目填列方法

(1)"上年金额"栏的填列方法:应根据上年所有者权益变动表"本年金额"栏内所列数字填列。
(2)"本年金额"栏的填列方法:一般应根据"实收资本(或股本)""资本公积""其他综合收益""盈余公积""利润分配""库存股""以前年度损益调整"账户的发生额分析填列。

二、所有者权益变动表主要项目填列说明

所有者权益变动表主要项目填列说明如表10-15所示。

表 10-14　　　　　　　　　　　　　　　所有者权益变动表

编制单位：　　　　　　　　　　　　　　　　年度　　　　　　　　　　　　　　　　　　　　　　　会企 04 表
单位：元

项目	本年金额											上年金额										
	实收资本（或股本）	其他权益工具			资本公积	减：库存股	其他综合收益	专项储备	盈余公积	未分配利润	所有者权益合计	实收资本（或股本）	其他权益工具			资本公积	减：库存股	其他综合收益	专项储备	盈余公积	未分配利润	所有者权益合计
		优先股	永续债	其他									优先股	永续债	其他							
一、上年年末余额																						
加：会计政策变更																						
前期差错更正																						
其他																						
二、本年年初余额																						
三、本年增减变动金额（减少以"-"号填列）																						
（一）综合收益总额																						
（二）所有者投入和减少资本																						
1. 所有者投入的普通股																						
2. 其他权益工具持有者投入资本																						
3. 股份支付计入所有者权益的金额																						
4. 其他																						
（三）利润分配																						
1. 提取盈余公积																						
2. 对所有者（或股东）的分配																						
3. 其他																						
（四）所有者权益内部结转																						
1. 资本公积转增资本（或股本）																						
2. 盈余公积转增资本（或股本）																						
3. 盈余公积弥补亏损																						
4. 设定受益计划变动额结转留存收益																						
5. 其他综合收益结转留存收益																						
6. 其他																						
四、本年年末余额																						

表 10-15　　　　　　　　　　所有者权益变动表主要项目填列说明

项　目	填列说明
会计政策变更、前期差错更正	本项目反映企业采用追溯调整法处理的会计政策变更的累积影响金额和采用追溯重述法处理的会计差错更正的累积影响金额
综合收益总额	本项目反映净利润和其他综合收益扣除所得税影响后的净额相加后的合计金额
所有者投入和减少资本	本项目反映企业当年所有者投入的资本和减少的资本
所有者投入的普通股	本项目反映企业接收投资者投入形成的实收资本(或股本)和资本溢价、股本溢价
股份支付计入所有者权益的金额	本项目反映企业处于等待期中的权益结算的股份支付当年计入资本公积的金额
利润分配	本项目反映企业当年的利润分配金额
所有者权益内部结转	本项目反映企业构成所有者权益的组成部分之间的增减变动情况
资本公积转增资本(或股本)	本项目反映企业以资本公积转增资本或股本的金额
盈余公积转增资本(或股本)	本项目反映企业以盈余公积转增资本或股本的金额
盈余公积弥补亏损	本项目反映企业以盈余公积弥补亏损的金额

考一考

（判断题）所有者权益变动表中"未分配利润"栏目的本年年末余额应当与本年资产负债表"未分配利润"项目的年末余额相等。　　　　　　　　　　　　　　　　　　　（　　）

【正确答案】　√

【答案解析】　所有者权益变动表中"未分配利润"项目本年年末余额、资产负债表中"未分配利润"项目期末余额和"利润分配——未分配利润"账户期末余额，三者是相等的。

考一考

（多项选择题）下列关于"四表"相关项目之间相互参照关系的表述中，正确的有（　　）。
A. 资产负债表中"盈余公积""未分配利润"项目与利润表中"净利润"项目存在相互参照关系
B. 资产负债表中"其他综合收益"项目与利润表中"其他综合收益"项目存在相互参照关系
C. 所有者权益变动表项目与资产负债表中所有者权益项目、利润表中"净利润"项目存在相互参照关系
D. 现金流量表各项目与资产负债表各项目、利润表各项目存在相互参照关系

【正确答案】　ABCD

【答案解析】　企业实现的净利润除了用于分配利润或股利的，其余应计入"盈余公积"和"未分配利润"；现金流量表是在资产负债表和利润表资料基础上编制的，其内容实质是相同的，只是编制基础不同；所有者权益增减变动主要来源于所有者或股东投入资本、净利润积累和会计政策更正等的影响，所有者权益变动表是在资产负债表和利润表资料的基础上编制的；其他综合收益为企业根据《企业会计准则》规定未在损益中确认的各项利得和损失扣除所得税影响后的净额，既在利润表中列报，又在资产负债表中列报。

任务 10.6　附注及财务会计报告信息披露

活动 10.6.1　附注

一、附注的概念

附注是指企业对在资产负债表、利润表、现金流量表、所有者权益变动表等报表中列示项目的文字描述或明细资料,以及对未能在这些报表中列示的项目的说明等。

二、附注的作用

附注的作用主要体现在以下几个方面:
(1) 可以为会计报表使用者提供全面理解企业财务状况、经营成果和现金流量的信息。
(2) 提高会计信息的相关性和可靠性。
(3) 提高会计信息的可比性和可理解性。

(单项选择题)下列关于会计报表附注的表述中,不正确的是(　　)。
A. 附注中包括会计报表重要项目的说明
B. 企业对未能在会计报表列示的项目应在附注中进行说明
C. 如果没有需要披露的重大事项,企业不必编制附注
D. 附注中包括会计政策和会计估计变更以及差错更正的说明
【正确答案】　C
【答案解析】　附注是对在资产负债表、利润表、现金流量表、所有者权益变动表等报表中列示项目的文字描述或明细资料,以及对未能在这些报表中列示的项目的说明等。

三、附注的主要内容

附注一般应当按照下列顺序披露。
(一) 企业的基本情况
(1) 企业注册地、组织形式和总部地址。
(2) 企业的业务性质和主要经营活动。
(3) 母公司以及集团最终母公司的名称。
(4) 财务会计报告的批准报出者和财务会计报告批准报出日。
(5) 营业期限有限的企业,还应当披露有关营业期限的信息。
(二) 会计报表的编制基础
(1) 会计年度。

(2) 记账本位币。
(3) 会计计量所运用的计量属性等。

(三) 遵循企业会计准则的声明

企业应当声明编制的会计报表符合《企业会计准则》的要求,真实、完整地反映了企业的财务状况、经营成果和现金流量等有关信息。

(四) 重要会计政策和会计估计的说明

企业应当披露采用的重要会计政策和会计估计,不重要的会计政策和会计估计可以不披露。在披露重要会计政策和会计估计时,企业应当披露重要会计政策的确定依据和会计报表项目的计量基础,以及会计估计中所采用的关键假设和不确定因素。

重要会计政策的说明包括会计报表项目的计量基础和企业在运用会计政策过程中所做的重要判断等,如发出存货成本采用的计量方法、存货跌价准备的计提方法、固定资产的折旧方法等。

重要会计估计的说明包括可能导致下一个会计期间内资产、负债账面价值重大调整的会计估计的确定依据等。

(五) 会计政策和会计估计变更以及差错更正的说明

企业应当按照《企业会计准则第28号——会计政策、会计估计变更和差错更正》及其应用指南的规定,披露会计政策和会计估计变更及差错更正的有关情况。

(六) 报表重要项目的说明

企业对报表重要项目的说明,应当按照资产负债表、利润表、现金流量表、所有者权益变动表及其项目列示的顺序,采用文字和数字描述相结合的方式进行披露。报表重要项目的明细金额合计,应当与报表项目金额相对应。应披露的报表重要项目的内容如表10-16所示。

表10-16　　　　　　　　　应披露的报表重要项目的内容

项目	应披露的信息
公允价值计量且其变动计入当期损益的金融资产	(1) 指定的金融资产的性质 (2) 初始确认时对上述金融资产作出指定的标准 (3) 如何满足运用指定的标准
应收账款	应披露应收款的账龄结构和客户类别,以及期初、期末账面余额等信息
存货	(1) 各类存货的期初和期末账面价值 (2) 确定发出存货成本所采用的方法 (3) 存货可变现净值的确定依据、存货跌价准备的计提方法、当期计提的存货跌价准备的金额、当期转回的存货跌价准备的金额,以及计提和转回的有关情况 (4) 用于担保的存货账面价值
长期股权投资	(1) 对控制、共同控制、重大影响的判断 (2) 对投资性主体的判断及主体身份的转换 (3) 企业集团的构成情况 (4) 重要的非全资子公司的相关信息 (5) 对使用企业集团资产和清偿企业集团债务的重大限制 (6) 纳入合并会计报表范围的结构化主体的相关信息 (7) 企业在其子公司的所有者权益份额发生变化的情况 (8) 投资性主体的相关信息 (9) 合营安排和联营企业的基础信息 (10) 重要的合营企业和联营企业的主要财务信息 (11) 不重要的合营企业和联营企业的汇总财务信息

(续表)

项　目	应披露的信息
长期股权投资	(12) 与企业在合营企业和联营企业中权益相关的风险信息 (13) 未纳入合并会计报表范围的结构化主体的基础信息 (14) 与权益相关资产负债的账面价值和最大损失敞口 (15) 企业是结构化主体的发起人但在结构化主体中没有权益的情况 (16) 向未纳入合并会计报表范围的结构化主体提供支持的情况 (17) 未纳入合并会计报表范围结构化主体的额外信息披露
投资性房地产	(1) 投资性房地产的种类、金额和计量模式 (2) 采用成本模式的,投资性房地产的折旧或摊销,以及公允价值变动对损益的影响 (3) 采用公允价值模式的,公允价值的确定依据和方法,以及公允价值变动对损益的影响 (4) 投资性房地产转换情况、理由,以及对损益或所有者权益的影响 (5) 当期处置的投资性房地产及其对损益的影响
固定资产	(1) 固定资产的确认条件、分类、计量基础和折旧方法 (2) 各类固定资产的使用寿命、预计净残值和折旧率 (3) 各类固定资产的期初和期末原价、累计折旧额及固定资产减值准备累计金额 (4) 当期确认的折旧费用 (5) 对固定资产所有权的限制及金额和用于担保的固定资产账面价值 (6) 准备处置的固定资产名称、账面价值、公允价值、预计处置费用、预计处置时间等
无形资产	(1) 无形资产的期初和期末账面余额、累计摊销额及减值准备累计金额 (2) 使用寿命有限的无形资产,其使用寿命的估计情况;使用寿命不确定的无形资产,其使用寿命不确定的判断依据 (3) 无形资产的摊销方法 (4) 用于担保的无形资产账面价值、当期摊销额等情况 (5) 计入当期损益和确认为无形资产的研究开发支出金额
职工薪酬	(1) 企业应当披露短期职工薪酬相关的下列信息: ① 应当支付给职工的工资、奖金、津贴和补贴,以及其期末应付未付金额 ② 应当为职工缴纳的医疗保险费、工伤保险费等社会保险费,及其期末应付未付金额 ③ 应当为职工缴存的住房公积金,及其期末应付未付金额 ④ 为职工提供的非货币性福利,及其计算依据 ⑤ 依据短期利润分享计划提供的职工薪酬金额及其计算依据 ⑥ 其他短期薪酬 (2) 企业应当披露支付的因解除劳动关系所提供辞退福利及其期末应付未付金额 (3) 企业应当披露提供的其他长期职工福利的性质、金额及其计算依据
应交税费	应交税费的构成及期初、期末账面余额等信息
短期借款和长期借款	短期借款、长期借款的构成及期初、期末账面余额等信息。对于期末逾期借款,应分别贷款单位、借款金额、逾期时间、年利率、逾期未偿还原因和预期还款期等进行披露
应付债券	应付债券的构成及期初、期末账面余额等信息
长期应付款	长期应付款的构成及期初、期末账面余额等信息
营业收入	营业收入构成及本期、上期发生额等信息
公允价值变动收益	公允价值变动收益的来源及本期、上期发生额等信息
投资收益	投资收益的来源及本期、上期发生额等信息
资产减值损失	各项资产的减值损失及本期、上期发生额等信息
营业外收入	营业外收入的构成及本期、上期发生额等信息
营业外支出	营业外支出的构成及本期、上期发生额等信息

(续表)

项 目	应披露的信息
所得税费用	(1) 所得税费用(收益)的主要组成部分 (2) 所得税费用(收益)与会计利润关系的说明
其他综合收益	(1) 其他综合收益各项目及其对所得税的影响 (2) 其他综合收益各项目原计入其他综合收益、当期转出计入当期损益的金额 (3) 其他综合收益各项目的期初和期末余额及其调节情况
政府补助	(1) 政府补助的种类及金额 (2) 计入当期损益的政府补助金额 (3) 本期返还的政府补助金额及原因
借款费用	(1) 当期资本化的借款费用金额 (2) 当期用于计算确定借款费用资本化金额的资本化率

（七）其他需要简要说明的重要事项

这主要包括或有事项、承诺事项、资产负债表日后非调整事项、关联方关系及其交易等，具体的披露要求须遵循相关准则的规定。

（八）有助于会计报表使用者评价企业管理资本的目标、政策及程序的信息

企业可以在附注中增加其认为有助于会计报表使用者评价企业管理资本的目标、政策及程序的信息。

（多项选择题）下列项目中，上市公司应在其会计报表附注中披露的有（　　）。

A. 会计政策变更当期和各个列报前期会计报表中受影响的项目名称和调整金额
B. 会计估计变更的原因
C. 未决诉讼
D. 与关联方交易的定价政策规定

【正确答案】　ABCD
【答案解析】　本题考核附注披露的内容。

活动 10.6.2　财务会计报告信息披露

一、财务会计报告信息披露的概念

财务会计报告信息披露又称会计信息披露，是指企业对外发布有关其财务状况、经营成果、现金流量等财务信息的过程。按照我国有关会计准则的规定，披露主要是指会计报表附注的披露。广义的信息披露不仅包括财务信息的披露，还包括非财务信息的披露。

二、财务会计报告披露的基本要求

财务会计报告信息披露的基本要求又称财务会计报告信息披露的基本质量，主要包括真实、准确、完整、及时和公平五个方面。

模 块 测 试

一、单项选择题

1. A公司2022年发生如下业务：出租固定资产的折旧20万元；销售剩余原材料的成本为150万元；将成本为80万元的自产产品对外捐赠；将成本为500万元的自产产品对外投资。A公司2022年的"营业成本"为（　　）万元。
   A. 150　　　　　　B. 730　　　　　　C. 750　　　　　　D. 670

2. 下列各项中，属于资产负债表中非流动资产项目的是（　　）。
   A. 应收股利　　　B. 存货　　　　　C. 工程物资　　　D. 在建工程

3. 我国企业的资产负债表采用（　　）结构。
   A. 多步式　　　　B. 报告式　　　　C. 单步式　　　　D. 账户式

4. 下列资产负债表项目中，应直接根据一个总账账户余额填列的是（　　）。
   A. "长期股权投资"　B. "货币资金"　　C. "资本公积"　　D. "长期借款"

5. 下列项目中，应根据相应总账账户的余额直接在资产负债表中填列的是（　　）。
   A. "无形资产"　　B. "固定资产"　　C. "长期应付款"　D. "其他综合收益"

6. 2022年年末，某企业"应收账款——甲公司"明细账户借方余额为100 000元，"应收账款——乙公司"明细账户借方余额为400 000元，"应收账款——丙公司"明细账户贷方余额为100 000元；"预收账款——丁公司"明细账户借方余额为55 000元，"预收账款——戊公司"明细账户贷方余额为20 000元；"坏账准备"总账账户贷方余额为3 000元（均与应收账款相关）。不考虑其他因素，2022年12月31日，该企业资产负债表中"预收款项"项目的期末余额为（　　）元。
   A. 517 000　　　　B. 152 000　　　　C. 155 000　　　　D. 120 000

7. "应付账款"账户的所属明细账户若有借方余额，应将其记入的资产负债表项目是（　　）。
   A. "应收账款"　　B. "预收款项"　　C. "预付款项"　　D. "其他应收款"

8. 某企业于2021年12月31日分别借入2年期150 000元借款和5年期480 000元借款。两项借款均为单利计算利息，分次付息，到期还本，年利率为6%。不考虑其他因素，2022年12月31日，该企业资产负债表中"长期借款"项目期末余额为（　　）元。
   A. 630 000　　　　B. 508 800　　　　C. 667 800　　　　D. 480 000

9. 下列资产负债表项目中，不属于"根据有关账户余额减去其备抵账户余额后的净额填列"的是（　　）。
   A. "固定资产"　　B. "在建工程"　　C. "长期股权投资"　D. "交易性金融资产"

10. 2022年12月31日，某企业"发出商品"账户借方余额为120 000元，"原材料"账户借方余额为40 000元，"材料成本差异"账户贷方余额为1 000元，"工程物资"账户借方余额为60 000元，"存货跌价准备"账户贷方余额为20 000元。不考虑其他因素，2022年12月31日，该企业资产负债表中"存货"项目的金额为（　　）元。
    A. 239 000　　　　B. 235 000　　　　C. 299 000　　　　D. 139 000

11. 2022年12月31日,某企业"工程物资"账户借方余额为200万元,"发出商品"账户借方余额为50万元,"原材料"账户借方余额为60万元,"材料成本差异"账户贷方余额为5万元。不考虑其他因素,2022年12月31日,该企业资产负债表中"存货"项目的金额为(　　)万元。

　　A. 105　　　　　　B. 115　　　　　　C. 205　　　　　　D. 215

12. 2022年年末,甲企业"发出商品"账户借方余额为2 600万元,"原材料"账户借方余额为3 000万元,"材料成本差异"账户借方余额为300万元,"存货跌价准备"账户贷方余额为200万元。不考虑其他因素,甲企业2022年年末资产负债表中"存货"项目的金额为(　　)万元。

　　A. 8 100　　　　　B. 8 700　　　　　C. 5 700　　　　　D. 5 100

13. 2023年1月31日,甲企业"原材料"账户借方余额为100万元,"生产成本"账户借方余额为70万元,"材料成本差异"账户贷方余额为5万元,"委托加工物资"账户借方余额为150万元,"发出商品"账户借方余额为15万元,"工程物资"账户借方余额为200万元,不考虑其他因素。2023年1月31日,甲企业资产负债表中"存货"项目的金额为(　　)万元。

　　A. 330　　　　　　B. 320　　　　　　C. 340　　　　　　D. 540

14. 下列账户的期末余额中,不应在资产负债表"存货"项目列示的是(　　)。

　　A. "制造费用"　　B. "周转材料"　　C. "工程物资"　　D. "生产成本"

15. 下列各项中,不影响利润表"营业利润"项目的是(　　)。

　　A. 由于自然灾害造成的存货毁损净损失

　　B. 将自产产品作为福利发放给行政管理部门的职工

　　C. 资产负债表日计提的存货跌价准备

　　D. 出租固定资产取得的收入

16. 2023年1月,某企业确认短期借款利息7.2万元(不考虑增值税),收到银行活期存款利息收入1.5万元,开具银行承兑汇票,支付手续费0.5万元(不考虑增值税)。不考虑其他因素,2023年1月,该企业利润表中"财务费用"项目的本期金额为(　　)万元。

　　A. 5.7　　　　　　B. 5.2　　　　　　C. 7.7　　　　　　D. 6.2

17. 下列关于会计报表附注作用的表述中,不正确的是(　　)。

　　A. 附注的编制和披露是对会计报表列示项目含义的补充说明

　　B. 附注提供了对会计报表中未列示项目的详细或明细说明

　　C. 附注可以使会计报表使用者全面了解企业的财务状况、经营成果、现金流量以及所有者权益的情况

　　D. 附注可以使会计报表使用者了解企业的财务状况、经营成果和现金流量,但是无法了解所有者权益的情况

18. 下列资产负债表项目中,根据有关账户余额减去其备抵账户余额后的净额填列的是(　　)。

　　A. "短期借款"　　B. "长期借款"　　C. "无形资产"　　D. "预收款项"

19. 下列各项中,在对外提供会计报表时,不需要在会计报表附注中进行披露的是(　　)。

　　A. 期末结账前尚未经批准的财产清查损溢

B. 在以前期间的附注中已披露的前期差错更正的信息
C. 因某项固定资产使用寿命预计数与原先估计数有差异,将固定资产使用寿命由 10 年调整为 8 年
D. 企业董事会或类似机构通过的利润分配方案中拟分配的现金股利或利润

20. 2022 年 12 月 31 日,某公司下列会计账户余额为:"固定资产"账户借方余额 1 000 万元,"累计折旧"账户贷方余额 400 万元,"固定资产减值准备"账户贷方余额 80 万元,"固定资产清理"账户借方余额 20 万元。2022 年 12 月 31 日,该公司资产负债表中"固定资产"项目期末余额应列报的金额为( )万元。
A. 620　　　　　B. 540　　　　　C. 600　　　　　D. 500

二、多项选择题

1. 下列各项中,应列入利润表"营业成本"项目的有( )。
A. 出租非专利技术的摊销额
B. 转让无形资产所有权的净损益
C. 成本模式计量的投资性房地产计提的折旧额
D. 无法偿还的应付账款

2. 下列各项中,属于资产负债表"流动资产"项目的有( )。
A. "存货"　　　　　　　　　　B. "长期待摊费用"
C. "交易性金融资产"　　　　　D. "其他权益工具投资"

3. 下列各项中,会使资产负债表中"负债"项目金额增加的有( )。
A. 计提坏账准备　　　　　　　B. 计提存货跌价准备
C. 借入短期借款　　　　　　　D. 计提短期借款利息

4. 下列各项中,应作为填列资产负债表"货币资金"项目依据的有( )。
A. 库存现金　　B. 银行存款　　C. 其他货币资金　　D. 交易性金融资产

5. 下列各项中,应在资产负债表"应付账款"项目列示的有( )。
A. "预收账款"账户所属明细账户的贷方余额
B. "预付账款"账户所属明细账户的贷方余额
C. "应付账款"账户所属明细账户的贷方余额
D. "应付账款"账户所属明细账户的借方余额

6. 下列各项中,应在资产负债表"预付款项"项目列示的有( )。
A. "应付账款"账户所属明细账户的借方余额
B. "应付账款"账户所属明细账户的贷方余额
C. "预付账款"账户所属明细账户的借方余额
D. "预付账款"账户所属明细账户的贷方余额

7. 在填列资产负债表"一年内到期的非流动负债"项目时,需要考虑的会计账户有( )。
A. "应付利息"　　B. "应付债券"　　C. "长期借款"　　D. "应付股利"

8. 下列资产负债表项目中,应根据有关账户余额减去其备抵账户余额后的净额填列的有( )。
A. 短期借款　　B. 应收票据　　C. 预付款项　　D. 无形资产

9. 下列各项中,属于企业资产负债表存货项目范围的有( )。
A. 已经购入但尚未运达本企业的货物
B. 已售出但货物尚未运离本企业的存货
C. 存放外地仓库但尚未售出的存货
D. 支付手续费的委托代销方式下已发出但尚未收到代销清单的存货

10. 下列会计账户中,期末余额应列入资产负债表"存货"项目的有( )。
A. "在途物资"　　　B. "制造费用"　　　C. "材料采购"　　　D. "发出商品"

11. 下列各项中,应在资产负债表中的"存货"项目中列示的有( )。
A. 生产成本　　　B. 原材料　　　C. 工程物资　　　D. 周转材料

12. 下列各项中,应列入资产负债表"其他应付款"项目的有( )。
A. 计提的短期借款利息　　　　　　B. 宣告分派的现金股利
C. 应支付的罚款支出　　　　　　　D. 应付短期租入固定资产租金

13. 下列各项中,不属于利润表项目的有( )。
A. "未分配利润"　B. "营业外收入"　C. "净利润"　D. "主营业务收入"

14. 下列各项中,应列入利润表"其他综合收益的税后净额"项目的有( )。
A. 交易性金融资产公允价值变动损益　　B. 出售固定资产的净收益
C. 其他权益工具投资公允价值变动　　　D. 其他债权投资公允价值变动

15. 下列各项中,影响利润表"营业成本"项目金额的有( )。
A. 出租非专利技术的摊销额　　　　　B. 销售原材料的成本
C. 转销已销商品相应的存货跌价准备　　D. 出售商品的成本

16. 下列各项中,不属于所有者权益变动表的项目有( )。
A. "资本公积"　B. "利润总额"　C. "盈余公积"　D. "所得税费用"

17. 在所有者权益变动表中,应列示的项目包括( )。
A. "其他综合收益"
B. "提取盈余公积"
C. "会计政策变更和差错更正的累积影响金额"
D. "资本公积转增资本(或股本)"

18. 下列各项中,属于所有者权益变动表"上年年末余额"项目反映的内容有( )。
A. 实收资本　　　B. 资本公积　　　C. 库存股　　　D. 盈余公积

19. 下列各项中,属于所有者权益变动表中"所有者权益内部结转"项目的有( )。
A. 提取盈余公积　　　　　　　　B. 资本公积转增资本
C. 盈余公积转增资本　　　　　　D. 盈余公积弥补亏损

20. 下列账户的当期发生额中,属于所有者权益变动表"本年金额"栏内各项数字计算依据的有( )。
A. "其他综合收益"　B. "实收资本"　C. "盈余公积"　D. "其他权益工具"

三、判断题

1. 资产负债表的"上年年末余额"栏内各项数字,应根据上年年末资产负债表的"期末余额"栏内所列数字填列。( )

2. 企业将于1年内偿还的长期借款,应在资产负债表中"一年内到期的非流动负债"项目

列报。( )

3. 资产负债表中"货币资金"项目应采用综合运用其他填列方法分析填列的方式填列。( )

4. "应付债券"项目应该根据"应付债券"总账账户余额填列。( )

5. 某企业"长期应付款"账户的期末余额为9 000 000元,"未确认融资费用"账户的期末余额为3 469 000元,则资产负债表日"长期应付款"项目的期末余额应当列示为5 531 000元。( )

6. "长期股权投资"项目应根据"长期股权投资"账户的期末余额,减去"长期股权投资减值准备"账户的期末余额后的金额填列。( )

7. "长期股权投资"项目应根据"长期股权投资"账户的期末余额填列。( )

8. 如果"固定资产清理"账户出现借方余额,应在资产负债表"固定资产清理"项目中以负数填列。( )

9. 所有者权益变动表中"未分配利润"项目的本年年末余额应当与本年资产负债表中"未分配利润"项目的期末余额相等。( )

10. 资产负债表中,"开发支出"项目应根据"研发支出"账户所属"资本化支出"明细账户余额填列。( )

11. 企业填列资产负债表中"其他应收款"项目时,直接根据"其他应收款"账户余额填列。( )

12. 利润表中各项目均需填列"本期金额"和"上期金额"两栏。其中,"本期金额"栏内各期数字,均应当按照相关账户的发生额分析填列。( )

13. 企业出售固定资产形成的净收益,应列入利润表的"营业外收入"项目,使得企业的营业利润增加。( )

14. 所有者权益变动表中的"上年金额"栏应根据上年度所有者权益变动表"本年金额"栏内所列数字进行填列,上年项目的名称和内容与本年不一致的,应按照上年的名称和数字对本年进行调整。( )

15. 所有者权益变动表中的"上年金额"栏应根据上年度所有者权益变动表"本年金额"栏内所列数字进行填列。( )

四、不定项选择题

1. X公司为增值税一般纳税人,适用的增值税税率为13%。已知产品、材料销售价格中均不含增值税,X公司按实际成本核算,逐笔结转销售成本。2022年1~11月的损益类账户金额均已转入本年利润。2022年12月1日,X公司有关账户余额如表10-17所示

表10-17　　　　　　　　X公司有关账户余额表　　　　　　　　单位:元

账户名称	借方余额	账户名称	贷方余额
库存现金	600	短期借款	360 000
银行存款	580 000	应付票据	30 000
应收票据	40 000	应付账款	160 000
应收账款	300 000	应付职工薪酬	3 000
坏账准备	−6 000	应交税费	12 500

(续表)

账户名称	借方余额	账户名称	贷方余额
其他应收款	9 000	实收资本	2 300 000
原材料	40 000	盈余公积	100 000
周转材料	50 000	本年利润	1 000 000
库存商品	60 000	利润分配——未分配利润	214 100
固定资产	3 890 000		
累计折旧	−760 000		
固定资产减值准备	−30 000		
无形资产	6 000		
合计	4 179 600	合计	4 179 600

2022年12月，X公司发生如下经济业务：

(1) 1日，向甲公司销售一批产品，销售价格为50 000元，产品成本为40 000元。产品已经发出，开出增值税专用发票，款项尚未收到。为了尽快收回货款，双方约定现金折扣，条件为"2/10,1/20,n/30"(假定计算现金折扣时不考虑增值税)。根据以往经验，预计甲公司10天内付款的概率为70%，10天后20天内付款的概率为20%，20天后付款的概率为10%。12月6日，X公司收到甲公司的货款。

(2) 5日，X公司购入原材料一批，增值税专用发票上注明的金额为400 000元，增值税税额为52 000元。材料已经到达，并验收入库。X公司开出一张不带息商业承兑汇票来结算全部款项。

(3) 15日，X公司对外销售一批原材料，销售价格为300 000元，材料实际成本为110 000元。材料已发出，X公司同时开具了增值税专用发票。X公司已经收到款项，并将其存入银行。

(4) 25日，X公司出售一台不需用办公设备，设备账面原价为210 000元，已提折旧为34 000元，已提减值准备为30 000元，出售价格为200 000元，增值税税额为26 000元。出售设备的价款于当日收到，并存入银行。

(5) 31日，X公司计提存货跌价准备3 000元，计提无形资产减值准备300元；摊销本月管理用无形资产1 000元，计提本月管理用固定资产折旧15 000元；确认12月应交所得税税额为58 550元；计提当年度法定盈余公积117 565元。

要求：根据上述资料，假定取得的增值税专用发票均已经税务机关认证，不考虑其他因素，分析回答下列小题。

〈1〉根据资料(1)和资料(2)，下列关于X公司销售商品和购入原材料的会计处理结果的表述中，正确的是(　　)。

A. 12月1日，确认主营业务收入49 000元

B. 12月5日，确认原材料400 000元

C. 12月5日，确认应付票据452 000元

D. 12月1日，确认主营业务收入50 000元

〈2〉根据资料(3)和资料(4)，下列关于X公司销售原材料和出售设备的会计处理结果的

表述中,正确的是( )。
    A. 销售原材料确认其他业务收入 300 000 元
    B. 销售原材料确认其他业务成本 110 000 元
    C. 出售办公设备时,应将固定资产账面价值转入待处理财产损溢
    D. 出售办公设备确认的净收益为 54 000 元
〈3〉根据资料(5),下列表述中,正确的是( )。
    A. 确认管理费用 16 000 元   B. 确认资产减值损失 3 300 元
    C. 确认所得税费用 58 550 元   D. 确认盈余公积 117 565 元
〈4〉根据期初资料、资料(1)~(5),2022 年 12 月 31 日,X 公司资产负债表中的"存货"项目应填列的金额为( )元。
    A. 1 500 000   B. 400 000   C. 397 000   D. 1 189 600
〈5〉根据期初资料、资料(1)~(5),2022 年 12 月 31 日,X 公司资产负债表中的"未分配利润"项目金额是( )元。
    A. 1 287 685   B. 1 330 235   C. 1 389 250   D. 1 271 685

2. 甲企业为增值税一般纳税人,适用的增值税税率为 13%,商品销售价格均不含增值税。确认收入的同时,结转其销售成本。2022 年 11 月,甲企业发生的经济业务如下:

(1) 1 日,甲企业向乙企业销售一批商品,开具的增值税专用发票上注明的价格为 80 万元,增值税税额为 10.4 万元。该批商品的实际成本为 35 万元。商品已发出,收到客户开具的商业承兑汇票结清全部款项。

(2) 5 日,甲企业采用托收承付结算方式向丙企业销售一批商品,开具的增值税专用发票上注明的价款为 1 000 万元,增值税税额为 130 万元。该批商品的实际成本为 800 万元,为客户代垫运输费 5 万元(不考虑增值税),全部款项已办妥托收手续。

(3) 10 日,甲企业向丁企业赊销一批商品,开具的增值税专用发票上注明的价款为 40 万元,增值税税额为 5.2 万元,实际成本为 22 万元。销售合同规定的现金折扣条件为"1/10,n/30",且计算现金折扣不考虑增值税。根据以往经验,甲企业预计客户 10 天内付款的概率为 80%,10 天后付款的概率为 20%。18 日,甲企业收到结算销售款项并存入银行。

(4) 25 日,甲企业因商品质量问题,收到丁企业退回 11 月 10 日购买的全部商品,同时向丁企业开具了红字增值税专用发票,并退回相关款项。

要求:根据上述资料,不考虑其他因素,分析回答下列小题。

〈1〉根据资料(1),下列各项中,甲企业向乙企业销售商品的会计处理表述正确的是( )。
    A. 确认主营业务收入 80 万元   B. 结转主营业务成本 35 万元
    C. 确认应收票据 90.4 万元   D. 确认应收账款 90.4 万元
〈2〉根据资料(2),甲企业向丙企业销售商品应确认的应收账款是( )万元。
    A. 1 000   B. 1 130   C. 1 135   D. 1 005
〈3〉根据资料(3),下列关于甲企业向丁企业销售商品的会计处理中,正确的是( )。
    A. 收到客户款项时:
    借:银行存款   448 000
        贷:应收账款   448 000

B. 确认销售商品收入时：

借：应收账款　　　　　　　　　　　　　　　　　　　　　　　448 000
　　贷：主营业务收入　　　　　　　　　　　　　　　　　　　　　　396 000
　　　　应交税费——应交增值税（销项税额）　　　　　　　　　　52 000

C. 结转销售商品成本时：

借：主营业务成本　　　　　　　　　　　　　　　　　　　　　　220 000
　　贷：库存商品　　　　　　　　　　　　　　　　　　　　　　　220 000

D. 收到客户款项时：

借：银行存款　　　　　　　　　　　　　　　　　　　　　　　　452 000
　　贷：应收账款　　　　　　　　　　　　　　　　　　　　　　　452 000

（4）根据资料（3）和资料（4），下列关于甲企业收到丁企业退回商品的会计处理结果中，正确的是（　　）。

A. 应交税费减少5.2万元　　　　　　　　B. 主营业务收入减少39.6万元

C. 应收账款减少45.2万元　　　　　　　D. 主营业务成本增加22万元

（5）根据资料（1）～（4），甲企业销售业务对其2022年11月利润表"营业利润"项目本期金额的影响是（　　）万元。

A. 262.2　　　　　　B. 240　　　　　　C. 245　　　　　　D. 263

模块 11

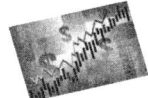

云财务共享服务平台

[考核目标]
1. 了解云核算。
2. 掌握云核算中影像管理系统、智能凭证中心、特殊凭证、查询凭证、账务处理、报表、设置的操作思路。
3. 掌握财务机器人中影像、查询凭证、账务处理、报表、设置的操作思路。

[实践目标]
1. 完成云核算中的影像处理,通过智能凭证中心完成影像分析,完成特殊凭证编制、凭证查询、账务处理、报表业务、设置查询的操作。
2. 完成财务机器人中影像、查询凭证、账务处理、报表、设置的操作。
3. 总结云核算和财务机器人的共性,并区分它们。

[思政目标]
1. 培养学生细致、谨慎、有条不紊的财经专业素质。
2. 培养学生良好的职业道德。
3. 培养学生积极主动融入财务共享时代,迎接"云核算"变革。
4. 培养学生不畏困难、艰苦奋斗、敢于创新的职业品质和精益求精的大国工匠精神。

[知识点思维导图]

```
                        ┌─ 云财务共享服务概述
                        │
                        │              ┌─ 影像管理系统
                        │              ├─ 智能凭证中心
                        │              ├─ 特殊凭证
                        ├─ 云核算操作 ─┼─ 查凭证
                        │              ├─ 账务处理
                        │              ├─ 账簿
                        │              ├─ 报表
                        │              └─ 设置
                        │
                        │                  ┌─ 影像
云财务共享服务平台 ─────┤                  ├─ 查凭证
                        │                  ├─ 账务处理
                        ├─ 财务机器人操作 ─┼─ 账簿
                        │                  ├─ 报表
                        │                  └─ 设置
                        │
                        │              ┌─ 云税务简介
                        │              ├─ 电子税务局
                        └─ 云税务操作 ─┼─ 开票软件
                                       └─ 增值税发票选择确认平台
```

案例导入

2017年12月,中国科学院(以下简称"中科院")在人工智能引领财务管理、创新财务服务方面取得突破性进展,率先启动了智能云财务服务平台的试点应用,走在了中央级事业单位的前列。中科院条件保障与财务局在中科院自动化研究所组织召开了"智能云财务共享服务关键科学和技术问题研究"项目进展现场报告会,中科院相关部门有关负责人、项目承担单位和参研参试单位代表参加了报告会。

2018年,中科院在完善示范应用的基础上,将该项目结合政府会计制度实施和新一代ARP部署向全院推广。推广实施后,这将进一步确立中科院在财务智能化和科技管理创新方面的带动和引领地位,真正实现财务工作由"核算型""管理型"向"治理型"的转变。

艾媒咨询发布的《2022年中国数字云财务行业发展研究报告》显示,2017—2021年,中国财税领域企业服务市场规模从1 816.6亿元增长到2 664.4亿元,年复合增长率达到10%。在供给侧和需求侧的双重推动下,财务管理服务的市场不断扩大,中国数字云财务拥有着广阔的发展空间。在政策、市场需求、技术突破等因素的同频共振下,数字云财务的行业覆盖率有望进一步提高。

2022年3月2日,《关于中央企业加快建设世界一流财务管理体系的指导意见》提到,将以财务管理主要对象"票、账、表、钱、税"为维度,强化核算报告、资金管理、成本管控、税务管理、资本运作五项职能。

中国数字云财务服务的覆盖度不断上升,针对各个行业不同的需求痛点,数字云财务企业需要提供相应的解决方案来解决行业的实际问题。目前,大多数行业在财务数字化转型的进程中都处于初步阶段,只针对局部流程进行数字化改造。随着数字云财务的全场景一体化解决方案普及,财务管理中的各个流程都会逐步数字化、智能化改造,真正实现"财务无纸化"。

[思考]

(1)中科院高度重视完善信息化手段,积极推进人工智能在财务工作中的运用,这些举措对推动我国"云财务"的发展起到了哪些积极的作用?

(2)怎么理解"云财务"是我国企业财务改革的"基石"?

案例来源:

[1]任霄鹏.中科院率先启动智能云财务服务试点应用[EB/OL].(2017-12-11)[2023-01-08].https://www.cas.cn/sygz/201712/t20171211_4626499.shtml.

[2]刘旷.数字云财务格局初定,北京、深圳、杭州迎来三足鼎立?[EB/OL].(2022-08-25)[2023-01-08].https://baijiahao.baidu.com/s?id=1742126491545657343&wfr=spider&for=pc.

[3]中国搜索.元年研究院深度解读:以财务数字化转型创建一流财务体系[EB/OL].(2022-05-06)[2023-01-08].https://baijiahao.baidu.com/s?id=1732076835296298571&wfr=spider&for=pc.

任务11.1 云财务共享服务概述

一、云财务共享服务的概念

云财务共享服务是指依托数字信息技术,以财务业务流程处理为基础,将分散于各业务单元重复性高、易于标准化的财务业务,进行流程再造与优化,并集中到财务共享服务中心统一处理,以达到优化组织结构、降低运营成本、提升客户满意度、创造财务价值的目的,以市场视角为内外部客户提供专业化服务的分布式管理模式。

二、云核算的概念

本教材的"云核算"为财务共享中心智能核算全流程的账务处理,使用"1+X"财务共享服务考证软件进行操作,能让学生在财务云共享实训模块上体验企业真账实训的全流程。

三、财务机器人

本教材的"财务机器人"为模块财务共享中心智能识别票据的账务处理全流程,使用"1+X"财务共享服务考证软件进行操作,基于 OCR 文字识别技术,能让学生在财务云共享实训模块上智能识别票据实训的全流程。

任务 11.2　云核算操作

活动 11.2.1　影像管理系统

全模块图片

一、登录界面

学生点击进入财务共享(云核算)模块,可进入登录界面如图 11-1 所示。

图 11-1　登录界面

二、影像管理系统

通过"影像管理系统",学生可以获取企业票据影像信息,并根据获取的影像信息进行整理,如图 11-2 所示。

图 11-2　影像管理系统

三、影像获取

学生可在"影像管理系统"下的"影像获取"点击"上传影像",如图11-3所示。

图11-3 上传影像

系统自动上传影像后,学生即可在主界面查看企业当月的所有票据影像,如图11-4所示。

图11-4 查看影像

四、影像整理

学生点击"影像管理系统"下的"影像整理",将获取成功的票据进行初步整理、归类。中间页面显示为企业票据影像,影像可以通过点击界面中的"＋""－"按钮,或用滑动鼠标上滚轮的方式进行影像的缩放、拖动等操作,方便查看。在票据影像右侧的整理内容中,学生需根据自己的专业知识对当前票据进行分析、判断、选择或填写相应信息,如图11-5所示。

图11-5 影像整理

界面最下方为企业票据影像缩略图,学生点击缩略图,即可切换查看对应的票据影像(也可点击右下侧功能区的左右箭头进行票据前后的切换),如图11-6所示。

图11-6 切换影像1

学生完成所有单据的影像整理后,系统会将影像整理后的单据自动跳转到"智能凭证中心"。

活动 11.2.2　智能凭证中心

一、智能凭证中心与影像整理的关系

"智能凭证中心"是在"影像整理"的基础上进一步的智能化处理,并在该环节下自动生成会计分录,如图 11-7 所示。

图 11-7　智能凭证中心

界面左侧为单据的缩略图,学生可以通过点击翻页按钮或者鼠标滑轮进行票据影像切换查看,如图 11-8 所示。

图 11-8　切换影像 2

界面中间部分为票据影像信息的展示,功能效果同"影像整理",此处不再赘述。界面中间部分右下方的小按钮可以查看票据的信息备注,便于学生进一步判断和填写信息,如图 11-9 所示。

图 11-9　票据信息备注

二、影像结果分析

在界面右侧整理内容中,学生需根据自己的专业知识对票据影像结果进一步分析、判断,

并勾选和填写相应信息,点击"保存"按钮后,系统将自动生成会计分录,如图 11-10 所示。

图 11-10　影像结果分析

活动 11.2.3　特殊凭证

一、特殊凭证的内容

特殊凭证包括手工录入与费用摊销两项内容,如图 11-11 所示。

图 11-11　特殊凭证分类

二、手工录入

"手工录入"模块主要处理一些非日常的业务(如特殊备注说明的票据影像、少数企业特有业务等)。影像整理过程中,票据类型如果是归属于其他(手工凭证)的票据影像,学生就要在手工录入处通过手工录入凭证。学生可根据界面左侧票据信息,在右侧记账凭证中直接录入对应的会计分录,录入完成后保存即可,如图 11-12 所示。

图 11-12　手工录入

在"手工录入"界面的右上角,学生可将录入完成的会计分录设为模板,待下次做同类型的业务时,可点击"获取模板"来直接引用会计分录,如图 11-13 所示。

图 11-13　获取模板

三、费用摊销

"费用摊销"模块主要处理跨期的费用摊销,该数据由平台数据维护端录入相应的费用信息,学生获取信息后直接点击"生成凭证",即可自动生成相应的摊销凭证。通常,企业不涉及费用摊销项目,固定资产折旧一般通过手工录入处理,如图 11-14 所示。

图 11-14　费用分摊

活动 11.2.4　查凭证

"查凭证"功能主要用于会计凭证的查询。学生在查询页面可以进行智能生成凭证及手工凭证的修改、审核、反审核、凭证号整理等操作,如图 11-15 所示。

图 11-15　查凭证

活动 11.2.5　账务处理

一、账务处理的内容

"账务处理"模块主要包括过账、结转损益、结账等功能,如图 11-16 所示。

图 11-16　账务处理内容

二、过账

凭证经审核后,学生即可进行过账。过账等同于手工账下的登记账簿。过账后,学生即可在账簿中查询相关账户的明细,如图 11-17 所示。

图 11-17　过账

三、结转损益

当所有的凭证处理结束且完成审核工作后,学生即可在"账务处理"下进行结转损益。学生点击"结转损益",并点击"确定"按钮后,系统会对期末损益类账户进行自动结转,无需手工录入损益类账户的结转分录,如图 11-18 所示。

图 11-18　结转损益

四、结账

在确认所有的凭证(包括结转损益的分录)均已进行审核、过账,资产负债表与利润表生成后,学生即可进行月末结账。结账后系统自动跳转下月,如图 11-19 所示。

图 11-19　结账

活动 11.2.6 账簿

会计凭证过账后,学生即可通过"账簿"查看相应会计账户的账簿明细(包括总账、三栏式明细账、多栏式明细账)及账户余额表,如图 11-20 所示。

图 11-20 查看账簿

活动 11.2.7 报表

一、生成报表

所有凭证(包含结转损益的凭证)完成审核且过账完毕后,学生可在"报表"下选择对应的报表,点击"生成报表",并点击"确定"按钮后,系统自动生成会计报表,如图 11-21 所示。

图 11-21 生成报表

二、查看报表

报表生成后,学生可通过"查看报表"检查对应的会计报表数据,如图 11-22 所示。

图 11-22 查看报表

活动 11.2.8　设置

"设置"功能主要用于查看企业的会计账户及期初余额情况,如图 11-23 所示。

图 11-23　设置

任务 11.3　财务机器人操作

活动 11.3.1　影像

一、登录界面

学生点击"进入财务共享(机器人)"模块,进入登录界面,如图 11-24 所示。

图 11-24　登录界面

二、影像获取

学生点击左上角符号,选择"影像",再点击右上角的"影像获取",获取企业当月相关票据,如图 11-25 所示。

图 11-25　影像获取

三、内容识别

票据获取成功后,学生可点击右上角"识别内容",系统即可利用 OCR 技术识别出票据关键信息字段,如图 11-26 所示。

图 11-26　内容识别

四、自动生成凭证

识别出的字段信息确认无误后,系统会自动生成记账凭证(点击"立即查看"可查询记账凭证),如图 11-27 所示。

图 11-27　自动生成凭证

活动 11.3.2　查凭证

"查凭证"模块主要用于会计凭证的查询,同时,在查询界面可以进行会计凭证的审核、反审核、凭证号整理等操作,如图 11-28 所示。

图 11-28　查凭证界面

活动 11.3.3　账务处理

一、账务处理的内容

"账务处理"模块主要包括过账、结转损益、结账等功能,如图 11-29 所示。

图 11-29　账务处理

二、过账

凭证经审核后,学生即可进行过账。过账等同于手工记账下的登记账簿。过账后,学生即可在账簿中查询相关账户的明细,如图 11-30 所示。

图 11-30　过账

三、结转损益

当所有的凭证处理结束且完成审核工作后,学生即可在"账务处理"下进行结转损益。学生点击"结转损益",并点击"确定"按钮后,系统会对期末损益类账户进行自动结转,无需手工录入损益类账户的结转分录,如图 11-31 所示。

图 11-31　结转损益

结转损益后,要重新点击"查凭证"找到结转损益的会计凭证,进行凭证审核,点击"账务处理"重新过账。

四、结账

在确认所有的凭证(包括结转损益的分录)均已完成审核、过账,资产负债表与利润表生成后,学生即可进行期末结账。结账后系统自动跳转下月,如图 11-32 所示。

图 11-32　结账

活动 11.3.4　账簿

会计凭证过账后,学生即可通过"账簿"查看相应会计账户的账簿明细(包括总账、三栏式明细账、多栏式明细账)及账户余额表,如图 11-33 所示。

图 11-33　账簿

活动 11.3.5　报表

一、生成报表

所有凭证(包含结转损益的凭证)完成审核且过账完毕后,学生即可在"报表"下选择对应的报表,点击"生成报表",并点击"确定"按钮,系统会自动生成报表,如图 11-34 所示。

图 11-34　生成报表

二、查看报表

报表生成后,学生可通过"查看报表"核对报表数据,如图 11-35 所示。

图 11-35　查看报表

活动 11.3.6　设置

"设置"功能主要是用于查看企业的会计账户及期初余额情况,如图 11-36 所示。

图 11-36　设置

任务 11.4　云税务操作

活动 11.4.1　云税务简介

云税务任务办理区包括"电子税务局""开票软件""增值税发票选择确认平台""自然人税收管理系统"四个模块。云税务平台界面如图 11-37 所示。

图 11-37　云税务平台界面

活动 11.4.2　电子税务局

一、税费申报

税费申报包括申报税(费)清册(二级菜单:按期应申报、其他申报、逾期申报,逾期申报一般不涉及,此处不详细介绍)、清缴税款、申报更正、申报作废、申报查询及打印、缴款查询及打印六项内容,如图 11-38 所示。

图 11-38　税费申报界面

二、按期应申报

按照"申报税(费)清册—按期应申报"的顺序进入模块,系统显示当期应申报的列表页面,如图 11-39 所示。

图 11-39 按期应申报界面

选择"增值税纳税申报表(适用于一般纳税人)"征收项目,点击"填写申报表",进入填写申报表页面,填写申报表数据,需暂存数据的,可点击申报界面右上角的"保存"按钮,再点击"申报"按钮,如图 11-40 所示。进入申报结果页面后,需缴税的点击"缴税",进入缴税页面划缴税款;无需缴税的,点击"关闭"按钮。

如图 11-40 增值税纳税申报界面

三、其他申报

其他申报模块包含其他税费的纳税申报,如社会保险费信息采集、印花税纳税申报(报告)表,如图 11-41 所示。

图 11-41 其他申报界面

四、清缴税款

申报成功后,学生可通过"三方协议缴款"和"银联缴款"两种缴款方式进行缴款,如图 11-42 所示。

图 11-42 清缴税款界面

五、申报更正

如发现申报填写错误,学生可以通过"申报更正"功能进行申报表更正,点击"申报更正",如图 11-43 所示,即可进入申报界面进行重新修改与申报。

图 11-43 申报更正界面

六、申报作废

如学生发现申报填写错误,也可以先通过"申报作废"功能进行申报表作废,再重新填写纳税申报表进行申报,如图 11-44 所示。

图 11-44 申报作废界面

点击"申报作废",进入申报作废界面;作废原因根据实际情况填写即可,点击"确定"按钮,即作废成功;点击"取消"按钮,则退回上一页,如图 11-45 所示。

图 11-45 作废原因

活动 11.4.3　开票软件

一、系统设置

该主菜单包含"初始化""参数设置""收发货人""客户编码""购货单位""税收编码""费用项目""商品编码""车辆编码"九个子菜单,分别用于设置和维护各个编码库。其中,"初始化""参数设置"子菜单不需要操作,如图 11-46 所示。

图 11-46　系统设置界面

二、发票管理

"发票管理"模块是开票软件的核心,用来管理增值税销项发票的领用存信息、开具发票,还可用来查询、作废发票、红字信息表填开。学生点击系统主界面上的"发票管理"按钮,便可以打开发票管理界面,如图 11-47 所示。

图 11-47　发票管理界面

三、发票读入

发票读入有两种方法,此处只介绍一种方法。

学生依次点击"发票管理"→"发票领用管理"→"网上申领管理"→"发票申领",在发票申领界面中,填写好申领发票信息和申请人信息后,点击"申领"按钮进行确认,即可完成发票申领的流程。如图 11-48 所示。

图 11-48　发票申领界面

系统弹出发票申领界面,在"发票类型"中选择所需要领用的增值税发票,选择好需要的发票种类和申领数量,点击"申领"按钮,如图11-49所示。

图11-49　发票申领信息

然后点击"申领确认",进入确认界面,勾选后点击"确认"按钮,如图11-50所示。

图11-50　发票申领确认

确认后点击"网上领票",进行发票数据导出,如图11-51所示。

图11-51　网上领票

点击"发票读入"按钮,系统显示,即代表发票读入成功,如图11-52所示。

图11-52　发票读入

四、发票填开

发票填开可通过两个途径实现,如图11-53所示。

图 11-53　发票填开

学生如选择填开增值税专用发票,系统弹出增值税专用发票"发票填开"窗口,该窗口的格式与实际票面格式基本相同,如图 11-54 所示。

图 11-54　增值税专用发票发票填开

五、抄税处理

"抄税处理"模块可将金税盘中的各种发票明细与汇总数据抄到本机金税盘上,为报税系统提供报税的电子数据,如图 11-55 所示。

图 11-55　报税管理界面

学生接收到办税厅抄税提醒时,点击"确定"按钮,如图 11-56 所示。

图 11-56　办税厅抄税提醒

学生选择需要抄税的票种后点击"确定"按钮,系统弹出抄税成功窗口,如图 11-57 和图 11-58 所示。

图 11-57　选择抄税的票种

图 11-58　抄税成功

六、上报汇总

学生可以利用"上报汇总"功能通过网络报税并在网上清卡,点击"报税管理"—"上报汇总",系统弹出"数据上传成功"界面,如图 11-59 所示。

图 11-59　数据上传成功界面

学生点击"确定"按钮以后,再点击"远程清卡"按钮执行清卡操作,清卡完成后,系统弹出清卡成功提示框;点击"确定"按钮后退出,并重新启动开票软件,如图 11-60 所示。

图 11-60　远程清卡

活动 11.4.4　增值税发票选择确认平台

一、系统登录

学生登录增值税发票选择确认平台时,输入金税盘或税控盘的证书密码后,点击"登录"按钮,即可,如图 11-61 所示。

图 11-61　系统登录

二、主页面

学生登录成功后,系统会自动跳转至主页面中,主页面基本可分为上方、中间、右上侧三大区域,如图11-62所示。上方区域为系统的主要功能菜单,包括:首页、发票勾选、批量勾选、确认勾选、抵扣统计、发票查询、档案信息维护功能菜单。中间区域为工作台区域,用户可以查看当年或以前年度内各月增值税进项发票的认证情况(含勾选认证和扫描认证的发票数量及税额),对于误申报的税款所属期,只要符合条件,可以进行回退税款所属期操作;还可以查看关于回退功能的相关帮助信息,根据每月勾选确认的操作情况,工作台区域会有三种颜色来标识不同的业务状态。右上侧区域为企业信息维护和退出系统的功能按钮,可以保存纳税人的企业信息用于后续的纳税服务管理和安全退出本系统。纳税人可通过用鼠标点击企业名称来进行企业信息的维护。

图 11-62　主页面

模 块 测 试

请登录初级"1+X"财务共享服务平台选择题目操作。